新一代科学教育标准

学科核心概念序列和主题序列

美国科学教育标准制定委员会 著

叶兆宁 杨元魁 周建中 译

中国科学技术出版社
·北 京·

图书在版编目（CIP）数据

新一代科学教育标准 / 美国科学教育标准制定委员会著；叶兆宁，杨元魁，周建中译．—北京：中国科学技术出版社，2020.4（2025.2 重印）
书名原文：Next Generation Science Standards
ISBN 978-7-5046-8476-9

Ⅰ.①新… Ⅱ.①美… ②叶… ③杨… ④周… Ⅲ.①科学教育学—课程标准—介绍—美国 Ⅳ.① G40-05

中国版本图书馆 CIP 数据核字 (2019) 第 275158 号

This is a translation of the NEXT GENERATION SCIENCE STANDARDS; Achieve, Inc. © 2013. First published in English in book form by the National Academies Press. All rights reserved. This edition is published under agreement with the National Academy of Sciences, as authorized by Achieve, Inc.

The **NEXT GENERATION SCIENCE STANDARDS** is based on the U.S. National Research Council *Framework for K-12 Science Education: Practices, Cross-Cutting Concepts, and Core Ideas* © 2012, National Academy of Sciences (the "Framework Report"). The section called "Disciplinary Core Ideas" is reproduced directly from the Framework Report, which is integrated and reprinted with permission from the National Academy of Sciences.

著作权合同登记号　01-2015-6200

本书由美国科学院出版社授权中国科学技术出版社独家出版，未经出版者许可不得以任何方式抄袭、复制或节录任何部分

责任编辑	单　亭　向仁军
装帧设计	中文天地
责任校对	邓雪梅
责任印制	李晓霖

出　　版	中国科学技术出版社
发　　行	中国科学技术出版社有限公司
地　　址	北京市海淀区中关村南大街 16 号
邮　　编	100081
发行电话	010-62173865
传　　真	010-62179148
网　　址	http://www.cspbooks.com.cn

开　　本	889mm×1194mm　1/16
字　　数	640 千字
印　　张	22.75
版　　次	2020 年 4 月第 1 版
印　　次	2025 年 2 月第 3 次印刷
印　　刷	北京瑞禾彩色印刷有限公司
书　　号	ISBN 978-7-5046-8476-9 / G·845
定　　价	98.00 元

（凡购买本社图书，如有缺页、倒页、脱页者，本社销售中心负责调换）

序言

《新一代科学教育标准》（简称 NGSS）受美国 26 个州组成的财团委托，在美国 Achieve 公司的帮助与支持下，历时三年得以完成。此合作成果由美国国家研究委员会（NRC）、美国国家科学教师协会（NSTA）、美国科学促进会（AAAS）和美国 Achieve 公司同协作完成，纽约卡内基公司支持了此项目。

美国国家研究委员会是美国科学院（NAS）和美国国家工程院（NAE）的实际操作部门。2011 年 7 月，该委员会启动了出版发行《K-12 科学教育框架：实践、跨学科概念和核心概念》（*A Framework for K-12 Science Education: Practices, Crosscutting Concepts, and Core Ideas*）的进程，在下文中简称为《框架》。《框架》由 18 位在各个领域知名的国内外专家组成的委员会撰写，描述了一种基于科学实证的科学教育新理念，它是《新一代科学教育标准》的基础性文件。

在《框架》发行后，受美国 Achieve 公司的支持，美国 26 个主要合作州的财团与一个由 41 人组成的写作团队（团队成员在科学和科学教育方面有专业的知识）一起，开始开发缜密的、国际基准的科学标准，这些标准忠于《框架》。作为开发过程的一部分，这些标准经历了多次审查评估，包括两次公开草案，并允许任何对科学教育感兴趣的人都有机会提出对标准内容和组织形式的质疑。可以说，《新一代科学教育标准》是在美国各州与来自科学、科学教育、高等教育、商业和工业等领域的利益相关者之间的合作下开发形成的。

作为合作伙伴，美国科学院、美国国家工程院、美国国家研究委员会和美国国家科学院出版社（NAP）都执着于贯彻制定《新一代科学教育标准》的倡议。尽管这份文件不是美国国家研究委员会专家的成果，但是最终版本的标准是由美国国家研究委员会评估并与《框架》一致。鉴于高质量教育对国家的重要性，这些基于《框架》的标准对于提高学生的学习能力是必不可少的，应该尽可能广泛地传播。这就是我们决定通过美国国家科学院出版社出版《新一代科学教育标准》的原因。

《新一代科学教育标准》是在整个国家所有课堂中实现《框架》中科学教育愿景的关键一步。但是，单单这些标准本身将不会为所有学生提供高质量的学习机会。现在，为了使这些标准在提高科学教学和学习上发挥作用，教育界需要对 K-12 教育系统中的各个层次进行改革，包括对课程、教学、评估、教师的职前预备和职后专业发展的修订等。科学和科学教育团体必须继续努力合作进行改革，以此让《新一代科学教育标准》为所有学生提供高质量的学习机会的承诺成为现实。

2013 年 6 月于华盛顿

拉尔夫·西塞罗那
（RALPH J. CICERONE）
美国国家科学院院长
美国国家研究委员会会长

查尔斯·维斯特
（CHARLES M. VEST）
美国国家工程院院长
美国国家研究委员会副会长

哈韦·法恩伯格
（HARVEY V. FINEBERG）
美国国家医学院院长

美国国家研究委员会对《新一代科学教育标准》的评估

根据经美国国家研究委员会行为与社会科学及教育处（DBASSE[①]）执行办公室审批通过的流程，2013 年年初，《新一代科学教育标准》由专门挑选出的评委对此进行审查评估，他们不仅是专业技术专家，同时也熟悉研究委员会 2011 年的报告（《K–12 科学教育框架：实践、跨学科概念和核心概念》）。审查评估的目的是评估美国 26 个主要州在美国 Achieve 公司指导下开发了两年所制定的《新一代科学教育标准》是否与《框架》中所提供的用于建立 K–12 科学标准的科学共识保持一致。《新一代科学教育标准》的开发团队将《框架》作为在开发结构和内容标准方面的基础。美国国家研究委员会要求审查专家在以下三个方面提出他们的意见：

1. 《新一代科学教育标准》与《框架》中提出的 K–12 科学教育愿景是否一致？
2. 《新一代科学教育标准》在多大程度上遵循了制定《框架》的委员会给标准开发人员提出的具体建议（详见《框架》第十二章）？
3. 为了达成与《框架》的一致性，还有哪些方面需要完善？

评估审查最终决定，《新一代科学教育标准》与《框架》的内容和结构一致，并于 2013 年 4 月向公众发布并出版本书。

参加审查评估《新一代科学教育标准》的评委有：菲利普·贝尔（Philip Bell），华盛顿大学学习科学教授，科学与数学教育教授；鲁道夫·德兹（Rodolfo Dirzo），斯坦福大学生物系生态学教授；肯杰·哈库塔（Kenji Hakuta），斯坦福大学教育学院教育学教授；金·A. 卡斯腾（Kim A. Kastens），哥伦比亚大学地球与环境科学系拉蒙特地球观测所拉蒙特科研教授和客座教授；乔纳森·奥斯本（Jonathan Osborne），斯坦福大学教育研究生院科学教育教授；布莱恩·J. 赖泽（Brian J. Reiser），美国西北大学教育和社会政策学院学习科学教授；卡尔·E. 威曼（Carl E. Wieman），不列颠哥伦比亚大学物理系教授；劳雷斯·L. 怀斯（Lauress L. Wise），加利福尼亚州蒙特雷人力资源研究所教育政策影响中心主任研究员。

《新一代科学教育标准》的评估受帕特里曼·莫里森（Patricia Morison）（行为与社会科学及教育处报告及交流执行副主任）和苏珊娜·威尔逊（Suzanne Wilson）（美国国家委员会科学教育成员、密歇根州立大学教授）的监督。他们由美国国家研究委员会任命，负责确保对《新一代科学教育标准》的审查是按照制度程序进行的。

[①] DBASSE 的全称为 The Division of Behavioral and Social Science and Education，是美国国家研究委员会下属部门。——译者注

致谢

《新一代科学教育标准》是各类组织和利益相关者的共同研究成果。

合伙人

在研发《新一代科学教育标准》第一卷和第二卷的过程中，主要合伙人有：美国国家研究委员会、美国国家科学教师协会、美国科学促进会以及美国 Achieve 公司。

参与的州

《新一代科学教育标准》的研发是美国各州共同努力的成果。所有州都受邀申请成为主要州合伙人，使其能够在研发过程中对创作者起领导作用。主要州合伙人负责组建涵盖面广的委员会来为相继完成的标准草案提供建议与收集反馈意见。下列州为主要州合伙人：

亚利桑那州	缅因州	俄亥俄州
阿肯色州	马里兰州	俄勒冈州
加利福尼亚州	马萨诸塞州	罗得岛州
特拉华州	密歇根州	南达科他州
佐治亚州	明尼苏达州	田纳西州
伊利诺伊州	蒙大拿州	佛蒙特州
艾奥瓦州	新泽西州	华盛顿州
堪萨斯州	纽约州	西弗吉尼亚州
肯塔基州	北卡罗来纳州	

投资者

《新一代科学教育标准》的研发资金主要由纽约卡内基公司、通用电器基金会和诺伊斯基金会提供。另外受波音公司、思科基金会和杜邦公司额外支持。

创作团队

创作领导团队

罗杰·拜比（Rodger Bybee），科罗拉多州戈尔登市，生物科学课程研究会（BSCS）执行主任（已退休）

梅拉妮·库珀（Melanie Cooper），密歇根州东兰辛市，密歇根州立大学科学教育教授和化学教授

理查德·A. 杜沙（Richard A. Duschl），宾夕法尼亚州，宾夕法尼亚州立大学，沃特伯里教育学院的中学教育首席教授

达宁·埃泽尔（Danine Ezell），加利福尼亚州圣地亚哥市，圣地亚哥联合校区和圣迭戈县教育办公室

（已退休）

乔·克拉斯克（Joe Krajcik），密歇根州东兰辛市，密歇根州立大学科学教育教授和STEM创新协会主任

奥凯赫·李（Okhee Lee），纽约州纽约市，纽约大学，科学教育教授、多元化与公正教授

拉蒙·洛佩斯（Ramon Lopez），得克萨斯州阿灵顿市，得克萨斯大学阿灵顿分校，物理学教授

布雷特·默尔丁（Brett Moulding），犹他州奥格登市，犹他州有效科学教学与学习合作企业主任；州科学主管（已退休）

卡里·斯奈德（Cary Sneider），俄勒冈州波特兰市，波特兰州立大学，研究助理教授

迈克尔·怀斯森（Michael Wysession），密苏里州圣路易斯市，圣路易斯华盛顿大学，地球与行星科学副教授

创作团队人员

桑德拉·艾伯蒂（Sandra Alberti），纽约州纽约市，学生成就伙伴联盟主任

卡罗尔·贝克（Carol Baker），伊利诺伊州奥兰帕克市，伊利诺伊州第218区社区高中科学与音乐课程主任

玛丽·科尔森（Mary Colson），明尼苏达州穆尔黑德市，穆尔黑德公立学校地球科学教师

佐薇·埃文斯（Zoe Evans），佐治亚州卡罗顿市，卡罗尔县学校副校长

凯文·费希尔（Kevin Fisher），得克萨斯州弗劳尔芒德市，路易斯维尔独立学区中学科学协调专员

雅各布·福斯特（Jacob Foster），马萨诸塞州莫尔登市，马萨诸塞州中小学科学、技术和工程教育部门主任

鲍勃·弗兰德（Bob Friend），加利福尼亚州西尔滩市，波音幻影工作室，先进空间和智能系统总工程师

克雷格·加布勒（Craig Gabler），华盛顿州奥林匹亚市，首都区域ESD113区域科学协调专员、激光联盟主任

珍妮弗·古铁雷斯（Jennifer Gutierrez），亚利桑那州钱德勒市，钱德勒联合校区科学课程专家

杰米·赫林顿（Jaymee Herrington），得克萨斯州凯蒂市，凯蒂独立校区，科学协调员

林恩·莱西·霍姆雅尔（Lynn Lathi Hommeyer），华盛顿，哥伦比亚特区公立小学科学专家教员

肯尼思·赫夫（Kenneth Huff），纽约州威廉斯维尔市，威廉斯维尔中心学区初级中学科学教师

安迪·杰克逊（Andy Jackson），弗吉尼亚州哈里森堡市，哈里森堡城市公立学校，高级中学科学教师和区域科学协调专员

丽塔·贾纳斯克（Rita Januszyk），伊利诺伊州威洛布鲁克市，高尔62区小学教师

内特斯·琼斯（Netosh Jones），华盛顿，哥伦比亚特区公立学校小学教师

彼得·麦克拉伦（Peter McLaren），罗得岛州普罗维登斯，罗得岛州教育部科学和技术专家

迈克尔·麦奎德（Michael McQuade），特拉华州格林维尔市，杜邦公司高级研究员

葆拉·梅西纳（Paula Messina），加利福尼亚州圣何塞市，圣何塞州立大学地质学/科学教育教授

玛丽埃尔·米兰（Mariel Milano），佛罗里达州奥兰多市，橙县公立学校P-SELL和STEM协调专员

艾米莉·米勒（Emily Miller），威斯康星州麦迪逊市，麦迪逊大都会学区英语作为第二语言和双语专

家教员

梅丽莎·米勒（Melissa Miller），阿肯色州法明顿市，法明顿学区初级中学科学教师

克里斯·恩布里·莫尔（Chris Embry Mohr），伊利诺伊州斯坦福市，奥林匹亚联合社区第 16 学区高级中学科学和农业教师

贝齐·奥戴（Betsy O'Day），密苏里州霍尔斯维尔市，霍尔斯维尔 R–IV 学区小学科学专家

博纳丁·奥科罗（Bernadine Okoro），华盛顿，哥伦比亚特区公立学校罗斯福高级中学科学教师

朱莉·奥尔森（Julie Olson），南达科他州米切尔县，米切尔学区科学教师

朱莉·佩珀曼（Julie Pepperman），田纳西州马里维尔，诺克斯县学校主导教师

凯西·普菲特（Kathy Prophet），阿肯色州罗杰斯市，斯普林代尔公立学校初级中学科学教师和科学系主任

谢里·沙夫（Sherry Schaaf），华盛顿州福克斯市，中学科学教师（已退休），科学教育顾问

杰奎琳·斯莫尔斯（Jacqueline Smalls），马里兰州鲍伊市，哥伦比亚特区公立学校，兰利 STEM 教育校园，STEM 协调专员

保罗·斯佩兰泽（Paul Speranza），纽约州，北贝尔莫尔高级中学科学教师（已退休）

瓦妮莎·韦斯特布鲁克（Vanessa Westbrook），密苏里州霍尔斯维尔市，威斯布鲁克咨询服务公司，科学教育顾问

主要利益相关者

这些主要利益相关者是来自教育、科学、商业和工业领域的杰出个人或机构代表，他们对《新一代科学教育标准》感兴趣。这些成员是从 50 个州中选拔出来的并具有以下专业知识：

- 城市和农村社区小学、初中和高中科学教育
- 特殊教育和英语语言习得
- 高等教育
- 州标准和评价
- 认知科学、生命科学、物质科学、地球和空间科学、工程 / 技术
- 数学和读写能力
- 商业和工业
- 劳动力发展
- 教育政策

主要利益相关者评价相继出台的、机密的标准草案，并在给予他们专业领域特别关注的情况下，向作者和州提供反馈。

所代表的机构

艾德菲大学	课外联盟
阿拉斯加州科学教育顾问	美国物理教师协会
美国化学学会	美国教师联盟
美国地质研究所	美国地球物理联合会
美国物理学会	美国心理学协会
美国工程教育学会	美国农学会
美国人类遗传学学会	美国机械工程师学会
亚利桑那州立大学	蒙大拿州阿利学区
阿姆斯特朗大西洋州立大学教育学院	职业与技术教育协会
美国计算机协会	科学教学总统奖获奖者协会
公共和土地授予大学协会	太平洋天文学会（ASP）
BayBio 研究所	伊利诺伊州 Big Hollow 第 38 学区 Big Hollow 初级中学
怀俄明州比格霍恩县第 3 学区格雷伯尔高级中学	生物科学课程研究会
博伊西州立大学	波士顿学院
波士顿大学	杨百翰大学师范教育系
布罗德研究所	加州州立理工大学
加利福尼亚科技项目	加州州立大学富勒顿分校
加州州立大学圣贝纳迪诺分校	加州州立大学圣马科斯分校
加尔文学院	特殊技术应用中心（CAST）
海洋科学英才教育中心	华盛顿州中央凯特萨普学区
中央密歇根大学	伊利诺伊州尚佩恩第 4 单元学区课程中心
芝加哥州立大学	纽约城市大学城市学院
纽约城市大学	克拉克县学校区
克莱姆森大学	俄亥俄州克利夫兰城市学校
哥伦比亚大学环境研究与保护中心	哥伦比亚大学拉蒙特－多尔蒂地球观测站
哥伦比亚大学师范学院	计算机科学教师协会
康科德财团	康奈尔大学鸟类学实验室
康奈尔大学古生物学研究所	美国农作物科学学会
罗得岛州坎伯兰学部约瑟夫·麦考特中学	德尔兰镇学区
DGR 策略商业咨询公司	哥伦比亚特区公立学校卡多佐高级中学
德雷塞尔大学教育学院	杜克大学电子和计算机工程学系
杜邦公司	东俄勒冈大学教育学院
教育发展中心有限公司	哥伦比亚特区 E.L. 海恩斯公立特许学校
脑与行为科学协会联合会	俄亥俄州芬德利城市学校
佛罗里达亚特兰大大学	得克萨斯州弗兰斯独立学区弗兰斯中学
加州弗雷斯诺联合学区，横木科学技术学校	乔治梅森大学

乔治·华盛顿大学
艾奥瓦州 STEM 咨询委员会
绿色教育基金会
密歇根州格林希尔学校
密苏里州霍尔斯维尔 R-IV 学区
夏威夷技术学院
赫利俄斯教育基金会
休斯敦独立学区
印第安纳大学
艾奥瓦地区教育机构 267
詹姆斯麦迪逊大学
知识无国界
伊利诺伊州拉多学区拉多中学
莱斯利大学
路易斯安那州立大学
马歇尔大学琼哈里斯农村教育研究与发展中心
西弗吉尼亚州美世县学校蓝菲尔德高中
田纳西州大主教辖区纳什维尔公立学区，
　约翰早期博物馆磁铁中学
密歇根理工大学水与社会中心
中部大陆的教育和学习研究
中田纳西州立大学
密西西比州立大学领导力和基金会系
门罗 2 号奥尔良 BOCES 基础科学项目
摩海德州立大学
佐治亚州梅肯市艺术与科学博物馆
美国天才儿童协会
美国地理科学教师协会
美国科学与数学联盟协会
美国数学教师委员会
美国教育协会
美国海洋教育工作者协会
美国学校董事会协会
美国国家科学基金会
美国西班牙裔物理学家协会
内布拉斯加州科学教育联盟
康涅狄格州纽黑文公立学校

佐治亚南方大学
大峡谷州立大学
田纳西州格林县学校
北卡罗来纳州吉尔福德县学校，吉布森小学
哈佛大学
阿肯色州赫伯斯普林斯学区赫伯斯普林斯高中
霍夫斯特拉大学
伊利诺伊州数学与科学学院
国际技术与工程教育协会（ITEEA）
艾奥瓦数学与科学教育合作伙伴
国际教育荣誉学会
爱达荷州昆纳学区昆纳高中
劳伦斯科学馆
伊利诺伊州克星敦社区单元学校 7 区
佐治亚州朗兹县学校朗兹高中
麦克丹尼尔学院
亚利桑那州梅萨学区
密歇根州立大学教师教育系

密歇根理工大学认知与学习科学系
大西洋中部天文馆社团
艾奥瓦州密西西比本德地区教育代理
密苏里植物园
莫瑞谷社区学院
曼荷莲学院物理系
波士顿科学博物馆
全国生物教师协会
全国科学教学研究协会
美国国家科学教育中心
美国地球科学教师协会
美国国家地理学会
美国国家中等水平科学教师协会
美国国家科学教育领导协会
美国国家科学资源中心
美国自然保育协会
康涅狄格州新迦南公立学校
纽约新罗谢尔学区，哥伦布小学

新教师中心	北卡罗来纳农工州立大学
北卡罗来纳州立大学	俄勒冈州克拉克默斯县北学区克拉克默斯高中
北达科他州立大学护理系	北亚利桑那大学
密苏里州西北 R1 学区西北高中	西北大学
奥克兰大学	奥格拉拉·拉科塔学院
俄亥俄科学院	俄亥俄州家庭与消费者科学教师协会
俄亥俄州立大学	俄亥俄大学
太平洋科学中心	太平洋大学
棕榈滩州立大学	帕尔米拉湾自然公园和环境研究中心
美国专业物理教学仪器生产商	帕斯科公司
宾夕法尼亚州立大学	纽约大学理工学院
波特兰州立大学	阿肯色州波茨维尔学区
工程桥梁项目	普渡大学
普特南/北韦斯切斯特 BOCES 科学 21	阿肯色州罗杰斯公立学区，罗杰斯高中
罗格斯大学地球与环境科学系	罗格斯大学教育研究生院
萨丽莱德科学教育公司	美国圣地亚哥州立大学
圣塔菲研究所	纽约州萨拉托加温泉市高级中学
佐治亚州查塔姆学区查塔姆高中	美国《科学》杂志
纽约州科学教师协会	海格兰特教育者网络
西雅图太平洋大学物理系	宾夕法尼亚州西盆斯贝格大学
美国神经科学学会	美国土壤科学协会
新罕布什尔州索斯沃思学区伊德赫斯特小学	伊利诺伊大学艾德华兹维尔分校
米草咨询集团有限责任公司	华盛顿州斯波坎市公立学校
SRI 国际性学习科技中心	圣爱德华大学
圣约翰费舍尔学院	明尼苏达州圣保罗公立学校
州高等教育行政首脑协会	纽约州立大学布洛克波特分校计算科学系
纽约州立大学弗雷多尼尔分校教育学院	纽约州立大学杰纳苏分校物理与天文学系
内华达州斯托里县学区	加州萨尔弗斯普林斯学区
对外英语教师（TESOL）	STEM 卓越教学学院
天普大学	教育技术研究中心（TERC）
得州农工大学	得克萨斯理工大学
科学技术教育三角联盟	亚利桑那州图森联合学区普洛布洛磁铁高中
亚拉巴马大学伯明翰分校	阿拉斯加大学费尔班克斯校区北极生物学研究所
亚利桑那大学教育学院	亚利桑那大学数学系
亚利桑那大学物理系	阿肯色大学蒙蒂塞洛分校，数学与科学学院
加利福尼亚大学欧文分校	加利福尼亚大学河滨分校
加利福尼亚大学圣地亚哥分校	加利福尼亚大学圣塔芭芭拉分校

加利福尼亚大学圣克鲁兹分校	中央俄克拉荷马州立大学
芝加哥大学基础数学和科学教育中心	辛辛那提大学
科罗拉多大学波尔得分校环境科学合作研究所	科罗拉多大学波尔得分校计算机科学系
科罗拉多大学波尔得分校物理系	科罗拉多大学波尔得分校,分子、细胞和发育生物学
科罗拉多大学波尔得分校教育学院	科罗拉多大学丹佛分校数学与统计科学系
特拉华大学地质科学系	佐治亚大学教育学院
爱达荷大学生物与农业工程学系	堪萨斯大学工程学院
肯塔基大学	肯塔基大学马林公共政策与管理学院
马萨诸塞大学波士顿分校	密歇根大学教育学院
明尼苏达大学	密苏里大学物理系
蒙大拿大学艺术与科学学院	内布拉斯加大学林肯分校
新英格兰大学	北卡罗来纳大学教堂山分校地质科学系
北达科他大学教学与学习系	北达科他大学工程与矿山学院
北科罗拉多大学自然与健康科学学院	北科罗拉多大学生物科学学院
俄克拉荷马大学	俄勒冈大学物理系
宾夕法尼亚大学教育研究生院	波多黎各大学物理系
罗切斯特大学华纳中心	南缅因大学
南密西西比大学物理与天文学系	南密西西比大学墨西哥湾沿岸校区,科学技术学院
田纳西大学诺克斯维尔分校	得克萨斯大学阿灵顿分校
得克萨斯大学奥斯汀分校	得克萨斯大学达拉斯分校科学/数学教育部
得克萨斯大学泰勒分校	得克萨斯大学圣安东尼奥健康科学中心药理学系
华盛顿大学	威斯康星大学麦迪逊分校
美国海岸警卫队学院	犹他州立大学
范德堡大学教育学院	范德堡大学心理与人类发展学系
佛蒙特州科学教师协会(VSTA)	弗吉尼亚海洋科学研究所
弗吉尼亚理工学院暨州立大学机械工程系	华盛顿科学教师协会
内华达州华秀县学区,北谷高中	卫斯理大学提高数学和科学熟练度项目
西华盛顿大学	西弗吉尼亚州韦策尔县学区,新马丁斯维尔学校
马萨诸塞州韦茅斯公立学校韦茅斯高中	卫奇塔州立大学
威斯康星教育研究中心世界级教学设计和评估联盟(WIDA)	

公众

通过网络调查,超过 1 万人对标准的公共草案提出了反馈,分享了他们的专业知识、意见、支持和顾虑。各州和创作人员感谢所有为此付出宝贵时间和提供诚挚反馈的人们。

美国 Achieve 公司

《新一代科学教育标准》的编写得到以下美国 Achieve 公司科学团队成员的支持:斯蒂芬·普鲁伊

特（Stephen Pruitt）博士，珍妮弗·奇尔德雷斯（Jennifer Childress）博士，扎克·蔡尔德（Zach Child），查德·科尔比（Chad Colby），特蕾莎·马修·伊利普莱斯（Teresa Matthews Eliopoulos），安东尼奥·埃利斯（Antonio Ellis），莫莉·尤因（Molly Ewing），杰基·吉尔克斯（Jackie Gilkes），汤姆·凯勒（Tom Keller），琼·斯莱特里（Jean Slattery）教育学博士（到2012年9月），珍妮·泰勒（Jenny Taylor），汉斯·沃斯（Hans Voss），沙伦·韦尔奇（Sharon Welch）（到2012年6月）和贝卡·威腾斯坦（Becca Wittenstein）。本书编写同样也受到了美国Achieve公司领导人麦克·科恩（Mike Cohen）和桑迪·博伊德（Sandy Boyd）的大力支持。

特殊贡献

感谢贾森·津巴（Jason Zimba）和休·皮门特尔（Sue Pimentel）对于《州共同核心标准》附录所做的贡献。

感谢奥凯赫·李（Okhee Lee）和她的团队，包括艾米莉·米勒（Emily Miller）、博纳丁·奥科罗（Bernadine Okoro）、贝齐·奥戴（Betsy O'Day）、珍妮弗·古铁雷斯（Jennifer Gutierrez）、丽塔·贾纳斯克（Rita Januszyk）、内特斯·琼斯（Netosh Jones）和玛丽埃尔·米兰（Mariel Milano），对本标准进行了偏见和敏感性评价，并编写了附录《所有学生，所有标准》以及案例研究部分。

感谢马特·克雷比尔（Matt Krehbiel）、肖恩·埃尔金斯（Sean Elkins）、约翰·奥尔森（John Olson）、麦克·海因茨（Mike Heinz）和彼得·麦克拉伦（Peter McLaren），在示范课程图方面所做的工作。

感谢妮科尔·保尔森（Nicole Paulson）在整个编写过程中担任标准草案和支持文件编辑所做出的贡献。

简介

毫无疑问，科学和科学教育已经成为所有美国人生活的中心。我们的世界从不曾如此复杂，对于所有人来说，科学知识对于理解世界也从未如此有决定性作用。在理解已发生的事件，选择并应用技术或在卫生保健问题上做出知情决策时，科学理解力是至关重要的。科学也是国家持续改革创新、引领和创造未来的核心能力。所有的学生，不管他们是否会成为医院技术人员、高科技制造设备工人或博士研究人员，他们都必须有坚实的 K–12 科学教育基础。

通过各州协作引导，新的 K–12 科学标准已经得到了长足发展。这一标准内容丰富、重视实践，在学科和年级之间安排了连贯性内容，能够为所有学生提供具有国际标准的科学教育。

《新一代科学教育标准》的优势

《新一代科学教育标准》中的每一条内容都包含三个维度：学科核心概念、科学与工程实践以及跨学科概念。目前大部分州和地区都将这三个维度看作分立的实体，并导致在教学和评估时被分开看待。对缜密内容与应用的整合反映了科学和工程在现实世界中的实践。

科学与工程实践以及跨学科概念被设计在一定的情境中，而不是在"真空"中。《新一代科学教育标准》鼓励将每一年级学习的多个核心概念整合起来。

科学概念的构建贯穿于整个 K–12 体系。《新一代科学教育标准》强调各个年级间集中而连续进展的知识体系，允许学生在整个 K–12 科学教育过程中采用动态过程来构建知识。

《新一代科学教育标准》着眼于学科核心内容中一个较小的集合，即学生高中毕业前应该知道的内容，并关注对这些内容更深层次的理解和应用。

《新一代科学教育标准》在科学课堂教学的各个层次把工程设计提高到与科学探究同等的水平并强调工程设计与技术应用中的核心概念，这使得科学与工程学融入科学教育。

《新一代科学教育标准》的内容聚焦于使学生们为大学和职业生涯做好准备。《新一代科学教育标准》与英语和数学的《州共同核心标准》在年级水平和认知需求上相对应。《新一代科学教育标准》使得科学成为儿童综合教育的一部分，以及为所有学科领域提供可以相互对应的学习序列。这三套标准相互重叠，并通过有意义的实质性途径以加强。

《新一代科学教育标准》设计要求

《新一代科学教育标准》基于《K–12 年级科学教育框架：实践、跨学科概念和核心概念》（以下简称《框架》），该框架由美国国家研究委员会发展而成。为了能够践行《框架》中提出的愿景，《新一代科学教育标准》被撰写为预期表现的形式，用来描述学生必须怎样做才能表现出对科学的精通。学科核心概念和跨学科概念与科学和工程实践结合构成了预期表现。经过精心设计的《新一代科学教育标准》为教师和课程与评测开发者提供超越传统单一标准的信息。作为政策的预期表现相当于大多数州一直以来所使用的标准。为了展现与《框架》的协调一致，《新一代科学教育标准》依照《框架》中的编排顺序，在"基础框"中囊括了适当的学习目标。列出这些目标旨在确保课程和评估开发者不必猜测预期表现的含义。

实践与内容结合

美国的州立标准传统性地将"实践"与"核心概念"当作两个独立实体来呈现。一些科学教育研究者的观察指出，这两者最好分开教学或完全不用教"实践"。其实，这样的教学方法既没有用也不切实际，因为在真实世界中，科学和工程学往往是内容与实践相结合。

需要记住的一点是，科学和工程实践不是教学策略，而是学习者学业成就的指标，也是重要的学习目标。正因如此，《框架》和《新一代科学教育标准》确保了"实践"不会被当成"马后炮"。将实践与内容结合的方式提供了学习情境，如果单有实践则只能称之为活动，而单有内容则是死记硬背。通过整合，科学开始有了现实意义且允许学生运用材料。这种整合也将允许来自不同州和地区的学生通过一种有意义的方式进行相互比较。

《新一代科学教育标准》是标准而不是课程

《新一代科学教育标准》是反映学生应当知道和能够做什么的标准或目标。它不是如何教这些标准的方式或方法。预期表现描述了概念和技能如何表现，但是仍为各个州、区域、学校和老师对课程和教学的选择留下了空间。预期表现并不对课程做出严格限定，正相反，开发预期表现时贯穿始终的宗旨便是使标准的教学具有一定的灵活性。虽然《新一代科学教育标准》比传统的标准有更完整的框架——这点也是应各州的要求，以至各个州不需要通过"解构"标准来开始实施标准——《新一代科学教育标准》不会影响或限制课程和教学的选择。

教学的灵活性

学生应该在理解整个学科核心概念的基础上被评价。对于一个给定理念，有多个科学和工程实践通过预期表现呈现出来。课程和评估的开发必须朝着构建学生知识和能力以达到预期表现的方向进行。既然《新一代科学教育标准》是"表现"，就意味着在教学结束时要达到预期表现，高质量的教学会让学生通过教学参与到许多实践中。

由于《新一代科学教育标准》的连贯性，教师可以灵活地将属于同一年级的预期表现以任何顺序排列以适合各个州或地方的需求。科学的各种应用，比如医药科学、司法科学、农业科学或工程学都会很好地促进学生兴趣，同时展示出《新一代科学教育标准》及《框架》中列出的科学原理如何应用于现实世界。

背　　景

2010 年，美国国家科学院、美国 Achieve 公司、美国科学促进会和美国国家科学教师协会通过两个阶段建立了《新一代科学教育标准》。第一阶段由美国国家科学院领导，该组织成立于1863年，是一个在科学与工程学方面向国家提供建议的非政府组织。2011年7月，美国国家科学院的职能咨询分支机构美国国家研究委员会发布了《框架》。《框架》建立在对科学和科学学习的最新研究成果的基础之上，明确了所有学生在高中毕业时应掌握的科学知识，因而是具有决定性意义的第一步。

第二阶段是在《框架》的基础上制定标准。美国Achieve公司组织26个州和41名编者共同编写了《新一代科学教育标准》。这一标准接受了大量的国家审查和美国国家科学教师协会及各个层面的许多重要利益相关者的追加反馈，在两个公众评论期后，于2013年4月正式颁布，供各州参考采纳。

为何叫《新一代科学教育标准》

自美国州立科学教育标准指导文件发布后的15年内，世界发生了翻天覆地的变化。从那时起，科学、科学教育和创新驱动经济领域都有了飞速发展。美国K-12教育体系是一个有漏洞的科学、技术、工程和数学（STEM）人才培养渠道。鲜少有学生这样进入STEM专业和职业生涯的各个阶段，从相关专业的本科教育到博士生教育。我们需要有能激发和建立学生兴趣的新科学标准。

除非建立正确的期望和目标，否则现在的教育系统不能成功地为学生的大学学习、职业生涯甚至履行公民义务做好准备。虽然标准本身不是灵丹妙药，却能为当地的课程、评估和教学提供必要的基础。

实施《新一代科学教育标准》能让高中毕业生为严苛的大学学习和职业生涯做更好的准备。另外，雇主不仅能雇用到在特定领域具有较强科学基础技能的员工，还能雇用到具备批判性思维和探究式问题解决等能力的员工。

《框架》的维度

《框架》列出了为学生提供高质量科学教育所需要的三个维度。这三个维度的整合为学生提供了有科学内容的学习情境、如何获得和理解科学知识以及各个科学学科如何通过跨学科的有普通意义的概念连接起来。以下内容引自《框架》：

维度1：实践

维度1描述了科学家用来调查和建立有关整个世界的模型和理论的主要的科学实践以及工程师用来设计和建造系统的一套关键的工程实践。我们用专业术语"实践"来替代诸如"技能"，以强调从事科学调查不仅需要技能，还需要进行每项实践时特定的知识。

与此相同的是术语"探究"，此词被广泛用于之前的标准文件中，在科学教育界有许多不同的含义。我们要在维度1中明确描述"实践"的目的，有一部分就是为了更好地阐释什么是探究科学，以及其所要求的在认知、社会和自然规律方面的实践范围。与所有以探究为基础的科学教育方式一样，我们的期望是学生将会亲身参与实践，而非仅仅是间接了解。没有亲身经历这些实践，学生就不能理解科学实践，更不能彻底理解科学知识的本质。

维度2：跨学科概念

跨学科概念被应用在所有科学领域中。因此，它们提供了一种连接维度3中各个科学领域的方法。

这些跨学科概念不是本书所独有的。它们呼应了《国家科学教育标准》中许多统一的概念和过程，呼应了《科学素养的基准》中的普遍主题，同时也呼应了《大学理事会大学科学教育成功标准》中的统一概念。《框架》的结构也反映了美国国家科学教师协会的相关研究，这些研究强调了不仅需要考虑学科内容，还要讨论跨学科的思想与实践。

维度3：学科核心概念

科学知识的不断扩大使得人们不可能在12年内把所有与某门学科有关的思想都详尽地传授出来。但是鉴于在如今的信息时代，人人都能接触到大量信息，科学教育的重要任务就不再是教授"一切事实"，而是让学生拥有足够的核心知识以便他们日后能够自己掌握更多的信息。聚焦于一套有限的思想观念以及科学和工程实践的教育，应当能使学生有能力评估和选择可信赖的科学信息来源，还能使他们在12年的学习生涯之后，成为科学知识的学习者和使用者，甚至有可能成为知识的创造者。

带着这样的目的，委员会通过运用下面提及的标准制定了一套科学与工程的核心概念。尽管不是每一条核心概念都满足所有的标准，但是每个概念必须满足至少两个标准（而更好的一些则满足三个或四个标准）。

具体来说，一个K–12科学教育的核心概念应满足：

1. 具有广泛的跨科学或工程学的重要性，或是一个单一学科的关键组织原则。
2. 能为理解或调查更复杂的思想和解决问题提供重要工具。
3. 涉及学生的兴趣和生活经历，或与社会或个人相关的需要科学或技术知识解决的事宜。
4. 可随着深度和复杂程度的提高在多个年级开展教与学。即此概念能使年轻的学生充分理解，但有足够的广度和深度让学生能进行持续数年的调查研究。

在编写维度3时，我们将学科概念归类于四个主要领域：物质科学、生命科学、地球和空间科学以及工程、技术和科学的应用。同时，对于维度2，我们承认领域间有很多联系。实际上，科学家在跨学科团队的工作中越来越多地模糊了传统的学科界限。因此，在某些情况下，核心概念或核心概念的元素，出现在多个学科中（比如能量）（美国国家研究委员会，2012年，第30–31页）。

由《框架》向标准的转化

通过主要的州立学校官员和国家教育委员会主席签署的一个国家合作协议，部分州自愿成为开发《新一代科学教育标准》的主要州合伙人。这一协议包含一份承诺，各州承诺自行召集一个或数个50—150人组成的委员会，以此在整个过程中为该州提供反馈和指导意见。26个州签署了协议成为主要州合伙人。这些州在《新一代科学教育标准》的整个编写过程中向由41名科学和工程学领域的K–20教育者和专家组成的编写团队提供指导和意见。除了主要州及其委员会所做的六次审核，《新一代科学教育标准》在整个编写期间还由数百位专家进行了数次保密审查，成千上万的公众参与了两次公共审查。

《框架》是《新一代科学教育标准》编写的基础。对于主要州和编者，他们首先要考虑的就是与《框架》保持一致。《新一代科学教育标准》提供了学生在教学结束时必须完成的表现，《框架》则提供标准所阐明的不同维度的更多细节。本节简要描述了《框架》的不同组成部分如何用于开发《新一代科学教育标准》及其编写过程。

预期表现的发展

《新一代科学教育标准》的真正创新之处在于要求学生掌握实践、内容及其连接的交互。预期表现是整合三个维度的恰当方式。它为教育者提供了特殊指导并且为如何在课堂里开展科学教学定下了基调。如果应用得当,《新一代科学教育标准》将提供贯通、严谨的教学指导,引导学生使他们能在独特的情境中获得和应用科学知识,并进行科学的思考和推理。虽然这是国家标准的一个创新点,但是预期表现的理念已经在许多其他国家和国际方案中得到应用。

21世纪科学教育的愿景是期望所有的实践都被教育工作者利用起来。教育工作者和课程开发者必须在设计课程时牢记这一点。在《新一代科学教育标准》的编写过程中,有关设计预期表现的关键问题在于,如何在既定学科核心概念和跨学科概念的范围内选择实践、关于实践和学科核心概念的描述性语言之间过渡文字的选用以及学生达成期望的能力的选择。考虑到一些实践的本质,它通常不会当作独立实践应用在教学中。一般来说,"提出问题"型实践会引发学生进行调查,产生的数据可以作为证据来发展解释或论据。同样的,数学在所有的学科中都有所涵盖。模型、论据和解释都建立在证据的基础上。而证据可以是数学的。在标准中,有些特定的地方要求数学,但没有明确要求数学的地方,不应被解释为妨碍学生利用数学关系来进行其他实践。最终,《新一代科学教育标准》在预期表现方面对实践的考量达到了平衡。然而,为了确保严谨的内容得到应有的关注,如模型、论据和解释这样的实践在整个标准中得到了重点强调。

学科核心概念的应用与发展

《新一代科学教育标准》的编写是建立在《框架》划定的年级段基础上。年级段的终点提供了学科核心概念方面的学习进展。因此,学科核心概念的年级段终点被逐字纳入标准。

核心概念的最大挑战在于确保标准是一个严谨可操作的整体。《框架》提供了很多跨学科的联系,对教学资源的研发是有益的。这些联系也在开发标准时造成了诸多挑战。《新一代科学教育标准》提出了明确可行的标准,与其他标准不重复,但仍然保留这些重要的跨学科联系。标准,就其性质而言,是学生的学业成就目标,并且被写成不造成课程关联的形式。《新一代科学教育标准》的编写方式也是为了避免试图一次教一个表现或作为单一的指导导致的对教学的限制。

另一个挑战是为了确保标准是一个可管理的整体。最优先的一点是确保一致性和学习进程。这是通过几种方式来完成的。第一,删除重叠或冗余内容,并将内容调整到合适的位置。第二,利用公众反馈和来自主要利益相关者(如科学家群体和美国国家科学教师协会)的反馈做进一步删改,删去对理解每个更大的学科核心概念来说不重要的内容。教育工作者组成小组,审查与他们所负责的年级、年级段或相关学科的《新一代科学教育标准》,以确保这些内容的可教学性。如今,《新一代科学教育标准》呈现了一套基于此次审查的可教授的标准。与所有标准一样,《新一代科学教育标准》提出了所有学生应当知道的内容,并且为了确保满足学生的需求允许老师不拘泥于标准。

科学和工程实践与跨学科概念的应用与发展

尽管《框架》规定了标准中应涵盖的科学和工程实践,但是这份文件并没有规定如何在教学过程中组织这些实践。《新一代科学教育标准》中包括了一个进程矩阵，说明各个年级的学生对于每个科学和工程实践与跨学科概念的目标是如何改变的。在编写过程中对进程矩阵进行了审查和修订，以便为读者提供明确的指导。大量的时间被耗费在确保《新一代科学教育标准》的编者对科学和工程实践与跨学科概念有共同的理解。《新一代科学教育标准》编者积极鼓励各州和学区也这样做。

《新一代科学教育标准》中不包括什么

我们必须承认，《新一代科学教育标准》有一些限制是有意为之的。下面列出了一些最重要的限制：

- 《新一代科学教育标准》不意味着将科学教学局限于单个科学和工程实践。它呈现了在教学结束时学生应该能够做什么，而不是教师如何教授教材。
- 《新一代科学教育标准》已经规定了学生应当知道和具体做的最核心的内容。而标准的编写方式使得教育者和课程开发人员有较大的自由处理权。该标准不打算成为一份囊括K-12科学教育中所有可能内容的详尽清单，也不打算阻止学生适当超越标准。
- 《新一代科学教育标准》不定义科学领域的前沿工作。建立在大学和专业教职员工评论的基础上，该标准形成了前沿工作的基础。但是也应鼓励想进入STEM领域的学生追随他们的兴趣并学习额外课程。
- 虽然在《新一代科学教育标准》的编写过程中我们非常谨慎地考虑不同群体的需求，但没有一个文件可以完全呈现具有不同程度的能力和需求的学生所需的所有干预措施或支持。

《新一代科学教育标准》的结构

标准在幼儿园到五年级按照年级水平组织，初中和高中阶段则按照年级段划分。为了讨论实施《新一代科学教育标准》对初中和高中产生的影响，我们为初高中学生研发出了一套示范课程，可参见附录K。

《新一代科学教育标准》的一个真正创新之处在于整体的连贯和一致性。因此，预期表现（《新一代科学教育标准》架构的可评估部分）可以通过满足州和地区需求的任何最佳方式安排在一个年级水平内，而不会降低学习学科核心概念的一致性。

在课程、教学和评价中《新一代科学教育标准》的应用

《新一代科学教育标准》专注于在教学结束时展现熟练程度所需的表现。这种以成就而不是课程为重点的架构模式，使教育工作者、课程开发者和其他教育利益相关者能够灵活地基于当地需求确定最佳方式，帮助学生满足标准。为确保课堂内实施《新一代科学教育标准》的最佳方式，教师应该依靠优质的教学产品和自己的专业判断力，并将这些作为在课堂中实施《新一代科学教育标准》的最佳途径。《新一代科学教育标准》提供了一个机会，使医学、工程、法医学和其他适用的科学引入课堂中，将标准以一种能激发学生兴趣的方式传递出去，并且引发学生进一步追求STEM职业生涯的愿望。

将学科核心概念与实践相匹配是定义一组离散的混合标准所必需的，但这不应该成为教学材料中出现的唯一组合。事实上，高质量的教学材料和教学必须允许学生在多学科背景下单独和组合地学习与应用科学实践。实践与科学教学的关系可以说是鱼离不开水。虽然《新一代科学教育标准》将内容与单一实践相结合，但这是为了清楚地说明在该内容中可使用的实践，而不是限制教学。

课程和教学应侧重于预期表现的"捆绑"应用，为学生提供一次有情境学习的经历。学生不应该朝着完成一个独立的预期表现而努力。相反，预期表现的"捆绑"提供了更高的一致性和课时效率。这种捆绑还使学生看到科学和实践相互连接的本质。

最后，《新一代科学教育标准》的课堂评价应当反映高质量的教学。也就是说，学生应该在各种情境及科学和工程实践中演示所学知识的内容。随着学生朝着预期表现努力，课堂评价应该关注学生积累的知识和各种实践。重要的是，要记住《新一代科学教育标准》的评价应该是全面地而非片面地理解所有学科核心概念。

情感领域

情感领域（涉及兴趣、经验和热情的学习领域）是科学教育的关键组成部分。正如《框架》中所指出的，现有大量的研究支撑，科学和工程领域的概念和技能的发展与诸如兴趣、参与程度、动机、持久性和自我认同等因素之间有着密切联系。关于情感教育重要性的评论贯穿整个《框架》中。例如：

- 研究指出，个人兴趣、经历和热情——这些对儿童在学校或其他环境中的科学学习是很关键的因素——可能也与其成年后的教育和职业选择相关联（第 28 页）。
- 对科学与工程概念的发展史、科学与工程实践者的贡献史以及这些贡献的应用史的讨论，是科学与工程课程的重要组成部分。对于许多学生来说，这些方面能赢得他们对相关领域的兴趣，并使他们建立成为积极投入和有能力的科学与工程学习者的身份认同感（第 249 页）。
- 学习科学不仅依赖于积累事实和概念，也依赖于发展这样一种身份认同感：将自己作为一个有能力、有学习更多东西的动力和兴趣的科学学习者（第 286 页）。
- 在学校学习科学会使公民有自信、有能力并愿意继续学习影响他们的生活和社会的问题，无论是科学问题还是其他问题（第 286-287 页）。

《新一代科学教育标准》也致力于实现这些目标。然而，《框架》和《新一代科学教育标准》的目的是不同的。《框架》规划了 K-12 科学教育的愿景，其提出的建议不仅包括学生所要学习的内容，还包括课程、教学、教师的职业发展和评价。

《新一代科学教育标准》的目的则更有限。它并非要取代《框架》的愿景，而是通过提供学生在其 K-12 年级学习经历的不同阶段能够展示的科学和工程能力的清晰陈述来支持这一愿景。当然，如果学生有课程和教学的支持，激发他们在科学和工程方面的兴趣，他们将更有可能获得这些能力。此外，那些乐于去继续他们的课程学习并坚持学习更前沿和更具挑战性课程的学生，更有可能成为具备 STEM 知识的公民以及有机会继续从事 STEM 领域的职业。然而，通过指定那些强调兴趣、动机、持久性和职业目标等特质的预期表现并不能使实现该框架愿景的可能性增加。这一决定与《框架》也是一致的，《框架》推荐在编撰标准的过程中将三个维度综合使用，而这三个维度的学习终点所划定的范围中并不包含情感目标。

《新一代科学教育标准》的附加材料

《新一代科学教育标准》附录的摘要如下所示：

附录 A　概念转变

《新一代科学教育标准》提供了一个不仅能改善科学教育，而且能提高学生成就的重要机会。《新一代科学教育标准》旨在反映基于《框架》的美国科学教育新愿景。主要州和编写团队确定了科学教育者和利益相关者需要做出的七个"概念转变"，从而能有效地使用《新一代科学教育标准》。这些分别是：

1. K-12 年级科学教育应反映科学与现实的相互连接。
2. 《新一代科学教育标准》是学生的成果，绝对不是课程。
3. 整个 12 年教学阶段的科学概念是连贯一致的。
4. 《新一代科学教育标准》更侧重于深入理解和内容运用。
5. 科学和工程被纳入 K-12 年级科学教育。
6. 《新一代科学教育标准》旨在让学生为大学学习、职业生涯和公民身份做好准备。
7. 科学标准与英语语言艺术和数学州共同核心标准相协调。

附录 B　对公共草案的回复

在此处可查阅关于《新一代科学教育标准》所有领域的公众反馈结果以及主要州和编写团队的回应。

附录 C　大学学习和职业生涯的预备

成功地制定标准的一个关键因素，是确保标准的愿景和内容让学生为大学学习和职业生涯做适当的准备。在《新一代科学教育标准》的编写过程中，为了确保大学学习和职业生涯的预备是建立在现有证据的基础上，我们发起了一个程序。该程序将继续运作，在这个过程中各州一起努力来确定普适的定义。

附录 D　"所有标准，所有学生"

在整个国家都在发生重大教育变革的历史时期，《新一代科学教育标准》诞生了。学生人口结构正在快速变化，而科学成就差距仍然存在。由于《新一代科学教育标准》对所有学生提出了高认知要求，教师必须转换教学方式，以使所有学生都能按照要求为大学学习和职业生涯做好充分的准备。

本附录强调了以理论或概念框架为基础的实施策略。它由三部分组成。首先，它讨论了《新一代科学教育标准》给那些在科学课上很少被关注的学生团体所带来的学习机会和挑战。其次，它描述了基于科研成果的在科学教室、学校、家庭和社区能有效实施《新一代科学教育标准》的策略。最后，它通过应对不断变化的人口结构、持续存在的成就差距和影响非主流学生群体的教育政策，为学生多样性提供了背景。

附录 E　　学科核心概念的发展进程

《新一代科学教育标准》是基于《框架》中的年级段划分所确定的学习进程来编写的。对每个传统科学中的每个学科核心概念，提供简要的、叙述性的文字来描述其随着年级段变化而发生的进展。这些学习的进展被用于对大学学习和职业生涯预备充分性的评估，以确定学生在高中毕业之前对每个概念理解所应该达到的深度。

附录 F　　科学与工程实践

《框架》确定了八个反映专业科学家和工程师做法的科学和工程实践。在预期表现中使用这些实践不仅是为了强化学生在这些实践中所获得的技能，还是为了建立学生对科学和工程本质的理解。下面列出了《框架》中的科学与工程实践：

1. 提出问题和定义问题。
2. 开发和使用模型。
3. 计划和开展研究。
4. 分析和解读数据。
5. 使用数学和计算思维。
6. 建构解释和设计解决方案。
7. 参与基于证据的论证。
8. 获取、评价和交流信息。

《框架》没有明确列出以上这些科学和工程实践的年级段范围，取而代之的是提供了学生在 12 年级结束时应该知道的内容的一个概要，以及一个每个年级相对应的预期进展。《新一代科学教育标准》在这个假定进展和 12 年级端点的基础上架构了这些科学和工程实践的年级段终点。这些科学与工程实践出现在《新一代科学教育标准》和支持性的基础框中。本附录中还提供了《新一代科学教育标准》所使用的所有特定的科学与工程实践列表。

附录 G　　跨学科概念

《框架》还确定了七个跨学科概念，旨在给学生一个用于理解世界的组织架构并且帮助学生跨学科、跨年龄段地理解和连接学科核心概念。它们不是作为附加内容。下面列出了《框架》中的跨学科概念：

1. 模式。
2. 原因与结果。
3. 尺度、比例与数量。

4. 系统与系统模型。

5. 系统中的能量与物质。

6. 结构与功能。

7. 系统的稳定与变化。

与科学和工程实践一样，框架没有为跨学科概念指定年级段，而是提供了 12 年级结束时学生应该知道的概要，以及每个年级相对应的预期进展。为了进一步编写《新一代科学教育标准》，基于这些假定进展和 12 年级端点，构建了跨学科概念的年级段终点。这些跨学科概念出现在《新一代科学教育标准》和支持性的基础框中。本附录中还提供了《新一代科学教育标准》所使用的特定的所有跨学科概念列表。

附录 H　理解科学事业：科学的本质

以公众和国家的反馈，以及来自诸如美国国家科学教师协会等主要合作伙伴的反馈为基础，《新一代科学教育标准》采取了一些措施使科学的本质在预期表现中更加突出。重要的是，虽然科学的本质通过科学和工程实践在《框架》中反映出来，但是理解科学的本质不仅仅是一种实践。因此，主要州的努力方向是在科学和工程实践与跨学科概念中适当地阐明科学的本质。本附录中包括了 K-12 各个年级段科学本质的矩阵。

附录 I　工程设计

《新一代科学教育标准》承诺将工程设计整合到科学教育中。具体来说，是通过从 K-12 年级的所有层次教授科学学科时，将工程设计的重要性提升到与科学探究相同的水平。《新一代科学教育标准》为学生提供工程设计的基础并让学生更好地参与并渴望解决他们在未来几十年将面临的重大社会和环境问题。

附录 J　科学、技术、社会和环境

在 20 世纪 80 年代初，英国和美国开始将使所有学生了解科学、技术和社会之间的关系视为重要目标。在《框架》第 8 章中将科学和技术与社会和自然环境相联系的核心概念，与过去 30 年在科学教育方面所做的努力相一致。

附录 K　初高中示范课程的规划

《新一代科学教育标准》从幼儿园到五年级按照年级水平组织，在初中（6-8 年级）和高中水平（9-12 年级）则是按照年级段期望划分。当州和学区考虑《新一代科学教育标准》的实施时，必须仔细考虑如何将这些年级段标准组织成课程，使得学生为高等教育的成功做最好的准备。本附录概述了该过程的几个潜在方向以帮助促进这一决策过程。

附录 L　与州共同核心标准（数学）的联系

科学是一种量化学科，这意味着教育者必须确保学生的科学学习与数学学习相互一致。为了实现这种一致性，《新一代科学教育标准》编写团队与州共同核心标准（数学）编写团队合作，以确保《新一代科学教育标准》不会超出或不符合州共同核心标准（数学）中的各个年级的标准。一切努力都是为了确保州共同核心标准（数学）和《新一代科学教育标准》之间的一致性。最重要的是，《新一代科学教育标准》总是不会以超出州共同核心标准（数学）中的各个年级的标准或与之不一致的方式来解读和实施。这也包括研发与《新一代科学教育标准》对应的教学材料和教学评价。本附录给出了关于数学和科学在K–8年级之间的关系的一些具体建议。

附录M　为了科学和技术主题中的读写能力与州共同核心标准的衔接

读写能力对于建构科学知识至关重要。为了确保州共同核心标准读写标准与《新一代科学教育标准》中列出的具体内容需求相匹配，《新一代科学教育标准》编写团队与州共同核心标准编写团队合作，识别与《新一代科学教育标准》中列出的具体内容要求相关联的关键读写能力。正如州共同核心标准所言，科学阅读需要对科学学科的规范和惯例的尊重，其中包括理解所使用的证据的性质；注重精密度和细节；生成和评估复杂论点、整合复杂信息、认真践行繁复的程序以及解释事件和概念的能力。学生还需要能够从传递信息和阐明科学概念的复杂图表和数据中获得知识。同样，撰写和口头表达信息是学生发表和捍卫科学的主张，展示他们对一个概念的理解，并传达他们所经历、想象、思考和学习的内容的关键途径。所有努力都是为了确保州共同核心标准和《新一代科学教育标准》之间的一致性。与数学标准一样，《新一代科学教育标准》应该以不会超出州共同核心标准中各个年级标准的读写能力的方式来解读和实施（这包括研发与《新一代科学教育标准》相一致的教学资源和评价）。

参考文献

NRC (National Research Council). (2012). *A framework for K-12 science education:Practices, crosscutting concepts,and core ideas.* Washington, DC:The National Academies Press. http://www.nap.edu/catalog.php?record_id=131.

如何阅读《新一代科学教育标准》

《新一代科学教育标准》与先前的科学标准有三点不同。

1. 表现。 以前的标准文件列出了什么是学生应该"知道"或"理解"的。这些需要被解释成可以被评价的表现才能确定学生是否满足标准。不同的解释有时导致评价与课程和教学不相符。《新一代科学教育标准》通过提出说明学生应该能够做什么以证明他们符合标准的预期表现来避免这一困难，从而为课程、教学和评价提供相同的明确而具体的目标。

2. 基础。 每个预期表现都包括美国国家研究委员会报告《框架》中的三个维度：科学和工程实践、学科核心概念和跨学科概念。

3-LS4 生物演化：统一性与多样性

预期表现

学生可以通过以下表现来展示理解：

3-LS4-1. 分析和解读化石上的数据，提供过去生物体及其居住环境的证据。[说明：数据的例子可以包括生物体化石的类型、大小和分布。化石和环境的例子可以包括在陆地上发现的海洋生物化石、在北极地区发现的热带植物化石和已灭绝的生物体化石。][评价边界：评估不包括对特定化石或现存植物和动物的鉴定。评价仅限于主要化石类型和相对年龄。]

3-LS4-2. 用证据来解释同一物种的个体之间的特征差异如何为生存、求偶和繁殖提供优势。[说明：因果关系的例子可以是：比其他植物拥有更大棘刺的植物被天敌吃掉的可能性更小，有更好伪装色的动物比其他动物可能更容易生存，因此更容易留下后代。]

3-LS4-3. 构造具有证据的论点，即在一个特定的栖息地有些生物体可以生存得很好，有些生存得较差，有些根本无法生存。[说明：证据的例子可以包括所涉及的生物体和栖息地的需求与特征。这些生物及其栖息地构成各部分互相依赖的系统。]

3-LS4-4. 论述一个解决方案的优势，该方案针对由环境变化以及其中的动植物种类可能变化而导致的问题。*[说明：环境变化的例子可能包括土地特性、水分布、温度、食物和其他生物体的变化。][评价边界：评价仅限于一个单一的环境变化。评估不包括温室效应和气候变化。]

*这项预期表现通过实践或学科核心概念将传统科学内容整合到工程中。

科学与工程实践	学科核心概念	跨学科概念
分析和解读数据 3-5年级的分析数据建立在K-2年级的经验和基础上，发展到介绍定量方法来搜集数据和进行多个定性观察的试验。如果可行，应采用	LS2.C：生态系统的动态、运作和恢复力 当环境的变化影响某处的物理特征、温度或资源的可用性时，一些生物体能存活和繁衍，另一些迁移到新的环境，还有一些生物	原因与结果 ●因果关系经常被识别和用来解释变化。(3-LS4-2)(3-LS4-3) 尺度、比例与数量 ●可观察的现象存在于极短至极长的一段时间内。(3-LS4-1) 系统与系统模型

3. 一致。 每组预期表现都列出了与科学和工程学科内的其他概念，以及英语语言艺术/读写能力和数学的州共同核心标准的联系。

这三个独特的特性体现在标准的格式中，从"系统架构"开始。

系 统 架 构

如上图所示，每组预期表现都有一个标题。标题下面是一个包含预期表现的框。框的下部有三个基础框，从左到右列出了具体的科学和工程实践、学科核心概念和跨学科概念，结合起来形成上述的预期表现。

页面底部的注释向用户指出包含与同一年级水平其他相关学科核心概念关联的特定页面，针对高、低年级学生的相关学科核心概念的特定页面，以及与英语语言艺术/读写能力和州共同核心标准（数学）

XXII

相关联的特定页面。下面将进一步详细描述这些部分。

预 期 表 现

预期表现是对学生应该知道和能够做的事的一个可评价陈述。美国一些州认为这些预期表现本身就是"标准",而其他州则将三个基础框的内容和链接内容含在"标准"中。编写团队在这个问题上保持中立。要点在于所有学生都应对证明他们达到的所有预期表现负责,这些表现允许用多种方式评价。

上一段中最后一句,即所有学生都应该对实现所有预期表现负责,是值得特别注意的。因为它与以前的标准文件所提倡的,尤其是学生在高中时代惯于学习一些但不是所有的科学学科课程这样的思想是相背离的。新一代科学教育标准采取的立场是:一个有科学素养的人理解并能够应用每个主要科学学科的核心概念,并且他们在科学和工程实践与跨学科概念中能够获得经验。为了确保这一点的切实可行,编写团队将包含在预期表现中的学科核心概念限制为《框架》中所列出的内容。

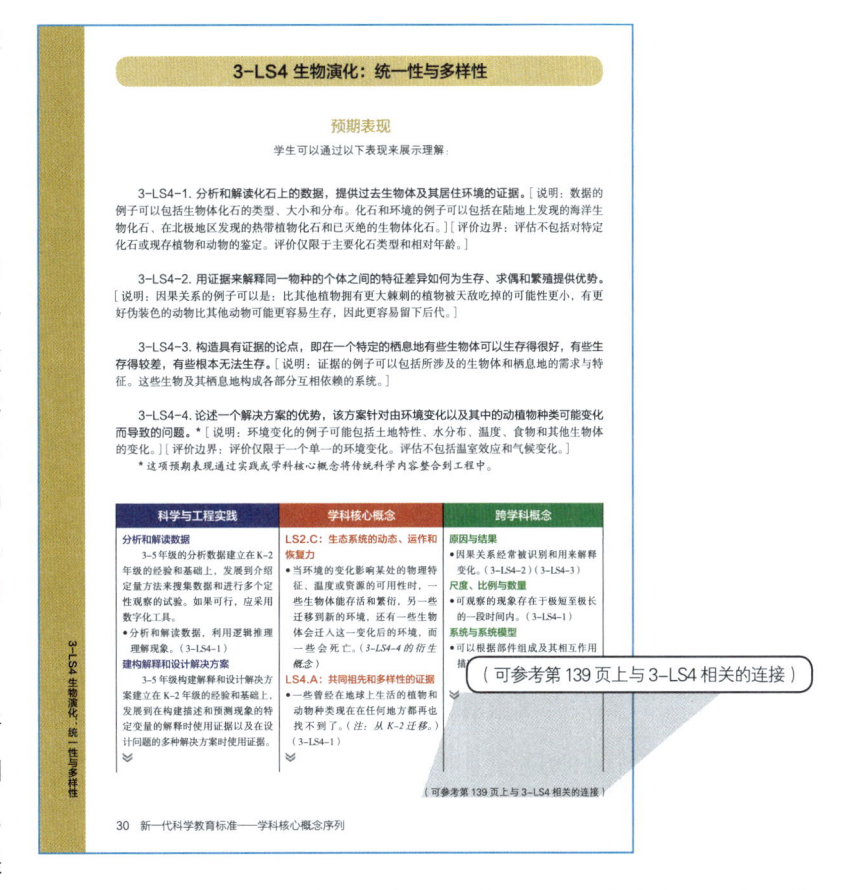

《新一代科学教育标准》编者最初试图将《框架》中所有的学科核心概念逐字纳入预期表现中,但结果过于复杂冗长,降低了读者对标准的理解。取而代之的是,预期表现是为了传达一个"大概念",它结合了三个基础框的内容。在开发的最后阶段,编者听取了主要州团队的建议后进一步限制了预期表现的数量,以确保绝大多数学生以某种合理的熟练水平可以完成这些预期表现。

一些州的标准包括某些在《新一代科学教育标准》中所没有的概念。然而,在大多数情况下,并不是这些州的所有学生都需要参加科学和工程领域的所有课程。《新一代科学教育标准》适用于所有学生,所有学生都需要熟练地达到该标准中所有的预期表现。

《新一代科学教育标准》的预期表现不应限制课程。有兴趣进一步学习科学(通过大学预修课或其他高级课程)的学生应该有这样的机会。该标准的预期表现为某些学生可能选择的科学和工程高级课程提供了基础。

此外,预期表现不是一套教学或评价任务。他们是学生在教学后应该能做什么的陈述。关于如何最好地帮助学生满足这些预期表现,决定权留给州、地区和教师。

在上面的例子中,注意预期表现如何将学生需要学习的技能和概念相结合,同时注意其中建议的方法,评估三年级学生是否具有三个基础框中指定的能力和是否理解了基础框中的内容。

如示例所示,大多预期表现后面跟着一个或两个额外的以较小字体书写的描述。其中包括提供实例或进一步说明预期的表现和限制大规模评估范围的评估边界报告。

XXIII

注意，其中一个学科核心概念是"从 K-2 迁移"。这意味着编写团队认为，《框架》指定的 2 年级结束的一个学科核心概念如果结合其他三年级指定概念可以更容易评估。这种转移学科核心概念适用年级的行为仅在极少数情况下发生。

另外请注意，三个基础框中的每一个都指示了这个预期表现的代码（3-LS4-1），这个代码说明构建该预期表现的具体科学和工程实践、学科核心概念和跨学科概念。因为大多数标准都有几个预期表现，代码使得看懂基础框中的信息如何用于构建每个预期表现变得很容易。

预期表现的代码来自《框架》。跟标题一样，第一个数字表示幼儿园到五年级的年级段，或指定的初中或高中。下一个字母数字代码指定了学科、核心概念和子概念。所有这些由《框架》派生的代码都显示在下表中。最后，每个代码末尾的数字表示该语句在《框架》中作为一个学科核心概念出现的顺序。

物质科学	生命科学	地球与空间科学
PS1 物质及其相互作用	LS1 从分子到生物体：结构与过程	ESS1 地球在宇宙中的位置
PS1A 物质的结构和性质	LS1A 结构与功能	ESS1A 宇宙和它的恒星
PS1B 化学反应	LS1B 生物体的生长和发育	ESS1B 地球和太阳系
PS1C 原子核过程	LS1C 生物体的物质流与能量流的组织	ESS1C 行星地球的历史
PS2 运动和稳定性：力和相互作用	LS1D 信息处理	ESS2 地球的系统
PS2A 力与运动	LS2 生态系统：相互作用、能量和动态	ESS2A 地球物质和系统
PS2B 相互作用的类型	LS2A 生态系统中的相互依存关系	ESS2B 板块构造论和大尺度系统相互作用
PS2C 物理系统的稳定性和不稳定性	LS2B 生态系统中物质循环和能量传递	ESS2C 水在地球表面过程中的作用
PS3 能量	LS2C 生态系统的动态、运作和恢复力	ESS2D 天气和气候
PS3A 能量的定义	LS2D 社会互动和群体行为	ESS2E 生物地质学
PS3B 能量守恒和能量传递	LS3 遗传：性状的继承与变异	ESS3 地球与人类活动
PS3C 能量与力的关系	LS3A 性状的继承	ESS3A 自然资源
PS3D 化学过程和日常生活中的能量	LS3B 性状的变异	ESS3B 自然灾害
PS4 波及其在信息传递技术中的应用	LS4 生物演化：统一性与多样性	ESS3C 人类对地球系统的影响
PS4A 波的特性	LS4A 共同祖先的证据	ESS3D 全球气候变化
PS4B 电磁辐射	LS4B 自然选择	
PS4C 信息技术和仪器	LS4C 适应	
	LS4D 生物多样性与人类	

基 础 框

虽然预期表现可以独立存在，但是当预期表现与其下面的基础框的内容放在一起看时，能对学生应该能做什么得到一个更一致完整的概念。基础框中的三个框包括来自《框架》用于构建这一组预期表现

XXIV

的科学和工程实践、学科核心概念和跨学科概念。

学科核心概念。中间的橙色框包括从《框架》中获取的，关于所有学生在校 13 年期间应该理解的主要科学学科的最基本概念。《新一代科学教育标准》编写团队认为一些详尽的描述陈述会非常有帮助，因为这些陈述分析和解构了学科核心概念和子概念，使得每个学生在 2 年级、5 年级、8 年级和 12 年级结束时的理解都能达到同一个水平。虽然它们在《框架》中以段落的形式出现，但这里它们被编号以确保每个语句都被区别对待。

科学与工程实践。左侧的蓝色框只包括用于构建预期表现的科学和工程实践。这些陈述来源于《框架》中详述的八个类别并根据这八个类别被分组，以进一步解释在每个年级段中强调的重要科学和工程实践。大多数的预期表现只强调了几个实践类别，然而，一个年级段内所有的实践都是重点。教师被鼓励在任何教学中利用多种实践，而不必受预期表现的限制，表现仅仅是用来指导评价的。

跨学科概念。右侧的绿色框包括从《框架》的跨学科概念列表中衍生出的陈述，这些语句适用于上面框中的一个或多个预期表现。大多数的预期表现限制了跨学科概念的数量，以便集中在那些与学科核心概念有显著关联的要点上。然而，在一个年级段内所有的跨学科概念都是重点。另外，该列表不是详尽的，也不是限制教学的。考虑到科学与工程是不能分裂的，以及工程、技术和科学对社会和自然界的影响，与该标准相关的科学的本质概念也列在这个框。虽然这些不是广泛意义上的跨学科概念，但在特定科学概念的背景下教授和评估它是最合适的，因而也列在此框中。

连 接 页 面[①]

每个标准页面底部的定向脚注将读者指向相应的"连接页面"，这是为了通过显示每个标准的预期表现是如何与科学中的其他预期表现和州共同核心标准相关联的，来支持标准的统一观点。这些连接分为以下三个部分。

与本年级水平中其他学科核心概念的连接。本节列出了将某一预期表现与此组预期表现范围之外但同属于一个年级水平的材料联系起来的学科核心概念。例如，物质科学和生命科学的预期表现都包含与光合作用相关的核心概念，可以相互关联。在连接页面上不包括在作为预期表现的相同的学科核心概念中的概念（例如，HS-PS1-1 的 PS1.C），也不包括在作为预期表现的相同的主题序列排列中的概念（例如，HS. ESS2.B 的 HS-ESS1-6）。

跨年级水平学科核心概念的连接。这一部分列出了学科核心概念，这些核心概念不是为学生在给定预期表现的情况下（通常在以前的年级水平）理解核心概念提供基础，就是以预期表现（通常在随后的年级水平）所给出的核心概念为基础做进一步的延伸。

与州共同核心标准的连接。这部分列出了英语语言艺术/读写能力和数学州共同核心标准中可以作为给定预期表现的先决条件或与给定预期表现相关的标准。例如，要求学生使用指数符号的预期表现与相应的数学州共同核心标准匹配，以确保学生需要用于科学的数学技能尽可能在前一年被教授。斜体的预期表现表明所列出的州共同核心标准不是先决知识，但与预期表现相关。

[①]《新一代科学教育标准》的印刷版本组织结构与在线版本不同，这是由图书出版商与许多科学教师和其他教育专家协商后做出的决定，这些格式都是经过精心挑选的。在线版本的"连接框"中列出了预期表现所连接的条目，无论连接的是学科核心概念还是州共同核心标准，并在所列条目后的括号中列出预期表现的代码。印刷版的"连接页面"采用相反的方法：它们按顺序列出预期表现的代码，并在每个列出的预期表现之后提供它们连接的条目，无论连接的是学科核心概念还是州共同核心标准。

连接《新一代科学教育标准》学科核心概念序列

关键点
K.MD.A.2: 直接比较两个物体相同的、可测量的属性，看哪个物体具有更多/更少的该种属性并描述差异。中物体的数量并且按照数量对这些类别进行排序。

K-ESS2 地球的系统

与幼儿园其他学科核心概念的连接
不适用

跨年级段学科核心概念的衔接
K-ESS2-1: 2.ESS2.A, 3.ESS2.D, 4.ESS2.A
K-ESS2-2: 4.ESS2.E, 5.ESS2.A

与州共同核心标准的连接
（注：科技学部分不一定是成功完成一个既定预期表）

K-ESS3 地球与人类活动

与幼儿园其他学科核心概念的连接
K-ESS3-2: K.ETS1.A
K-ESS3-3: K.ETS1.A

跨年级段学科核心概念的衔接
K-ESS3-1: 1.LS1.A, 5.LS2.A, 5.ESS2.A
K-ESS3-2: 2.ESS1.C, 3.ESS3.B, 4.ESS3.B
K-ESS3-3: 2.ETS1.B, 4.ESS3.A, 5.ESS3.C

与州共同核心标准的连接
（注：科技学部分不一定是成功完成一个既定预期表）

标准的替代结构

《新一代科学教育标准》的结构是由基于《框架》中自然科学主要领域的核心概念，加上一套对工程的预期表现组织而成。《框架》中列出了 11 个核心概念，包括 4 个生命科学领域、4 个物质科学领域和 3 个地球和空间科学领域的概念。核心概念被分为总共 39 个子概念，每个子概念都有一个清单阐述学生在二年级、五年级、八年级和十二年级结束时对此子概念应该有的理解。这些特定等级的陈述被称为学科核心概念。本卷（第 1–166 页）的"学科核心概念序列"部分完全遵循《框架》的结构。

在《新一代科学教育标准》开始编写前，编者们审查了《框架》中的所有学科核心概念，以消除冗余陈述，找出学科核心概念之间的自然联系，并制定适合不同年级水平的预期表现。结果是学科核心概念按主题被排序，但并不完全符合《框架》中确定的核心概念的组织方式。这个结构构成了本卷（第 167–332 页）"主题序列"部分的基础，专为那些喜欢以这种形式使用新一代科学教育标准的人准备。在"主题序列"的标准中，个体预期表现的编码结构与用于《框架》中学科核心概念的编码结构相同。由于《新一代科学教育标准》朝着高中学科核心概念的方向发展，个体预期表现可以在年级段内以任何顺序重新排列。

术语表

A	代数（连接州共同核心标准）	IF	解读函数（连接州共同核心标准）
AAAS	美国科学促进会	IRE	生态系统中的相互依存关系（主题名）
AYP	年度进展	IVT	性状的继承与变异（主题名）
BF	建立函数（连接州共同核心标准）	K	幼儿园
CC	计数和基数（连接州共同核心标准）	LEP	有限的英语水平
CC	跨学科概念	LS	生命科学
CCR	为大学和职业生涯做准备	MD	测量和数据（连接州共同核心标准）
CCSS	州共同核心标准	MEOE	生物体和生态系统中的物质与能量（主题名）
CCSSM	州共同核心标准（数学）		
CED	建立方程（连接州共同核心标准）	MP	数学实践（主题名）
CR	化学反应（主题名）	MS	初中
DCI	学科核心概念	N	数字和数量（连接州共同核心标准）
E	能量（主题名）	NAE	美国国家工程院
ED	工程设计（主题名）	NAEP	国家教育进展评估
EE	表达式和方程式（连接州共同核心标准）	NAGC	美国天才儿童协会
ELA	英语语言艺术	NBT	十进制数与运算
ELL	英语学习者	NCES	国家教育统计中心
ES	地球的系统（主题名）	NCLB	不让一个孩子掉队法案
ESEA	中小学教育法案	NF	分数及其运算（连接州共同核心标准）
ESS	地球和空间科学	NGSS	《新一代科学教育标准》
ETS	工程、技术和科学的应用	NOS	科学的本质
		NRC	美国国家研究委员会
F	函数（连接州共同核心标准）	NS	数字系统（连接州共同核心标准）
FB	基础框	NSA	自然选择和适应（主题名）
FI	力和相互作用（主题名）	NSE	自然选择和演化（主题名）
G	几何学（连接州共同核心标准）	NSF	美国国家科学基金会
GBE	年级段的终点	NSTA	美国国家科学教师协会
GDRO	生物体的生长、发育和繁殖（主题名）	OA	运算与代数思维（连接州共同核心标准）
HI	人类的影响（主题名）	PE	预期表现
HS	高中	PISA	国际学生评估项目
IC	推理和论证结论（连接州共同核心标准）	PS	物质科学
ID	解读数据（连接州共同核心标准）	Q	数量（连接州共同核心标准）
IDEA	残疾人教育法案		
IEP	个性化教育项目	R&D	研发

XXVII

RI	信息文本阅读（连接州共同核心标准）	SSE	看懂表达式的结构
RL	文学作品阅读（连接州共同核心标准）	STEM	科学、技术、工程和数学
RP	比率和比例关系（连接州共同核心标准）	STS	科学、技术和社会
RST	科学和技术性学科阅读（连接州共同核心标准）		
		TELA	技术和工程素养评估
		TIMSS	国际数学和科学研究趋势
SEP	科学和工程实践		
SF	结构与功能（主题名）	W	波（主题名）
SFIP	结构、功能和信息加工（主题名）	W	写作（连接州共同核心标准）
SL	说和听（连接州共同核心标准）	WC	天气与气候（主题名）
SP	统计和概率（连接州共同核心标准）	WER	波和电磁辐射（主题名）
SPM	物质的结构和性质（主题名）	WHST	历史/社会学、科学、技术性学科中的写作（连接州共同核心标准）
SS	空间系统（主题名）		

目 录

学科核心概念序列

幼儿园到五年级 ································ 2
幼儿园 ·· 3
 K-PS2 运动和稳定性：力和相互作用 ········ 4
 K-PS3 能量 ··· 5
 K-LS1 从分子到生物体：结构与过程 ········ 6
 K-ESS2 地球的系统 ·································· 7
 K-ESS3 地球与人类活动 ··························· 8
一年级 ·· 9
 1-PS4 波及其在信息传递技术中的应用 ···· 10
 1-LS1 从分子到生物体：结构与过程 ······· 12
 1-LS3 遗传：性状的继承与变异 ················ 13
 1-ESS1 地球在宇宙中的位置 ···················· 14
二年级 ·· 15
 2-PS1 物质及其相互作用 ·························· 16
 2-LS2 生态系统：相互作用、能量和动态 ·· 18
 2-LS4 生物演化：统一性与多样性 ············ 19
 2-ESS1 地球在宇宙中的位置 ···················· 20
 2-ESS2 地球的系统 ···································· 21
K-2 年级　工程设计 ······························ 22
 K-2-ETS1 工程设计 ·································· 23
三年级 ·· 24
 3-PS2 运动和稳定性：力和相互作用 ········ 25
 3-LS1 从分子到生物体：结构与过程 ········ 27
 3-LS2 生态系统：相互作用、能量和动态 ·· 28
 3-LS3 遗传：性状的继承与变异 ················ 29
 3-LS4 生物演化：统一性与多样性 ············ 30
 3-ESS2 地球的系统 ···································· 32
 3-ESS3 地球与人类活动 ···························· 33
四年级 ·· 34
 4-PS3 能量 ··· 35
 4-PS4 波及其在信息传递技术中的应用 ···· 37
 4-LS1 从分子到生物体：结构与过程 ········ 38
 4-ESS1 地球在宇宙中的位置 ···················· 39
 4-ESS2 地球的系统 ···································· 40
 4-ESS3 地球与人类活动 ···························· 41
五年级 ·· 42
 5-PS1 物质及其相互作用 ·························· 43
 5-PS2 运动和稳定性：力和相互作用 ········ 45
 5-PS3 能量 ··· 46
 5-LS1 从分子到生物体：结构与过程 ········ 47

 5-LS2 生态系统：相互作用、能量和动态 ·· 48
 5-ESS1 地球在宇宙中的位置 ···················· 49
 5-ESS2 地球的系统 ···································· 50
 5-ESS3 地球与人类活动 ···························· 51
3-5 年级　工程设计 ······························ 52
 3-5-ETS1 工程设计 ·································· 53
初中物质科学 ······································· 54
 MS-PS1 物质及其相互作用 ······················ 56
 MS-PS2 运动和稳定性：力和相互作用 ····· 59
 MS-PS3 能量 ·· 61
 MS-PS4 波及其在信息传递技术中的应用 · 63
初中生命科学 ······································· 65
 MS-LS1 从分子到生物体：结构与过程 ···· 67
 MS-LS2 生态系统：相互作用、能量和动态 · 70
 MS-LS3 遗传：性状的继承与变异 ············ 72
 MS-LS4 生物演化：统一性与多样性 ········ 74
初中地球与空间科学 ···························· 76
 MS-ESS1 地球在宇宙中的位置 ················ 78
 MS-ESS2 地球的系统 ································ 80
 MS-ESS3 地球与人类活动 ························ 83
初中工程设计 ······································· 85
 MS-ETS1 工程设计 ·································· 86
高中物质科学 ······································· 88
 HS-PS1 物质及其相互作用 ······················ 91
 HS-PS2 运动和稳定性：力和相互作用 ····· 94
 HS-PS3 能量 ·· 97
 HS-PS4 波及其在信息传递技术中的应用 · 100
高中生命科学 ······································· 103
 HS-LS1 从分子到生物体：结构与过程 ···· 105
 HS-LS2 生态系统：相互作用、能量和动态 · 108
 HS-LS3 遗传：性状的继承与变异 ············ 112
 HS-LS4 生物演化：统一性与多样性 ········ 114
高中地球与空间科学 ···························· 117
 HS-ESS1 地球在宇宙中的位置 ················ 119
 HS-ESS2 地球的系统 ································ 122
 HS-ESS3 地球与人类活动 ························ 125
高中工程设计 ······································· 128
 HS-ETS1 工程设计 ·································· 129
连接《新一代科学教育标准》学科核心概念
 序列 ··· 131

主题序列

幼儿园到五年级 ················ 168
幼儿园 ······························ 169
- K. 力和相互作用：推力和拉力 ········ 170
- K. 生态系统中的相互依存关系：动物、植物及其生存环境 ················ 171
- K. 天气和气候 ······················ 173

一年级 ······························ 175
- 1. 波：光和声 ······················ 176
- 1. 结构、功能和信息处理 ············ 178
- 1. 宇宙系统：模式和周期 ············ 180

二年级 ······························ 181
- 2. 物质的结构和性质 ················ 182
- 2. 生态系统中的相互依存关系 ········ 184
- 2. 地球的系统：地球的形成过程 ······ 185

K-2年级 工程设计 ················ 186
- K-2年级 工程设计 ·················· 187

三年级 ······························ 188
- 3. 力和相互作用 ···················· 189
- 3. 生态系统中的相互依存关系 ········ 191
- 3. 性状的继承与变异：生命周期和性状 ··· 193
- 3. 天气和气候 ······················ 195

四年级 ······························ 196
- 4. 能量 ···························· 197
- 4. 波：波和信息 ···················· 199
- 4. 结构、功能和信息处理 ············ 200
- 4. 地球的系统：地球的形成过程 ······ 201

五年级 ······························ 203
- 5. 物质的结构和性质 ················ 204
- 5. 生物体和生态系统中的物质与能量 ··· 206
- 5. 地球的系统 ······················ 208
- 5. 宇宙系统：恒星和太阳系 ·········· 209

3-5年级 工程设计 ················ 210
- 3-5. 工程设计 ······················ 211

初中物质科学 ······················ 212
- 初中. 物质的结构和性质 ············· 215
- 初中. 化学反应 ····················· 217
- 初中. 力和相互作用 ················· 219
- 初中. 能量 ························· 221
- 初中. 波和电磁辐射 ················· 223

初中生命科学 ······················ 225
- 初中. 结构、功能和信息处理 ········· 227
- 初中. 生物体和生态系统中的物质与能量 ··· 229
- 初中. 生态系统中的相互依存关系 ····· 231
- 初中. 生物体的生长、发育和繁殖 ····· 232
- 初中. 自然选择和适应 ··············· 234

初中地球与空间科学 ················ 236
- 初中. 宇宙系统 ····················· 238
- 初中. 地球的历史 ··················· 240
- 初中. 地球的系统 ··················· 242
- 初中. 天气和气候 ··················· 243
- 初中. 人类影响 ····················· 245

初中工程设计 ······················ 247
- 初中. 工程设计 ····················· 248

高中物质科学 ······················ 250
- 高中. 物质的结构和性质 ············· 253
- 高中. 化学反应 ····················· 255
- 高中. 力和相互作用 ················· 257
- 高中. 能量 ························· 259
- 高中. 波和电磁辐射 ················· 262

高中生命科学 ······················ 265
- 高中. 结构与功能 ··················· 267
- 高中. 生物体和生态系统中的物质与能量 ··· 269
- 高中. 生态系统中的相互依存关系 ····· 271
- 高中. 性状的继承与变异 ············· 274
- 高中. 自然选择和演化 ··············· 276

高中地球与空间科学 ················ 279
- 高中. 宇宙系统 ····················· 282
- 高中. 地球的历史 ··················· 284
- 高中. 地球的系统 ··················· 286
- 高中. 天气和气候 ··················· 289
- 高中. 人类可持续性 ················· 291

高中工程设计 ······················ 294
- 高中. 工程设计 ····················· 295

连接《新一代科学教育标准》主题序列 ········ 297

学科核心概念序列

幼儿园到五年级

　　学生从幼儿园到五年级阶段要逐步了解四个学科核心概念：物质科学，生命科学，地球和空间科学，工程、技术和科学的应用。在低年级阶段，学生对周围世界的了解开始于识别模式，以及对所提出问题答案的寻求。到五年级结束时，学生有望展示与其所在年级相符的能力素质，包括搜集、描述、运用关于自然界和人工世界的信息。

　　小学年级段的预期表现为学生构建了概念与技能，当他们升入初中和高中时这些概念和技能为他们解释这四门学科中更为复杂的现象奠定了基础。在幼儿园至五年级间的预期表现中将特定的实践与指定的学科核心概念联系在一起，但是在教学中应该使用更多能帮助达成预期表现的实践。

幼儿园

　　幼儿园阶段的预期表现旨在帮助学生明晰以下问题，如"更用力地拉或推一个物体会发生什么？动物住哪儿以及它们为什么会住在那儿？今天天气怎么样以及今天天气和昨天天气有什么不同？"幼儿园学生的预期表现包括《框架》中的 PS2、PS3、LS1、ESS2、ESS3 和 ETS1 学科核心概念。

　　学生预计能够了解当地的天气模式与变化以及理解天气预报的目的，以应对糟糕的天气。学生通过对将不同大小或不同方向的拉力和推力应用于在运动中的物体上所产生的效果的理解，来分析一个解决方案。学生也预期能够了解动物和植物（包含人类）生存的需求以及这些需求与生存地点之间的关系。以下跨学科概念被称为这些学科核心概念的组织概念：模式；原因与结果；系统与系统模型；科学、工程和技术的相互依存；科学、工程和技术对社会和自然界的影响。

　　在幼儿园阶段的预期表现中，学生有望展示与其所在年级相符的能力素质，包括：提出问题；开发和使用模型；计划和开展研究；分析和解读数据；设计解决方案；参与基于证据的论证；获取、评价和交流信息。学生预期通过实践来展现其对核心概念的理解。

K-PS2 运动和稳定性：力和相互作用

预期表现

学生可以通过以下表现来展示理解：

K-PS2-1. 计划和开展研究来比较施加在一个运动物体上不同大小或方向的推力和拉力对物体运动的影响。[说明：拉力或推力的例子包括拉物体的绳子、一个人推一个物体、一个人让旋转的球停下来、两个物体相互碰撞和挤压。][评价边界：评价只限于不同的大小或不同的方向中的一种，两个不同时出现。评价不包括没有接触的推力或拉力，如磁力。]

K-PS2-2. 分析数据来判断当按照设计方案使用拉力或推力改变物体的速度或方向时，所得到的结果是否与预期一致。*[说明：问题可以是使一块大理石或其他物体移动一段距离，沿着特定的路径，来撞倒其他物体。解决方法的例子可以包括一些工具，比如斜面来增加物体的速度，或者一个结构能够使得大理石或球的运动改变方向。][评价边界：评价不包含由于摩擦力改变的速度。]

*这项预期表现通过实践或学科核心概念将传统科学内容整合到工程中。

科学与工程实践	学科核心概念	跨学科概念
计划和开展研究 　　K-2 年级通过计划和开展研究来回答问题或检验结果建立在先前的经验和基础上，发展到简单的建立在公平实验基础上的、为解释和设计解决方案提供数据支持的研究。 ● 相互合作，在指导下计划和实施一项研究。（K-PS2-1） **分析和解读数据** 　　K-2 年级分析数据建立在先前的经验和基础上，发展到搜集、记录和共享观察结果。 ● 从对对象或工具的测试中分析数据，以确定其是否按预期的方式工作。（K-PS2-2） .... 与科学的本质的联系 **科学研究使用多种方法** ● 科学家运用多种方法探究世界。（K-PS2-1）	**PS2.A：力与运动** ● 推力和拉力可以有不同的大小和方向。（K-PS2-1）（K-PS2-2） ● 作用在一个物体上的推力或拉力可以改变这个物体的运动速度或方向，也可以使它开始或停止运动。（K-PS2-1）（K-PS2-2） **PS2.B：相互作用的类型** ● 当物体相触碰或相撞，它们就挤压彼此，并可能改变运动方向。（K-PS2-1） **PS3.C：能量与力的关系** ● 更大的推力或拉力可以使物体更快地加速或减速。（*K-PS2-1 的衍生概念*） **ETS1.A：定义工程问题** ● 人们想要改变或创造的一种状态，可以转化成一个通过工程来解决的问题。这样的问题可能有许多可接受的解决方案。（*K-PS2-2 的衍生概念*）	**原因与结果** ● 设计简单的测试方案，以搜集更多的证据来支持或推翻学生关于原因的想法。（K-PS2-1）（K-PS2-2）

（可参考第 131 页上与 K-PS2 相关的连接）

K–PS3 能量

预期表现

学生可以通过以下表现来展示理解：

K–PS3-1. 通过观测确定太阳光对地球表面的影响。[说明：地球表面可以包括沙、土壤、岩石和水。][评价边界：温度评价仅限于相对测量，如更热/更冷。]

K–PS3-2. 使用工具和材料来设计和建立一个结构，以减少阳光对一个区域变暖的影响。*[说明：例子可以包括雨伞、檐篷和帐篷，尽量减少太阳的变暖效应。]

*这项预期表现通过实践或学科核心概念将传统科学内容整合到工程中。

科学与工程实践	学科核心概念	跨学科概念
计划和开展研究 K–2年级通过计划和开展研究来回答问题或检验结果建立在先前的经验和基础上，发展到简单的建立在公平实验基础上的、为解释和设计解决方案提供数据支持的研究。 • 通过观察（第一手资料或从媒体中获得的）来搜集数据进行比较。（K–PS3-1） **建构解释和设计解决方案** K–2年级建构解释和设计解决方案建立在先前的经验和基础上，发展到在建构基于证据的对自然现象的解释和方案的设计中使用证据和概念。 • 通过使用工具和材料设计并建立解决一个具体问题的装置或解决方案。（K–PS3-2） .... **与科学的本质的联系** **科学研究使用多种方法** • 科学家运用多种方法探究世界。（K–PS3-1）	**PS3.B：能量守恒和能量传递** • 阳光温暖了地球表面。（K–PS3-1）（K–PS3-2）	**原因与结果** • 事件有产生可观察到的模式的原因。（K–PS3-1）（K–PS3-2）

（可参考第131页上与K–PS3相关的连接）

K–LS1 从分子到生物体：结构与过程

预期表现

学生可以通过以下表现来展示理解：

K–LS1–1. 用观察法来描述植物和动物（包括人类）生存需求的模式。[说明：模式的例子包括动物需要进食而植物却不需要，不同种类的动物对食物的不同需求，植物需要光以及所有生命都需要水。]

科学与工程实践	学科核心概念	跨学科概念
分析和解读数据 K–2年级分析数据建立在先前的经验和基础上，发展到搜集、记录和共享观察结果。 ● 运用观察结果（第一手资料或从媒体中）来描述自然界的模式，从而回答科学问题。（K–LS1–1） .... **与科学的本质的联系** **实证是科学知识的基础** ● 科学家在观察世界时寻找模式和规则（K–LS1–1）	**LS1.C：生物体的物质流与能量流的组织** ● 所有动物的生存和生长都需要食物。它们从植物或其他动物中获取食物。植物的生存和生长需要水和光。（K–LS1–1）	**模式** ● 自然界和人工世界的模式能够被观察并且作为证据。（K–LS1–1）

（可参考第131页上与K–LS1相关的连接）

K-ESS2 地球的系统

预期表现

学生可以通过以下表现来展示理解：

K-ESS2-1. 使用和共享对当地天气条件的观测，描述随时间变化的模式。[说明：定性观测的例子可以包括对天气的描述（比如晴天、多云、下雨和暖和）；定量观测的例子可以包括一个月内晴天、刮风和雨天的数量。模式的例子可能包括：天气通常是在早上比下午凉爽，不同月份的晴天与多云天数量的对比。][评价边界：定量观测的评估仅限于使用整数和相对测量，比如更热或更冷。]

K-ESS2-2. 构建一个基于证据的论点，证明植物和动物（包括人类）会通过改变环境来满足他们的需要。[说明：植物和动物改变环境的例子可以包括松鼠在地下挖个洞来储存食物以及树根可以破坏混凝土。]

科学与工程实践	学科核心概念	跨学科概念
分析和解读数据 K-2 年级分析数据建立在先前的经验和基础上，发展到搜集、记录和共享观察结果。 • 运用观察结果（第一手资料或从媒体中）来描述自然界的模式，从而回答科学问题。（K-ESS2-1） **参与基于证据的论证** K-2 参与基于证据的论证建立在先前的经验和基础上，发展到比较有关自然界和人工世界的概念和陈述。 • 构建有证据的论点来支持主张。（K-ESS2-2） .... 与科学的本质的联系 **实证是科学知识的基础** • 科学家在观察世界时寻找模式和规则。（K-ESS2-1）	**ESS2.D：天气和气候** • 天气是特定区域特定时间的阳光、风、雨或雪以及温度的组合。人们通过测量这些条件，以描述和记录天气，并关注它们随时间变化的模式。（K-ESS2-1） **ESS2.E：生物地质学** • 植物和动物能改变它们的生活环境。（K-ESS2-2） **ESS3.C：人类对地球系统的影响** • 人类为了舒适地生活而进行的一些活动会影响他们周围的世界。但是他们也可以做出选择，来减少对土地、水、空气和其他生物体的影响。（*K-ESS2-2 的衍生概念*）	**模式** • 自然界的模式可以被观测到，用于描述现象并作为证据。（K-ESS2-1） **系统与系统模型** • 自然界和人工世界的系统互为部分且共同作用。（K-ESS2-2）

（可参考第 132 页上与 K-ESS2 相关的连接）

K-ESS3 地球与人类活动

预期表现

学生可以通过以下表现来展示理解：

K-ESS3-1. 通过模型来展现不同动植物（包括人类）的需求与栖息地之间的关系。[说明：关系的例子可以包括鹿吃嫩芽和树叶，因此它们通常生活在枝叶茂盛的地方；而草的生长需要阳光，所以它们通常在牧地上生长。植物、动物以及它们周围的世界构成了一个系统。]

K-ESS3-2. 提问以获取关于天气预报目的的信息，从而应对恶劣的天气。*[说明：重点是当地的各种恶劣天气。]

K-ESS3-3. 交流解决方案，即减少人类对当地环境中的土地、水、空气以及其他生物的影响。*[说明：人类影响土地的例子可以包括滥砍滥伐以造纸以及使用各种资源生产瓶子。解决方案的例子可以包括循环使用纸张和瓶瓶罐罐。]

*这项预期表现通过实践或学科核心概念将传统科学内容整合到工程中。

科学与工程实践	学科核心概念	跨学科概念
提出问题和定义问题 K-2年级提出问题和定义问题建立在先前的经验和基础上，发展到简单的、可以被测试的描述性问题。 • 通过观察提问，找到更多关于人工世界的信息。（K-ESS3-2） **开发和使用模型** K-2年级建模建立在先前的经验和基础上，发展到使用和建立模型（比如图表、图画、物理副本、透视画、编剧和故事板）来表示具体事件或设计解决方案。 • 运用模型表示自然界的关系。（K-ESS3-1） **获取、评价和交流信息** K-2年级获取、评价和交流信息建立在先前的经验和基础上并且使用观察和文本来交流新信息。 • 通过阅读与其年级相符的文本以及使用媒体获取科学信息来描述自然界的模式。（K-ESS3-2） • 与他人以口头或书面的形式交流解决方案并通过模型或者图画提供科学概念的细节。（K-ESS3-3）	**ESS3.A：自然资源** • 生物需要水、空气和陆地上的资源。它们趋向于生活在具备他们所需条件的地方。人类在做每一件事时都要用到自然资源。（K-ESS3-1） **ESS3.B：自然灾害** • 在一个给定的地区，某些类型的恶劣天气比其他类型的恶劣天气更容易出现。气象科学家对恶劣天气作出预报，以便人们能够对这些事件做好准备和采取应对措施。（K-ESS3-2） **ESS3.C：人类对地球系统的影响** • 人类为了寻求更优质的生活而发明创造的东西会影响人类的周遭世界。但是他们可以选择尽量减少对土地、水、空气以及其他生物体的影响。（K-ESS3-3） **ETS1.A：定义和界定工程问题** • 提问、观察和搜集信息有助于思考这些问题。（K-ESS3-2的衍生概念） **ETS1.B：形成可能的方案** • 设计思路可通过草图、图纸或实物模型来传达。这些表现形式有助于人们与他人交流有关问题解决方案的想法。（K-ESS3-3的衍生概念）	**原因与结果** • 事件有产生可观察到的模式的原因。（K-ESS3-2）（K-ESS3-3） **系统与系统模型** • 自然界和人工世界的系统互为部分且共同作用。（K-ESS3-1） ············ **与工程、技术和科学的应用的关联** **科学、工程和技术的相互依存** • 在自然界，人类每天都会遇到各种各样的问题。（K-ESS3-2） **工程、技术和科学对社会和自然界的影响** • 人类在生活中依赖诸多技术；没有技术人类生活就会截然不同。（K-ESS3-2）

（可参考第132页上与K-ESS3相关的连接）

一 年 级

　　一年级的预期表现旨在帮助学生明晰以下问题的答案,如"材料振动时会发生什么?没有光时会怎样?植物和动物用什么方法满足它们的需求,使其生存和成长?父代与子代有什么相似和不同?天上有什么东西,它们是如何移动的?"一年级学生的预期表现包括《框架》中PS4、LS1、LS3和ESS1中的学科核心概念。

　　学生预计能理解声音和物体振动的关系,以及可见光和物体能够被看见的关系。通过确定在光的路径上放置由不同材料制成的物体后的效果,光是从一个地方传播到另一个地方这一概念可以被此阶段的学生理解。还预计学生能理解动植物如何利用其外部部件来帮助它们生存、生长并满足需求,以及父母和后代的行为如何帮助后代生存;能够理解年幼的动植物和它们的父辈相似但不完全一样。学生能够观察、描述和预测天空中物体运动的不同模式。以下跨学科概念被称为这些学科核心概念的组织概念:模式;原因与结果;结构与功能;科学、工程、技术对社会和自然界的影响。

　　在一年级的预期表现中,学生有望展示与其所在年级相符的能力素质,包括:计划和开展研究;分析和解读数据;建构解释和设计解决方案;获取、评价和交流信息。期望学生能通过实践来展现其对核心概念的理解。

1-PS4 波及其在信息传递技术中的应用

预期表现

学生可以通过以下表现来展示理解：

1-PS4-1. 计划和开展研究来证明振动物体能够产生声音以及声音能够使得物体振动。[说明：能发出声音的振动物体的例子可以包括音叉和拨弦。声音如何能使物质振动的例子包括在一个正在发出声音的扬声器附近拿着一张纸，在一个振动的调音叉附近拿着一个物体。]

1-PS4-2. 观察以证明只有被光照射时物体才能够被看见。[说明：观察的例子可以包括在一个完全漆黑的房间、一个针孔盒、一个关于一位洞穴探险家拿着一个手电筒的视频。照明既可以来自一个外部光源，也可以是由一个物体发出自己的光。]

1-PS4-3. 计划和开展研究来确定在光的传播路径上放置由不同材料制成的物体所产生的效果。[说明：材料的例子可以包括透明的（如透明的塑料）、半透明的（如蜡纸）、不透明的（如硬纸板）和能够反射的（如镜子）。][评价边界：评价不包括光的速度。]

1-PS4-4. 使用工具和材料来设计和构建一个装置，使用光或声音来解决远距离沟通的问题。*[说明：装置的例子可以包括一个光源发送信号、纸杯和线做成的"电话"以及用鼓点模式传播信息。][评价边界：评价不包括通信装置如何工作的技术性细节。]

*这项预期表现通过实践或学科核心概念将传统科学内容整合到工程中。

科学与工程实践	学科核心概念	跨学科概念
计划和开展研究 K-2 年级通过计划和开展研究来回答问题或检验结果建立在先前的经验和基础上，发展到简单的建立在公平实验基础上的、为解释和设计解决方案提供数据支持的研究。 • 以合作方式进行计划和实施调查，产生数据作为回答问题的证据基础。（1-PS4-1）（1-PS4-3） **建构解释和设计解决方案** K-2 年级建构解释和设计解决方案建立在先前的经验和基础上，发展到在建构基于证据的对自然现象的解释和方案的设计中使用证据和概念。	**PS4.A：波的性质** • 声音可以使物质振动，振动的物质也可以产生声音。（1-PS4-1） **PS4.B：电磁辐射** • 只有当光照亮物体或物体本身能够发光，物体才可见。（1-PS4-2） • 一些材料允许光通过，一些材料只允许部分光通过，还有一些材料则阻挡所有光，并在它背后的任何表面上形成一个阴影，在那里没有光可以到达。镜子被用来改变光束的方向。（界限：通过体验光源、镜子和影子来逐步建立光的传播这一概念，但并不讨论光速。）（1-PS4-3）	**原因与结果** • 设计测试方案，以搜集更多的证据来支持或推翻学生关于原因的想法。（1-PS4-1）（1-PS4-2）（1-PS4-3） ………… **与工程、技术和科学的应用的关联** **工程、技术和科学对社会和自然界的影响** • 人类在生活中依赖诸多技术；没有技术人类生活就会截然不同。（1-PS4-4）

（可参考第133页上与1-PS4相关的连接）

1-PS4 波及其在信息传递技术中的应用（续）

科学与工程实践	学科核心概念	跨学科概念
⪡ • 通过观察（第一手资料或媒体）来为自然现象构建基于证据的解释。（1-PS4-2） • 通过使用工具和材料设计并建立一个装置，来解决一个具体的问题。（1-PS4-4） ············ 与科学的本质的联系 **科学研究使用多种方法** • 科学研究始于一个问题。（1-PS4-1） • 科学家运用多种方法探究世界。（1-PS4-1）	⪡ **PS4.C：信息技术和仪器** • 人们也使用各种仪器进行长距离的交流（发送和接收信息）。（1-PS4-4）	

（可参考第 133 页上与 1-PS4 相关的连接）

1-LS1 从分子到生物体：结构与过程

预期表现

学生可以通过以下表现来展示理解：

1-LS1-1. 通过模仿植物和动物如何利用它们的外部部件来帮助它们生存、生长和满足自身需求，设计出一种解决人类问题的方案。*［说明：通过模仿植物或动物解决人类问题的例子可以包括通过模仿龟壳、橡子壳和动物鳞片设计衣服或设备来保护骑自行车的人；通过模仿动物的尾巴和植物的根来稳定结构；通过模仿树枝和动物的刺来抵挡入侵者以及通过模仿眼睛和耳朵来侦查入侵者。］

1-LS1-2. 阅读文本和使用媒介来确定那些能帮助后代生存下去的父母及后代的行为模式。［说明：行为模式的例子可能包括后代发出的信号（如哭闹、叽叽喳喳和其他发声）和父母的反应（如喂养、安慰和保护后代）。］

*这项预期表现通过实践或学科核心概念将传统科学内容整合到工程中。

科学与工程实践	学科核心概念	跨学科概念
建构解释和设计解决方案 K-2年级建构解释和设计解决方案建立在先前的经验和基础上，发展到在建构基于证据的对自然现象的解释和方案的设计中使用证据和概念。 • 使用材料设计一个解决一个具体问题的装置或解决方案。(1-LS1-1) **获取、评价和交流信息** K-2年级获取、评价和交流信息建立在先前的经验和基础上，并使用观察和文本来交流新信息。 • 通过阅读与其年级相符的文本以及使用媒体获取科学信息来明确自然界的模式。(1-LS1-2) .... **与科学的本质的联系** **实证是科学知识的基础** • 科学家在观察世界时寻找模式和规则。(1-LS1-2)	**LS1.A：结构与功能** • 所有生物都有外部部件。不同的动物采取不同的方式，利用自己身体的各个部件去看、听、抓物体、保护自己、从一处移动到另一处，以及寻找、发现和摄取食物、水和空气。植物也拥有不同的部件（根、茎、叶、花、果实）来帮助它们生存、成长。(1-LS1-1) **LS1.B：生物体的生长和发育** • 成年的植物和动物能产生后代。对于许多种动物而言，父母和后代自己都会通过一些行为来帮助后代存活。(1-LS1-2) **LS1.D：信息处理** • 动物拥有捕捉和传递其生长和生存所需的各种信息的身体部位。动物会通过有助于它们生存的行为来对这些输入做出响应。植物也能对一些外部输入做出响应。(1-LS1-1)	**模式** • 自然界的模式可以被观测到，用于描述现象并作为证据。(1-LS1-2) **结构与功能** • 自然和人造物品的结构的形状和稳定性与其功能密切相关。(1-LS1-1) .... 与工程、技术和科学的应用的关联 **工程、技术和科学对社会和自然界的影响** • 每个人造物品的设计是通过应用一些自然界的知识和使用来自自然界的材料。(1-LS1-1)

（可参考第133页上与1-LS1相关的连接）

1-LS3 遗传：性状的继承与变异

预期表现

学生可以通过以下表现来展示理解：

1-LS3-1. 通过观察来证明年幼的植物和动物与父辈相似但不完全一样。［说明：模式的例子可以包括植物或动物共同的特征。观察的例子可以包括同一种类的叶子有相同的形状但是大小不同以及一种特定品种的狗和它们的父母相像但是不完全一样。］［评价边界：评价不包括继承或进行变态或杂交的动物。］

科学与工程实践	学科核心概念	跨学科概念
建构解释和设计解决方案 K–2 年级建构解释和设计解决方案建立在先前的经验和基础上，发展到在建构基于证据的对自然现象的解释和方案的设计中使用证据和概念。 ● 通过观察（第一手资料或媒体）来为自然现象提供基于经验证据的解释。（1–LS3–1）	**LS3.A：性状的继承** ● 年幼的动物和它们的父辈很像但不完全一样。植物也和它们的父辈很像但不完全一样。（1–LS3–1） **LS3.B：性状的变异** ● 同一类别的植物或动物的个体之间可以观察到相似性，但它们也可能在许多方面有所不同。（1–LS3–1）	**模式** ● 自然界的模式可以被观测到，用来描述现象并作为证据。（1–LS3–1）

（可参考第 134 页上与 1–LS3 相关的连接）

1-ESS1 地球在宇宙中的位置

预期表现

学生可以通过以下表现来展示理解：

1-ESS1-1. 观察太阳、月亮和星星来描述可预测的模式。[说明：模式的例子可以包括太阳和月亮从天空中的一侧升起，在天空中移动并且落下；星星不像太阳只能在晚上看到。][评价边界：星星模式的评估只限于在晚上可见而在白天不可见的星星。]

1-ESS1-2. 观察在一年中不同时期的白天时长。[说明：重点是将冬天的白天时长和夏天或秋天的白天时长对比。][评价边界：评估只限于白天时长的相对数量，而不是量化具体的照射小时数。]

科学与工程实践	学科核心概念	跨学科概念
计划和开展研究 K-2 年级通过计划和开展研究来回答问题或检验结果建立在先前的经验和基础上，发展到简单的建立在公平实验基础上的、为解释和设计解决方案提供数据支持的研究。 ● 通过观察的数据（第一手资料或来自媒体）来搜集数据进行比较。（1-ESS1-2） **分析和解读数据** K-2 年级分析数据建立在先前的经验和基础上，发展到搜集、记录和共享观察结果。 ● 运用观测（第一手资料或来自媒体）来描述自然界的模式，从而回答科学问题。（1-ESS1-1）	**ESS1.A：宇宙和它的恒星** ● 天空中太阳、月亮和恒星的运动模式是可以被观察、描述和预测的。（1-ESS1-1） **ESS1.B：地球和太阳系** ● 日出和日落的季节性模式是可以被观察、描述和预测的。（1-ESS1-2）	**模式** ● 自然界的模式可以被观测到，用于描述现象并作为证据。（1-ESS1-1）（1-ESS1-2） .... **与科学的本质的联系** **科学知识假设在自然系统中具有秩序性和一致性** ● 科学家认为许多现在发生的自然事件和过去发生的相似。（1-ESS1-1） ● 许多事件都是重复发生的。（1-ESS1-1）

（可参考第 134 页上与 1-ESS1 相关的连接）

二 年 级

　　二年级的预期表现旨在帮助学生明晰以下问题:"陆地怎样变化及其变化的原因是什么？土壤和水体的种类有哪些？材料之间有什么相同和不同之处？以及材料的性能与功能之间有什么关联？植物生长需要的条件是什么？生活在某一地方的物种有多少类别？"二年级学生的预期表现包括《框架》中 PS1、LS2、LS4、ESS1、ESS2 和 ETS1 中的学科核心概念。

　　预计学生能够知道植物的生长条件，以及植物如何依靠动物来授粉或传播它们的种子。学生还应学会对比不同生态环境下物种的多样性。该年级学生应能够通过对不同材料的分析和分类，获知材料的外在特性。学生能够运用关于风和水可以改变地形的知识，比较减缓或阻止这一改变的解决方案。学生能够利用信息和模型来识别和描述该地土壤和水体的形态和类别，以及地球上储藏水资源的地方。以下跨学科概念被称为这些学科核心概念的组织概念：模式；原因与结果；能量与物质；结构与功能；稳定性与变化；科学、工程和技术对社会和自然界的影响。

　　在二年级的预期表现中，学生有望展示与其所在年级相符的能力素质，包括：开发和使用模型；计划和开展研究；分析和解读数据；建构解释和设计解决方案；参与基于证据的论证；获取、评价和交流信息。期望学生通过实践来展现其对核心概念的理解。

2-PS1 物质及其相互作用

预期表现

学生可以通过以下表现来展示理解：

2-PS1-1. 计划和开展研究，通过材料可观察的特征对其进行描述和分类。[说明：观察可以包括颜色、质地、硬度和柔韧性。模式可以包括不同材料的相似特征。]

2-PS1-2. 测试不同的材料，获得数据并加以分析，明确哪些材料具有适合的特征，可以用于达成预定目标。*[说明：特征的例子可以包括强度、柔韧性、硬度、质地和吸光度][评价边界：评估的定量测量仅限于长度。]

2-PS1-3. 观察并证明由碎块建成的物体可以被拆卸并组成新的物体。[说明：碎块的例子可以包括块体、建筑砖或者其他小物件。]

2-PS1-4. 用证据论证，加热或冷却引起的变化有些可以逆转，有些则不能。[说明：可逆转的变化的例子包括水或黄油这类物体在不同温度下发生的变化。不可逆转的变化的例子包括煮鸡蛋、冻结植物叶片和加热纸。]

*这项预期表现通过实践或学科核心概念将传统科学内容整合到工程中。

科学与工程实践	学科核心概念	跨学科概念
计划和开展研究 　　K-2年级通过计划和开展研究来回答问题或检验结果建立在先前的经验和基础上，发展到简单的建立在公平实验基础上的、为解释和设计解决方案提供数据支持的研究。 ● 以合作的方式进行计划和实施调查，产生数据作为回答问题的证据基础。（2-PS1-1） **分析和解读数据** 　　K-2年级分析数据建立在先前的经验和基础上，发展到搜集、记录和共享观察结果。 ● 从对对象或工具的测试中分析数据，以确定其是否按预期的方式工作。（2-PS1-2） ⌄	**PS1.A：物质的结构和性质** ● 存在着不同种类的物质，并且它们中的许多既可以是固体也可以是液体，这取决于温度。可以根据物质可观察到的特征对其进行描述和分类。（2-PS1-1） ● 不同的特征适用于不同的用途。（2-PS1-2）（2-PS1-3） ● 各种各样的物体都可以由一组小部件组建而成。（2-PS1-3） **PS1.B：化学反应** ● 加热或冷却某种物质可能会引起可观察到的变化。这些变化有时是可逆的，有时是不可逆的。（2-PS1-4）	**模式** ● 自然界和人工世界的模式能够被观察。（2-PS1-1） **原因与结果** ● 事件有产生可观察到的模式的原因。（2-PS1-4） ● 设计测试方案，以搜集更多的证据来支持或推翻学生关于原因的想法。（2-PS1-2） **能量与物质** ● 物体可以分解成更小的物体或者组建成更大的物体，也可以改变形状。（2-PS1-3） ………… ⌄

（可参考第134页上与2-PS1相关的连接）

2-PS1 物质及其相互作用（续）

科学与工程实践	学科核心概念	跨学科概念
建构解释和设计解决方案 　　K-2 年级建构解释和设计解决方案建立在先前的经验和基础上，发展到在建构基于证据的对自然现象的解释和方案的设计中使用证据和概念。 ● 通过多种渠道进行观察为自然现象提供基于证据的解释。 （2-PS1-3） **参与基于证据的论证** 　　K-2 参与基于证据的论证建立在先前的经验和基础上，发展为比较有关自然界和人工世界的想法和陈述。 ● 构建有证据的论点来支持主张。 （2-PS1-4） ………… 　　　　与科学的本质的联系 **解释自然现象的科学模型、定律、机制和理论** ● 科学家用因果关系解释自然事件。 （2-PS1-4）		**与工程、技术和科学的应用的关联** **科学、工程和技术对人类社会和自然界的影响** ● 每个人造物品的设计是通过应用一些自然界的知识，并使用来自自然界的材料来完成的。 （2-PS1-2）

（可参考第 134 页上与 2-PS1 相关的连接）

2-LS2 生态系统：相互作用、能量和动态

预期表现

学生可以通过以下表现来展示理解：

2-LS2-1. 计划和开展研究来确定植物的生长是否需要阳光和水。[评价边界：评估只限于一次只测试一个变量。]

2-LS2-2. 开发一个简单的模型来模拟动物传播种子或对植物进行授粉的功能。*

*这项预期表现通过实践或学科核心概念将传统科学内容整合到工程中。

科学与工程实践	学科核心概念	跨学科概念
开发和使用模型 K–2年级建模建立在先前的经验和基础上，发展到使用和建立模型（比如图表、图画、物理副本、透视画、编剧和故事板）来表示具体事件或设计解决方案。 ● 基于证据开发一个简单的模型表示一个提出的对象或工具。（2-LS2-2） **计划和开展研究** K–2年级通过计划和开展研究来回答问题或检验结果建立在先前的经验和基础上，发展到简单的建立在公平实验基础上的、为解释和设计解决方案提供数据支持的研究。 ● 以合作方式进行计划和开展研究，产生数据作为回答问题的证据基础。（2-LS2-1）	**LS2.A：生态系统中的相互依存关系** ● 植物的生长依赖于水和光。（2-LS2-1） ● 植物依靠动物来授粉或传播它们的种子。（2-LS2-2） **ETS1.B：形成可能的方案** ● 设计思路可通过草图、图纸或实物模型来传达。这些表现形式有助于人们与他人交流有关问题解决方案的想法。（*2-LS2-2的衍生概念*）	**原因与结果** ● 事件有产生可观察到的模式的原因。（2-LS2-1） **结构与功能** ● 自然和人造产品的结构的形状和稳定性与它们的功能有关。（2-LS2-2）

（可参考第135页上与2-LS2相关的连接）

2-LS4 生物演化：统一性与多样性

预期表现

学生可以通过以下表现来展示理解：

2-LS4-1. 观察植物和动物来比较不同栖息地中生命的多样性。［说明：重点是强调在每种不同的栖息地中生物的多样性。］［评价边界：评估不包括特定的栖息地中特定的动物和植物名称。］

科学与工程实践	学科核心概念	跨学科概念
计划和开展研究 K-2 年级通过计划和开展研究来回答问题或检验结果建立在先前的经验和基础上，发展到简单的建立在公平实验基础上的、为解释和设计解决方案提供数据支持的研究。 ●通过观察（第一手资料或来自媒体的资料）来搜集数据进行比较。（2-LS4-1） ············ 与科学的本质的联系 **实证是科学知识的基础** ●科学家在观察世界时寻找模式和规则。（2-LS4-1）	**LS4.D：生物多样性与人类** ●地球上的任何区域都生活着许多不同种类的生物，它们存在于陆地和水中的不同位置。（2-LS4-1）	

（可参考第 135 页上与 2-LS4 相关的连接）

2-ESS1 地球在宇宙中的位置

预期表现

学生可以通过以下表现来展示理解：

2-ESS1-1. 运用多种渠道获得的信息来证明地球事件能够迅速或缓慢发生。[说明：事件和时间尺度的例子可以包括迅速发生的火山爆发和地震以及缓慢发生的岩石侵蚀。][评价边界：评价不包括时间尺度的定量测量。]

科学与工程实践	学科核心概念	跨学科概念
建构解释和设计解决方案 　　K-2年级建构解释和设计解决方案建立在先前的经验和基础上，发展到在建构基于证据的对自然现象的解释和方案的设计中使用证据和概念。 ●通过多种渠道进行观察为自然现象提供基于证据的解释。 （2-ESS1-1）	**ESS1.C：行星地球的历史** ●有些事件发生得很快；还有些事件发生得很慢，持续的时间比一个人能观察的时间尺度长得多。 （2-ESS1-1）	**稳定与变化** ●事件可以缓慢或迅速变化。 （2-ESS1-1）

（可参考第136页上与2-ESS1相关的连接）

2-ESS2 地球的系统

预期表现

学生可以通过以下表现来展示理解：

2-ESS2-1. 比较为减缓或防止风或水改变陆地的形状而设计的多个解决方案。*［说明：解决方案的例子包括不同方法设计的堤坝和防护林来阻挡风和水以及使用不同方法设计的灌木、草和树木来保持土壤。］

2-ESS2-2. 开发一个模型来代表一个地区内陆地和水体的形状与类型。［评价边界：评价不包括模型中的定量缩放比例。］

2-ESS2-3. 获取信息，以确定在地球上哪里可以发现固态或液态的水。

*这项预期表现通过实践或学科核心概念将传统科学内容整合到工程中。

科学与工程实践	学科核心概念	跨学科概念
开发和使用模型 K–2 年级建模建立在先前的经验和基础上，发展到使用和建立模型（比如图表、图画、物理副本、透视画、编剧和故事板）来表示具体事件或设计解决方案。 ●创建表示自然界模式的模型。（2-ESS2-2） **建构解释和设计解决方案** K–2 年级建构解释和设计解决方案建立在先前的经验和基础上，发展到在建构基于证据的对自然现象的解释和方案的设计中使用证据和概念。 ●对比解决某一问题的多个解决方案。（2-ESS2-1） **获取、评价和交流信息** K–2 年级获取、评价和交流信息建立在先前的经验和基础上，使用观察结果和文本来交流新信息。 ●运用不同的文本，文本特征（例如：标题、目录、词汇表、电子菜单、按钮）来获取信息以及其他能够解决科学问题的媒介。（2-ESS2-3）	**ESS2.A：地球物质和系统** ●风和水可以改变陆地的形状。（2-ESS2-1） **ESS2.B：板块构造论和大尺度系统相互作用** ●地图显示了事物的位置。人们可以用地图绘制出任何区域的陆地和水体的形状与种类。（2-ESS2-2） **ESS2.C：水在地球表面过程中的作用** ●在海洋、河流、湖泊和池塘都可以发现水。水以固态的冰和液态水的形式存在。（2-ESS2-3） **ETS1.C：优化设计方案** ●因为一个问题总是存在不止一个可能的解决方案，所以比较和测试不同的方案十分有用。（2-ESS2-1 的衍生概念）	**模式** ●自然界的模式可以被观测。（2-ESS2-2）（2-ESS2-3） **稳定与变化** ●事件可以缓慢或迅速变化。（2-ESS2-1） .... **与工程、技术和科学的应用的关联** **工程、技术和科学对社会和自然界的影响** ●开发和使用技术对自然界产生影响。（2-ESS2-1） .... **与科学的本质的联系** **科学解决有关自然界和物质世界的问题** ●科学家探究自然界和物质世界。（2-ESS2-1）

（可参考第 136 页上与 2-ESS2 相关的连接）

K-2年级　工程设计

　　孩子们似乎天生具有想要去设计和建造的冲动。其通常需要比原材料更多的事物来激发孩子的想象和创造，如用纸箱去搭建他们自己的城堡和玩具屋以及在湿沙子的水边组建沙滩城堡。小学老师的任务就是去引导孩子，帮助学生意识到通过工程设计，产生创造力来解决问题和实现既定的目标。尽管工程设计不是一个固定的过程，思考以下三个步骤对理解这一过程有所帮助，即定义问题、形成可能的方案以及确定最好的解决方案。

　　定义问题开始于幼儿园阶段，因为学生知道，人们想改变的情况可以被看作一个可以解决的问题。在二年级结束的时候，学生应该能够提出问题，并进行观察，搜集有关问题的信息，这样他们就可以想象用一个工具来解决它。

　　从定义问题阶段自然转到**形成可能的方案**。这个阶段最具挑战性的方面是阻止学生立即实施第一方案以及让他们在行动前进行全面的思考。让学生描述他们的想法或制造一个物理模型是学生构建解决问题想法的一个好方法。

　　比较不同的解决方案可能涉及测试每一种解决方案，看看它们解决问题或达成目标的效果如何。消费产品测试是构建这种能力的很好的模式。虽然小学低年级的学生不应被赋予设计控制变量实验的责任，但他们应该能够通过比较两种产品来确定哪一个是更好的解决方案。

　　通过与其他科学学科的联系来帮助学生在不同情境中发展这些能力。幼儿园小朋友预期能够设计和构建简单装置。一年级学生预期能够使用工具和材料来解决简单的问题以及测试和对比不同的解决方案。二年级学生预期能够定义更复杂的问题以及建立、测试和分析数据来比较不同的解决方案。

　　在二年级结束的时候，学生应该能够完成关于一个问题的所有三个预期表现（K-2-ETS1-1、K-2-ETS1-2和K-2-ETS1-3）来理解工程设计的相关过程——定义问题、形成解决方案、比较不同的解决方案，通过测试它们的效果来找到最佳解决方案。

K-2-ETS1 工程设计

预期表现

学生可以通过以下表现来展示理解：

K-2-ETS1-1. 提问、观察和搜集关于人们想要改变的情况的信息，以定义一个可以通过开发新的或改进旧的对象和工具来解决的简单问题。

K-2-ETS1-2. 创建一个简单的草图、图画或物理模型来描述一个物体的形状如何在解决给定的问题中使其发挥作用。

K-2-ETS1-3. 从为解决同一个问题而设计的两个对象的测试中分析数据，并且比较每个对象的优缺点。

科学与工程实践	学科核心概念	跨学科概念
提出问题和定义问题 　　K-2 年级提出问题和定义问题建立在先前的经验和基础上，发展到简单的描述性问题。 • 通过观察，找到更多关于自然界和人工世界的问题。（K-2-ETS1-1） • 定义一个能够通过开发新的或者改进的对象或工具解决的简单问题。（K-2-ETS1-1） **开发和使用模型** 　　K-2 年级建模建立在先前的经验和基础上，发展到使用和建立模型（比如图表、图画、物理副本、透视画、编剧和故事板）来表示具体事件或设计解决方案。 • 基于证据开发一个简单的模型来表示一个所建议的对象或工具。（K-2-ETS1-2） **分析和解读数据** 　　K-2 年级分析数据建立在先前的经验和基础上，发展到搜集、记录和共享观察结果。 • 从对对象或工具的测试中分析数据，以确定其是否按预期的方式工作。（K-2-ETS1-3）	**ETS1.A：定义和界定工程问题** • 人们想要改变或创造的一种情况，可以转化成一个通过工程来解决的问题。（K-2-ETS1-1） • 提问、观察和搜集信息有助于思考这些问题。（K-2-ETS1-1） • 在开始设计一个解决方案之前，重要的是清楚地理解该问题。（K-2-ETS1-1） **ETS1.B：形成可能的方案** • 设计思路可通过草图、图纸或实物模型来传达。这些表现形式有助于人们与他人交流有关问题解决方案的想法。（K-2-ETS1-2） **ETS1.C：优化设计方案** • 因为一个问题总是存在不止一个可能的解决方案，所以比较和测试不同方案是十分有用的。（K-2-ETS1-3）	**结构与功能** • 每个人造物品的设计是通过应用一些自然界的知识，并使用来自自然界的材料。（K-2-ETS1-2）

（可参考第 137 页上与 K-2-ETS1 相关的连接）

三 年 级

三年级的预期表现旨在帮助学生明晰以下问题:"世界各地有哪些典型的天气?一年四季有怎样不同的天气?怎样减少与天气相关的灾害的影响?生物体是如何具有不同的性状的?过去的植物、动物和环境与现在的植物、动物和环境有什么相同或不同?环境变化对生物体有什么影响?向一个物体施加平衡和不平衡力时对此物体分别产生怎样的影响?磁铁怎样使用?"三年级学生的预期表现包括《框架》中PS2、LS1、LS2、LS3、LS4、ESS2、ESS3中的学科核心概念。

学生能够组织和利用数据描述特定季节的典型天气。通过应用与天气相关的灾害学知识,学生能够对旨在减少这类灾害影响的解决方案的优缺点做出判断。期望学生能够理解不同生物体生命周期的相同和不同之处。这一阶段,学生需要明白生物体有不同的遗传性状,且生物体也会由于环境的影响而产生性状。此外,学生应能够利用证据建构关于同一物种的个体之间特征差异是如何为生存、求偶和繁殖提供优势的解释。学生预计能够了解很久以前的生物以及它们的生活环境。三年级学生需要知道环境变化时,一些生物能够生存和繁殖,一些需要另寻生存之处,还有一些生物会迁入这一发生变化的环境,另一些会死亡。学生能够理解平衡和不平衡力对物体运动的影响,以及互不接触的两个物体之间电磁相互作用的因果关系。他们还需要基于他们对磁相互作用的理解来定义一个可以用磁铁解决的简单设计。以下跨学科概念被称为这些学科核心概念的组织概念:模式;原因与结果;尺度、比例与数量;系统与系统模型;科学、工程和技术的相互依存;科学、工程、技术对社会和自然界的影响。

在三年级的预期表现中,学生有望展示与其所在年级相符的能力素质,包括:提出和定义问题;开发和使用模型;计划和开展研究;分析和解读数据;建构解释和设计解决方案;参与基于证据的论证;获取、评价和交流信息。期望学生能通过实践来展现其对核心概念的理解。

3-PS2 运动和稳定性：力和相互作用

预期表现

学生可以通过以下表现来展示理解：

3-PS2-1. 计划和开展研究，证明平衡力和不平衡力对物体的运动有影响。［说明：例子可以包括球的一边受到不平衡力的作用可以使它开始移动，箱子的两边受到平衡力的作用不会发生移动。］［评价边界：评价仅限于一次一个变量：数量、大小或力的方向。评价不包括定量分析力的大小，只包括定性和相对的分析力的大小。评价仅限于将重力理解为使物体向下的力。］

3-PS2-2. 观察并测量物体的运动，证明使用一种模式可以预测未来的运动状态。［说明：有可预测模式的运动例子包括孩子荡秋千、球在碗里来回滚动以及两个孩子玩跷跷板。］［评价边界：评价不包括技术术语，如周期和频率。］

3-PS2-3. 提出问题来确定两个互不接触的物体间电或磁相互作用的因果关系。［说明：电力的例子可以包括带电气球作用于头发的力以及带电棒和碎纸片之间的力；磁力的例子包括两个永久磁铁之间的力、电磁铁和钢制回形针之间的力以及对比一个磁铁所施加的力和两个磁铁所施加的力。因果关系的例子包括物体之间的距离如何影响力的强度及磁场方向如何影响磁场力的方向。］［评价边界：评价仅限于由学生可以操纵的物体产生的力，电的相互作用仅限于静电。］

3-PS2-4. 定义一个运用磁铁知识可以解决的简单的设计问题。＊［说明：设计问题的例子可以包括建一个闩锁使门处于关闭状态，发明一个设备防止两个移动的物体接触。］

＊这项预期表现通过实践或学科核心概念将传统科学内容整合到工程中。

科学与工程实践	学科核心概念	跨学科概念
提出问题和定义问题 　　3-5 年级提出问题和定义问题建立在 K-2 年级的经验和基础上，发展到详细描述定性关系。 ●提出基于一定发展模式（如因果关系）的可探究的问题。（3-PS2-3） ●定义一个能够通过开发新的或改进的物件或工具解决的简单问题。（3-PS2-4）	**PS2.A：力与运动** ●每个力都作用于一个特定物体并且有大小和方向。一个静止的物体通常也会受到多个力的作用，但是它们的合力为零。合力不为零时会造成物体运动速度或方向的改变。［界限：在这个年级水平上，只需要定性分析和理解概念，而非定量分析，在这个级别上可使用力的叠加］（3-PS2-1）	**模式** ●变化的模式可以用来预测。（3-PS2-2） **原因与结果** ●因果关系经常被用来定义。（3-PS2-1） ●因果关系经常被用来定义、检测和解释变化。（3-PS2-3） .... **与工程、技术和科学的应用的关联** **科学、工程和技术的互相依存** ●对自然界的科学发现常常能够催生出新的或改进过的、通过工程设计过程得以发展的技术。（3-PS2-4）

（可参考第 137 页上与 3-PS2 相关的连接）

3-PS2 运动和稳定性：力和相互作用（续）

科学与工程实践	学科核心概念	跨学科概念
计划和开展研究 3-5 年级计划和开展研究来回答问题或检验结果建立在 K-2 年级的经验和基础上，发展到需要开展控制变量的研究，并提供证据以支持解释或设计解决方案。 • 以合作的方式计划和开展研究来产生数据作为依据，采用公平测试，控制变量，考虑试验次数。（3-PS2-1） • 通过观察和测量获得数据，作为解释现象或检验解决方案的依据。（3-PS2-2） ············ 与科学的本质的联系 **实证是科学知识的基础** • 科学发现基于识别模式。（3-PS2-2） **科学研究使用多种方法** • 运用多种方法、工具和技术开展科学研究。（3-PS2-1）	• 物体在不同情况下的运动模式可以被观察和测量；当过去的运动呈现一个规律的模式时，可以据此预测将来的运动。[界限：在这个年级水平，不引入大小、速度、动量和矢量等术语，但需要知道在描述有些量时应同时包括大小和方向。]（3-PS2-2） **PS2.B：相互作用的类型** • 相互接触的物体可以彼此施加力。（3-PS2-1） • 一对物体之间的电和磁的作用力不需要物体相互接触。不同情况下力的大小取决于物体的特征和它们之间的距离，对于两个磁体之间的力，还需要考虑磁体的相对方向。（3-PS2-3）（3-PS2-4）	

（可参考第 137 页上与 3-PS2 相关的连接）

3-LS1 从分子到生物体：结构与过程

预期表现

学生可以通过以下表现来展示理解：

3-LS1-1. 开发模型来描述生物体具有独特和多样化的生命周期，但它们在出生、生长、繁殖和死亡上有共同点。［说明：生物体生命过程中经历的变化形成一种模式。］［评价边界：植物生命周期的评价仅限于这些开花植物。评价不包括人类的繁衍细节。］

科学与工程实践	学科核心概念	跨学科概念
开发和使用模型 　　3-5 年级的建模建立在 K-2 年级的经验和基础上，发展到建立和修正简单的模型，使用模型去表示事件和设计解决方案。 ●开发模型来描述现象。（3-LS1-1） ………… **与科学的本质的联系** **实证是科学知识的基础** ●科学发现基于识别模式。（3-LS1-1）	**LS1.B：生物体的生长和发育** ●繁殖对各种生物的持续存在是必不可少的。植物和动物都拥有独特和多样化的生命周期。（3-LS1-1）	**模式** ●变化的模式可以被用于预测。（3-LS1-1）

（可参考第 138 页上与 3-LS1 相关的连接）

3-LS2 生态系统：相互作用、能量和动态

预期表现

学生可以通过以下表现来展示理解：

3-LS2-1. 论证一些动物组成群落可以帮助它们生存。

科学与工程实践	学科核心概念	跨学科概念
参与基于证据的论证 　　3-5 年级参与基于证据的论证建立在 K-2 年级的经验和基础上，发展到引用自然界和人工世界相关的证据去评论同伴提出的科学的解释和解决方案。 ● 使用证据、数据或模型构建一个论证。（3-LS2-1）	**LS2.D：社会互动和群体行为** ● 成为群体的一分子，有助于动物获取食物、自我保护和应对变化。不同的群体可能具有不同的功能和显著的规模差异。（*注：从 K-2 迁移。*）（3-LS2-1）	**原因与结果** ● 因果关系经常被识别和用来解释变化。（3-LS2-1）

（可参考第 138 页上与 3-LS2 相关的连接）

3-LS3 遗传：性状的继承与变异

预期表现

学生可以通过以下表现来展示理解：

3-LS3-1. 分析和解读数据，证明植物和动物的性状遗传于父母以及这些性状的变异存在于相似的生物群体中。[说明：子女和其父母之间或者兄弟姐妹之间所存在的性状的相似性或差异性即为遗传的模式。重点放在人类以外的生物体。][评估边界：评估不包括继承的基因机制和对性状的预测。评估限于非人类案例。]

3-LS3-2. 用证据来支持对性状可以被环境影响的解释。[说明：环境影响性状的例子包括通常缺少水的高大植物会发育迟缓及给宠物狗吃太多却运动很少可能会使它超重。]

科学与工程实践	学科核心概念	跨学科概念
分析和解读数据 3–5 年级的分析数据建立在 K–2 年级的经验和基础上，发展到介绍定量方法来搜集数据和进行多个定性观察的试验。如果可行，应采用数字化工具。 ●分析和解读数据，利用逻辑推理理解现象。（3–LS3–1） **建构解释和设计解决方案** 3–5 年级构建解释和设计解决方案建立在 K–2 年级的经验和基础上，发展到在构建描述和预测现象的特定变量的解释时使用证据以及在设计问题的多种解决方案时使用证据。 ●使用证据（例如观察、模式）以支持解释。（3–LS3–2）	**LS3.A：性状的继承** ●生物体的许多特征是从它们父母那里继承来的。（3–LS3–1） ●而有些特征是个体与环境相互作用的结果，这部分特征的范围涵盖了从饮食到学习。许多特征既涉及继承，又涉及环境。（3–LS3–2） **LS3.B：性状的变异** ●不同生物体的外观和功能有所不同，是因为它们继承了不同的遗传信息。（3–LS3–1） ●环境也会影响生物体的性状发展。（3–LS3–2）	**模式** ●模式的异同可以用来排序、分类自然现象。（3–LS3–1） **原因与结果** ●因果关系经常被识别和用来解释变化。（3–LS3–2）

（可参考第 139 页上与 3–LS3 相关的连接）

3-LS4 生物演化：统一性与多样性

预期表现

学生可以通过以下表现来展示理解：

3-LS4-1. 分析和解读化石上的数据，提供过去生物体及其居住环境的证据。［说明：数据的例子可以包括生物体化石的类型、大小和分布。化石和环境的例子可以包括在陆地上发现的海洋生物化石、在北极地区发现的热带植物化石和已灭绝的生物体化石。］［评价边界：评估不包括对特定化石或现存植物和动物的鉴定。评价仅限于主要化石类型和相对年龄。］

3-LS4-2. 用证据来解释同一物种的个体之间的特征差异如何为生存、求偶和繁殖提供优势。［说明：因果关系的例子可以是：比其他植物拥有更大棘刺的植物被天敌吃掉的可能性更小，有更好伪装色的动物比其他动物可能更容易生存，因此更容易留下后代。］

3-LS4-3. 构造具有证据的论点，即在一个特定的栖息地有些生物体可以生存得很好，有些生存得较差，有些根本无法生存。［说明：证据的例子可以包括所涉及的生物体和栖息地的需求与特征。这些生物及其栖息地构成各部分互相依赖的系统。］

3-LS4-4. 论述一个解决方案的优势，该方案针对由环境变化以及其中的动植物种类可能变化而导致的问题。*［说明：环境变化的例子可能包括土地特性、水分布、温度、食物和其他生物体的变化。］［评价边界：评价仅限于一个单一的环境变化。评估不包括温室效应和气候变化。］

*这项预期表现通过实践或学科核心概念将传统科学内容整合到工程中。

科学与工程实践	学科核心概念	跨学科概念
分析和解读数据 3-5年级的分析数据建立在K-2年级的经验和基础上，发展到介绍定量方法来搜集数据和进行多个定性观察的试验。如果可行，应采用数字化工具。 • 分析和解读数据，利用逻辑推理理解现象。（3-LS4-1） **建构解释和设计解决方案** 3-5年级构建解释和设计解决方案建立在K-2年级的经验和基础上，发展到构建描述和预测现象的特定变量的解释时使用证据以及在设计问题的多种解决方案时使用证据。	**LS2.C：生态系统的动态、运作和恢复力** • 当环境的变化影响某处的物理特征、温度或资源的可用性时，一些生物体能存活和繁衍，另一些迁移到新的环境，还有一些生物体会迁入这一变化后的环境，而一些会死亡。（3-LS4-4 的衍生概念） **LS4.A：共同祖先和多样性的证据** • 一些曾经在地球上生活的植物和动物种类现在在任何地方都再也找不到了。（注：从 K-2 迁移。）（3-LS4-1）	**原因与结果** • 因果关系经常被识别和用来解释变化。（3-LS4-2）（3-LS4-3） **尺度、比例与数量** • 可观察的现象存在于极短至极长的一段时间内。（3-LS4-1） **系统与系统模型** • 可以根据部件组成及其相互作用描述一个系统（3-LS4-4） …………

（可参考第139页上与 3-LS4 相关的连接）

3-LS4 生物演化：统一性与多样性（续）

科学与工程实践	学科核心概念	跨学科概念
• 使用证据（例如观察、模式）以支持解释。（3-LS4-2） **参与基于证据的论证** 　　3-5年级参与基于证据的论证建立在 K-2 年级的经验和基础上，发展到引用自然界和人工世界相关的证据去评论同伴提出的科学的解释和解决方案。 • 构建有证据支持的论点。（3-LS4-3） • 通过引用关于解决方案是如何满足该问题的评价标准以及约束条件的证据论述有关解决方案的优势。（3-LS4-4）	• 化石为生活在很久以前的生物体的种类以及它们的生活环境的性质提供了证据。（3-LS4-1） **LS4.B：自然选择** • 有时，同一物种的个体之间的特征差异，为生存、求偶和繁殖提供了优势。（3-LS4-2） **LS4.C：适应** • 对于任何特定的环境，某些种类的生物体能很好地生存，有些生存得较差，有的则根本无法生存。（3-LS4-3） **LS4.D：生物多样性与人类** • 生物种群生活在各种各样的栖息地，栖息地的变化会影响生活在那里的生物体。	与工程、技术和科学的应用的关联 **科学、工程和技术的相互依存** • 相关的科学概念和研究成果的知识在工程中很重要。（3-LS4-3） .... 与科学的本质的联系 **科学知识假设在自然系统中存在秩序性和一致性** • 科学认为在自然系统中有一致的模式。（3-LS4-1） **科学是人类智慧的结晶** • 大多数科学家和工程师团队合作。（3-LS4-3）

（可参考第 139 页上与 3-LS4 相关的连接）

3-ESS2 地球的系统

预期表现

学生可以通过以下表现来展示理解：

3-ESS2-1. 通过表格和图形展示数据来描述特定的季节中预期的典型天气状况。[说明：在这个年级水平，数据的例子可能包括平均气温、降水量和风向。][评价边界：图形展示的评价只限于柱状图和统计图表。评价不包括气候变化。]

3-ESS2-2. 获取并整合信息来描述世界不同地区的气候。

科学与工程实践	学科核心概念	跨学科概念
分析和解读数据 　　3-5 年级的分析数据建立在 K-2 年级的经验和基础上，发展到介绍定量方法来搜集数据和进行多个定性观察的试验。如果可行，应采用数字化工具。 ●通过表格和各种图形（柱状图和统计图表）显示数据来表明关系模式。（3-ESS2-1） **获取、评价和交流信息** 　　3-5 年级获取、评价和交流信息建立在 K-2 年级的经验和基础上，发展到评估想法和方法的优点和准确性。 ●从书籍或其他可靠的媒体获得并整合信息去解释现象。（3-ESS2-2）	**ESS2.D：天气和气候** ●科学家记录不同的时间和地区的天气模式，以便预测接下来可能出现何种天气。（3-ESS2-1） ●气候描述一个地区一系列典型天气状况的集合，以及那些天气状况在多年中变化的程度。（3-ESS2-2）	**模式** ●变化的模式可以被用于预测。（3-ESS2-1）（3-ESS2-2）

（可参考第 140 页上与 3-ESS2 相关的连接）

3-ESS3 地球与人类活动

预期表现

学生可以通过以下表现来展示理解：

3-ESS3-1. 论述一个设计方案的优势，该方案旨在减少与天气相关的灾害的影响。*〔说明：与天气相关灾害的设计方案的例子可以包括防止洪水的屏障、抗风屋顶和避雷针。〕

*这项预期表现通过实践或学科核心概念将传统科学内容整合到工程中。

科学与工程实践	学科核心概念	跨学科概念
参与基于证据的论证 3-5年级参与基于证据的论证建立在K-2年级的经验和基础上，发展到引用自然界和人工世界相关的证据去评论同伴提出的科学的解释和解决方案。 ● 通过引用关于解决方案是如何满足该问题的评价标准及约束条件证据，论述有关解决方案的优势。（3-ESS3-1）	**ESS3.B：自然灾害** ● 多种灾害起因于自然过程。人类无法消除自然灾害，但可以采取措施减弱它们的影响。（3-ESS3-1） （注：4-ESS3-2也涉及本学科核心概念。）	**原因与结果** ● 因果关系经常被识别、检测和用来解释变化。（3-ESS3-1） .... **与工程、技术和科学的应用的关联** **工程、技术和科学对社会和自然界的影响** ● 工程师改进现有技术或开发新技术以增加他们的利益（例如设计制作更好的假肢）、减少已知风险（例如汽车安全带）以及满足社会需求（例如手机）。（3-ESS3-1） .... **与科学的本质的联系** **科学是人类智慧的结晶** ● 科学影响日常生活。（3-ESS3-1）

（可参考第140页上与3-ESS3相关的连接）

四 年 级

  四年级的预期表现旨在帮助学生明晰以下问题，如："什么是波？它们可以做些什么？水、冰、风和植被如何改变陆地？地球特征的什么模式可以通过使用地图来确定？内部和外部的结构如何支持动植物的存活、生长、行为和繁殖？能量是什么？能量与运动的关系是什么？能量是如何传递的？如何用能量来解决问题？"四年级的预期表现包括《框架》中的 PS3、PS4、LS1、ESS1、ESS2、ESS3 和 ETS1 的学科核心概念。

  学生能够使用波的模型，根据波幅和波长来描述波的模式，并表明波能引起对象移动。学生有望认识到水、冰、风或植被所导致的风化或侵蚀的影响。他们运用有关地球自然进程的知识来生成和比较多种解决方案，以减少这种进程对人类的影响。为了描述地球特征的模式，学生分析和解读地图中的数据。四年级学生有望认识到动植物都有内部和外部的结构来支持存活、生长、行为和繁殖。通过开发模型，他们可以描述以下事实：当光从对象表面反射后进入眼睛时，此对象才可以被看到。学生能够使用证据来构建关于对象的速度和能量之间关系的解释。学生有望认识到能量可通过声、光、热和电流从一个地方传递到另一个地方或通过碰撞从一个对象传递到另一个对象。他们运用自己对能量的理解来设计、测试和完善能够将能量从一种形式转化到另外一种形式的设备。以下跨学科概念被称为这些学科核心概念的组织概念：模式；原因与结果；能量与物质；系统与系统模型；科学、工程和技术的相互依存；工程、技术和科学对社会和自然界的影响。

  在四年级的预期表现中，学生有望展示与其所在年级相符的能力素质，包括：提出问题；开发和使用模型；计划和开展研究；分析和解读数据；建构解释和设计解决方案；参与基于证据的论证；获取、评价和交流信息。期望学生通过实践来展现其对核心概念的理解。

4-PS3 能量

预期表现

学生可以通过以下表现来展示理解：

4-PS3-1. 用证据来解释对象的速度与该对象的能量有关。[评价边界：评价不包括对象速度变化的定量测量或对能量的精确或定量定义。]

4-PS3-2. 用观察提供的证据表明，能量可通过声、光、热和电流从一个地方传递到另外一个地方。[评价边界：评估不包括能量的定量测量。]

4-PS3-3. 提出问题，并预测关于物体碰撞时发生的能量变化的结果。[说明：重点是当物体相互作用时由于速度变化引起的能量的变化，而不是力。][评价边界：评价不包括能量的定量测量。]

4-PS3-4. 运用科学概念来设计、测试和完善能够使能量从一种形式转化为另一种形式的设备。*[说明：设备的例子可以包括将电能转换为动能的车辆、光或声音的电回路，以及将光转换为热的太阳能加热器。限制条件的例子可以包括材料、成本或设计的时间。][评价边界：设备应限于能将动能转换成电能或使用存储的能量产生运动或制造光或声音的设备。]

*这项预期表现通过实践或学科核心概念将传统科学内容整合到工程中。

科学与工程实践	学科核心概念	跨学科概念
提出问题和定义问题 3-5年级提出问题和定义问题建立在K-2年级的经验和基础上，发展到详细描述定性关系。 • 提出可探究的问题并基于一定发展模式（如因果关系）预测合理结果。（4-PS3-3） **计划和开展研究** 3-5年级计划和开展研究来回答问题或者检验结果建立在K-2年级的经验和基础上，发展到需要开展控制变量的研究，并提供证据以支持解释或设计解决方案。 • 通过观察获得数据，作为解释现象或检验解决方案的依据。（4-PS3-2） ⌄	**PS3.A：能量的定义** • 一个物体运动得越快，它拥有的能量就越多。（4-PS3-1） • 能量可以通过运动的物体或通过声、光或电流从一处传递到另一处。（4-PS3-2）（4-PS3-3） **PS3.B：能量守恒和能量传递** • 哪里有运动的物体、声音、光或热，哪里就有能量。当物体相碰撞，能量会从一个物体传递到另一个物体，并改变它们的运动。在这样的碰撞中，通常会有一些能量传递到周围的空气中，使空气变热并产生声音。（4-PS3-2）（4-PS3-3） • 光也会将能量从一处传递到另一处。（4-PS3-2） ⌄	**能量与物质** • 能量可以在多个对象之间通过不同的方式传递。（4-PS3-1）（4-PS3-2）（4-PS3-3）（4-PS3-4） .... **与工程、技术和科学的应用的关联** **工程、技术和科学对社会和自然界的影响** • 工程师改进现有技术或开发新技术。（4-PS3-4） .... **与科学的本质的联系** **科学是人类智慧的结晶** • 大多数科学家和工程师团队合作。（4-PS3-4） • 科学影响日常生活。（4-PS3-4）

（可参考第141页上与4-PS3相关的连接）

4-PS3 能量（续）

科学与工程实践	学科核心概念	跨学科概念
⌄ **建构解释和设计解决方案** 　　3-5年级构建解释和设计解决方案建立在K-2年级的经验和基础上，发展到在构建描述和预测现象的特定变量的解释时使用证据以及在设计问题的多种解决方案时使用证据。 ● 使用证据（如测量结果、观察结果或模式）来构建解释。（4-PS3-1） ● 把科学概念应用到解决设计问题上。（4-PS3-4）	⌄ ● 能量也可以通过电流从一处传递到另一处，然后在某处产生运动、声音、热和光。而电流最初的产生可能是通过将动能转化为电能实现的。（4-PS3-2）（4-PS3-4） **PS3.C：能量与力的关系** ● 当物体相撞，接触时的作用力传递能量，从而改变物体的运动。（4-PS3-3） **PS3.D：化学过程和日常生活中的能量** ● "产生能量"这个表述通常是指将储存能转化为有实际用途的所需形式。（4-PS3-4） **ETS1.A：定义工程问题** ● 一个问题可能的解决方案会受到可用的材料和资源（约束）限制。一个设计方案能否成功，取决于它是否具备了一个解决方案所需的特征（标准）。可以根据各个提案满足标准的程度或各个提案考虑约束条件的程度来比较解决问题方案的不同提案。（*4-PS3-4衍生概念*）	

（可参考第141页上与4-PS3相关的连接）

4-PS4 波及其在信息传递技术中的应用

预期表现

学生可以通过以下表现来展示理解：

4-PS4-1. 建立波的模型，描述关于波幅和波长的模式以及波能导致物体的运动。[说明：模型的例子可以包括图表、类比，并使用电线来说明波长和波的振幅的实物模型。][评价边界：评价不包括干涉效应、电磁波、非周期波或振幅和波长的定量模型。]

4-PS4-2. 建立一个模型来描述当物体反射的光进入眼睛时物体就可以被看见。[评价边界：评价不包括特定颜色的可见光反射、视觉的细胞机制或视网膜如何工作的知识。]

4-PS4-3. 生成和比较使用模式来传递信息的多种解决方案。*[说明：解决方案的例子可能包括鼓通过声波发送编码信息，用 1 和 0 代表黑色和白色的格子发送图像的信息，使用摩尔斯电码发送文本。]

*这项预期表现通过实践或学科核心概念将传统科学内容整合到工程中。

科学与工程实践	学科核心概念	跨学科概念
开发和使用模型 　　3-5 年级建模建立在 K-2 年级的经验和基础上，发展到建立和修正简单的模型，使用模型去表示事件和设计解决方案。 ● 使用类比、举例或抽象表达建立模型，以描述科学原理。（4-PS4-1） ● 建立模型以描述现象。（4-PS4-2） **建构解释和设计解决方案** 　　3-5 年级构建解释和设计解决方案建立在 K-2 年级的经验和基础上，发展到在构建描述和预测现象的特定变量的解释时使用证据以及在设计问题的多种解决方案时使用证据。 ● 基于对设计问题的标准和限制条件的达成情况，形成并对比多个解决方案。（4-PS4-3） ‥‥‥‥‥‥ 与科学的本质的联系 **实证是科学知识的基础** ● 科学发现基于识别模式。（4-PS4-1）	**PS4.A：波的特性** ● 波是运动的常规模式，通过扰动水面可在水中形成波。当波传过深水的表面时，水会原位上下起伏；水并不随水波的传播方向运动，除非水到达了岸边。（注：本年级段终点从 K-2 迁移）（4-PS4-1） ● 相同类型的波在振幅（波的高度）和波长（波峰与波峰之间的距离）上可以是不同的。（4-PS4-1） **PS4.B：电磁辐射** ● 当物体表面反射的光进入眼睛时，物体就可以被看见。（4-PS4-2） **PS4.C：信息技术和仪器** ● 数字化信息可以长距离传递而无显著衰减。高技术设备，如计算机或手机，能接收并解码信息——将数字化信息转变为声音——反之亦然。（4-PS4-3） **ETS1.C：优化设计方案** ● 不同的方案需要根据给定的标准和限制条件进行测试，以确定其中哪一个能最佳地解决问题。（4-PS4-3 的衍生概念）	**模式** ● 模式的异同可以用来对自然现象进行排序和分类。（4-PS4-1） ● 模式的异同可以用来对人造物品进行排序和分类。（4-PS4-3） **原因与结果** ● 因果关系经常被识别。（4-PS4-2） ‥‥‥‥‥‥ 与工程、技术和科学的应用的关联 **科学、工程和技术的相互依存** ● 相关科学概念和研究成果的知识在工程中很重要。（4-PS4-3）

（可参考第 141 页上与 4-PS4 相关的连接）

4-LS1 从分子到生物体：结构与过程

预期表现

学生可以通过以下表现来展示理解：

4-LS1-1. 论证植物和动物都有内部和外部结构，为其生长、生存、行为和繁殖承担各种功能。[说明：结构的例子可能包括刺、茎、根、彩色花瓣、心脏、胃、肺、脑和皮肤。][评价边界：评价仅限于植物和动物系统中的宏观结构。]

4-LS1-2. 用模型来描述，动物通过感官接收不同类型的信息，在它们的脑中处理这些信息，并以不同的方式对信息做出反应。[说明：重点是信息传递系统。][评价边界：评价不包括脑存储和复述信息的机制或感觉器官发挥作用的机制。]

科学与工程实践	学科核心概念	跨学科概念
参与基于证据的论证 3-5年级参与基于证据的论证建立在K-2年级的经验和基础上，发展到引用自然界和人工世界相关的证据去评论同伴提出的科学的解释和解决方案。 • 使用证据、数据和模型构建一个论证。（4-LS1-1） • 使用模型来测试有关自然系统功能的相互作用。（4-LS1-2）	**LS1.A：结构与功能** • 植物和动物都有内部和外部结构，为其生长、生存、行为和繁殖承担各种功能。（4-LS1-1） **LS1.D：信息处理** • 不同感觉器官专门接收特定类型的信息，这些信息随后可通过动物的脑进行处理。动物能够利用它们的感知和记忆来指导它们的行为。（4-LS1-2）	**系统与系统模型** • 可以根据部件的组成及其相互作用来描述一个系统。（4-LS1-1）（4-LS1-2）

（可参考第142页上与4-LS1相关的连接）

4-ESS1 地球在宇宙中的位置

预期表现

学生可以通过以下表现来展示理解：

4-ESS1-1. 从岩石形成的模式和岩石层中的化石中找出证据，来解释一段时间内地表的变化。[说明：从模式中找到的证据的例子可以包括：有海洋贝壳化石的岩石层在有植物化石但没有贝壳化石的岩石层的上面，则表明从陆地到水中随时间的演变；底部有河流、岩壁上有不同类型的岩石层的峡谷表明随着时间的推移，河流对岩石的侵蚀。][评价边界：评价不包括有关岩石形成机制的特定知识，也不包括对岩石的形成和岩层的记忆。评价仅限于相对时间。]

科学与工程实践	学科核心概念	跨学科概念
建构解释和设计解决方案 3-5年级构建解释和设计解决方案建立在 K-2 年级的经验和基础上，发展到在构建描述和预测现象的特定变量的解释时使用证据以及在设计问题的多种解决方案时使用证据。 ● 确定在解释中能支持特定要点的证据。（4-ESS1-1）	**ESS1.C：行星地球的历史** ● 局部的、地区的和全球范围内的岩层分布揭示了随时间而发生的变化，这些变化是地球内部的力如地震引起的。某些化石类型的存在和位置表明岩层形成的顺序。（4-ESS1-1）	**模式** ● 模式可以用来作为支持解释的证据。（4-ESS1-1） ---------- **与科学的本质的联系** **科学知识假设在自然系统中具有秩序性和一致性** ● 科学认为在自然系统中有一致的模式。（4-ESS1-1）

（可参考第 142 页上与 4-ESS1 相关的连接）

4-ESS2 地球的系统

预期表现

学生可以通过以下表现来展示理解：

4-ESS2-1. 观察和 / 或测量，以证明由水、冰、风或植被导致的风化或侵蚀作用的影响。［说明：测量的变量可以包括水向下运动的斜坡角度、植被的量、风速、沉积的相对速率、水的冻融周期、加热和冷却周期以及水流体积。］［评价边界：评价仅限于风化或侵蚀的单一形式。］

4-ESS2-2. 通过分析并解读来自地图的数据，以描述地球特征的模式。［说明：地图上可以包括地球上陆地和海底等高线图，以及标明山脉、洲界、火山和地震位置的地图。］

科学与工程实践	学科核心概念	跨学科概念
计划和开展研究 　　3–5 年级计划和开展研究来回答问题或检验结果建立在 K–2 年级的经验和基础上，发展到需要开展控制变量的研究，并提供证据以支持解释或设计解决方案。 ● 通过观察和测量获得数据，作为解释现象的依据。（4-ESS2-1） **分析和解读数据** 　　3–5 年级的分析数据建立在 K–2 年级的经验和基础上，发展到介绍定量方法来搜集数据和多个进行定性观察的试验。如果可行，应采用数字化工具。 ● 分析和解读数据，利用逻辑推理理解现象。（4-ESS2-2）	**ESS2.A：地球物质和系统** ● 降雨有助于塑造陆地形状和影响在一个地区中的生物体类型。水、冰、风、生物体和重力将岩石、土壤和沉积物破碎成较小的颗粒，并使它们四处迁移。（4-ESS2-1） **ESS2.B：板块构造论和大尺度系统相互作用** ● 山脉、深海沟、海底结构、地震和火山的位置是按一定的模式排布的。大多数地震和火山都处于大陆和海洋板块边界的带状区域上。主要的山脉是在大陆内部或接近大陆边缘的地方形成的。地图有助于确定地球不同区域中不同特征的陆地和水域的位置。（4-ESS2-2） **ESS2.E：生物地质学** ● 生物会影响其生存地区的物理特征。（4-ESS2-1）	**模式** ● 模式可以用来作为支持解释的证据。（4-ESS2-2） **原因与结果** ● 因果关系经常被识别、检测和用来解释变化。（4-ESS2-1）

（可参考第 143 页上与 4-ESS2 相关的连接）

4-ESS3 地球与人类活动

预期表现

学生可以通过以下表现来展示理解：

4-ESS3-1. 获取并整合信息，以描述能源和燃料来自自然资源且它们的使用影响环境。[说明：可再生能源的例子可能包括风能、坝后水能和太阳能；化石燃料和核燃料是不可再生能源。环境影响的例子可以包括由于建造水坝、露天开采导致栖息地的丧失以及由于化石燃料的燃烧导致空气污染。]

4-ESS3-2. 形成和比较多种旨在减少地球自然进程对人类的影响的解决方案。*[说明：解决方案的例子可能包括设计一个抗震建筑和完善火山活动的监测。][评价边界：评价仅限于地震、洪水、海啸和火山喷发。]

*这项预期表现通过实践或学科核心概念将传统科学内容整合到工程中。

科学与工程实践	学科核心概念	跨学科概念
获取、评价和交流信息 3-5年级获取、评价和交流信息建立在K-2年级的经验和基础上，发展到评估想法和方法的优点和准确性。 • 从书籍或其他可靠的媒介获得并整合信息去解释现象。（4-ESS3-1） **建构解释和设计解决方案** 3-5年级建构解释和设计解决方案建立在K-2年级的经验和基础上，发展到在构建描述和预测现象的特定变量的解释时使用证据以及在设计问题的多种解决方案时使用证据。 • 基于对设计问题的标准和限制条件的达成情况，形成并对比多个解决方案。（4-ESS3-2）	**ESS3.A：自然资源** • 人类使用的能源和燃料都是从自然资源中获得的，并且人类对能源和燃料的使用以多种方式影响着环境。有些资源过段时间还可再生，而有些资源则不可再生。（4-ESS3-1） **ESS3.B：自然灾害** • 多种灾害起因于自然过程（如地震、海啸和火山爆发）。人类无法消除自然灾害，但可以采取措施减弱它们的影响。（4-ESS3-2）（*注：也可以从3.WC.找到本学科核心概念*） **ETS1.B：形成可能的方案** • 测试一个方案，需要研究它在一系列可能的条件下是如何表现的。（*4-ESS3-2的衍生概念*）	**原因与结果** • 因果关系经常被识别和用来解释变化。（4-ESS3-1） • 因果关系经常被识别、检测和用来解释变化。（4-ESS3-2） ---------- **与工程、技术和科学的应用的关联** **科学、工程和技术的相互依存** • 相关科学概念和研究成果的知识在工程中很重要。（4-ESS3-1） **科学、工程和技术对社会和自然界的影响** • 随着时间的推移，人们的需求不断改变，同样他们对于新的和改进的技术的需求也发生了变化。（4-ESS3-1） • 工程师改进现有技术或开发新技术来获得更好的利益，降低已知的风险以及满足社会需求。（4-ESS3-2）

（可参考第143页上与4-ESS3相关的连接）

五 年 级

　　五年级的预期表现旨在帮助学生明晰以下问题，比如："当物质变化时，它的重量会变化吗？在地球的不同地方可以发现多少水？可以通过结合其他物质产生新的物质吗？生态系统中的物质如何进行循环？食物中的能量来自哪里？其用途是什么？阴影的长度和方向或日夜的相对长度是如何一天天变化的？在不同的季节星体的外表如何变化？"五年级的预期表现包括《框架》中的 PS1、PS2、PS3、LS1、LS2、ESS1、ESS2 和 ESS3 的学科核心概念。

　　学生能够通过建模来描述物质是由很小且看不到的微粒组成的。学生有望认识到无论物质经过什么变化，物质的总量是守恒的。学生能够确定两个或两个以上的物质混合是否会产生新的物质。通过使用实例来建立模型，学生能够描述岩石圈、生物圈、水圈或大气圈相互作用的方式。他们能够描述数据并以图表形式表示数据来提供关于地球上水资源分布的证据。学生有望认识到，植物主要是从空气和水中获得他们生长所需要的营养。通过使用模型，学生可以描述植物、动物、分解者和环境中物质的运动，以及动物的食物中能量最初来自太阳。学生预计能理解影子的长度和方向的日变化、昼夜更替以及一些星体在夜空中会季节性出现。以下跨学科概念被称为这些学科核心概念的组织概念：模式；原因与结果；尺度、比例与数量；能量与物质；系统与系统模型。

　　在五年级的预期表现中，学生有望展示与其所在年级相符的能力素质，包括：开发和使用模型；计划和开展研究；分析和解读数据；使用数学和计算思维；参与基于证据的论证；获取、评价和交流信息。期望学生通过实践来展现其对核心概念的理解。

5-PS1 物质及其相互作用

预期表现

学生可以通过以下表现来展示理解：

5-PS1-1. 开发一个模型来描述物质是由很小而看不到的微粒组成的。［说明：证据的例子包括通过充气膨胀一个篮球、用注射器压缩气体、把糖溶解在水中和蒸发盐水。］［评价边界：评估不包括解释蒸发和凝结在原子尺度上的机制或定义看不见的粒子。］

5-PS1-2. 测量并用图表表示数量，以证明在加热、冷却或混合物质时不管发生何种类型的变化，物质的总质量是守恒的。［说明：反应或变化的例子包括通过相变、溶解、混合产生新的物质。］［评价边界：评估不包括区分质量和重量。］

5-PS1-3. 通过观察和测量，基于特征来识别材料。［说明：识别材料的例子包括小苏打和其他粉末、金属、矿物和液体。特征的例子包括颜色、硬度、反射率、导电性、导热性、磁力和溶解度；密度并不作为一个可识别的特征。］［评价边界：评估不包括密度或区分质量和重量。］

5-PS1-4. 进行研究以确定两种或两种以上的物质混合是否会产生新的物质。

科学与工程实践	学科核心概念	跨学科概念
开发和使用模型 3-5 年级建模建立在 K-2 年级的经验和基础上，发展到建立和修正简单的模型，使用模型去表示事件和设计解决方案。 • 开发模型以描述现象。（5-PS1-1） **计划和开展研究** 3-5 年级计划和开展研究来回答问题或检验结果建立在 K-2 年级的经验和基础上，发展到运用控制变量的研究，并为支持解释或设计解决方案提供依据。 • 以合作的方式开展研究，产生作为依据的数据，使用公平测试以控制变量和考虑实验次数。（5-PS1-4） • 通过观察和测量产生数据，作为解释现象的依据。（5-PS1-3） ⇩	**PS1.A：物质的结构和性质** • 任何类型的物质都可以被细分为很小而不可见的微粒，尽管如此，物质仍然存在，并可以通过其他方法检测到。气体是由很小而不可见的、可以在空间里自由移动的物质粒子组成的，这一模型可以解释很多现象，包括气体的膨胀和形状，空气对较大颗粒或物体的影响。（5-PS1-1） • 当物质形态变化时，物质的总量（重量）是守恒的，尽管在有些变化过程中物质看起来像消失了一样。（5-PS1-2） • 对各种性质的测量可以用来识别特定物质。（界限：在这个年级水平，并不区分质量和重量，也不尝试定义不可见的粒子或解释蒸发和凝结在原子尺度上的机制。)（5-PS1-3） ⇩	**原因与结果** • 因果关系经常被识别、检测和用来解释变化。（5-PS1-4） **尺度、比例与数量** • 存在从非常小到非常大的自然对象。 • 标准单位是用来测量和描述物理量的，如重量、时间、温度和体积。（5-PS1-2）（5-PS1-3） ·········· 与科学的本质的联系 **科学知识假设在自然系统中具有秩序性和一致性** • 科学认为在自然系统中有一致的模式。（5-PS1-2）

（可参考第 144 页上与 5-PS1 相关的连接）

5-PS1 物质及其相互作用（续）

科学与工程实践	学科核心概念	跨学科概念
⌄ **使用数学和计算思维** 　　3-5 年级使用数学和计算思维建立在 K-2 年级的经验和基础上，发展到对多个物理特征进行定量测量，使用数学和计算分析数据和对比多种解决方案。 • 测量和用图像表示数量（如重量），以解决科学问题和工程难题。（5-PS1-2）	⌄ **PS1.B：化学反应** • 当两个或多种不同的物质被混合时，可能会形成一种具有不同性质的新物质。（5-PS1-4） • 不管发生了什么反应和性质的变化，物质的总重量不发生改变。（界限：质量和重量在这个年级水平不进行区分。）（5-PS1-2）	

（可参考第 144 页上与 5-PS1 相关的连接）

5-PS2 运动和稳定性：力和相互作用

预期表现

学生可以通过以下表现来展示理解：

5-PS2-1. 论证地球对物体的重力作用是向下的。[说明："向下"是指向地球的地心。][评价边界：评价不包括重力的数学表达式。]

科学与工程实践	学科核心概念	跨学科概念
参与基于证据的论证 　　3-5年级参与基于证据的论证建立在K-2年级的经验和基础上，发展到引用自然界和人工世界相关的证据去评论同伴提出的科学的解释和解决方案。 ● 通过证据、数据或模型支持一个论证。（5-PS2-1）	**PS2.B：相互作用的类型** ● 重力是地球对其表面附近物体的作用力，并将物体拉向地球的中心。（5-PS2-1）	**原因与结果** ● 因果关系经常被识别和用来解释变化。（5-PS2-1）

（可参考第144页上与5-PS2相关的连接）

5-PS3 能量

预期表现

学生可以通过以下表现来展示理解：

5-PS3-1. 使用模型来描述动物食物中的能量（用作身体修复、生长、运动和保持体温）是曾经来自太阳的能量。[说明：模型的例子包括图表和流程图。]

科学与工程实践	学科核心概念	跨学科概念
开发和使用模型 　　3-5 年级建模建立在 K-2 年级的经验和基础上，发展到建立和修正简单的模型，使用模型去表示事件和设计解决方案。 • 使用模型描述现象。（5-PS3-1）	**PS3.D：化学过程和日常生活中的能量** • 消化食物所释放的能量曾经是来自太阳的能量，植物通过化学过程捕获了这些能量，植物自身的物质也在此化学过程中得以形成。（来自空气和水）。（5-PS3-1） **LS1.C：生物体的物质流与能量流的组织** • 食物向动物提供它们身体修复和生长所需要的材料，以及维持体温和运动所需要的能量。（5-PS3-1 的衍生概念）	**能量与物质** • 能量可以通过多种方式在物体间传递。（5-PS3-1）

（可参考第 145 页上与 5-PS3 相关的连接）

5-LS1 从分子到生物体：结构与过程

预期表现

学生可以通过以下表现来展示理解：

5-LS1-1. 论证植物主要从空气和水中获得他们生长所需要的材料。[说明：重点是组成植物的物质主要来自空气和水，而不是土壤。]

科学与工程实践	学科核心概念	跨学科概念
参与基于证据的论证 　　3-5年级参与基于证据的论证建立在K-2年级的经验和基础上，发展到引用自然界和人工世界相关的证据去评论同伴提出的科学的解释和解决方案。 ● 通过证据、数据或模型支持一个论证。（5-LS1-1）	**LS1.C：生物体的物质流与能量流的组织** ● 植物主要从空气和水中获取它们生长所需的材料。（5-LS1-1）	**能量与物质** ● 物质可在系统内部进行传输，也可以被传入或传出系统。（5-LS1-1）

（可参考第145页上与5-LS1相关的连接）

5-LS2 生态系统：相互作用、能量和动态

预期表现

学生可以通过以下表现来展示理解：

5-LS2-1. 开发一个模型来描述植物、动物、分解者和环境之间的物质运动。[说明：强调不能作为动物食物的物质（空气、水和土壤中的分解者）被植物改变成了可作为食物的物质。系统的例子包括生物体、生态系统和地球。][评价边界：评价不包括分子解释。]

科学与工程实践	学科核心概念	跨学科概念
开发和使用模型 3-5年级建模建立在K-2年级的经验和基础上，发展到建立和修正简单的模型，使用模型去表示事件和设计解决方案。 ● 开发模型以描述现象。（5-LS2-1） ………… **与科学的本质的联系** **解释自然现象的科学模型、定律、机制和理论** ● 科学解释描述自然事件的机制。（5-LS2-1）	**LS2.A：生态系统中的相互依存关系** ● 几乎任何一种动物的食物都可以追溯到植物。生物在食物网中相互联系。在食物网中，一些动物以植物为食，另一些动物以吃植物的动物为食。某些生物体，如真菌和细菌，能分解死亡的生物体（植物、植物的部件和动物），因此它们起到"分解者"的作用。分解作用最终将一些物质还原（回收）到土壤中。生物体只能在满足它们特定需要的环境中生存。一个健康的生态系统是这样的：能满足生活在其中的不同类型的多个物种各自的需求，并且有一张相对稳定的生命网。新引进的物种可能会破坏生态系统的平衡。（5-LS2-1） **LS2.B：生态系统中的物质循环和能量传递** ● 随着植物、动物和微生物的生存和死亡，物质在空气、土壤以及这些生物体之间循环。生物体从环境中获得气体和水，并将废弃物（气体、液体或固体）释放回环境。（5-LS2-1）	**系统与系统模型** ● 可以根据部件组成及其相互作用描述一个系统。（5-LS2-1）

（可参考第145页上与5-LS2相关的连接）

5-ESS1 地球在宇宙中的位置

预期表现

学生可以通过以下表现来展示理解：

5-ESS1-1. 论证其他恒星与太阳亮度的差异来自它们与地球相对距离的差异。[评价边界：评价只限于相对距离，不是恒星大小。评价不包括影响相对亮度的其他因素（如恒星质量、年龄和阶段）。]

5-ESS1-2. 通过图表展示数据来说明关于影子长度和方向的日变化、昼夜更替、夜空中某些恒星表征季节性变化的模式。[说明：模式的例子包括地球相对于太阳的位置和运动以及选择只在特定的几个月可见的恒星。][评价边界：评价不包括季节的产生原因。]

科学与工程实践	学科核心概念	跨学科概念
分析和解读数据 3-5年级的分析数据建立在K-2年级的经验和基础上，发展到介绍定量方法来搜集数据和进行多个定性观察的试验。如果可行，应使用数字化工具。 • 通过图形（柱状图、统计图表及饼图）显示数据以表明关系模式。（5-ESS1-2） **参与基于证据的论证** 3-5年级参与基于证据的论证是建立在K-2年级的经验和基础上，发展到引用自然界和人工世界相关的证据去评论同伴提出的科学的解释和解决方案。 • 通过证据、数据或模型支持一个论证。（5-ESS1-1）	**ESS1.A：宇宙和它的恒星** • 太阳看上去是一个比其他恒星更大、更亮的恒星，这是因为太阳距离我们更近。从与地球的距离来讲，恒星之间的差别很大。（5-ESS1-1） **ESS1.B：地球和太阳系** • 地球围绕太阳运行的轨道、月球围绕地球运行的轨道以及地球围绕一个南、北极之间的轴的自转，形成了可观察的模式。这些模式包括昼夜更替，影子长度和方向的日变化，以及太阳、月亮和星星的位置在一天、一个月和一年中不同时间的变化。（5-ESS1-2）	**模式** • 模式的异同可以用来排序、分类、交流和分析自然现象中简单的变化。（5-ESS1-2） **尺度、比例与数量** • 存在从非常小到非常大的自然对象。（5-ESS1-1）

（可参考第146页上与5-ESS1相关的连接）

5-ESS2 地球的系统

预期表现

学生可以通过以下表现来展示理解：

5-ESS2-1. 开发一个模型来描述岩石圈、生物圈、水圈和大气圈之间相互作用的方式。［说明：例子包括海洋对生态系统、地形形状和气候的影响；大气通过天气和气候对生态系统和地形形状的影响；山脉对大气中风和云的影响。岩石圈、生物圈、水圈和大气圈每个都是一个系统。］［评价边界：评价只限于两个系统之间的相互作用。］

5-ESS2-2. 描述并图示出在不同的水体中咸水和淡水的数量，为地球中水的分布提供证据。［评价边界：评价只限于海洋、湖泊、河流、冰川、地下水和极地冰盖，不包括大气中的水。］

科学与工程实践	学科核心概念	跨学科概念
开发和使用模型 3-5 年级建模建立在 K-2 年级的经验和基础上，发展到建立和修正简单的模型，使用模型去表示事件和设计解决方案。 ● 使用实例来开发模型以描述科学原理。（5-ESS2-1） **使用数学和计算思维** 3-5 年级使用数学和计算思维建立在 K-2 年级的经验和基础上，发展到对多个物理特征进行定量测量，使用数学和计算分析数据和对比多种解决方案。 ● 描述和用图像表示数量，比如面积和体积，来解答科学问题。（5-ESS2-2）	**ESS2.A：地球物质和系统** ● 地球的主要系统有岩石圈（固体和熔融的岩石、土壤和沉积物）、水圈（水和冰）、大气圈（空气）和生物圈（生物包括人类）。这些系统以多种方式相互作用，影响地球表面的物质和过程。海洋供养着各种各样的生态系统和生物体，塑造地貌，并影响气候。大气圈中的风和云与地形相互作用决定天气模式。（5-ESS2-1） **ESS2.C：水在地球表面过程中的作用** ● 地球上几乎所有的可用水都来自海洋。大多数淡水存在于冰川或地下，只有一小部分存在于河流、湖泊、湿地和大气中。（5-ESS2-2）	**尺度、比例与数量** ● 标准单位用来测量和描述物理量，如重量和体积。（5-ESS2-2） **系统与系统模型** ● 可以根据部件的组成及其相互作用描述一个系统。（5-ESS2-1）

（可参考第 146 页上与 5-ESS2 相关的连接）

5-ESS3 地球与人类活动

预期表现

学生可以通过以下表现来展示理解：

5-ESS3-1. 获取和整合有关个体社群使用科学概念来保护地球资源和环境的方式的信息。

科学与工程实践	学科核心概念	跨学科概念
获取、评价和交流信息 3-5年级获取、评价和交流信息建立在K-2年级的经验和基础上，发展到评估想法和方法的优点和准确性。 ● 从书籍或其他可靠的媒体获得并整合信息去解释现象或设计问题的解决方案。（5-ESS3-1）	**ESS3.C：人类对地球系统的影响** ● 人类在农业、工业和日常生活中的活动已经对土地、植被、河流、海洋、空气甚至外层空间造成了重大影响。但是个体和社会正在为保护地球资源与环境而努力。（5-ESS3-1）	**系统与系统模型** ● 可以根据部件组成及其相互作用描述一个系统。（5-ESS3-1） ·········· **与科学的本质的联系** **科学解决有关自然界和物质世界的问题** ● 科学发现局限于可以通过实证得到答案的问题。（5-ESS3-1）

（可参考第147页上与5-ESS3相关的连接）

3-5 年级　工程设计

　　学生解决问题的能力建立在 K-2 年级的经验和基础上，在 K-2 年级阶段，学生要了解人们希望改变的情况可以被定义为可以通过工程设计来解决的问题或实现的目标。随着 3-5 年级学生成熟程度的增加，他们可以从事更加系统和有创造性的工程设计。在之前和之后的年级，工程设计可以被认为是三个阶段。我们需牢记在心，但是并不一定要遵循这个顺序，因为学生可能会在测试阶段想出新的解决方案或者重新定义问题来更好地满足原始需要。尽管如此，他们应该培养工程设计过程中的三个阶段所需的所有能力。

　　在这个年级段，**定义问题**涉及指定标准和约束条件的额外步骤。标准是相对于一个成功解决方案所提出的要求，并且通常指定一个设计预计能执行的功能以及应具备的特性使得对不同设计进行比较成为可能。约束条件是创建设计解决方案时必须考虑的限制。在教室里，限制条件来自可获得的材料和学生可用于工作的时间。

　　在这个阶段，**形成可能的方案**涉及产生几种不同的解决方案，系统地进行对比来找出哪一个能最好地满足问题的标准和约束条件（这是 K-2 年级水平工程设计二、三阶段的整合）。

　　改进设计涉及使用控制实验或"公平测试"来构建和测试模型或原型，"公平测试"指每次只改变一个变量而其他变量不变的实验。在科学探究中使用同样的做法，除了我们的目标是实现最好的设计而不是回答一个自然界的问题。改进设计的另一个途径是构建一个结构，然后测试它直至失败；注明失败的原因以便于重新设计结构使其更强大。"失败"是设计过程中必不可少的部分，因为它指出了提高设计方案的途径。

　　与其他科学学科的联系帮助学生在不同情境下培养这些能力。举个例子，三年级的学生将他们对科学的理解整合到设计中，包括磁力（3-PS2-4）、生物体的需求（3-LS4-3）和恶劣天气的影响（3-ESS3-1）。四年级的学生可以设计比较多的问题的解决方案，其中包括能量从一种形式转化为另一种形式（4-PS3-4）、通信（4-PS4-3）、减少风化和侵蚀的影响（4-ESS2-1）以及地质灾害（4-ESS3-2）。五年级的学生可设计解决环境问题的方案（5-ESS2-1）。

　　在五年级结束的时候，为了理解工程设计中相互关联的过程，学生应该能够认识到关于一个问题的所有三个预期表现（3-5-ETS1-1、3-5-ETS1-2 和 3-5-ETS1-3）。这些包括通过指定标准和约束条件来定义问题、开发和比较多解决方案以及进行控制实验来测试可选择的方案。

3-5-ETS1 工程设计

预期表现

学生可以通过以下表现来展示理解：

3-5-ETS1-1. 定义一个反映需要或希望的简单的设计问题，其中包括指定的成功的标准和约束条件，如材料、时间或成本。

3-5-ETS1-2. 基于如何更好地满足问题的标准和约束条件，形成和比较针对该问题的多个可能的解决方案。

3-5-ETS1-3. 计划和开展公平测试，在其中控制变量并考量失败点，以识别模型或原型中有待改进的方面。

科学与工程实践	学科核心概念	跨学科概念
提出问题和定义问题 3-5年级提出问题和定义问题建立在K-2年级的经验和基础上，发展到详细说明定性关系。 ●定义一个能够通过开发对象、工具、过程或系统解决的简单问题，并且包括一些有关成功的标准和对材料、时间或成本的限制条件。（3-5-ETS1-1） **计划和开展研究** 3-5年级计划和开展研究来回答问题或者检验结果建立在K-2年级的经验和基础上，发展到开展控制变量的研究，并且可以为支持解释或设计解决方案提供依据。 ●以合作的方式计划和开展研究以产生可以作为依据的数据，在研究过程中采用公平测试来控制变量并考虑试验次数。（3-5-ETS1-3） **建构解释和设计解决方案** 3-5年级构建解释和设计解决方案建立在K-2年级的经验和基础上，发展到在构建描述和预测现象的特定变量的解释时使用证据以及在设计问题的多种解决方案时使用证据。 ●基于对设计问题的标准和限制条件的达成情况，形成并对比多个解决方案。（3-5-ETS1-2）	**ETS1.A：定义和界定工程问题** ●一个问题可能的解决方案会受到可用的材料和资源（约束条件）的限制。所设计的解决方案的成功取决于对一个解决方案所需的特征（标准）的考量。在比较方案的不同提案时，可以根据各个提案满足标准的程度，或各个提案考虑约束条件的程度。（3-5-ETS1-1） **ETS1.B：形成可能的方案** ●在开始设计一个方案之前，应当对问题本身展开研究。测试一个方案，需要研究它在一系列可能的条件下是如何表现的。（3-5-ETS1-2） ●在任何阶段，与同伴交流关于方案的想法是设计过程的重要组成部分，并且分享想法有助于改进设计方案。（3-5-ETS1-2） ●设计测试的目的通常是找出失败点或困难，从而确定需要改进的设计元素。（3-5-ETS1-3） **ETS1.C：优化设计方案** ●不同的方案需要根据给定的标准和约束条件进行测试，以确定其中哪一个能最好地解决问题。（3-5-ETS1-3）	**工程、技术和科学对社会和自然界的影响** ●随着时间的推移，人们的需求不断改变，同样他们对于新的和改进的技术的需求也发生了变化。（3-5-ETS1-1） ●工程师改进现有技术或开发新技术来获得更好的利益，降低已知的风险以及满足社会需求。（3-5-ETS-2）

（可参考第147页上与3-5-ETS1相关的连接）

初中物质科学

在初中阶段，学生继续发展对物质科学四个核心概念的理解。初中阶段物质科学的预期表现建立在 K-5 年级概念与能力的基础上，让学习者能够解释物质科学中的重要现象，以及解释生命科学及地球与空间科学中的重要现象。物质科学预期表现将核心概念、科学与工程实践及跨学科概念糅合起来，支持学生学习解释真实世界中的物质、生命及地球与空间科学现象所需的知识。在物质科学中，初中阶段的预期表现着眼于发展学生对几项科学实践的理解。这包括开发和使用模型、计划和开展研究、分析和解读数据、使用数学和计算思维、建构解释以及运用这些实践来展示对核心概念的理解。学生也预期能够表现出对一些工程实践的理解，包括设计与评价。

PS1：物质及其相互作用的预期表现帮助学生理解物质在原子与分子水平上发生了什么，从而解答这一问题：怎样用原子与分子层面的相互作用来解释我们看到和感受到的物质的性质？在初中阶段，《框架》中的 PS1 学科核心概念被分解成两个子概念：物质的结构与性质及化学反应。到初中结束时，学生将能够理解和应用纯净物具有独特的物理与化学性质，并且它们是由一种原子或分子组成的。他们将能够从分子水平上解释物质的状态及状态变化，解释化学反应是原子重新组合成新的物质，解释原子在化学反应过程中发生了重新排列。学生也能够将对工程设计与优化过程的理解应用到化学反应系统中。以下跨学科概念被称为这些学科核心概念的组织概念：模式；原因与结果；尺度、比例与数量；能量与物质；结构与功能；科学、工程与技术的相互依存；科学、工程与技术对社会与自然界的影响。在 PS1 预期表现中，学生们有望在以下方面展现其能力素质，包括：开发与使用模型；分析与解读数据；设计解决方案；获取、评价与交流信息。期望学生能通过科学与工程实践来展现其对学科核心概念的理解。

PS2：运动和稳定性：力和相互作用的预期表现着眼于帮助学生们理解与以下问题相关的概念，包括为什么一些物体会一直运动、为什么物体会掉到地上以及为什么一些材料会相互吸引而其他材料不会。学生们回答这一问题：怎样描述物体间及物体系统中的物理相互作用？在初中水平，《框架》中的 PS2 学科核心概念被分解成两个子概念：力与运动以及相互作用的类型。到初中结束时，学生们将能够应用牛顿第三运动定律，用力去解释物体的运动。学生们也将应用关于引力、电磁力的概念去解释各种各样的现象，包括关于为什么一些材料相互吸引而其他材料相互排斥的初始概念。特别地，学生们将理解引力相互作用总是吸引，而电与磁相互作用既可能吸引也可能排斥。学生们也将理解物体即使互相不接触也可以通过"场"彼此施加力。学生们还能够应用工程实践与概念去解决当物体相撞时引发的问题。以下跨学科概念被称为这些学科核心概念的组织概念：原因与结果；系统与系统模型；稳定与变化；科学、工程与技术对社会与自然界的影响。在 PS2 预期表现中，学生们有望在以下方面展现能力素质，包括：提出问题；计划与开展研究；设计解决方案；参与辩论。期望学生能通过科学与工程实践来展现其对学科核心概念的理解。

PS3：能量的预期表现帮助学生们解答这一问题：能量怎样从一个物体或系统传递到另一个物体或系统？在初中水平，《框架》中的 PS3 学科核心概念被分解成四个子概念：能量的定义、能量守恒与能量传递、能量与力的关系以及化学过程和日常生活中的能量。学生们形成对能量概念的重要的定性理解，包括对象间的相互作用可以用能量在对象或对象系统间传递的概念来解释和预测，以及任意系统中的能量变化总是等于传递入与传递出系统的能量之和。学生们理解运动的对象具有动能，对象还可能具有取决于相对位置的储存能（势能）。学生们还将知道能量与温度的区别，开始理解力与能量的关系。学生们还将能够将对设计的理解应用在能量传递过程中。以下跨学科概念被称为这些学科核心概念的组织概念：尺度、比例与数量；系统与系统模型；能量。在 PS3 预期表现中，学生们有望在以下方面展现能力素质，包括：开发与使用模型；计划研究；分析与解读数据；设计解决方案；参与基于证据的论证。期望学生们能通过科学与工程实践来展现其对 PS3 核心概念的理解。

PS4：波及其在信息传递技术中的应用的预期表现帮助学生们解答这一问题：波有哪些特征？怎样利用这些特征？在初中阶段，《框架》中的 PS4 学科核心概念被分解成三个子概念：波的特性、电磁辐射以及信息技术和仪器。学生们将能够描述和预测波在与物质发生相互作用时的特征与行为。学生们将能够应用对波的理解去发送数字信息。以下跨学科概念被称为这些学科核心概念的组织概念：模式；结构与功能。在 PS4 预期表现中，学生们有望在以下方面展现能力素质，包括：开发与使用模型；使用数学思维；获取、评价和交流信息。期望学生们能通过科学与工程实践来展现其对学科核心概念的理解。

MS-PS1 物质及其相互作用

预期表现

学生可以通过以下表现来展示理解：

MS-PS1-1. 开发模型，描述原子是怎样组成简单分子及简单分子的延伸结构的。[说明：重点在于开发各种复杂度的分子模型。简单分子举例：氨、甲醇。延伸结构举例：氯化钠、钻石。分子水平的模型举例：图形，三维球棍模型或用各种原子组成不同分子的计算机模型。][评价边界：评价不包括价电子与键能，不涉及组成复杂结构的子单元的离子性质，也不包括对复杂分子或简单分子的延伸结构中的所有个体原子的完整描述。]

MS-PS1-2. 分析和解读关于物质发生相互作用前后性质的数据，判断是否发生了化学反应。[说明：反应可以是糖或钢丝绒的燃烧、脂肪与氢氧化钠反应、锌与氯化氢混合等。][评价边界：评价仅限于分析以下性质：密度、熔点、沸点、溶解度、可燃性和气味。]

MS-PS1-3. 搜集和理解信息来描述合成材料来源于自然资源并影响着社会。[说明：重点在于自然资源经历一个化学过程而形成合成材料。新材料可以包括新药品、食物和替代燃料等。][评价边界：评价仅限于定性信息。]

MS-PS1-4. 开发模型，预测和描述热能增减后微粒运动、温度和纯净物状态的变化。[说明：重点在于用分子水平的固体、液体和气体的定性模型去显示输入或输出热能会增加或减少微粒的动能，直至引起物质状态的改变。模型可以包括绘画和图表。微粒可以是分子或惰性原子。纯净物可以包括水、二氧化碳和氦气。]

MS-PS1-5. 开发和使用模型，描述在化学反应中原子总数是保持不变的，因而质量是守恒的。[说明：重点在于物质守恒定律，以及表现原子的物理模型或绘画，包括数字形式的模型。][评价边界：评价不包括原子质量的使用，方程式的配平或分子间作用力。]

MS-PS1-6. 完成一个设计项目，建立、检验和优化一个设备，使之通过化学过程释放或吸收热能。*[说明：重点在于设计，控制能量向环境的传递，以及用物质类型与浓度等因子优化设备。设计举例：氯化铵或氯化钙的溶解等化学反应。][评价边界：仅对检测设备时某种物质的量、反应时间与温度设置标准。]

*这项预期表现通过实践或学科核心概念将传统科学内容整合到工程中。

（可参考第 148 页上与 MS-PS1 相关的连接）

MS-PS1 物质及其相互作用（续）

科学与工程实践	学科核心概念	跨学科概念
开发和使用模型 　　6-8 年级建模建立在 K-5 年级的经验和基础上，发展到开发、使用和修正模型，以描绘、检验和预测更抽象的现象与设计系统。 ● 开发一个模型以预测和 / 或描述现象。（MS-PS1-1）（MS-PS1-4） ● 开发一个模型以描述无法观察到的机制。（MS-PS1-5） **分析和解读数据** 　　6-8 年级分析数据建立在 K-5 年级的经验和基础上，发展到将定量分析拓展为研究，区分相关关系与因果关系，以及基础的数据统计技术和误差分析。 ● 分析和解读数据，以决定研究结果的异同。（MS-PS1-2） **建构解释和设计解决方案** 　　6-8 年级建构解释和设计解决方案建立在 K-5 年级的经验和基础上，发展到用多种来源的、与科学概念、原理和理论相一致的证据来支撑解释的建构和方案的设计。 ● 开展一个设计项目，参与设计流程，创建并 / 或实施一种方案，满足具体的设计标准和约束条件。（MS-PS1-6） **获取、评价和交流信息** 　　6-8 年级获取、评价和交流信息建立在 K-5 年级的经验和基础上，发展到评价想法与方法的优点和有效性。 ● 从多个适当的来源采集、阅读和综合信息，评价各种来源和信息采集方法的可信度、准确度和可能的偏差，描述信息是怎样得到证据的支持或没有得到支持的。（MS-PS1-3） ▽	**PS1.A：物质的结构和性质** ● 物质是由不同原子组成的，原子与原子通过不同方式联结。原子组成分子，一个分子中可能包含两个到数千个原子。（MS-PS1-1） ● 每种纯净物都具有独特的物理与化学性质（大量物质在给定情况下），可以根据性质去辨别纯净物。（MS-PS1-2）（MS-PS1-3） ● 气体与液体是由彼此相对运动的分子或惰性原子组成的。（MS-PS1-4） ● 在液体中，分子与分子总是相互接触；在气体中，分子相距很远，除非在发生偶然的碰撞时。在固体中，原子近距离分布，并可能在原位振动而不改变相对位置。（MS-PS1-4） ● 固体可能由分子组成，也有可能是由重复子单元组成的延伸结构（例如晶体）。（MS-PS1-1） ● 物质状态随温度或压强的变化可以用关于物质的模型来描述和预测。（MS-PS1-4） **PS1.B：化学反应** ● 物质的化学反应有各自的特征。在一个化学过程中，组成反应物的原子重新组合成不同的分子，新的物质与反应物具有不同的性质。（MS-PS1-2）（MS-PS1-3）（MS-PS1-5） ● 各种原子的总数是守恒的，因而质量是不变的。（MS-PS1-5）。 ● 一些化学反应释放能量；其他储存能量。（MS-PS1-6） ▽	**模式** ● 宏观模式是与微观以及原子水平上的结构性质相关的。（MS-PS1-2） **原因与结果** ● 因果关系可以用来预测自然或人工系统中的现象。（MS-PS1-4） **尺度、比例与数量** ● 时间、空间与能量现象可以在不同尺度用模型观测到以研究极大或极小的系统。（MS-PS1-1） **能量与物质** ● 物质是守恒的，因为原子在物理与化学过程中是守恒的。（MS-PS1-5） ● 当能量在一个人工或自然系统中流动时，能量的传递可以被追踪到。（MS-PS1-6） **结构与功能** ● 通过考虑不同材料的性质以及材料可以如何被塑形和使用，使结构经过设计能够执行特定的功能。（MS-PS1-3） ‥‥‥‥‥‥ **与工程、技术和科学的应用的关联** **科学、工程和技术的相互依存** ● 工程的进步已经带来了几乎所有科学领域的重要发现，科学发现也已经促进了整个工业与工程系统的发展。（MS-PS1-3） **科学、工程和技术对社会和自然界的影响** ● 驱动和限制技术使用的因素包括：个人或社会需求、愿望和价值观；科学研究的发现以及气候、自然资源和经济条件等因素上的差别。因此，技术使用随着地区和时间而变化。（MS-PS1-3）

（可参考第 148 页上与 MS-PS1 相关的连接）

MS-PS1 物质及其相互作用（续）

科学与工程实践	学科核心概念	跨学科概念
⌄ .... 与科学的本质的联系 **实证是科学知识的基础** ●科学知识以证据与解释之间的逻辑与概念联系为基础。（MS-PS1-2） **解释自然现象的科学模型、定律、机制和理论** ●定律是自然现象的规律或数学描述。（MS-PS1-5）	⌄ **PS3.A：能量的定义** ●"热量"这个词在日常用语中既指热能（物质中的原子或分子的运动），也指热能从一个物体到另一个物体的传递。在科学中，热量仅用于第二个含义，它指由于两个物体的温度差而传递的能量。（*MS-PS1-4 的衍生概念*） ●温度不是能量的量度；温度与系统总能量的关系取决于系统中的物质的类型、状态和量。（*MS-PS1-4 的衍生概念*） **ETS1.B：形成可能的解决方案** ●一个解决方案需要检验，并根据检验结果进行修正，从而得到改进。（*MS-PS1-6 的衍生概念*） **ETS1.C：优化设计方案** ●虽然一个设计也许不能在所有检验中都有最佳表现，但识别这个设计在各个测试中获得最佳表现的特征能为再设计提供有用的信息——也就是说，一些特征可以被整合到新设计中。（*MS-PS1-6 的衍生概念*） ●反复检验可行解决方案的过程，以及基于检验结果的反复修正过程，能带来更好的改进，并最终生成最佳方案。（*MS-PS1-6 的衍生概念*）	

（可参考第 148 页上与 MS-PS1 相关的连接）

MS-PS2 运动和稳定性：力和相互作用

预期表现

学生可以通过以下表现来展示理解：

MS-PS2-1. 应用牛顿第三定律设计一个方案，解决关于两个相撞物体运动的问题。*[说明：真实案例可以包括两车相撞、车与静止物体相撞、流星与空间飞行器相撞。][评价边界：评价仅限于竖直或水平单一方向上的相互作用。]

MS-PS2-2. 计划一项研究，提供证据证明一个物体运动的变化取决于物体所受的合力及物体的质量。[说明：强调系统中的平衡力（牛顿第一定律）与非平衡力，力、质量和运动变化的定性比较（牛顿第二定律），参考系以及单位说明。][评价边界：评价仅限于惯性参考系单一方向上的力与运动变化，每次仅限于一个变量的变化。评价不包括三角函数的使用。]

MS-PS2-3. 提出关于数据的问题，确定影响电磁力强度的因素。[说明：使用电磁力的设备包括电磁铁、电动机或发电机。数据包括线圈数对电磁铁强度的影响或增加磁铁的数量或强度对电动机转速的影响。][评价边界：需要定量回答的问题仅限于比例推理和代数思维。]

MS-PS2-4. 用证据建构和呈现论述，以支持观点：引力相互作用表现为吸引，并取决于相互作用物体的质量。[说明：论据包括从展现太阳系中天体的质量、相互作用强度、与太阳的距离以及公转周期等的模型、数字工具或图表中获得的数据。][评价边界：评价不包括牛顿万有引力定律或开普勒定律。]

MS-PS2-5. 开展一项研究并评估实验设计，提供证据表明存在于物体之间的场向各个物体施加力，即使物体没有相互接触。[说明：这类现象可以包括磁体、带电胶带和带电木髓球的相互作用。研究的例子包括第一手经验或模拟实验。][评价边界：评价仅限于电场与磁场，仅限于场的存在的定性证据。]

*这项预期表现通过实践或学科核心概念将传统科学内容整合到工程中。

科学与工程实践	学科核心概念	跨学科概念
提出问题和定义问题 6-8 年级提出问题和定义问题从 K-5 年级的经验和基础上，发展到指出变量间的关系、阐明论证和模型。 ●提出可以在教室里、户外以及博物馆或其他有可用资源的公共场所研究的问题，并且在适当的情况下基于观察和科学原理建立一个假设。（MS-PS2-3）	**PS2.A：力与运动** ●对于任何一对相互作用的物体，第一个物体对第二个物体施加的力与第二个物体对第一个物体施加的力大小相等，方向相反（牛顿第三定律）。（MS-PS2-1）	**原因与结果** ●因果关系可以被用来预测自然或人工系统中的现象。 （MS-PS2-3）（MS-PS2-5） **系统与系统模型** ●模型可以被用来表现系统和它们的相互作用（例如输入、处理和输出）以及系统中的能量与物质流动。（MS-PS2-1）（MS-PS2-4）

（可参考第 148 页上与 MS-PS2 相关的连接）

MS-PS2 运动和稳定性：力和相互作用（续）

科学与工程实践	学科核心概念	跨学科概念
计划和开展研究 6-8 年级计划和开展研究来回答问题或检验结果，建立在 K-5 年级的经验和基础上，发展到使用多个变量的、为解释或设计方案提供证据支持的研究。 ● 独自和与人合作计划一项研究，并且在设计中识别自变量、因变量和控制变量，需要使用什么工具采集数据，测量结果如何记录，以及需要多少数据来支撑一个观点。（MS-PS2-2） ● 开展一项研究并评价实验设计以生成能够作为依据并实现研究目标的数据。（MS-PS2-5） **建构解释和设计解决方案** 6-8 年级建构解释和设计解决方案，建立在 K-5 年级的经验和基础上，发展到用多种来源的、与科学概念、原理和理论相一致的证据来支撑解释的建构和方案的设计。 ● 应用科学概念或原理来设计一个物体、工具、过程或系统。（MS-PS2-1） **参与基于证据的论证** 在 6-8 年级参与基于证据的论证建立在 K-5 年级的经验和基础上，发展到建立一个有说服力的论证，支持或反对关于自然界与人工世界的解释或解决方案。 ● 建立和提交口头和书面论证，用实证和科学推理支持或反对关于一种现象的解释或模型或一个问题的解决方案。（MS-PS2-4） ············ **与科学的本质的联系** **实证是科学知识的基础** ● 科学知识以证据与解释之间的逻辑与概念联系为基础。（MS-PS2-2）（MS-PS2-4）	● 一个物体的运动取决于作用于其上的力的总和；如果物体所受的合力不为零，物体的运动就会改变。物体的质量越大，使运动有相同改变所需的力越大。对于任意给定物体，较大的力使运动产生较大的改变。（MS-PS2-2） ● 所有物体的位置和力与运动的方向都必须在一个任意选择的参考系中以任意选择的单位来描述。为了与其他人分享信息，参考系与单位的选择也必须被分享。（MS-PS2-2） **PS2.B：相互作用的类型** ● 电与磁（电磁）力可以是引力或者斥力，它们的大小取决于带电量、电流或磁感应强度，以及相互作用的物体之间的距离。（MS-PS2-3） ● 引力相互作用总是吸引。任意两个有质量的物体之间都有引力，但引力通常很小，除非两个物体或其中一个物体具有很大的质量（比如地球与太阳）。（MS-PS2-4）。 ● 隔着一定距离施加的力（电、磁、引力）可以用场来解释，场延伸于空间中，并可以用它们对一个检验物体（分别是一个带电物体、一个磁体或一个球）的作用来描述它们的分布。（MS-PS2-5）	**稳定与变化** ● 对自然或人工系统中的稳定与变化的解释，可以通过检查随时间的变化和不同尺度的力来建构。（MS-PS2-2） ············ **与工程、技术以及科学的应用的关联** **科学、工程和技术对社会和自然界的影响** ● 驱动和限制技术使用的因素包括：个人或社会需求、愿望和价值观；科学研究的发现以及气候、自然资源和经济条件等因素上的差别。（MS-PS2-1）

（可参考第 148 页上与 MS-PS2 相关的连接）

MS-PS3 能量

预期表现

学生可以通过以下表现来展示理解：

MS-PS3-1. 建立和解读数据图示，描述动能与物体质量及速度的关系。[说明：强调对动能与质量、动能与速度的关系的描述。举例可以包括以不同的速度骑自行车，不同大小的石头滚下山，被威浮球撞击与被网球撞击的对比。]

MS-PS3-2. **开发一个模型，描述当相隔一定距离相互作用的物体改变位置时，系统中储存的势能就会改变。**[说明：强调势能的相对量，而不是势能的计算。在系统中相隔不同距离相互作用的物体的例子可以包括：地球与不同高度的过山车或货架上不同高度的物品，改变磁体的方向以及将一个带有静电荷的气球靠近同学的头发。模型可以包括对系统的呈现、图表、图片和书面描述。] [评价边界：评价仅限于两个物体，并仅限于电、磁与引力相互作用。]

MS-PS3-3. 应用科学原理设计、制造和检验一个最小化或最大化热传递的装置。*[说明：装置可以包括隔热箱、太阳能灶和泡沫塑料杯。][评价边界：评价不包括计算热传递的总量。]

MS-PS3-4. 计划一项研究，以确定传递的能量、物质的类型、质量与通过测量样本温度得到的微粒平均动能的变化量之间的关系。[说明：实验包括：将不同质量的冰加入相同体积、相同初始温度的水中，对比冰融化之后的水温；比较相同质量的不同材料样品在环境中冷却或受热时的温度变化；使不同质量的相同材料得到一定量的能量，比较它们的温度变化。][评价边界：评价不包括计算热传递的总量。]

MS-PS3-5. 建构、使用和呈现论述，以支持下列观点：当一个物体的动能改变时，它传递出或得到能量。[说明：论述中使用到的实证可以包括用温度变化或物体运动来呈现传递前后的能量。][评价边界：评价不包括能量的计算。]

*这项预期表现通过实践或学科核心概念将传统科学内容整合到工程中。

科学与工程实践	学科核心概念	跨学科概念
开发和使用模型 6-8年级建模建立在K-5年级的经验和基础上，发展到开发、使用和修正模型，以描绘、检验和预测更抽象的现象与设计系统。 • 开发一个模型以描述无法观察到的机制。（MS-PS3-2） ⌄	**PS3.A：能量的定义** • 运动的能量被称作动能；它与运动物体的质量成比例，随着运动速度的平方而增长。（MS-PS3-1） • 一个物体系统还可能包含储存能（势能），这取决于物体的相对位置。（MS-PS3-2） ⌄	**尺度、比例与数量** • 不同类型的量之间的比例关系（例如速度是位移与时间的比）提供了关于性质与过程的量的信息。（MS-PS3-1）（MS-PS3-4） ⌄

（可参考第149页上与MS-PS3相关的连接）

MS-PS3 能量（续）

科学与工程实践	学科核心概念	跨学科概念
计划和开展研究 6-8 年级计划和开展研究以回答问题或检验方案是基于 K-5 年级的经验和基础上，发展到使用多个变量的、为解释或设计方案提供证据支持的研究。 • 独自和与人合作计划一项研究，并且在设计中识别自变量、因变量和控制变量，需要使用什么工具采集数据，测量结果如何记录，以及需要多少数据来支撑一个观点。（MS-PS3-4） **分析和解读数据** 6-8 年级分析数据建立在 K-5 年级的经验和基础上，发展到将定量分析拓展为研究，区分相关关系与因果关系，以及基础的数据统计技术和误差分析。 • 建立和解读数据图表，识别线性和非线性关系。（MS-PS3-1） **建构解释和设计解决方案** 6-8 年级建构解释和设计解决方案建立在 K-5 年级的经验和基础上，发展到用多种来源的、与科学概念、原理和理论相一致的证据来支撑解释的建构和方案的设计。 • 应用科学概念或原理来设计、制作和检验一个物体、工具、过程或系统。（MS-PS3-3） **参与基于证据的论证** 6-8 年级参与基于证据的论证建立在 K-5 年级的经验和基础上，发展到建立一个有说服力的论证，支持或反对关于自然界与人工世界的解释或方案。 • 建立、使用和展示口头和书面论证，用实证和科学推理支持或反对关于一种现象的解释或模型。（MS-PS3-5） ············ **与科学的本质的联系** **实证是科学知识的基础** • 科学知识以证据与解释之间的逻辑与概念联系为基础。 （MS-PS3-4）（MS-PS3-5）	• 温度是物质微粒平均动能的量度。温度与系统总能量的关系取决于物质的类型、状态和量。 （MS-PS3-3）（MS-PS3-4） **PS3.B：能量守恒和能量传递** • 当一个物体的动能改变，就不可避免地会同时有其他的能量变化。（MS-PS3-5） • 使一个物质样品的温度产生一定量的变化所需的能量传递量，取决于物质的性质、样品的尺寸和环境。（MS-PS3-4） • 能量自发地从较热的物体或区域传递到较冷的物体或区域。（MS-PS3-3） **PS3.C：能量与力的关系** • 两个物体在发生相互作用时，会相互施加作用力，使能量在彼此之间传递。（MS-PS3-2） **ETS1.A：定义和界定一个工程问题** • 对一项设计任务的标准与约束条件定义得越精准，设计方案越可能获得成功。对约束条件进行说明需要思考可能对方案造成限制的科学原理及其他相关知识。（*MS-PS3-3 的衍生概念*） **ETS1.B：形成可能的方案** • 一个方案需要检验，并根据检验结果进行修正，从而得到改进。评估方案在多大程度上满足了待解决问题的标准与约束条件有系统的过程。（*MS-PS3-3 的衍生概念*）	**系统与系统模型** • 模型可以被用来表现系统和它们的相互作用（例如输入、处理和输出）以及系统中的能量与物质流动。（MS-PS3-2） **能量与物质** • 能量可以有不同的形式（例如，场中的能量、热能、运动的能量）。（MS-PS3-5） • 当能量在一个人工或自然系统中流动时，能量的转移可以被追踪到。（MS-PS3-3）

（可参考第 149 页上与 MS-PS3 相关的连接）

MS-PS4 波及其在信息传递技术中的应用

预期表现

学生可以通过以下表现来展示理解：

MS-PS4-1. 用数学表现方式来描述一个关于波的简单模型，其中包括波的振幅是怎样关联波的能量的。[说明：重点是从定性与定量两方面描述波。][评价边界：评价不包括电磁波，并仅限于标准重复波。]

MS-PS4-2. 开发和使用模型，描述波在遇到各种材料时被反射、吸收或穿过的现象。[说明：重点在于光和机械波。模型的例子包括画图、模拟和书面描述。][评价边界：评价仅限于关于光和机械波的定性描述。]

MS-PS4-3. 将定性的科学与技术信息整合起来，论证数字信号与模拟信号相比是编码和传递信息更可靠的方式。[说明：重点在于对波可以被用于交流信息有基本的理解。案例包括：用光纤传输光波，Wi-Fi设备发射无线电波，将存储的二进制数字/数串转换成声音或在计算机屏幕上显示文字。][评价边界：评价不包括二进制计数。评价不包括任何设备的具体机制。]

科学与工程实践	学科核心概念	跨学科概念
开发和使用模型 6-8年级建模建立在 K-5 年级的经验和基础上，发展到开发、使用和修正模型，以描绘、检验和预测更抽象的现象与设计系统。 ●开发和使用模型以描述现象。（MS-PS4-2） **使用数学和计算思维** 6-8年级的数学和计算思维建立在 K-5 年级的经验和基础上，发展到识别大数据集内的模式，以及使用数学概念去支持解释和论证。 ●使用数学表现方式来描述和/或支持科学结论与设计方案。（MS-PS4-1） **获取、评价和交流信息** 6-8年级获取、评价和交流信息建立在 K-5 年级的经验和基础上，发展到评价想法和方法的优点和有效性。 ⌄	**PS4.A：波的性质** ●一列简单波具有由特定波长、频率与振幅构成的重复模式。（MS-PS4-1） ●声波的传播需要介质。（MS-PS4-2） **PS4.B：电磁辐射** ●当光照在一个物体上，光会被反射、吸收或穿过物体，这取决于物体的材料和光的频率（颜色）。（MS-PS4-2） ●光沿直线传播，除非遇到不同透明材料的分界面（例如空气和水、空气和玻璃），在此分界面光的传播路线发生偏折。（MS-PS4-2） ●光的波动模型在解释亮度、颜色以及光在两种介质的界面发生的与频率有关的偏折时是有用的。（MS-PS4-2） ⌄	**模式** ●图表可以用于识别数据中的模式。（MS-PS4-1） **结构与功能** ●通过考虑不同材料的性质以及材料可以如何被塑形和使用，使结构经过设计能够执行特定的功能。（MS-PS4-2） ●使结构经过设计能够执行特定的功能。（MS-PS4-3） .... 与工程、技术以及科学的应用的关联 **科学、工程和技术对社会和自然界的影响** ●技术拓展了科学研究所需的测量、探索、建模和计算能力。（MS-PS4-3） ⌄

（可参考第 150 页上与 MS-PS4 相关的连接）

MS-PS4 波及其在信息传递技术中的应用（续）

科学与工程实践	学科核心概念	跨学科概念
⌄	⌄	⌄
●将书面文字与多媒体中定性的科学与技术信息整合起来，以阐明观点与发现。（MS-PS4-3） ············ **与科学的本质的联系** **实证是科学知识的基础** ●科学知识以证据与解释之间的逻辑与概念联系为基础。（MS-PS4-1）	●然而，由于光可以在太空中传播，因而它不可能像声波或水波那样是靠介质传播的波。（MS-PS4-2） **PS4.C：信息技术与仪器** ●数字信号（作为波脉冲发送）是编码和传递信息更可靠的方式。（MS-PS4-3）	············ 与科学的本质的联系 **科学是人类智慧的结晶** ●技术的进步促进了科学的发展，科学也促进了技术的进步。（MS-PS4-3）

（可参考第 150 页上与 MS-PS4 相关的连接）

初中生命科学

在初中阶段，学生发展对理解生命科学所需的关键概念的认识。这些概念建立在学生从较早年级的学习中以及从物质与地球科学领域的核心概念、科学与工程实践及跨学科概念中获得的对科学理解的基础上。初中阶段有四个生命科学学科核心概念：①从分子到生物体：结构与过程；②生态系统：相互作用、能量和动态；③遗传：性状的继承与变异；④生物演化：统一性与多样性。初中阶段的预期表现将核心概念和科学与工程实践、跨学科概念糅合起来，支持学生发展有用的知识来解释跨科学学科的概念。虽然初中生命科学的预期表现将特定的实践与具体学科核心概念结合起来，但教学决策时应当使用在预期表现中得到整合的各种科学与工程实践。

LS1：从分子到生物体：结构与过程的预期表现帮助学生回答这一问题：我们怎样解释细胞支持生物体完成各种功能的方式？《框架》将 LS1 学科核心概念组织成四个子概念：结构与功能、生物体的生长和发育、生物体的物质流与能量流的组织以及信息处理。学生可以搜集并使用信息，去支持对细胞的结构与功能关系的解释。他们可以交流对细胞理论的理解。他们对于细胞在身体系统中扮演的角色以及这些身体系统如何工作以支持生物体的生命功能有基本的理解。学生对细胞的理解为其学习植物的光合作用过程以及细胞所需的物质与能量迁移提供了背景。学生可以为环境与遗传因子如何影响生物体的生长建构解释。他们可以将此联系到动物行为对繁殖的作用以及一些植物的繁殖对动物行为的依赖。以下跨学科概念被称为关于生物体生命过程的核心概念的组织概念、原因与结果、结构与功能、能量与物质。

LS2：生态系统：相互作用、能量和动态的预期表现帮助学生回答这一问题：一个由生物和非生物组成的系统是怎样运作以满足生态系统中的生物体的需求的？LS2 学科核心概念被分解成三个子概念：生态系统中的相互依存关系、生态系统中的物质循环和能量传递以及生态系统的动态、运作和恢复力。学生能够分析和解读数据、开发模型、建立论证并展示对资源及生态系统中的物质循环与能量流动的更深理解。他们也能学习一个生态系统中的生物体之间的相互作用模式。他们思考生态系统中的生物与非生物因子，以及这些因子对种群的影响。他们对保持生物多样性与生态系统功能的各种设计方案进行评价。

LS3：遗传：性状的继承与变异的预期表现帮助学生回答这一问题：生物体如何将性状从一代传递到下一代？在《框架》中，LS3 学科核心概念包含两个子概念：性状的继承和性状的变异。学生可以使用模型去描述基因突变与有性繁殖是怎样对遗传变异产生作用的。原因与结果、结构与功能等跨学科概念能让学生更深地理解基因结构是怎样决定生物体的功能差异的。

LS4：生物演化：统一性与多样性的预期表现帮助学生回答这一问题：生物体是怎样随环境的变化而发生改变的？LS4学科核心概念分解成四个子概念：共同祖先和多样性的证据、自然选择、适应以及生物多样性与人类。学生可以以证据为基础建构解释，从而支持对自然选择与演化的基本理解。他们可以对一个种群使用遗传变异的概念，来理解生物体的生存、繁殖并将物种的性状传递下去。他们能够使用体现生物体与物种之间关系的化石记录与解剖学相似性来支持他们的理解。模式、结构与功能等跨学科概念为学生描述生物演化所需的证据提供了支持。

MS-LS1 从分子到生物体：结构与过程

预期表现

学生可以通过以下表现来展示理解：

MS-LS1-1. 开展研究，提供证据来说明生物体由细胞组成——或是一个细胞，或是许多不同数量和类型的细胞。[说明：重点在于建立生物体由细胞组成的证据，区分生物与非生物，以及理解生物可能由一个细胞组成也可能由许多不同细胞组成。]

MS-LS1-2. 开发和使用模型，描述细胞的整体功能以及细胞各个部分为此功能作出贡献的方式。[说明：重点在于细胞作为一个完整系统而运作以及细胞各部分的主要作用，特别是细胞核、叶绿体、线粒体、细胞膜和细胞壁。][评价边界：对细胞器结构与功能关系的评价仅限于细胞壁和细胞膜。对其他细胞器的功能的评价仅限于它们与整个细胞的关系。评价不包括细胞或细胞各部分的生物化学功能。]

MS-LS1-3. 用证据论证身体系统是如何由相互作用的子系统组成的，子系统又是如何由细胞群体组成的。[说明：重点在于从概念上理解细胞构成组织，组织构成器官，器官执行特定的身体功能。例子可以包括一个系统中的子系统的相互作用，以及这些系统的正常运作。][评价边界：评价不包括某个身体系统独立于其他系统的机制。评价仅限于循环、排泄、消化、呼吸、肌肉和神经系统。]

MS-LS1-4. 用基于实证和科学推理的论证去解释动物的特征行为与植物的特殊结构是怎样分别影响动物与植物的繁殖成功率的。[说明：影响动物繁殖率的行为举例：建造巢穴，为幼崽保暖；群居，以免幼崽被捕食；用叫声和颜色艳丽的羽毛吸引异性进行交配。动物行为影响植物繁殖率的例子：传递花粉或种子；为种子萌发和生长提供条件。植物结构的例子：颜色明亮的花朵吸引蝴蝶传递花粉；花蜜和气味吸引昆虫传递花粉；被松鼠埋在地下的坚果硬壳。]

MS-LS1-5. 基于证据建构科学解释，说明环境和遗传因子是怎样影响生物体的生长的。[说明：局地环境条件的例子包括食物的可获得性、光、空间和水。遗传因子的例子可以包括大型牲畜和牧草种类影响生物体的生长。证据包括干旱减缓了植物生长，肥料增加植物生长，不同植物种子在不同环境中以不同速度生长，以及鱼在大池塘中比在小池塘中长得大。][评价边界：评价不包括遗传机制、基因调节或生物化学过程。]

MS-LS1-6. 基于证据建构科学解释，说明光合作用在进出生物体的物质循环和能量流动中所起的作用。[说明：重点在于跟踪物质的移动和能量的流动。][评价边界：评价不包括光合作用的生物化学机制。]

MS-LS1-7. 开发一个模型，描述食物是怎样通过化学反应重新组合成新分子从而支持生长或在这些新物质在生物体中移动的过程中释放能量的。[说明：重点在描述分子被分解并重新组合，以及在这个过程中释放能量。][评价边界：评价不包括光合作用或呼吸作用中化学反应的细节。]

MS-LS1-8. 搜集和综合信息，说明感受器通过向大脑发送信息来对刺激作出反应，而这些信息可能触发即时行为或是作为记忆被存储。[评价边界：评价不包括这些信息的传递机制。]

（可参考第 150 页上与 MS-LS1 相关的连接）

MS-LS1 从分子到生物体：结构与过程（续）

科学与工程实践	学科核心概念	跨学科概念
开发和使用模型 6-8年级建模建立在K-5年级的经验和基础上，发展到开发、使用和修正模型，以描绘、检验和预测更抽象的现象与设计系统。 • 开发和使用模型以描述现象。（MS-LS1-2） • 开发一个模型以描述无法观察到的机制。（MS-LS1-7） **计划和开展研究** 6-8年级计划和开展研究建立在K-5年级的经验和基础上，发展到使用多个变量的、为解释或设计方案提供证据支持的研究。 • 开展一项研究，生成可以作为证据的基础数据，达到研究的目标。（MS-LS1-1） **建构解释和设计解决方案** 6-8年级建构解释和设计解决方案从K-5年级的经验和基础上，发展到用多种来源的、与科学概念、原理和理论相一致的证据来支持解释的建构和方案的设计。 • 基于从各种来源（包括学生自己的实验）获得的有效和可靠的证据，以及描述自然界的理论与定律在现在、未来都与过去一样有效的假设，建构一个科学解释。（MS-LS1-5）（MS-LS1-6） **参与基于证据的论证** 6-8年级参与基于证据的论证建立在K-5年级的经验和基础上，发展到建立一个有说服力的论证，支持或反对关于自然界与人工世界的解释或方案。 • 使用有证据支持的口头或书面论述，去支持或反对一个现象的解释或模型。（MS-LS1-3） ⬇	**LS1.A：结构与功能** • 所有生物都由细胞构成，细胞是可以被称作"活着"的最小单元。一个生物体可能由单一细胞构成（单细胞的），也可能由许多不同种类与数量的细胞构成（多细胞的）。（MS-LS1-1） • 在细胞中，专门的结构负责特定的功能，细胞膜形成了控制物质进出细胞的边界。（MS-LS1-2） • 多细胞生物体是一个由多个相互作用的子系统组成的系统。这些子系统是由具有特定身体功能的组织与器官组成的，执行协同工作的细胞组成了这些组织与器官。（MS-LS1-3） **LS1.B：生物体的生长和发育** • 动物通过有特征性的行为来增加繁殖的概率。（MS-LS1-4） • 植物通过多种途径繁殖，有时候依赖于动物的行为和专门的有助于繁殖的特征。（MS-LS1-4） • 遗传因子和本地环境条件影响成熟植株的生长。（MS-LS1-5） **LS1.C：生物体的物质流与能量流的组织** • 植物、藻类（包括浮游植物）和许多微生物利用来自光的能量、来自空气的二氧化碳和水通过光合作用过程制造糖（食物），释放氧气。这些糖可以立即被使用，或储存以供生长或后续使用。（MS-LS1-6） • 在单个生物体中，食物伴随着一系列化学反应而移动，在这些反应中，食物被分解并重新形成新的分子，支持生物体生长或释放能量。（MS-LS1-7） ⬇	**原因与结果** • 因果关系可以用来预测自然系统中的现象。（MS-LS1-8） • 现象可能有多个原因，并且系统中的有些因果关系只能用概率来描述。（MS-LS1-4）（MS-LS1-5） **尺度、比例与数量** • 在一个尺度上可以观察到的现象可能无法在另一个尺度上观察。（MS-LS1-1） **系统与系统模型** • 系统之间会相互作用；系统可能会有子系统，并可能是更大的复杂系统的一个部分。（MS-LS1-3） **能量与物质** • 物质是守恒的，因为原子在物理与化学过程中是守恒的。（MS-LS1-7） • 在一个自然系统中，能量的传递和转化驱动着物质的运动和/或循环。（MS-LS1-6） **结构与功能** • 复杂和微观的结构与系统可以被可视化、模拟和用来描述它们的功能是怎样依赖于它们的各个组成部分之间关系的；因此，复杂的自然与人工结构/系统可以被分析，从而确定它们是如何运作的。（MS-LS1-2） ············ **与工程、技术以及科学的应用的关联** **科学、工程和技术的相互依存** • 工程的进步已经带来了几乎所有科学领域的重要发现，科学发现也已经促进了整个工业与工程系统的发展。（MS-LS1-1） ⬇

（可参考第150页上与MS-LS1相关的连接）

MS-LS1 从分子到生物体：结构与过程（续）

科学与工程实践	学科核心概念	跨学科概念
• 使用有实证和科学推理支持的口头或书面论述，支持或反对一个现象的解释或模型，或一个问题的解决方案。（MS-LS1-4） **获取、评价和交流信息** 　6-8 年级获取、评价和交流信息建立在 K-5 年级的经验和基础上，发展到评价想法与方法的优点和有效性。 • 从多个恰当的来源采集、阅读和综合信息，评价各种来源和信息采集方法的可信度、准确度和可能的偏差，描述信息是怎样得到证据的支持或没有得到支持的。（MS-LS1-8） 　　　　　…… 　　　**与科学的本质的联系** **实证是科学知识的基础** • 科学知识以证据与解释之间的逻辑联系为基础。（MS-LS1-6）	**LS1.D：信息处理** • 每个感受器对不同的输入（电磁的、机械的、化学的）作出反应，在这些反应中，不同输入作为信号通过神经细胞传递到脑，形成即时行为或记忆。（MS-LS1-8） **PS3.D：化学过程和日常生活中的能量** • 植物生成复杂食物分子（糖）的化学反应需要能量输入（即从阳光获得的能量）才能发生。在这个反应中，二氧化碳和水结合形成基于碳的有机分子，并释放氧气。（*MS-LS1-6 的衍生概念*） • 植物和动物的细胞呼吸涉及需要氧的化学反应，释放储存能。在这些过程中，包含碳的复杂分子与氧反应，生成二氧化碳和其他物质。（*MS-LS1-7 的衍生概念*）	…… 　　　**与科学的本质的联系** **科学是人类智慧的结晶** • 科学家与工程师会被思维习惯所引导，诸如看问题时是否能保持客观、对模糊的容忍度、是否持怀疑主义和对新思想的开放度。（MS-LS1-3）

（可参考第 150 页上与 MS-LS1 相关的连接）

MS-LS2 生态系统：相互作用、能量和动态

预期表现

学生可以通过以下表现来展示理解：

MS-LS2-1. 分析和解读数据，提供证据说明资源可用性对一个生态系统中的生物体以及生物种群的影响。[说明：重点在于资源与生物个体的生长以及在资源丰富和稀缺时一个生态系统中的生物体的数量间的因果联系。]

MS-LS2-2. 建构解释，用来预测多个生态系统的生物体之间的相互作用模式。[说明：重点在于从生态系统中的生物体和非生物成分间关系的角度，预测不同生态系统中一致的相互作用模式。相互作用类型可以包括竞争、捕食和互利共生。]

MS-LS2-3. 开发模型，描述一个生态系统中的生物和非生物成分之间的物质循环与能量流动。[说明：重点在于描述进出各个生态系统的物质的守恒和能量的流动，以及界定系统的边界。][评价边界：评价不包括用化学反应描述过程。]

MS-LS2-4. 建立有实证支持的论证，证明一个生态系统的物理或生物成分的改变影响生物种群。[说明：重点在于识别数据中的模式并据此作出关于种群变化的推断，以及评估支持关于生态系统变化的论证的实证。]

MS-LS2-5. 评估关于保持生物多样性与生态系统服务的相互竞争的设计方案。*[说明：生态系统服务的例子可以包括水的净化、营养的循环和水土保持。设计方案的限制条件可以来自科学、经济与社会多方面的考量。]

*这项预期表现通过实践或学科核心概念将传统科学内容整合到工程中。

科学与工程实践	学科核心概念	跨学科概念
开发和使用模型 6-8 年级建模建立在 K-5 年级的经验和基础上，发展到开发、使用和修正模型，以描绘、检验和预测更抽象的现象与设计系统。 • 开发模型以描述现象（MS-LS2-3） **分析和解读数据** 6-8 年级分析数据建立在 K-5 年级的经验和基础上，发展到将定量分析拓展为研究，区分相关关系与因果关系，以及基础的数据统计技术和误差分析。 ⌄	**LS2.A：生态系统中的相互依存关系** • 生物体和生物种群依赖于它们与环境中的生物与非生物因子的相互作用。（MS-LS2-1） • 在任何生态系统中，有着相似食物、水、氧气或其他资源需求的生物体和种群可能会相互竞争有限的资源，对这些资源的有限获取限制着它们的生长和繁殖。（MS-LS2-1） • 生物体的生长和种群的增长受到资源获取的限制。（MS-LS2-1） ⌄	**模式** • 模式可以被用来识别因果关系。（MS-LS2-2） **原因与结果** • 因果关系可以被用来预测自然或人工系统中的现象。（MS-LS2-1） **能量与物质** • 当能量在一个自然系统中流动时，能量的传递和转化可以被追踪到。（MS-LS2-3） ⌄

（可参考第 151 页上与 MS-LS2 相关的连接）

MS-LS2 生态系统：相互作用、能量和动态（续）

科学与工程实践	学科核心概念	跨学科概念
• 分析和解读数据，为现象提供证据。（MS–LS2–1） **建构解释和设计解决方案** 　　6–8 年级建构解释和设计解决方案建立在 K–5 年级的经验和基础上，发展到用多种来源的、与科学概念、原理和理论相一致的证据来支持解释的建构和方案的设计。 • 建立一个包含变量间定性与定量关系的解释来预测现象。（MS–LS2–2） **参与基于证据的论证** 　　6–8 年级参与基于证据的论证建立在 K–5 年级的经验和基础上，发展到建立一个有说服力的论证，支持或反对关于自然界与人工世界的解释或解决方案。 • 使用有实证和科学推理支持的口头或书面论述，支持或反对一个现象的解释或模型，或一个问题的解决方案。（MS–LS2–4） • 基于共同开发和商定的设计标准，评估相互竞争的设计方案。（MS–LS2–5） 　　　　…… **与科学的本质的联系** **实证是科学知识的基础** • 各个科学学科有共同的获取与评价实证的规则。（MS–LS2–4）	• 类似地，捕食相互作用可能会减少生物体的数量或消除整个种群。相反，互利共生相互作用可能发展到相互依存的程度：生物体的生存离不开彼此。尽管不同生态系统中发生竞争、捕食和互利共生相互作用的物种不一样，生物体与其所在环境中的生命和非生命部分的相互作用模式是共同的。（MS–LS2–2） **LS2.B: 生态系统中的物质循环和能量传递** • 食物网是展示在一个生态系统中的生产者、消费者和分解者相互作用的过程中，物质与能量是如何在这三者之间传递的。物质进出物理环境的传递发生在各个水平上。分解者将死亡动植物物质中的营养回收到陆地环境的土壤中或水环境的水中。组成生物体的原子在生态系统的生命与非生命部分之间反复地循环。（MS–LS2–3） **LS2.C: 生态系统的动态、运作和恢复力** • 生态系统在本质上是动态的；它们的特征随着时间而变化。一个生态系统的任何物理或生物成分的破坏都可能导致生态系统的所有种群发生变化。（MS–LS2–4） • 生物多样性描述了在地球的陆地与海洋生态系统中发现的不同物种。一个生态系统的生物多样性的完整性通常被用来考量这个生态系统的健康程度。（MS–LS2–5） **LS4.D: 生物多样性与人类** • 生物多样性的变化会影响人类的资源，诸如食物、能源和药品，以及人类依赖的生态系统服务——例如水的净化和再循环。（*MS–LS2–5 的衍生概念*） **ETS1.B: 形成可能的方案** • 用有系统的流程来评估方案在多大程度上满足了待解决问题的标准与约束条件。（*MS–LS2–5 的衍生概念*）	**稳定与变化** • 一个系统中的某个部分的小变化可能会引起另一个部分的大变化。（MS–LS2–4）（MS–LS2–5） 　　　　…… **与工程、技术以及科学的应用的关联** **科学、工程和技术对社会和自然界的影响** • 驱动和限制技术使用的因素包括：个人或社会需求、愿望和价值观，科学研究的发现，以及气候、自然资源和经济条件等因素上的差别。因此，技术使用随着地区和时间而异。（MS–LS2–5） 　　　　…… **与科学的本质的联系** **科学知识假设在自然系统中具有秩序性和一致性** • 科学假定自然系统中的对象和事件的出现具有一致的模式，这些模式是可以通过测量和观察来理解的。（MS–LS2–3） **科学解决有关自然界和物质世界的问题** • 科学知识能够描述行为的结果，但不能决定社会所采取的决策。（MS–LS2–5）

（可参考第 151 页上与 MS–LS2 相关的连接）

MS-LS3 遗传：性状的继承与变异

预期表现

学生可以通过以下表现来展示理解：

MS-LS3-1. 开发和使用模型，描述为什么位于染色体上的基因结构变化（突变）可能影响蛋白质，并可能对生物体的结构与功能带来有害的、有益的或中性的影响。[说明：重点在于对于遗传物质的变化可能引起蛋白质合成的变化有概念性的理解。][评价边界：评价不包括分子水平上的具体变化、蛋白质合成的机制或突变的具体类型。]

MS-LS3-2. 开发和使用模型，描述为什么通过无性繁殖产生的后代具有相同的遗传信息，而通过有性繁殖产生的后代具有遗传变异。[说明：重点在于使用旁氏表、图表和模拟等方法描述亲代到子代的基因传递和由此带来的遗传变异之间的因果关系。]

科学与工程实践	学科核心概念	跨学科概念
开发和使用模型 6-8年级建模建立在K-5年级的经验和基础上，发展到开发、使用和修正模型，以描绘、检验和预测更抽象的现象与设计系统。 ● 开发和使用模型以描述现象。（MS-LS3-1）（MS-LS3-2）	**LS1.B：生物体的生长和发育** ● 生物体进行有性或无性繁殖，将它们的遗传信息传递给后代。（*MS-LS3-2 的衍生概念*） **LS3.A：性状的继承** ● 基因位于细胞染色体上，染色体成对出现，每对染色体上带有很多不同基因并且每种基因都有两个等位基因。每个基因主要负责特定的蛋白质的生产，而蛋白质影响个体的性状。基因的变化（突变）会引起蛋白质的变化，这会影响生物体的结构与功能，并由此改变性状。（MS-LS3-1） ● 亲代与子代间遗传性状的变异源于基因的不同，而基因的不同是继承得到的染色体子集引起的。（MS-LS3-2） »	**原因与结果** ● 因果关系可以被用来预测自然系统中的现象。（MS-LS3-2） **结构与功能** ● 复杂和微观的结构与系统可以被可视化、模拟和用来描述它们的功能是怎样依赖于形状、组成及它们的各个组分部分之间关系的；因此，复杂的自然与人工结构/系统可以被分析，从而确定它们是如何运作的。（MS-LS3-1）

（可参考第152页上与 MS-LS3 相关的连接）

MS-LS3 遗传：性状的继承与变异（续）

科学与工程实践	学科核心概念	跨学科概念
	⯆ **LS3.B：性状的变异** • 对于有性繁殖的生物体，父本和母本各自贡献子代获得的基因的一半（随机）。染色体成对出现，因而等位基因也是成对出现的，其中一个来自父本，一个来自母本。它们可能是相同的，也可能是不同的。（MS-LS3-2） • 除由有性繁殖而产生的变异外，遗传信息还可能因为突变而改变。虽然罕见，但突变可能引起蛋白质的结构与功能改变。一些改变对生物体是有益的，一些是有害的，还有一些是中性的。（MS-LS3-1）	

（可参考第 152 页上与 MS-LS3 相关的连接）

MS-LS4 生物演化：统一性与多样性

预期表现

学生可以通过以下表现来展示理解：

MS-LS4-1. 在假定在过去起作用的自然法则在今天也起作用的前提下，分析和解读数据以发现化石记录的模式，这些化石记载了地球生命史上生命形式的存在、多样性、灭绝和改变。[说明：重点在于找出生物体的解剖结构的复杂度的变化模式，以及岩层中的化石的年代顺序。][评价边界：评价不包括具体物种的名称或化石记录的地质时期。]

MS-LS4-2. 应用科学概念建构解释，说明现代生物体之间以及现代生物体与化石生物体之间在解剖结构上的异同，推论演化关系。[说明：重点在于从大致解剖结构的异同来解释生物体之间的演化关系。]

MS-LS4-3. 分析图形化数据，比较多个物种在胚胎发育上的相似模式，从而识别在完全形成的解剖结构中不显著的关联。[说明：重点在于通过比较宏观的图形或图片，推论不同生物体的胚胎之间大致的相关模式。][评价边界：关于比较的评价仅限于胚胎发育大致的解剖结构。]

MS-LS4-4. 建立基于证据的解释，描述一个种群性状的基因变异是如何提高一些个体在具体环境中生存和繁殖概率的。[说明：重点在于使用简单的概率陈述和比例推理来建立解释。]

MS-LS4-5. 搜集与综合关于改变了人类影响生物体预期性状继承方式的技术的信息。[说明：重点在于从可靠来源综合信息，描述人类通过人工选择对遗传结果的影响（例如基因修饰、畜牧业和基因治疗），这些技术对社会的影响和促成这些科学发现的技术。]

MS-LS4-6. 用数学表现方式支持关于自然选择如何引起种群特定性状随时间增减的解释。[说明：重点在于使用数学模型、概率陈述和比例推理去支持关于种群随时间的改变趋势的解释。][评价边界：评价不包括哈迪-温伯格定律的计算。]

科学与工程实践	学科核心概念	跨学科概念
分析和解读数据 6-8年级分析数据建立在K-5年级的经验和基础上，发展到将定量分析拓展为研究，区分相关关系与因果关系，以及基础的数据统计技术和误差分析。 ● 分析数据图，识别线性和非线性关系。（MS-LS4-3） ⌄	**LS4.A：共同祖先和多样性的证据** ● 化石及其所处年代（例如，通过化石在沉积岩层中的位置或放射性定年法推断化石的年代）共同组成了化石记录。它们记载了地球生命史上许多生命形式的存在、多样性、灭绝和改变。（MS-LS4-1）	**模式** ● 模式可以被用来识别因果关系。（MS-LS4-2） ● 图表和图像可以被用于识别数据中的模式。（MS-LS4-1）（MS-LS4-3） ⌄

（可参考第153页上与MS-LS4相关的连接）

MS-LS4 生物演化：统一性与多样性（续）

科学与工程实践	学科核心概念	跨学科概念
• 分析和解读数据，以决定科学发现中的异同。（MS-LS4-1） **使用数学和计算思维** 　6-8 年级的数学和计算思维建立在 K-5 年级的经验和基础上，发展到识别大数据集内的模式以及使用数学概念去支持解释和论证。 • 使用数学表现方式来支持科学结论与设计解决方案。（MS-LS4-6） **建构解释和设计解决方案** 　6-8 年级建构解释和设计解决方案建立在 K-5 年级的经验和基础上，发展到用多种来源的、与科学概念、原理和理论相一致的证据来支持解释的建构和方案的设计。 • 应用科学概念建立关于真实世界现象、实例或事件的解释。（MS-LS4-2） • 建立一个包含变量间定性与定量关系的解释来描述现象。（MS-LS4-4） **获取、评价和交流信息** 　6-8 年级获取、评价和交流信息建立在 K-5 年级的经验和基础上，发展到评价想法与方法的优点和有效性。 • 从多个恰当的来源采集、阅读和综合信息，评价各种来源和信息采集方法的可信度、准确度和可能的偏差，描述信息是怎样得到证据的支持或没有得到支持的。（MS-LS4-5） ……………… **与科学的本质的联系** **实证是科学知识的基础** • 科学知识以证据与解释之间的逻辑与概念联系为基础。（MS-LS4-1）	• 现在生存着的各种生物体之间及它们与化石记录中的生物体之间的解剖异同使人们能够重建演化历史并推断演化谱系。（MS-LS4-2） • 不同物种胚胎发育的比较也能揭示相似性，而这些相似性展示出在完全成形的解剖结构中不显著的关联。（MS-LS4-3） **LS4.B：自然选择** • 自然选择使一个种群中的某些性状形成优势，而其他性状受到抑制。（MS-LS4-4） • 在人工选择中，人类通过选择育种影响生物体的某些特征。一个人可以在亲代中选择由基因决定的预期性状，将相关的基因传递给子代。（MS-LS4-5） **LS4.C：适应** • 在若干代中通过自然选择发生的适应是一个重要的过程，通过这一过程，物种随着时间发生与环境条件的改变相应的变化。支持物种在新环境中生存与繁殖的性状变得更加普遍，而不支持生存与繁殖的性状变得少见。由此，性状在一个种群中的分布发生改变。（MS-LS4-6）	**原因与结果** • 现象可能有多个原因，并且系统中的有些因果关系只能用概率来描述。（MS-LS4-4）（MS-LS4-5）（MS-LS4-6） ……………… **与工程、技术以及科学的应用的关联** **科学、工程和技术的相互依存** • 工程的进步已经带来了几乎所有科学领域的重要发现，科学发现也已经促进了整个工业与工程系统的发展。（MS-LS4-5） ……………… **与科学的本质的联系** **科学知识假设在自然系统中具有秩序性和一致性** • 科学假定自然系统中的对象和事件出现具有一致的模式，这些模式是可以通过测量和观察来理解的。（MS-LS4-1）（MS-LS4-2） **科学解决有关自然界和物质世界的问题** • 科学知识能够描述行为的结果，但不能决定社会所采取的决策。（MS-LS4-5）

（可参考第 153 页上与 MS-LS4 相关的连接）

初中地球与空间科学

在初中阶段，学生继续发展他们对地球与空间科学三个学科核心概念的理解。初中地球与空间科学预期表现建立在小学概念与技能的基础上，允许初中生解释更有深度的现象，并且这些不只是地球与空间科学的重要现象，对生命与物质科学来说也同样重要。这些预期表现将核心概念和科学与工程实践及跨学科概念糅合起来，支持学生发展有用的知识来解释跨科学学科的概念。尽管初中地球与空间科学的预期表现将特定实践与具体学科核心概念组合起来，教学决策时应当涵盖支持学生实现预期表现的众多实践。

ESS1：地球在宇宙中的位置的预期表现帮助学生回答诸如此类的问题：地球在宇宙中处于什么位置？什么组成了我们的太阳系？地球的运动怎样解释季节和日月食？人们是怎样发现地球和地球上的生命随着时间发生了变化的？《框架》中的 ESS1 学科核心概念被分解成三个子概念：宇宙和它的恒星、地球和太阳系以及行星地球的历史。学生探究地球在太阳系、银河系和宇宙中的位置。这一部分的学习特别强调采用系统方法，用太阳系的模型去解释与日月食和季节的周期性模式有关的天文和其他现象。这一部分的学习也与工程有紧密的联系，通过让学生能够探索太阳系中的天体并且获得支持解释宇宙形成与演化理论的数据。学生研究地球科学的数据，从而理解地球历史中的过程和事件。以下跨学科概念被称为这些学科核心概念的组织概念：模式；尺度、比例与数量；系统与系统模型。在 ESS1 预期表现中，学生有望在以下方面展示能力素质，包括：开发和使用模型；分析数据；构建解释以及设计解决方案。期望学生通过实践来展现其对核心概念的理解。

ESS2：地球的系统的预期表现帮助学生解答诸如此类的问题：地壳内和地壳上的物质是怎样随时间变化的？构造板块的运动是怎样影响地表的？水是怎样影响天气、在海洋中循环和塑造地表的？哪些因子相互作用和影响天气？有生命的生物体是怎样改变地球的？地球不断改变的环境是怎样影响生物体的？《框架》中的 ESS2 学科核心概念分解成五个子概念：地球物质和系统、板块构造论和大尺度系统相互作用、水在地球表面过程中的作用、天气和气候以及生物地质学。学生通过模拟系统内和不同系统间的能量流与物质循环理解地球系统是如何运作的。学生研究重要物质的控制特性并基于真实的地球科学数据建构解释。对以上两个话题都很重要的是：地球科学过程为社会提供资源的方式和引发给社会带来风险的自然灾害的方式并且它们都给识别和开发资源带来了技术挑战。学生发展对控制天气的因素的理解。系统方法在这里也很重要，即当来自太阳的能量在系统之间传递和在海洋与大气中循环时研究系统间的反馈。以下跨学科概念被称为这些学科核心概念的组织概念：模式、原因与结果、系统与系统模型、能量与物质以及稳定性与变化。在 ESS2 预期表现中，学生有望在以下方面展示能力素质，包括：开发和使用模型、计划和开展研究、分析和解读数据以及建构解释。期望学生通过实践来展现其对核心概念的理解。

ESS3：地球与人类活动的预期表现帮助学生解答诸如此类的问题：所需自然资源的可获得性与自然发生的过程有什么联系？自然灾害怎样预测？人类活动怎样影响地球系统？我们怎样知道全球气候在发生变化？《框架》中的 ESS3 学科核心概念分解成四个子概念：自然资源、自然灾害、人类对地球系统的影响和全球气候变化。学生理解人类活动影响地球其他系统的方式。学生使用许多不同的实践去理解围绕人类对土地、能源、矿产和水资源的使用而产生的重大和复杂的问题以及这些资源的使用对环境所造成的影响。以下跨学科概念被称为这些学科核心概念的组织概念：模式、原因与结果以及稳定性与变化。在 ESS3 预期表现中，学生有望在以下方面展示能力素质，包括：提出问题、开发和使用模型、分析和解读数据、建构解释、设计方案以及参与辩论。期望学生通过实践来展现其对核心概念的理解。

MS-ESS1 地球在宇宙中的位置

预期表现

学生可以通过以下表现来展示理解：

MS-ESS1-1. 开发和使用地－日－月系统模型，描述月相、日月食和季节的周期性模式。[说明：模型可以是实物的、图片的或概念的。]

MS-ESS1-2. 开发和使用模型，描述引力在星系和太阳系内天体的运动中所起的作用。[说明：模型的重点在于突出引力是将太阳系和银河系中的天体集合在一起的力，引力控制着太阳系和银河系中的天体的公转。模型可以是实物的（比如将足球场的大小与星系做类比或天体轨道的计算机可视化模型）或概念的（比如将天体的大小相对于学校或州等学生熟悉的物体按一定数学比例缩小）。][评价边界：评价不包括关于天体轨道运动的开普勒定律，或从地球上观察到的行星的表观逆行运动。]

MS-ESS1-3. 分析和解读数据，确定太阳系中的天体的尺度特征。[说明：重点在于分析从地球上的观测工具、空间望远镜和航天器获得的数据，判断太阳系中的天体的异同。尺度特征包括天体的结构（如壳和大气）的大小、表面特征（如火山）和轨道半径等。数据包括统计信息、图画和照片以及模型。][评价边界：评价不包括回忆关于行星和太阳系其他天体性质的事实。]

MS-ESS1-4. 基于从岩层获得的证据建构科学解释，说明地质年代表是怎样被用来组织地球的 46 亿年历史的。[说明：重点在于对岩石形成和岩层中的化石的分析是如何被用来建立地球历史上的重要事件的相对年龄的。地球重要事件的时间跨度从最近（比如最近一个冰河时代或最早的智人化石）到非常遥远（比如地球的形成或最早的生命证据）。例子可以包括山脉和海洋盆地的形成，特定生物体的演化或灭绝或重大的火山喷发。][评价边界：评价不包括回忆具体的时期或年代名称，或某个年代内的事件的名称。]

科学与工程实践	学科核心概念	跨学科概念
开发和使用模型 6-8 年级建模建立在 K-5 年级的经验和基础上，发展到开发、使用和修正模型，以描绘、检验和预测更抽象的现象与设计系统。 ● 开发和使用模型以描述现象。（MS-ESS1-1）（MS-ESS1-2） **分析和解读数据** 6-8 年级分析数据建立在 K-5 年级的经验和基础上，发展到将定量分析拓展为研究，区分相关关系与因果关系，以及基础的数据统计技术和误差分析。▼	**ESS1.A：宇宙和它的恒星** ● 太阳、月球和天空中的恒星的表观运动模式可以用模型观察、描述、预测和解释。（MS-ESS1-1） ● 地球和它所在的太阳系是银河系的一部分，而银河系是宇宙中许多星系之一。（MS-ESS1-2） **ESS1.B：地球和太阳系** ● 太阳系由太阳和一系列天体组成，包括行星、它们的卫星和在引力作用下在特定轨道上绕日公转的小行星。（MS-ESS1-2）（MS-ESS1-3）▼	**模式** ● 模式可以被用来识别因果关系。（MS-ESS1-1） **尺度、比例与数量** ● 可以使用模型在不同尺度上观测时间、空间与能量现象，以此来研究极大或极小的系统。（MS-ESS1-3）（MS-ESS1-4） **系统与系统模型** ● 模型可以被用来表现系统和它们的相互作用。（MS-ESS1-2）▼

（可参考第 153 页上与 MS-ESS1 相关的连接）

MS-ESS1 地球在宇宙中的位置（续）

科学与工程实践	学科核心概念	跨学科概念
• 分析和解读数据，以决定科学发现中的异同。（MS-ESS1-3） **建构解释和设计解决方案** 　　6-8年级建构解释和设计解决方案从K-5年级的经验和基础上，发展到用多种来源的、与科学概念、原理和理论相一致的证据来支撑解释的建构和方案的设计。 • 基于从各种来源（包括学生自己的实验）获得的有效和可靠的证据，以及描述自然界的理论与定律在现在、未来都与过去一样有效的假设，建构一个科学解释。（MS-ESS1-4）	• 这个太阳系模型可以解释日食与月食。地球自转轴在短期内是有固定指向的，并且相对于它绕日公转轨道倾斜。季节是这一倾斜的结果，并且由地球上不同地区在一年中不同时间不同的阳光强度引起。（MS-ESS1-1） • 太阳系可能是由引力聚集在一起的盘状的尘埃与气体形成的。（MS-ESS1-2） **ESS1.C：行星地球的历史** • 从岩层推断出的地质年代表提供了一种组织地球历史的方式。对岩层和化石记录的分析只提供相对年代，不能提供绝对尺度。（MS-ESS1-4）	·········· 与工程、技术以及科学的应用的关联 **科学、工程和技术的相互依存** • 工程的进步已经带来了几乎所有科学领域的重要发现，科学发现也已经促进了整个工业与工程系统的发展。（MS-ESS1-3） ·········· 与科学的本质的联系 **科学知识假设在自然系统中具有秩序性和一致性** • 科学假定自然系统中的对象和事件的出现具有一致的模式，这些模式是可以通过测量和观察来理解的。（MS-ESS1-1）（MS-ESS1-2）

（可参考第153页上与MS-ESS1相关的连接）

MS-ESS2 地球的系统

预期表现

学生可以通过以下表现来展示理解：

MS-ESS2-1. 开发模型，描述地球物质的循环，以及驱动这一过程的能量流。[说明：重点在于熔化、结晶、风化、降解和沉积过程，这些过程在地球物质循环中共同作用形成了矿物和岩石。][评价边界：评价不包括矿物的识别和命名。]

MS-ESS2-2. 基于证据建构解释，说明地质过程在不同时间和空间尺度上是如何改变地球表面的。[说明：重点在于这些过程如何在较大（比如缓慢的板块运动或大型山脉的隆起）和较小（比如迅速的滑坡或微观地球化学反应）的时空尺度上改变地表以及许多地质过程（比如地震、火山喷发以及陨石的影响）通常发生得非常缓慢但会引起重大灾难性事件。地质过程的例子包括水、冰和风的运动引起的地表风化和沉积。强调在适当时塑造局部地理特征的地质过程。]

MS-ESS2-3. 分析和解读关于化石与岩石的分布、大陆的形状和海底结构的数据，为过去的板块运动提供证据。[说明：数据包括不同大陆上的岩石与化石类型的相似性，大陆（包括大陆架）的形状，以及海洋结构（如海脊、断裂带和海沟）的位置。][评价边界：评价不包括海洋地壳与大陆地壳的古地磁异常。]

MS-ESS2-4. 开发模型，描述太阳能和重力势能驱动下水在地球系统中的循环。[说明：重点在于水通过水循环中的多种路径移动时是如何改变状态的。模型可以是概念性的或实物的。][评价边界：评价不包括汽化热和熔解热的定量理解。]

MS-ESS2-5. 搜集数据以提供关于气团的运动和复杂相互作用怎样引起天气条件的改变的证据。[说明：重点在于气团如何从高压区流动到低压区并随之引起某个地点的天气（即气温、气压、湿度、降水和风）随时间变化以及当不同气团相遇时天气的突然变化是怎样产生的。还要强调怎样在概率范围内预测天气。可以将数据的例子提供给学生（比如天气地图、图表和可视化形式），也可以让学生通过实验（比如冷凝）获取数据。][评价边界：评价不包括回忆云的类型名称，或者天气地图或气象站的报告图上使用的天气符号。]

MS-ESS2-6. 开发和使用模型，描述地球不均衡的受热和自转是怎样引起决定区域气候的大气和海洋环流模式的。[说明：重点在于模式是怎样随着纬度、海拔和地形而发生变化的。大气环流的重点在于阳光驱动的纬度带、科里奥利效应和随之而来的盛行风；海洋环流的重点在于受到科里奥利效应和大陆轮廓影响的全球海洋对流循环引起的热传递。模型可以是图表、地球仪或世界地图，可以是电子化的呈现方式。][评价边界：评价不包括科里奥利效应的动力学。]

（可参考第 154 页上与 MS-ESS2 相关的连接）

MS-ESS2 地球的系统（续）

科学与工程实践	学科核心概念	跨学科概念
开发和使用模型 6–8 年级建模建立在 K-5 年级的经验和基础上，发展到开发、使用和修正模型，以描绘、检验和预测更抽象的现象与设计系统。 • 开发和使用模型以描述现象。（MS-ESS2-1）（MS-ESS2-6） • 开发一个模型以描述无法观察到的机制。（MS-ESS2-4） **计划和开展研究** 6–8 年级计划和开展研究，建立在 K-5 年级的经验和基础上，发展到使用多个变量的、为解释或设计方案提供证据支持的研究。 • 搜集数据，以生成可以作为证据基础的数据，从而回答科学问题，或在一系列条件下检验设计方案。（MS-ESS2-5） **分析和解读数据** 6–8 年级分析数据建立在 K-5 年级的经验和基础上，发展到将定量分析拓展为研究方法，区分相关关系与因果关系，以及基础的数据统计技术和误差分析。 • 分析和解读数据，为现象提供证据。（MS-ESS2-3） **建构解释和设计解决方案** 6–8 年级建构解释和设计解决方案建立在 K-5 年级的经验和基础上，发展到用多种来源的、与科学概念、原理和理论相一致的证据来支持解释的建构和方案的设计。 • 基于从各种来源（包括学生自己的实验）获得的有效和可靠的证据以及描述自然界的理论与定律在现在、未来都与过去一样有效的假设，建构一个科学解释。（MS-ESS2-2） ⬇	**ESS1.C：行星地球的历史** • 构造过程持续地在海脊处形成新海底，在海沟处摧毁旧海底。（HS.ESS1.C 年级段终点）（MS-ESS2-3 的衍生概念） **ESS2.A：地球物质和系统** • 所有地质过程都是这颗行星上的系统内部或系统之间的能量流动与物质循环的结果。这里的能量来自太阳和地球炽热的内部。流动的能量和循环的物质造成了地球物质和生物体内的物理与化学变化。（MS-ESS2-1） • 这颗行星上的系统在从微观到全球这样广泛的尺度上相互作用，它们的相互作用时间细微至不足一秒，又漫长至亿万年。这些相互作用塑造了地球的历史，并将决定地球的未来。（MS-ESS2-2） **ESS2.B：板块构造论和大尺度系统相互作用** • 基于岩石与化石研究的古代陆地和水域图澄清了地球的板块是如何长距离移动、碰撞和散开的。（MS-ESS2-3） **ESS2.C：水在地球表面过程中的作用** • 水不断地在陆地、海洋和大气之间循环，循环的方式包括蒸腾、蒸发、冷凝、结晶和降水以及在陆地上沿着山势向下流。（MS-ESS2-4） • 风、地形、海洋温度和洋流等引起的大气中水的复杂变化和流动模式，是本地天气模式的主要决定因素。（MS-ESS2-5） • 水的全球流动和水的形态变化受到阳光和重力的驱动。（MS-ESS2-4） ⬇	**模式** • 变化速率和其他数学关系中的模式可以提供关于自然系统的信息。（MS-ESS2-3） **原因与结果** • 因果关系可以被用来预测自然系统中的现象。（MS-ESS2-5） **尺度、比例与数量** • 可以使用模型在不同尺度上观测时间、空间与能量现象，以此来研究极大或极小的系统。（MS-ESS2-2） **系统与系统模型** • 模型可以被用来表现系统和它们的相互作用（例如输入、处理和输出）以及系统中的能量、物质与信息流动。（MS-ESS2-6） **能量与物质** • 在一个自然或人工系统中，能量的传递与转化驱动着物质的运动和/或循环。（MS-ESS2-4） **稳定与变化** • 对自然或人工系统中的稳定与变化的解释，可以通过检查随时间的变化和不同尺度（包括原子水平）上的过程来建构。（MS-ESS2-1） ⬇

（可参考第 154 页上与 MS-ESS2 相关的连接）

MS-ESS2 地球的系统（续）

科学与工程实践	学科核心概念	跨学科概念
⌄ ············ 与科学的本质的联系 **可以根据新的证据随时对科学知识进行修正。** ● 根据新的证据，科学研究结果经常被修正或重新解释。（MS-ESS2-3）	⌄ ● 温度和盐度变化引起的密度变化驱动着全球范围内相互关联的洋流模式。（MS-ESS2-6） ● 水的流动——既包括地表流动也包括地下流动——引起了风化和侵蚀，这改变了地表特征，形成了地下构造。（MS-ESS2-2） **ESS2.D：天气和气候** ● 天气和气候受到阳光、海洋、大气、冰、地形和生物之间的相互作用的影响。这些相互作用因纬度、海拔和局地与区域地理条件而异，它们都能影响洋流与大气流动的模式。（MS-ESS2-6） ● 由于这些模式十分复杂，天气只能从概率上进行预报。（MS-ESS2-5） ● 海洋通过吸收太阳能、逐渐释放太阳能和通过洋流在全球重新分布太阳能而对天气和气候施加着重大的影响。（MS-ESS2-6）	

（可参考第 154 页上与 MS-ESS2 相关的连接）

MS-ESS3 地球与人类活动

预期表现

学生可以通过以下表现来展示理解：

MS-ESS3-1. 基于证据建构科学解释，说明过去和当前的地质过程是怎样造成地球矿物、能量和地下水资源的不均匀分布的。[说明：重点在于说明这些资源是有限的，通常是不可再生的。强调人类采掘和砍伐是怎样显著地改变它们的分布的。过去的地质过程引起的资源不均匀分布的例子包括但不限于石油（埋葬有机海洋沉积物和随后的地质圈闭的位置）、金属矿（与俯冲带相关的过去的火山和水热活动地带）和土壤（岩石风化和/或沉积活跃区）。]

MS-ESS3-2. 分析和解读关于自然灾害的数据，预测未来的灾害事件，为开发减轻灾害的技术提供信息。[说明：重点在于说明一些自然灾害——比如火山喷发和极端天气——以特定现象为先导，这使可靠预测成为可能；而其他自然灾害——比如地震——突然发生，没有警告，因而尚不可预测。自然灾害可以是地球内部过程（如地震和火山喷发）、地表过程（如物质坡移和海啸），或极端天气事件（如飓风、龙卷风和洪水）。数据可以包括自然灾害的位置、量级和频率。技术可以是全球性的（如监测飓风或森林火灾的卫星系统）或局部性的（如在易于发生龙卷风的地区建地下室，或建立水库以减缓干旱）。]

MS-ESS3-3. 应用科学原理设计一种方法，以监测和最小化人类对环境的一项影响。*[说明：设计过程的例子包括检查人类的环境影响，评价可行的方案类型以及设计和评估可以减小影响的方案。人类影响的例子可以包括水的使用（如从河流或地下蓄水层取水，或建设水坝和防洪堤），土地使用（如城市开发、农业生产或占用湿地）以及污染（如空气、水或土壤污染）。]

MS-ESS3-4. 建立有证据支持的论述，论证人口增长和人均自然资源消费的增长是如何影响地球系统的。[说明：证据的例子包括与年级相符的人口以及食品和自然资源（如淡水、矿产和能源）消费速率的数据库。影响的例子可以包括对地球系统的表观、组成和结构的改变以及改变的速率。科学可以描述人口和自然资源消费的增长带来的后果，但科学不能决定社会采取的行动。]

MS-ESS3-5. 提出问题，明确引起全球气温在过去一个世纪中增长的因素的证据。[说明：因素包括人类活动（如化石燃料的燃烧、水泥生产和农业活动）和自然过程（如太阳辐射的变化或火山活动）。证据可以包括表格、图表、全球和区域气温分布图、二氧化碳和甲烷等气体在大气中的含量分布图以及人类活动强度。强调人类活动对全球气温上升的主要作用。]

*这项预期表现通过实践或学科核心概念将传统科学内容整合到工程中。

（可参考第 155 页上与 MS-ESS3 相关的连接）

MS-ESS3 地球与人类活动（续）

科学与工程实践	学科核心概念	跨学科概念
提出问题和定义问题 6-8 年级提出问题和定义问题建立在 K-5 年级的经验和基础上，发展到指出变量间的关系、阐明论证和模型。 • 提出问题，以识别和澄清一个论证的证据。（MS-ESS3-5） **分析和解读数据** 6-8 年级分析数据建立在 K-5 年级的经验和基础上，发展到将定量分析拓展为研究，区分相关关系与因果关系以及基础的数据统计技术和误差分析。 • 分析和解读数据，以决定科学发现中的异同。（MS-ESS3-2） **建构解释和设计解决方案** 6-8 年级建构解释和设计解决方案建立在 K-5 年级的经验和基础上，发展到用多种来源的、与科学概念、原理和理论相一致的证据来支持解释的建构和方案的设计。 • 基于从各种来源（包括学生自己的实验）获得的有效和可靠的证据，以及描述自然界的理论与定律在现在、未来都与过去一样有效的假设，建构一个科学解释。（MS-ESS3-1） • 应用科学原理来设计一个物体、工具、过程或系统。（MS-ESS3-3） **参与基于证据的论证** 6-8 年级参与基于证据的论证，建立在 K-5 年级的经验和基础上，发展到建立一个有说服力的论证，支持或反对关于自然界与人工世界的解释或方案。 • 建立口头和书面论证，用实证和科学推理支持或反对关于一种现象的解释或模型或一个问题的解决方案。（MS-ESS3-4）	**ESS3.A：自然资源** • 人类依赖地球上土地、海洋、大气和生物圈中的许多不同资源。矿产、淡水和生物圈资源是有限的，并且其中的许多在人类寿命内是不可再生或不可替换的。由于过去的地质过程，这些资源在地球上分布不均。（MS-ESS3-1） **ESS3.B：自然灾害** • 绘制一个区域内的自然灾害历史地图，同时理解相关的地质作用，能够帮助预测未来事件的位置和可能性。（MS-ESS3-2） **ESS3.C：人类对地球系统的影响** • 人类活动已经显著地改变了生物圈，有时甚至会损毁自然栖息地，导致其他物种的灭绝。但是对地球环境的改变对不同生物的影响（正面的或负面的）是不同的。（MS-ESS3-3） • 一般地，当人口与人均自然资源消费增长时，对地球的负面影响也会加剧，除非相关的活动与技术是以另一种方式设计的。（MS-ESS3-3）（MS-ESS3-4） **ESS3.D：全球气候变化** • 人类活动，比如燃烧化石燃料导致的温室气体释放，是当前地表平均温度升高（全球变暖）的主要因素。降低气候变化水平，降低人类面对气候变化的脆弱性，依赖于对气候科学的理解、工程能力及其他类型知识，比如理解人类的行为并将其明智地应用在决策与活动中。（MS-ESS3-5）	**模式** • 图表和图像可以被用于识别数据中的模式。（MS-ESS3-2） **原因与结果** • 关系可以分为因果关系和相关性，相关性不一定意味着具有因果关系。（MS-ESS3-3） • 因果关系可以用来预测自然或人工系统中的现象。（MS-ESS3-1）（MS-ESS3-4） **稳定与变化** • 稳定状态可能被突然的事件打破，也可能被随时间逐步积累的变化破坏。（MS-ESS3-5） ············ **与工程、技术以及科学的应用的关联** **科学、工程和技术对社会与自然界的影响** • 所有人类活动都要利用自然资源，并且都对人类健康与自然资源有短期和长期、积极和消极的影响。（MS-ESS3-1）（MS-ESS3-4） • 驱动及限制技术的使用的因素包括：个人或社会需求、愿望和价值观；科学研究的发现；以及气候、自然资源和经济条件等因素上的差别。因此，技术使用随着地区和时间而异。（MS-ESS3-2）（MS-ESS3-3） ············ **与科学的本质的联系** **科学解决有关自然界和物质世界的问题** • 科学知识能够描述行为的结果，但不能决定社会采取的决策。（MS-ESS3-4）

（可参考第 155 页上与 MS-ESS3 相关的连接）

初中工程设计

当学生进入初中阶段时，他们应该已经拥有了可观的工程设计经验。初中生的目标是更精确地界定问题，执行一个更趋完善的过程来找到最好的方案，并优化最终设计。

定义问题时有"精度"，与在小学阶段的学习相比，学生需对问题所要满足的需求或方案所要达到的目标有更深入的思考。终端用户将如何判断设计是否成功？这个水平的学生不仅要考虑终端用户，也要考虑更广阔的社会与环境。每一项技术变化都有可能带来预期和非预期的效果。设计者应当尽可能地预计可能的效果，并负责任地开发新的或改进的技术。这些思考可以通过可能方案的标准或约束条件来呈现。

形成可能的方案并不直接教导学生形成设计想法，因为这项能力是预期在小学发展的。初中阶段的重点是通过一个两步走的过程评估被提出的不同想法：使用权衡矩阵等系统方法确定哪些方案最有前景，检验不同方案并将各种最佳想法融汇成一个可能比先前任何想法都更好的新方案。

改进设计在初中水平上是一个反复的过程，学生检验最佳设计，分析结果并根据分析修改设计，然后再检验和再修改。学生也许会将这样的循环重复两次、三次或更多次，直到实现最优化（最佳可能）的结果。

与其他科学学科的联系帮助学生在各种各样的情境中发展这些能力。例如，在生命科学中，学生应用他们的工程设计能力评估保护生物多样性与生态系统服务的方案（MS-LS2-5）。在物质科学中，学生定义和解决涉及一系列核心概念的问题，包括释放或吸收能量的化学过程（MS-PS1-6）、牛顿第三运动定律（MS-PS2-1）以及能量传递（MS-PS3-3）。在地球与空间科学中，学生应用他们的工程设计能力去解决关于人类对地球系统影响的问题（MS-ESS3-3）。

到8年级末，预计学生能够实现与一个单独问题相关的全部四个预期表现（MS-ETS1-1、MS-ETS1-2、MS-ETS1-3和MS-ETS1-4），从而理解工程设计中许多相互联系的过程。这些过程包括通过精确说明方案的标准与约束条件及对社会与自然环境的潜在影响来确定一个问题，系统地评估可选方案，分析从对不同方案的检验中获取的数据并将最佳想法融合成一个改进方案，以及开发一个模型并反复检验与改进它从而找到最优方案。尽管MS-ETS1中展示的预期表现将特定的实践与具体学科核心概念结合起来，教学决策时应当涵盖支持学生实现预期表现的众多实践。

MS-ETS1 工程设计

预期表现

学生可以通过以下表现来展示理解：

MS-ETS1-1. 定义一个设计问题的标准与约束条件，要有足够的精确性以确保解决方案获得成功，要考虑相关的科学原理与可限制方案可行性的科学分析对人类与自然环境的潜在影响。

MS-ETS1-2. 使用系统过程去确定方案在多大程度上满足问题的标准与约束条件，从而评估相互竞争的设计方案。

MS-ETS1-3. 分析检验数据，确定若干设计方案之间的异同，识别各个方案的最佳特征，这些特征可以被整合成一个更好地满足成功标准的新方案。

MS-ETS1-4. 开发一个模型，用模型生成数据，用数据反复检验和改进一个被提出的物体、工具或过程，以实现最优化的设计。

科学与工程实践	学科核心概念	跨学科概念
提出问题和定义问题 6-8 年级提出问题和定义问题建立在 K-5 年级的经验和基础上，发展到指出变量间的关系、阐明论证和模型。 ●确定一个设计问题，这个问题可以通过开发一个物体、工具、过程或系统来解决，并涉及多项标准与约束条件，包括可限制方案可行性的科学分析。 （MS-ETS1-1） **开发和使用模型** 6-8 年级建模建立在 K-5 年级的经验和基础上，发展到开发、使用和修正模型，以描绘、检验和预测更抽象的现象与设计系统。 ●开发一个模型以生成数据，包括体现输入与输出的数据，用数据检验关于设计系统的想法。 （MS-ETS1-4） ⌄	**ETS1.A：定义和界定工程问题** ●对一项设计任务的标准与约束条件定义得越精准，设计方案越可能获得成功。对约束条件进行说明需要思考可能对方案造成限制的科学原理及其他相关知识。（MS-ETS1-1） **ETS1.B：形成可能的方案** ●一个方案需要检验，并根据检验结果进行修正，从而得到改进。（MS-ETS1-4） ●用有系统的流程来评估方案在多大程度上满足了待解决问题的标准与约束条件。（MS-ETS1-2）（MS-ETS1-3） ●有时，不同方案的某些部分可以被整合起来，去创造出一个比任何已有方案更好的方案。（MS-ETS1-3） ●各种模型对检验方案都重要。（MS-ETS1-4） ⌄	**科学、工程和技术对社会与自然界的影响** ●所有人类活动都要利用自然资源，并且都对人类健康与自然资源有短期和长期、积极和消极的影响。（MS-ETS1-1） ●驱动及限制技术的使用的因素包括：个人或社会需求、愿望和价值观，科学研究的发现，以及气候、自然资源和经济条件等因素上的差别。（MS-ETS1-1）

（可参考第 156 页上与 MS-ETS1 相关的连接）

MS–ETS1 工程设计（续）

科学与工程实践	学科核心概念	跨学科概念
分析和解读数据 　　6–8 年级分析数据建立在 K–5 年级的经验和基础上，发展到将定量分析拓展为研究，区分相关关系与因果关系，以及基础的数据统计技术和误差分析。 • 分析和解读数据，以决定科学发现中的异同。（MS–ETS1–3） **参与基于证据的论证** 　　6–8 年级参与基于证据的论证，建立在 K–5 年级的经验和基础上，发展到建立一个有说服力的论证，支持或反对关于自然界与人工世界的解释或方案。 • 基于共同开发和商定的设计标准，评估相互竞争的设计方案。（MS–ETS1–2）	**ETS1.C：优化设计方案** • 虽然一个设计也许不能在所有检验中都有最佳表现，但识别这个设计在各个测试中获得最佳表现的特征能为再设计提供有用的信息——也就是说，一些特征可以被整合到新设计中。（MS–ETS1–3） • 反复检验最佳可行方案以及基于检验结果不断修正的过程，能带来更好的改进，并最终生成最佳方案。（MS–ETS1–4）	

（可参考第 156 页上与 MS–ETS1 相关的连接）

高中物质科学

在高中阶段，学生继续发展他们对四个物质科学核心概念的理解。这些概念包括化学与物理学最基本的概念，也为高中更高水平课程留下了拓展空间。高中生在物质科学领域的预期表现建立在初中概念与技能发展的基础上，并允许高中生解释更深的现象，这些现象不仅是物质科学的核心内容，也在生命科学和地球与空间科学占有中心地位。这些预期表现将核心概念和科学与工程实践、跨学科概念糅合起来，支持学生发展解释跨科学学科概念的有用的知识。高中物质科学预期表现强调几项科学实践，包括开发和使用模型、计划和开展研究、分析和解读数据、使用数学和计算思维、建构解释以及用这些实践去展示对核心概念的理解。预计学生能够展示对一些工程实践的理解，包括设计与评价。

PS1：物质及其相互作用的预期表现帮助学生解答这一问题：怎样解释物质的结构、性质与相互作用？《框架》中的学科核心概念PS1被分解成三个子概念：物质的结构与性质、化学反应以及原子核过程。期望学生能够理解原子内部结构，并对物质的性质作出更多机制上的解释。化学反应，包括反应速率和能量变化，可以从分子相撞和原子重排的角度被学生理解。学生能够使用元素周期表作为工具来解释和预测元素的性质。运用这些对化学反应的更深理解，学生能够解释重要的生物和地球物理现象。理解与原子核有关的现象也是重要的，因为它们解释了元素的形成、丰度、放射性、太阳与其他恒星释放的能量以及核能的产生。学生也能够将对工程设计优化过程的理解应用到化学反应系统中。以下跨学科概念被称为这些学科核心概念的组织概念：模式；能量与物质；稳定性与变化。在PS1预期表现中，学生有望在以下方面展示能力素质，包括：开发与使用模型；计划和开展研究；使用数学思维；建构解释以及设计方案。期望学生通过实践来展现其对核心概念的理解。

PS2：运动和稳定：力和相互作用的预期表现支持学生理解关于为什么一些物体会一直运动、为什么物体会掉到地上以及为什么一些材料会相互吸引而其他材料不会的概念。学生应当能够回答这一问题：怎样解释和预测物体间和物体系统内的相互作用？《框架》中的学科核心概念PS2被分解成两个子概念：力与运动、相互作用的类型。PS2预期表现强调学生对力与相互作用及牛顿第二定律的理解。学生也要理解当没有净力作用于一个物体系统时，它的总动量是守恒的。学生也能够使用牛顿万有引力定律和库仑定律描述和预测物体间的引力和静电力。学生能够应用科学与工程概念去设计、评价和改进一个设备，来最小化一个宏观物体在碰撞中所受的力。以下跨学科概念被称为这些学科核心概念的组织概念：模式；原因与结果；系统与系统模型；结构与功能。在 PS2 预期表现中，学生有望在以下方面展示能力素质，包括：计划与开展研究；分析数据和用数学支持观点；应用科学概念解决设计问题；交流科学与技术信息。期望学生通过实践来展现其对核心概念的理解。

PS3：能量的预期表现帮助学生解答这一问题：能量是怎样传递和守恒的？《框架》中的学科核心概念 PS3 被分解成四个子概念：能量的定义、能量守恒与能量传递、能量与力的关系以及化学过程和日常生活中的能量。能量被理解成一个系统的定量性质，取决于系统中的物质的运动与相互作用及辐射，并且任何系统中的能量的总变化量总是等于传入和传出系统的总能量。学生要理解宏观和原子尺度上的能量可以用微粒的运动或与微粒排布（相对位置）有关的能量来解释。有时，与微粒排布有关的能量可以被认为是储存在场中。学生也要在设计、建造和改进与能量转化有关的设备时展示他们对工程原理的理解。原因与结果、系统与系统模型、能量与物质以及科学、工程与技术对社会与自然界的影响这些跨学科概念将在与 PS3 相关的预期表现中进一步发展。在这些预期表现中，学生有望在以下方面展示能力素质，包括：开发和使用模型；计划和开展研究；使用计算思维；设计方案。期望学生通过实践来展现其对核心概念的理解。

PS4：波及其在信息传递技术中的应用的预期表现对理解许多新兴技术如何工作至关重要。因此，这条核心概念帮助学生回答这一问题：波是如何被用来传递能量和发送与存储信息的？学科核心概念 PS4 被分解成三个子概念：波的性质、电磁辐射以及信息技术和仪器。学生将能够在许多尺度上应用对波的性质和电磁辐射与物质的相互作用可以如何长距离传递信息、存储信息和研究自然的理解。建立和运用电磁辐射模型，不论是将电磁辐射作为不断变化的电场与磁场中的波，还是将电磁辐射作为微粒。学生理解将不同频率的波结合起来可以得到非常多样化的模式，因而得以编码和传递信息。学生还将说明技术设备如何利用波的行为和波与物质的相互作用来传递和捕捉信息与能量，从而展示他们对工程概念的理解。以下跨学科概念被称为这些学科核心概念的组织概念：原因与结果；系统与系统模型；稳定与变化；科学、工程与技术的相互依存；工程、技术和科学对社会和自然界的影响。在 PS3 预期表现中，学生有望在以下方面展示能力素质，包括：提出问题；使用数学思维；参与基于证据的论证；获取、评价与交流信息。期望学生通过实践来展现其对核心概念的理解。

HS-PS1 物质及其相互作用

预期表现

学生可以通过以下表现来展示理解：

HS-PS1-1. 基于原子最外层能级的电子的模式，用元素周期表作为模型来预测元素的相对性质。[说明：可以从模式预测的性质包括金属的活性、形成的键的类型与数目以及与氧的反应。][评价边界：评价仅限于主族元素。评价不包括对相对趋势以外的电离能的定量理解。]

HS-PS1-2. 基于原子最外层电子状态、周期表趋势和关于化学性质的模式的知识，对一个简单化学反应的结果建构和修正一种解释。[说明：化学反应包括钠与氯的反应、碳与氧的反应或碳与氢的反应。][评价边界：评价仅限于主族元素的燃烧反应。]

HS-PS1-3. 计划和实施一项研究，搜集证据，比较物质在宏观尺度上的结构，推论微粒间的电力强度。[说明：重点在于理解微粒间的力的大小，而非命名具体的分子间作用力（如偶极-偶极作用力）。微粒的例子包括离子、原子、分子和网格化的物质（如石墨）。物质的宏观性质可以包括熔点和沸点、蒸汽压和表面张力。][评价边界：评价不包括用拉乌尔定律计算蒸汽压。]

HS-PS1-4. 开发模型，说明一个化学反应系统释放或吸收的能量取决于总键能的变化。[说明：重点在于建立化学反应是一个影响能量变化的系统的概念。模型的例子包括分子水平的反应图示，表现反应物和产物相对能量的图表以及对能量守恒的展示。][评价边界：评价不包括通过反应物和产物的键能计算化学反应中总键能的变化。]

HS-PS1-5. 应用科学原理和证据，解释温度或反应物微粒浓度的改变对反应速率的影响。[说明：重点在于关注学生对分子碰撞的数量和能量的推理。][评价边界：评价仅限于只存在两种反应物，有温度、浓度和速率数据并且速率与温度之间有定性关系的简单反应。]

HS-PS1-6. 通过改变具体反应条件来改进化学系统的设计，增加平衡时产物的量。*[说明：重点在于勒夏特列原理（化学平衡移动原理）的应用以及改进化学反应系统的设计，包括描述宏观水平上作出的改变与分子水平上发生的变化之间的联系。设计的例子可以是增加产物的不同方式，包括添加反应物或去除产物。][评价边界：评价仅限于一次只改变一个变量。评价不包括计算平衡常数和浓度。]

HS-PS1-7. 用数学表征支持这一观点：原子——并且由原子与质量的关系可知质量也是如此——在化学反应时是守恒的。[说明：重点在于用数学语言表达反应物原子质量与产物原子质量的比例关系以及使用摩尔作为转换途径，将这一微观比例关系转换到宏观尺度。还要强调学生数学思维的运用，不鼓励死记硬背和机械地应用技术解决问题。][评价边界：评价不包括复杂化学反应。]

HS-PS1-8. 开发模型，描述裂变、聚变和放射性衰变过程中原子核组成的变化和能量的释放。[说明：着重关注简单的定性模型，比如图表。也聚焦于核过程相对于其他变化类型所释放的能量的尺度。][评价边界：评价不包括释放能量的定量计算。评价仅限于 α、β 和 γ 放射性衰变。]

*这项预期表现通过实践或学科核心概念将传统科学内容整合到工程中。

（可参考第 157 页上与 HS-PS1 相关的连接）

HS-PS1 物质及其相互作用（续）

科学与工程实践	学科核心概念	跨学科概念
开发和使用模型 　　9–12 年级的建模建立在 K-8 年级的经验和基础上，发展到使用、综合与开发模型，以预测和展现自然界与人工世界中的系统与系统之间、系统组成部分之间的变量关系。 ● 基于证据开发一个模型，说明系统之间或一个系统的组成部分之间的关系。（HS-PS1-4）（HS-PS1-8） ● 使用一个模型，预测系统之间或一个系统的组成部分之间的关系。（HS-PS1-1） **计划和开展研究** 　　9–12 年级计划和开展研究建立在 K-8 年级的经验和基础上，发展到为概念模型、数学模型、实物模型和经验模型提供证据或检验的研究。 ● 单独和与人合作计划和开展一项研究，生成可以作为证据的基础数据，并且在设计中确定得到可靠测量所需数据的类型、数量和准确度，思考数据精确度的局限因素（例如测试次数、成本、风险和时间），并据此改进设计。（HS-PS1-3） **使用数学和计算思维** 　　9–12 年级的数学和计算思维建立在 K-8 年级的经验和基础上，发展到使用代数思维与分析，包括三角函数、指数函数与对数函数在内的一系列线性和非线性函数以及用于统计分析的计算工具，去分析、表示和模拟数据。基于基本假设的数学模型，开发和使用简单的模拟计算。 ● 用数学方法表示现象，以支持观点。（HS-PS1-7） ▽	**PS1.A：物质的结构和性质** ● 每一个原子都包含一个由原子核构成的带电亚结构，原子核由质子和中子组成，周围围绕着电子。（HS-PS1-1） ● 元素周期表按照原子核内的质子数将元素依次横向排列，并将有类似化学性质的元素放在一列中。周期表的重复模式反映了外层电子状态的模式。（HS-PS1-1）（HS-PS1-2） ● 原子内部和原子之间的电力决定了宏观尺度上物质的结构与相互作用。（HS-PS1-3）（*HS-PS2-6 的衍生概念*） ● 一个稳定分子的能量小于组成这个分子的原子在独立状态下各自的能量之和；两者能量差是分开这个分子所需的最少能量。（HS-PS1-4） **PS1.B：化学反应** ● 化学过程，它们的速率，以及是否有能量的储存或释放，可以从分子碰撞和原子重排成新分子的角度来理解，并且参与反应的分子在反应后的总键能与其动能的变化相对应。（HS-PS1-4）（HS-PS1-5） ● 在许多情况下，一个动态和依赖于条件的正逆反应间的平衡决定了参与反应的各种分子的数量。（HS-PS1-6） ● 原子守恒的事实以及相关元素的化学性质的知识，可以被用来描述和预测化学反应。（HS-PS1-2）（HS-PS1-7） ▽	**模式** ● 在研究系统的各个尺度上可能会观察到不同的模式，这些模式可以为解释现象提供因果关系的证据。（HS-PS1-1）（HS-PS1-2）（HS-PS1-3）（HS-PS1-5） **能量与物质** ● 在原子核过程中，原子不是守恒的，但质子与中子的总数是守恒的。（HS-PS1-8） ● 封闭系统中的能量与物质的总量是守恒的。（HS-PS1-7） ● 一个系统中的能量与物质的变化可以从进出系统及系统中的能量与物质流的角度来描述。（HS-PS1-4） **稳定与变化** ● 科学在很多时候是为了解释事物是如何改变和如何保持不变的。（HS-PS1-6） ………… 与科学的本质的联系 **科学知识假设在自然系统中具有秩序性和一致性。** ● 科学假定宇宙是一个巨大的独立系统，基本定律在其中是一致的。（HS-PS1-7）

（可参考第 157 页上与 HS-PS1 相关的连接）

HS-PS1 物质及其相互作用（续）

科学与工程实践	学科核心概念	跨学科概念
建构解释和设计解决方案 　　9-12 年级建构解释和设计解决方案建立在 K-8 年级的经验和基础上，发展到用多种来源且相互独立的、学生开发的、与科学概念、原理和理论相一致的证据来支撑解释和设计。 ● 应用科学原理和证据解释现象，解决设计问题，同时考虑意想不到的潜在影响。（HS-PS1-5） ● 基于从各种来源（包括学生自己的研究、模型、理论和同行评议）获得的有效和可靠的证据以及描述自然界的理论与定律在现在、未来都与过去一样有效的假设，建构和修正一个解释。（HS-PS1-2） ● 基于科学知识、学生得到的证据、经过主次排序的标准和对各项约束的权衡，改进一个复杂真实世界问题的解决方案。（HS-PS1-6）	**PS1.C：原子核过程** ● 原子核过程，包括聚变、裂变和不稳定核的放射性衰变，伴随着能量的释放与吸收。中子与质子的数量之和在任何核过程中不改变。（HS-PS1-8） **PS2.B：相互作用的类型** ● 原子尺度上电荷的相互吸引与排斥解释了物质的结构、性质与转变，以及物体间的接触力。（HS-PS2-6）（*HS-PS1-1 的衍生概念*）（*HS-PS1-3 的衍生概念*） **ETS1.C：优化设计方案** ● 标准可能需要被分解成能够系统地达成的简单条目，也需要决定若干标准的主次顺序。（*HS-PS1-6 的衍生概念*）	

（可参考第 157 页上与 HS-PS1 相关的连接）

HS-PS2 运动和稳定性：力和相互作用

预期表现

学生可以通过以下表现来展示理解：

HS-PS2-1. 分析数据，支持观点：牛顿第二运动定律描述了一个宏观物体所受的净力、物体质量与加速度的数学关系。[说明：数据可以是表或图，表现物体在不平衡净力作用下位置或速度随时间的变化，比如下落的物体、滚下斜坡的物体或一个在恒定的拉力作用下移动的物体。][评价边界：评价仅限于一维运动，仅限于不以相对论速度运动的宏观物体。]

HS-PS2-2. 用数学表示方法支持观点：当没有净力作用于一个物体系统时，这个系统的总动量是守恒的。[说明：强调定量地解释相互作用中动量的守恒以及这一原理的定性意义。][评价边界：评价仅限于两个宏观物体一维运动系统。]

HS-PS2-3. 应用科学与工程概念设计、评价和改进一个设备，最小化一个宏观物体在一次碰撞中所受的力。*[说明：评价与改进可以包括判断一个设备保护物体不受破坏的效果以及修改已有设计以使之得到改进。设备的例子可以包括橄榄球头盔或降落伞。][评价边界：评价仅限于定性评价和/或代数处理。]

HS-PS2-4. 用牛顿万有引力定律和库仑定律的数学表示方法描述和预测物体间的引力和静电力。[说明：强调对引力场和电场的定量和概念性描述。][评价边界：评价仅限于两个物体组成的系统。]

HS-PS2-5. 计划和开展一项研究，提供证据说明电流可以产生磁场、变化的磁场可以产生电流。[评价边界：评价仅限于用教师提供的材料和工具设计和开展研究。]

HS-PS2-6. 交流科学与技术信息，说明为什么分子水平的结构对于人工材料的功能起着至关重要的作用。*[说明：强调引力和斥力决定了材料的功能。例子可以包括为什么导电材料常用金属做成，为什么有弹性但耐用的材料由长链分子组成以及为什么药物被设计成能与特定受体相互作用。][评价边界：评价仅限于特定材料的给定分子结构。]

*这项预期表现通过实践或学科核心概念将传统科学内容整合到工程中。

科学与工程实践	学科核心概念	跨学科概念
计划和开展研究 9-12年级计划和开展研究以回答问题或检验解决方案建立在K-8年级的经验和基础上，发展到为概念模型、数学模型、实物模型和经验模型提供证据或检验的研究。	**PS1.A：物质的结构和性质** • 原子内部和原子之间的电力决定了宏观尺度上物质的结构与相互作用。（HS-PS1-3）（*HS-PS2-6的衍生概念*）	**模式** • 在研究系统的各个尺度上可能会观察到不同的模式，这些模式可以为解释现象提供因果关系的证据。（HS-PS2-4）

（可参考第158页上与HS-PS2相关的连接）

HS-PS2 运动和稳定性：力和相互作用（续）

科学与工程实践	学科核心概念	跨学科概念
• 单独和与人合作计划和开展一项研究，生成可以作为证据的基础数据，并且在设计中确定得到可靠测量所需数据的类型、数量和准确度，思考数据精确度的局限因素（例如测试次数、成本、风险和时间），并据此改进设计。（HS-PS2-5） **分析和解读数据** 9-12 年级分析数据建立在 K-8 年级的经验和基础上，发展到引入更细致的统计分析，比较数据集来发现一致性以及用模型生成和分析数据。 • 用工具、技术和/或模型（如计算模型、数学模型）分析数据，从而得出有效和可靠的科学观点或一个优化的设计方案。（HS-PS2-1） **使用数学和计算思维** 9-12 年级的数学和计算思维建立在 K-8 年级的经验和基础上，发展到使用代数思维与分析，包括三角函数、指数函数与对数函数在内的一系列线性和非线性函数，以及用于统计分析的计算工具，去分析、表示和模拟数据。基于基本假设的数学模型，开发和使用简单的模拟计算。 • 用现象的数学表示方法描述解释。（HS-PS2-2）（HS-PS2-4） **建构解释和设计解决方案** 9-12 年级建构解释和设计解决方案建立在 K-8 年级的经验和基础上，发展到用多种来源且相互独立的、学生开发的、与科学概念、原理和理论相一致的证据来支持解释和设计。 • 应用科学概念解决设计问题，同时考虑可能出现的非预期影响。（HS-PS2-3）	**PS2.A：力与运动** • 牛顿第二定律准确地预测宏观物体的运动变化。（HS-PS2-1） • 动量是在特定参考系中定义的；它是物体的质量与速度的乘积。（HS-PS2-2） • 如果一个系统与系统外的物体相互作用，这个系统的总动量会变化；但是，这样的变化总是与系统外物体动量的变化平衡。（HS-PS2-2）（HS-PS2-3） **PS2.B：相互作用的类型** • 牛顿万有引力定律和库仑定律为描述和预测相隔一定距离的物体之间的引力和静电力的效果提供了数学模型。（HS-PS2-4） • 相隔一定距离的力通过场（引力场、电场、磁场）来解释，场弥漫在空间中，能在空间中传递能量。磁体或电流引发磁场；电荷或变化的磁场引发电场。（HS-PS2-4）（HS-PS2-5） • 原子尺度上电荷之间的引力与斥力解释了物质的结构、性质与转变以及物体间的接触力。（HS-PS2-6）（*HS-PS1-1 的衍生概念*）（*HS-PS1-3 的衍生概念*） **PS3.A：能量的定义** • "电能"可指储存在电池中的能量，或电流传输的能量。（*HS-PS2-5 的衍生概念*） **ETS1.A：定义和界定工程问题** • 标准和约束条件也包括满足社会的任何需求，比如将降低风险考虑在内，并且必须尽可能将它们量化，并以方便他人辨别一个给定的设计是否满足它们的方式来陈述。（*HS-PS2-3 的衍生概念*）	**原因与结果** • 区分因果关系与关联性以及做出关于具体因果关系的论断时，需要经验证据。（HS-PS2-1）（HS-PS2-5） • 可以设计系统，使其产生所需效果。（HS-PS2-3） **系统与系统模型** • 在研究或描述一个系统时，需要定义系统的边界和初始条件。（HS-PS2-2） **结构与功能** • 研究或设计新系统或结构需要细致地检查不同材料的性质、不同组件的结构以及组件之间的关联，以展现结构的功能和/或解决一个问题。（HS-PS2-6）

（可参考第 158 页上与 HS-PS2 相关的连接）

HS-PS2 运动和稳定性：力和相互作用（续）

科学与工程实践	学科核心概念	跨学科概念
⌄ **获取、评价和交流信息** 　　9–12 年级获取、评价和交流信息建立在 K–8 年级的经验和基础上，发展到评价观点、方法与设计的有效性和可靠性。 • 以多种形式（包括口头的、图像的、文本的和数学的）交流科学与技术信息（比如，关于一个拟定的过程或系统的开发、设计与绩效）。（HS-PS2-6） ………… 　　与科学的本质的联系 **解释自然现象的科学模型、定律、机制和理论** • 理论与定律提供科学解释。（HS-PS2-1）（HS-PS2-4） • 定律是对观察到的现象之间的联系的陈述或描述。（HS-PS2-1）（HS-PS2-4）	⌄ **ETS1.C：优化设计方案** • 标准可能需要被分解成能够系统地达成的简单条目，也需要决定若干标准的主次顺序。（*HS-PS2-3 的衍生概念*）	

（可参考第 158 页上与 HS-PS2 相关的连接）

HS-PS3 能量

预期表现

学生可以通过以下表现来展示理解：

HS-PS3-1. 开发一个计算模型，在一个系统的其他组件的能量变化和进出系统的能量流已知的情况下计算系统中某个组件能量的变化。[说明：重点在于解释模型中使用的数学表达式的意义。][评价边界：评价仅限于基本的代数表达或计算；仅限于由 2～3 个组件组成的系统；仅限于热能、动能和/或引力场、磁场或电场中的能量。]

HS-PS3-2. 开发和使用模型，描述宏观尺度上的能量可以用与微粒（物体）运动有关的能量和与微粒（物体）相对位置有关的能量来解释。[说明：宏观尺度的现象可以包括动能向热能的转化、因物体相对于地面的高度而储存的能量、两个带电盘子之间储存的能量。模型可以是图表、图画、描述和计算机模拟。]

HS-PS3-3. 设计、建造和改进一个设备，在给定约束条件下运作，将一种形式的能量转化成另一种形式的能量。*[说明：关注对设备的定性与定量评价。设备的例子可以包括鲁布·戈德堡机械装置、风力涡轮机、太阳能电池、太阳能灶和发电机。约束条件可以包括使用可再生能源和效率。][评价边界：定量评价仅限于考查一定能量输入条件下的总能量输出。评价仅限于用教师提供的材料所建造的设备。]

HS-PS3-4. 计划和开展研究，提供证据说明在一个封闭系统中将两个不同温度的组件结合在一起时发生的热能传递会导致这个系统中的组件间更加均匀的能量分布（热力学第二定律）。[说明：强调分析学生研究中得到的数据以及运用数学思维定量和概念性地描述能量变化。研究的例子可以包括混合不同初始温度的液体，或将不同温度的物体加入水中。][评价边界：评价仅限于以教师提供的材料和工具为基础的研究。]

HS-PS3-5. 开发和使用一个关于两个通过电场或磁场相互作用的物体的模型，描述物体间的力和物体由于相互作用而发生的能量变化。[说明：模型的例子可以包括图画、图表、文本，比如用图画展示当两个异种电荷相互靠近时会发生什么。][评价边界：评价仅限于含两个物体的系统。]

*这项预期表现通过实践或学科核心概念将传统科学内容整合到工程中。

科学与工程实践	学科核心概念	跨学科概念
开发和使用模型 9-12 年级的建模建立在 K-8 年级的经验和基础上，发展到使用、综合与开发模型，以预测和展现自然界与人工世界中的系统与系统之间、系统的组成部分之间的变量关系。 • 基于证据开发和使用一个模型，说明系统之间或一个系统的组成部分之间的关联。（HS-PS3-2）（HS-PS3-5）	**PS3.A：能量的定义** • 能量是一个系统的定量性质，它取决于系统内物质的运动和相互作用以及系统内的辐射。能量是一个独立的量，因为一个系统的总能量是守恒的，即使在系统中能量持续地在物体间传递并在各种可能的形式间转化。（HS-PS3-1）（HS-PS3-2）	**原因与结果** • 复杂自然与人工系统的因果关系可以通过系统在较小尺度上的机制来表明和预测。（HS-PS3-5） **系统与系统模型** • 在研究或描述一个系统时，需要定义系统的边界和初始条件，输入和输出也需要用模型来分析和描述。（HS-PS3-4）

（可参考第 159 页上与 HS-PS3 相关的连接）

HS-PS3 能量（续）

科学与工程实践	学科核心概念	跨学科概念
计划和开展研究 9-12年级计划和开展研究以回答问题或检验解决方案建立在K-8年级的经验和基础上，发展到为概念模型、数学模型、实物模型和经验模型提供证据或检验的研究。 • 单独和与人合作计划和开展一项研究，生成可以作为证据的基础数据，并且在设计中确定得到可靠测量所需数据的类型、数量和准确度，思考数据精确度的局限因素（例如测试次数、成本、风险和时间），并据此改进设计。（HS-PS3-4） **使用数学和计算思维** 9-12年级的数学和计算思维建立在K-8年级的经验和基础上，发展到使用代数思维与分析，包括三角函数、指数函数与对数函数在内的一系列线性和非线性函数，以及用于统计分析的计算工具，去分析、表示和模拟数据。基于基本假设的数学模型，开发和使用简单的模拟计算。 • 创造一个关于一种现象、设备、过程或系统的计算机模型。（HS-PS3-1） **建构解释和设计解决方案** 9-12年级建构解释和设计解决方案建立在K-8年级的经验和基础上，发展到用多种来源且相互独立的、学生开发的、与科学概念、原理和理论相一致的证据来支持解释和设计。	• 在宏观尺度上，能量通过多种方式表现自己，比如运动、声、光和热能。（HS-PS3-2）（HS-PS3-3） • 这些联系在微观尺度上可以更好地被理解，因为在微观尺度上所有不同的能量表现形式都可以被建模为与微粒的运动和分布（微粒的相对位置）有关的能量的组合。在一些情况下，源于相对位置的能量可以被看成储存在场（场是微粒间相互作用的媒介）中。此概念包括辐射，辐射是场中储存的能量在空间中移动的现象。（HS-PS3-2） **PS3.B：能量守恒和能量传递** • 能量守恒意味着任何系统中能量的总变化总是等于输入和输出系统的总能量。（HS-PS3-1） • 能量不会被创造或摧毁，但是它可以被从一处运输到另一处，可以在系统之间传递。（HS-PS3-1）（HS-PS3-4） • 对一个系统中储存的能量如何取决于系统的构造（如带电微粒的相对位置、弹簧的压缩）以及动能如何取决于质量和速度进行量化的数学表达式有助于运用能量守恒的概念来预测和描述系统行为。（HS-PS3-1） • 在任何系统中，能量的可用性限制了会发生什么。（HS-PS3-1） • 不受控的系统总是向着更稳定的状态演化——也就是说，向着更均匀的能量分布状态演化（如水往低处流、比环境热的物体会冷却）。（HS-PS3-4）	• 模型可以被用来预测系统的行为，但是这些预测的精确度和可靠性是有限的，因为模型本身有假设和近似。（HS-PS3-1） **能量与物质** • 一个系统中的能量与物质的变化可以从进出系统及系统中的能量与物质流的角度来描述。（HS-PS3-3） • 能量不会被创造或毁灭——它只会在不同位置、物体、场或系统间移动。（HS-PS3-2） ---------- 与工程、技术以及科学的应用的关联 **科学、工程和技术对社会与自然界的影响** • 现代文明依赖于重要的技术系统。工程师通过应用科学知识与工程设计实践来改进这些技术系统，从而增加收益，同时降低成本和风险。（HS-PS3-3） ---------- 与科学的本质的联系 **科学知识假设在自然系统中具有秩序性和一致性** • 科学假定宇宙是一个巨大的独立系统，基本定律在其中是一致的。（HS-PS3-1）

（可参考第159页上与HS-PS3相关的连接）

HS-PS3 能量（续）

科学与工程实践	学科核心概念	跨学科概念
⌄ • 基于科学知识、学生开发的证据来源、经过主次排序的标准和权衡的考虑，设计、评价和/或改进一个真实世界复杂问题的解决方案。（HS-PS3-3）	⌄ **PS3.C：能量与力的关系** • 当通过一个场相互作用的两个物体改变相对位置，储存在场中的能量会发生变化。（HS-PS3-5） **PS3.D：化学过程中的能量** • 虽然能量不能被摧毁，但它可以被转化到不易被使用的形式——例如，变成周围环境中的热能。（HS-PS3-3）（HS-PS3-4） **ETS1.A：定义和界定工程问题** • 标准和约束条件也包括满足社会的任何要求（比如考虑降低风险），并且应尽可能地量化，其陈述方式应让人能够判断一个给定的设计是否满足了它们。 （*HS-PS3-3 的衍生概念*）	

（可参考第 159 页上与 HS-PS3 相关的连接）

HS-PS4 波及其在信息传递技术中的应用

预期表现

学生可以通过以下表现来展示理解:

HS-PS4-1. 用数学表示方法支持观点，说明在不同媒介中传递的波的频率、波长与速度的关系。[说明：数据可以包括在真空和玻璃中传播的电磁辐射、在空气和水中传播的声波以及在地下传播的地震波。][评价边界：评价仅限于代数关系以及对这些关系的定性描述。]

HS-PS4-2. 评价关于使用数字方法传递和储存信息的优点的问题。[说明：优点可以包括数字信息是稳定的、能被可靠地存储在计算机内存中、容易传播并可以迅速复制和分享。缺点可以包括数字信息容易被删除、存在安全性问题和被窃取的问题。]

HS-PS4-3. 评价这一概念背后的观点、证据和推理：电磁辐射可以用波的模型来描述，也可以用微粒模型来描述；在某些情境中，一种模型比另一种模型更有用。[说明：关注实验证据是如何支持观点的以及一种理论是如何在新的证据出现时被修改的。现象的例子可以包括共振、干涉、衍射和光电效应。][评价边界：评价不包括应用量子理论。]

HS-PS4-4. 评价公开发布的资料中关于不同频率电磁辐射在被物质吸收时产生效果的观点的有效性和可靠性。[说明：重点关注的观点有：与不同频率的光相联系的光子具有不同的能量、电磁辐射对生物组织的损害取决于辐射的能量等。公开资料可以包括普通书籍、杂志、网络资源、视频和其他可能反映了偏见的资料片段。][评价边界：评价仅限于定性描述。]

HS-PS4-5. 交流关于以下内容的技术信息：一些技术设备是如何应用关于波的行为和波与物质相互作用的原理以传递和捕捉信息与能量的。*[说明：例子可以包括太阳能电池捕捉光并将它转化成电、医学影像以及通信技术。][评价边界：评价仅限于定性信息。评价不包括能带理论。]

*这项预期表现通过实践或学科核心概念将传统科学内容整合到工程中。

科学与工程实践	学科核心概念	跨学科概念
提出问题和定义问题 　　9-12 年级提出问题和定义问题，从 K-8 年级的经验和基础上，发展到通过使用模型和模拟来建构、完善和评估可以经实践检验的问题和设计问题。 ● 评估质疑一项论证的假设、一个数据集的解释或一项设计的适宜性的问题。（HS-PS4-2） ⌄	**PS3.D：化学过程中的能量** ● 太阳能电池是捕捉太阳能量并产生电能的人造设备。（HS-PS4-5 的衍生概念） **PS4.A：波的性质** ● 一列波的波长与频率通过波速相互关联，而波速取决于波的类型及波传播的媒介。（HS-PS4-1） ⌄	**原因与结果** ● 区分因果关系与关联性，以及作出关于具体因果关系的论断时，需要经验证据。（HS-PS4-1） ● 复杂自然与人工系统的因果关系可以通过系统在较小尺度上的机制来表明和预测。（HS-PS4-4） ● 可以设计系统，使其产生所需效果。（HS-PS4-5） ⌄

（可参考第 159 页上与 HS-PS4 相关的连接）

HS-PS4 波及其在信息传递技术中的应用（续）

科学与工程实践	学科核心概念	跨学科概念
使用数学和计算思维 9-12 年级的数学和计算思维建立在 K-8 年级的经验和基础上，发展到使用代数思维与分析，包括三角函数、指数函数与对数函数在内的一系列线性和非线性函数以及用于统计分析的计算工具，去分析、表示和模拟数据。基于基本假设的数学模型，开发和使用简单的模拟计算。 ● 用现象的数学表示方法或设计方案，来描述和/或支持观点和/或解释。（HS-PS4-1） **参与基于证据的论证** 9-12 年级参与基于证据的论证，建立在 K-8 年级的经验和基础上，发展到使用适当与充分的证据和科学推理，辩护和评论关于自然界与人工世界的观点与解释。论证也可以来自当前或历史科学事件。 ● 评价当前被接受的解释或解决方案背后的观点、证据和推理，确定论证的优点。（HS-PS4-3） **获取、评价和交流信息** 9-12 年级获取、评价和交流信息，建立在 K-8 年级的经验和基础上，发展到评价观点、方法与设计的有效性和可靠性。 ● 评价科学与技术文本或媒体报告中出现的多种观点的有效性和可靠性，并在可能的情况下核查数据。（HS-PS4-4）	● 信息可以被数字化（例如将图像存储为一个像素数组）；通过这种形式，信息能被可靠地存储在计算机内存中，并作为一系列脉冲波被长距离传递。 （HS-PS4-2）（HS-PS4-5） ● ［3-5 年级期末阶段］当波相交时，它们能相互叠加或抵消，这取决于它们的相对相位（即波峰与波谷的相对位置），但是当它们分开时又会恢复原来的性质。（边界：这一年级水平只定性讨论；讨论可以基于这一事实：两个不同声音可以从不同方向经过同一位置却不会混在一起。） （HS-PS4-3） **PS4.B：电磁辐射** ● 电磁辐射（如无线电波、微波、可见光）可以被建模为持续变化的电场与磁场的波，也可以被建模为称作光子的微粒。波的模型可以用来解释电磁辐射的许多特征，微粒模型可以用来解释其他特征。（HS-PS4-3） ● 当可见光或波长更长的电磁辐射被物质吸收时，它们一般会被转化成热能。波长较短的电磁辐射（紫外线、X 射线、伽马射线）会使原子电离，对生物细胞造成损害。（HS-PS4-4） ● 当光电材料吸收足够高频率的光时，会释放出电子。（HS-PS4-5）	**系统与系统模型** ● 模型（例如实物模型、数学模型、计算机模型）可以被用来模拟不同尺度上的系统和系统内部与系统之间的相互作用——包括能量、物质和信息流。（HS-PS4-3） **稳定性与变化** ● 系统可以被设计成具有更强或更弱的稳定性。（HS-PS4-2） .... 与工程、技术以及科学的 应用的关联 **科学、工程和技术的相互依存** ● 科学与工程在被称作研发的循环中相互补充。（HS-PS4-5） **工程、技术和科学对社会与自然界的影响** ● 现代文明依赖于重要的技术系统。（HS-PS4-2）（HS-PS4-5） ● 工程师持续地应用科学知识和工程设计实践以改进技术系统，从而增加收益并降低成本与风险。（HS-PS4-2）

（可参考第 159 页上与 HS-PS4 相关的连接）

HS-PS4 波及其在信息传递技术中的应用（续）

科学与工程实践	学科核心概念	跨学科概念
≫ • 以多种形式（包括口头的、图像的、文本的和数学的）交流技术信息或概念（比如，关于现象和/或一个拟定的过程或系统的开发、设计与绩效）。（HS-PS4-5） 与科学的本质的联系 **解释自然现象的科学模型、定律、机制和理论** • 科学理论是经过证实的对自然界的一些方面的解释，它们以被观察和实验反复确认的一系列事实为基础，并且得到了科学界的确认。如果新的证据被发现而与某一理论不符，那么这一理论就会根据新的证据而修改。 （HS-PS4-3）	≫ **PS4.C：信息技术和仪器** • 基于对波及其与物质的相互作用的理解的众多技术是现代世界日常经验（例如医学影像、通信和扫描器）和科学研究的一部分。它们是产生、传递和捕捉信号的基本工具，也是储存和解读其中信息的基本工具。（HS-PS4-5）	

（可参考第 159 页上与 HS-PS4 相关的连接）

高中生命科学

在高中阶段，学生发展对有助于他们认识生命科学关键概念的理解。这些概念建立在学生较早年级对学科核心概念、科学与工程实践和跨学科概念的科学理解的基础上。高中阶段有四个生命科学学科核心概念：①从分子到生物体：结构与过程；②生态系统：相互作用、能量和动态；③遗传：性状的继承与变异；④生物演化：统一性与多样性。高中生命科学预期表现将核心概念和科学与工程实践、跨学科概念糅合起来，支持学生发展可以应用于多个科学学科的有用知识。虽然高中生命科学预期表现将特定实践与具体学科核心概念关联起来，但教学决策时应当包含预期表现背后的许多实践的使用。

LS1：从分子到生物体：结构与过程的预期表现帮助学生解答这一问题：生物体是怎样生存和生长的？《框架》中的学科核心概念 LS1 分解为三个子概念：结构与功能、生物体的生长和发育以及生物体的物质流与能量流的组织。在这些预期表现中，学生展示他们能够使用研究和搜集证据，去支持对细胞功能与繁殖的解释。他们理解蛋白质在细胞和生命系统运作中所起的基础作用。学生能使用模型去解释光合作用、呼吸作用以及生物体中的物质循环和能量流动。细胞过程可以被用作理解生物体等级结构的模型。能量与物质、结构与功能以及系统与系统模型等跨学科概念为学生提供了理解生物体的结构与过程的洞察力。

LS2：生态系统：相互作用、能量和动态的预期表现帮助学生解答这一问题：生物体是怎样以及为什么要与它们的环境相互作用，这些相互作用有什么效果？学科核心概念 LS2 包括四个子概念：生态系统中的相互依存关系；生态系统中的物质循环和能量传递；生态系统的动态、运作和恢复力；社会互动和群体行为。高中学生能使用数学推理去展示对基本概念的理解。这些基本概念包括承载力、影响生物多样性和种群的因素、一个生态系统中的生物体之间的物质循环和能量流动。这些数学模型为学生概念性地理解生态系统提供了支持，也为他们开发降低人类活动对环境的影响和保护生物多样性的设计解决方案提供了支持。跨学科概念中的系统与系统模型在学生理解科学与工程实践和生态系统的核心概念上发挥着核心作用。

LS3：遗传：性状的继承与变异的预期表现帮助学生解答这一问题：上一代的特征是如何传递给下一代的？相同物种的个体，甚至是兄弟姐妹，为什么具有不同的特征？《框架》中的学科核心概念 LS3 包括两个子概念：性状的继承和性状的变异。学生能够提出问题、建立和辩护观点以及使用概率的概念去解释一个种群中的遗传变异。学生展示他们对于为什么同一物种的个体在外貌、功能和行为上会有区别的理解。学生能解释基因继承的机制，描述引起基因突变和基因表达改变的环境和遗传因素。跨学科概念中的模式、原因与结果是这些核心概念的组织概念。

LS4：生物演化：统一性与多样性的预期表现帮助学生解答这一问题：什么证据表明不同的物种是相互联系的？学科核心概念 LS4 包括四个子概念：共同祖先和多样性的证据、自然选择、适应和生物多样性与人类。学生能够对自然选择和演化的过程构建解释，交流多方面的证据是如何支持这些解释的。学生能评价关于可能带来新物种的条件的证据，并理解基因变异在自然选择中所起的作用。此外，学生能应用概率的概念去解释在一种环境中占优势的遗传性状所引起的种群变化趋势。跨学科概念中的原因与结果、系统与系统模型在学生理解地球上的生命演化时起到重要作用。

HS-LS1 从分子到生物体：结构与过程

预期表现

学生可以通过以下表现来展示理解：

HS-LS1-1. 基于证据解释 DNA 的结构是如何决定通过高度分化的细胞系统承担生命的基本功能的蛋白质的结构的。[评价边界：评价不包括识别特定细胞或组织类型、全身系统、特定蛋白质结构与功能或蛋白质合成的生物化学。]

HS-LS1-2. 开发和使用模型，表现在多细胞生物体中提供具体功能的相互作用的系统的等级结构。[说明：重点在于生物体系统水平上的功能，诸如营养摄入、水分输送和神经刺激下生物体的运动。相互作用的系统的例子可以是循环系统中弹性组织和平滑肌作用下动脉对血液的适量调节和输送。][评价边界：评价不包括分子或化学反应水平上的相互作用和功能。]

HS-LS1-3. 计划和开展一项研究，为反馈机制维持体内平衡提供证据。[说明：研究的例子可以是心率对体育运动作出反馈、气孔对湿度和温度作出反馈、根的发育对水位作出反馈。][评价边界：评价不包括反馈机制涉及的细胞过程。]

HS-LS1-4. 用模型表现细胞分裂（有丝分裂）与分化对于产生和维持复杂生物体的作用。[评价边界：评价不包括特定的基因控制机制或对有丝分裂步骤的机械记忆。]

HS-LS1-5. 使用模型表现光合作用是怎样将光能转化为储存在体内的化学能的。[说明：重点在于阐明植物及其他光合作用生物的光合作用过程中物质的输入和输出以及能量的传递与转化。模型可以是图表、化学方程式和概念模型。][评价边界：评价不包括具体生物化学步骤。]

HS-LS1-6. 基于证据构建和改进解释，说明糖类分子中的碳、氢和氧是如何与其他元素结合形成氨基酸和/或其他碳基大分子的。[说明：重点在于用来自模型和模拟的证据去支持解释。][评价边界：评价不包括具体化学反应的细节或高分子的识别。]

HS-LS1-7. 使用模型表现细胞呼吸是一个化学过程，在这个过程中食物分子和氧分子中的键断裂、新化合物中的键生成，由此带来能量的净传递。[说明：重点在于理解细胞呼吸过程中的输入和输出。][评价边界：评价不包括识别细胞呼吸涉及的步骤或具体过程。]

科学与工程实践	学科核心概念	跨学科概念
开发和使用模型 　　9-12 年级的建模建立在 K-8 年级的经验和基础上，发展到使用、综合与开发模型，以预测和展现自然界与人工世界中的系统与系统之间、系统组成部分之间的变量关系。 ⌄	**LS1.A：结构与功能** ● 高度分化的细胞系统帮助生物体执行生命的基本功能。（HS-LS1-1） ⌄	**系统与系统模型** ● 模型（如实物模型、数学模型、计算机模型）可以被用来模拟不同尺度上的系统和系统内部与系统之间的相互作用——包括能量、物质和信息流。（HS-LS1-2）（HS-LS1-4） ⌄

（可参考第 160 页上与 HS-LS1 相关的连接）

新一代科学教育标准——学科核心概念序列　105

HS-LS1 从分子到生物体：结构与过程（续）

科学与工程实践	学科核心概念	跨学科概念
• 基于证据开发和使用一个模型，说明系统之间或一个系统的组成部分之间的关系。（HS-LS1-2） • 基于证据使用一个模型，说明系统之间或一个系统的组成部分之间的关系。（HS-LS1-4）（HS-LS1-5）（HS-LS1-7） **计划和开展研究** 　　9-12 年级计划和开展研究建立在 K-8 年级的经验和基础上，发展到为概念模型、数学模型、实物模型和经验模型提供证据或检验的研究。 • 单独和与人合作计划和开展一项研究，生成可以作为证据的基础数据，并且在设计中确定得到可靠测量所需数据的类型、数量和准确度，思考数据精确度的局限因素（如测试次数、成本、风险和时间），并据此改进设计。（HS-LS1-3） **建构解释和设计解决方案** 　　9-12 年级建构解释和设计解决方案建立在 K-8 年级的经验和基础上，发展到用多种来源且相互独立的、学生开发的、与科学概念、原理和理论相一致的证据来支持解释和设计。 • 基于从各种来源（包括学生自己的研究、模型、理论和同行评议）获得的有效和可靠的证据以及描述自然界的理论与定律在现在、未来都与过去一样有效的假设，建构一个解释。（HS-LS1-1） • 基于从各种来源（包括学生自己的研究、模型、理论和同行评议）获得的有效和可靠的证据以及描述自然界的理论与定律在现在、未来都与过去一样有效的假设，建构和修正一个解释。（HS-LS1-6）	• 所有细胞都包含以 DNA 分子的形式存在的遗传信息。基因是 DNA 中的片段，包含着指导蛋白质合成的编码，而蛋白质执行细胞大部分功能。（HS-LS1-1）（*注意：HS-LS3-1 也涉及这一学科核心概念。*） • 多细胞生物体的组织有分级结构，任何一个系统都是由许多部分组成的，并且是更高水平的系统的组成部分。（HS-LS1-2） • 反馈机制在一定的限度内维持一个生命系统的内环境，调节系统的行为，保持生命系统的存活和功能性，即使外部环境在一定范围内变化。反馈机制能支持（正反馈）或阻止（负反馈）生命系统内发生什么。（HS-LS1-3） **LS1.B：生物体的生长和发育** • 在多细胞生物体中，个体细胞生长并通过被称作有丝分裂的过程发生分裂。由此，生物体从一个单细胞（受精卵）持续地分裂出许多细胞。在每一次分裂中，母细胞将相同的遗传物质（各个染色体的两个单体）传递给两个子细胞。细胞分裂与分化产生和维持着复杂的生物体，组成生物体的组织和器官系统协同工作，满足整个生物体的需求。（HS-LS1-4） **LS1.C：生物体的物质流与能量流的组织** • 光合作用将二氧化碳和水转化成糖类并释放氧气，在这一过程中将光能转化为储存在生物体内的化学能。（HS-LS1-5）	**能量与物质** • 一个系统中的能量与物质的变化可以从进出系统及系统中的能量与物质流的角度来描述。（HS-LS1-5）（HS-LS1-6） • 能量不会被创造或毁灭——它只会在不同位置、物体、场或系统间移动。（HS-LS1-7） **结构与功能** • 研究或设计新系统或结构需要细致地检查不同材料的性质、不同组成部分的结构以及组成部分之间的关联，以展现结构的功能和/或解决一个问题。（HS-LS1-1） **稳定与变化** • 反馈（负的或正的）能保持或破坏一个系统的稳定。（HS-LS1-3）

（可参考第 160 页上与 HS-LS1 相关的连接）

HS-LS1 从分子到生物体：结构与过程（续）

科学与工程实践	学科核心概念	跨学科概念
⌄ .... **与科学的本质的联系** **科学研究使用多种方法** ● 科学探究遵循一组共同的价值观，包括逻辑思维、精密、开放、客观、怀疑、结果可复制以及对结果的诚实与合乎伦理的报告。（HS-LS1-3）	⌄ ● 光合作用生成的糖类分子包含碳、氢和氧；它们的碳氢化合物骨架被用来生成氨基酸和其他可以组装成更大分子（如蛋白质或DNA）的碳基分子，那些大分子可被用来形成新的细胞。（HS-LS1-6） ● 当物质与能量流经生命系统的不同组织层级时，化学元素以不同方式重新组合，形成不同的产物。（HS-LS1-6）（HS-LS1-7） ● 作为这些化学反应的结果之一，能量从一个相互作用的分子系统传递到另一个分子系统。细胞呼吸是一个食物分子和氧分子中的键断裂，新化合物生成的化学过程，这个过程可以将能量运输到肌肉。细胞呼吸也释放维持身体温度所需的能量，尽管有能量不断地传递到周围环境中。（HS-LS1-7）	

（可参考第 160 页上与 HS-LS1 相关的连接）

HS-LS2 生态系统：相互作用、能量和动态

预期表现

学生可以通过以下表现来展示理解：

HS-LS2-1. 用数学和／或计算机的表示方法来支持对在不同尺度上影响生态系统承载力的因素的解释。［说明：重点在于定量分析与比较相互依赖的因子间的关系，包括边界、资源、气候与竞争。数学比较的例子可以包括图表和从模拟或历史数据中搜集的种群变化。］［评价边界：评价不包括推导数学方程式来做比较。］

HS-LS2-2. 基于证据，用数学表示方法支持和修订关于在不同尺度上影响生态系统的生物多样性和种群的因子的解释。［说明：数学表现方法可以包括找到平均值、判断趋势、用图表比较多个数据集。］［评价边界：评价仅限于提供的数据。］

HS-LS2-3. 基于证据建构和修订解释，说明有氧和无氧条件下物质的循环和能量的流动。［说明：强调对不同环境中的有氧和无氧呼吸作用的概念性理解。］［评价边界：评价不包括有氧或无氧呼吸的具体化学过程。］

HS-LS2-4. 用数学表示方法支持观点，说明一个生态系统中的生物体之间的物质循环和能量流动。［说明：强调用数学模型表现生物量中储存的能量，从而描述从一个营养级到另一个营养级的能量传递以及当物质在生态系统中循环、能量在生态系统间流动时物质与能量是守恒的。强调碳、氧、氢和氮等原子和分子在一个生态系统中移动时是守恒的。］［评价边界：评价仅限于通过比例推理描述物质循环和能量流动。］

HS-LS2-5. 开发一个模型，说明光合作用和细胞呼吸作用在生物圈、大气圈、水圈和岩石圈中的碳循环中所起的作用。［说明：模型可以包括模拟和数学模型。］［评价边界：评价不包括光合作用和呼吸作用的具体化学步骤。］

HS-LS2-6. 评价观点、证据和推理，关于生态系统中复杂的相互作用使生物体的数量与类型在一个稳定的条件下保持相对固定，而变化的条件可能产生一个新的生态系统。［说明：生态系统条件变化的例子可以是适度的生物与物理变化，比如有节制的狩猎或季节性的洪水，以及极端的变化，比如火山喷发或海平面上升。］

HS-LS2-7. 设计、评价和改进一个方案，减弱人类活动对环境与生物多样性的影响。*［说明：人类活动的例子可以包括城市化、建设水坝以及入侵物种的传播。］

HS-LS2-8. 评价关于群体行为对个体与物种生存与繁殖机会的作用的证据。［说明：强调①区分群体行为与个体行为；②识别支持群体行为的结果的证据；③基于证据开发有逻辑与合理的论证。群体行为的例子可以包括集群、训练以及集体狩猎和迁移等合作行为。］

*这项预期表现通过实践或学科核心概念将传统科学内容整合到工程中。

（可参考第 161 页上与 HS-LS2 相关的连接）

HS-LS2 生态系统：相互作用、能量和动态（续）

科学与工程实践	学科核心概念	跨学科概念
开发和使用模型 　　9-12 年级的建模建立在 K-8 年级的经验和基础上，发展到使用、综合与开发模型，以预测和展现自然界与人工世界中的系统与系统之间、系统的组成部分之间的变量关系。 ● 基于证据开发一个模型，说明系统之间或一个系统的组成部分之间的关系。（HS–LS2–5） **使用数学和计算思维** 　　9-12 年级的数学和计算思维建立在 K-8 年级的经验和基础上，发展到使用代数思维与分析，包括三角函数、指数函数与对数函数在内的一系列线性和非线性函数以及用于统计分析的计算工具，去分析、表示和模拟数据。基于基本假设的数学模型，开发和使用简单的模拟计算。 ● 使用现象的数学和／或计算表达方式或设计方案，以支持解释。（HS–LS2–1） ● 用现象的数学表达方式或设计方案，以支持和改进解释。（HS–LS2–2） ● 使用现象的数学表达方式或设计方案，以支持观点。（HS–LS2–4） **建构解释和设计解决方案** 　　9-12 年级建构解释和设计解决方案建立在 K-8 年级的经验和基础上，发展到用多种来源且相互独立的、学生开发的、与科学概念、原理和理论相一致的证据来支持解释和设计。 ● 基于从各种来源（包括学生自己的研究、模型、理论和同行评议）获得的有效和可靠的证据，以及描述自然界的理论与定律在现在、未来都与过去一样有效的假设，建构和改进一个解释。（HS–LS2–3） ⇩	**LS2.A：生态系统中的相互依存关系** ● 生态系统具有承载力，这是它能支持的生物体与种群数量的限制。这些限制来源于生物和非生物资源的可获得性等因素以及捕食、竞争与疾病等挑战。如果环境与资源不是有限的，生物体就会不断繁殖以致形成巨大的种群。这一基本约束影响了任何生态系统中种群的丰度（个体的数量）。（HS–LS2–1）（HS–LS2–2） **LS2.B：生态系统中的物质循环和能量传递** ● 光合作用和细胞呼吸（包括无氧过程）提供了生命过程所需的大部分能量。（HS–LS2–3） ● 植物或藻类构成了食物网的最低层级。对于食物网中最低层级以上的任意层级，在较低层级上消费的物质中，只有一小部分传递到较高层级，在较高层级上支持生长和通过细胞呼吸释放能量。由于这种低效率，食物网较高层级上的生物体通常都比较少。一些物质发生反应释放能量支持生命功能，一些物质储存在新生成的结构中，而许多物质被丢弃。构成生物体分子的化学元素通过食物网传递，在大气与土壤间进进出出，并以不同方式结合与重组。对于一个生态系统中的各个链接，物质与能量是守恒的。（HS–LS2–4） ● 光合作用和细胞呼吸作用是碳循环的重要组成。碳循环是碳通过化学、物理、地质和生物过程在生物圈、大气圈、海洋圈和地圈间的交换。（HS–LS2–5） ⇩	**原因与结果** ● 区分因果关系与关联性，以及做出关于具体因果关系的论断时，需要经验证据。（HS–LS2–8） **尺度、比例与数量** ● 一个现象的重要性取决于它发生的尺度、比例与数量。（HS–LS2–1） ● 使用量级的概念可以让人理解一个尺度上的模型是如何关联另一个尺度上的模型的。（HS–LS2–2） **系统与系统模型** ● 模型（例如实物模型、数学模型以及计算机模型）可以被用来模拟不同尺度上的系统和系统内部与系统之间的相互作用——包括能量、物质和信息流。（HS–LS2–5） **能量与物质** ● 能量不会被创造或毁灭——它只会在不同位置、对象、场或系统间移动。（HS–LS2–4） ● 能量驱动着系统内部与系统之间的物质循环。（HS–LS2–3） **稳定与变化** ● 科学在很多时候是为了解释事物是如何改变和如何保持不变的。（HS–LS2–6）（HS–LS2–7）

（可参考第 161 页上与 HS–LS2 相关的连接）

HS-LS2 生态系统：相互作用、能量和动态（续）

科学与工程实践	学科核心概念	跨学科概念
• 基于科学知识、学生开发的证据来源、经过主次排序的标准和权衡的考虑，设计、评价和改进一个真实世界复杂问题的解决方案。（HS-LS2-7） **参与基于证据的论证** 　　9-12 年级参与基于证据的论证，建立在 K-8 年级的经验和基础上，发展到使用适当与充分的证据和科学推理，辩护和评论关于自然界与人工世界的观点与解释。论证也可以来自当前或历史科学事件。 • 评价当前被接受的解释或解决方案背后的观点、证据和推理，确定论证的优点。（HS-LS2-6） • 评价当前被接受的解释背后的证据，确定论证的优点。（HS-LS2-8） .... **与科学的本质的联系** **可以根据新的证据随时对科学知识进行修正** • 大多数科学知识十分持久，但原则上要根据新证据和/或对已有证据的重新解读作出改变。（HS-LS2-2）（HS-LS2-3） • 科学辩论是一种有逻辑的讨论形式，用于阐明观点与证据之间关系的强度，可能会带来对一种解释的修改。（HS-LS2-6）（HS-LS2-8）	**LS2.C：生态系统的动态、运作和恢复力** • 一个生态系统中的一套复杂的相互作用能使生物体的数量与种类在稳定的条件下长时间保持相对固定。如果生态系统受到适度的生物或物理扰动，它也许能或多或少地恢复到原有状态（即生态系统具有恢复力），而不是变成一个非常不同的生态系统。然而，如果环境或任何种群的规模发生极端波动，那么从资源和栖息地的可用性上看，生态系统的功能就将遭遇挑战。（HS-LS2-2）（HS-LS2-6） • 更有甚者，人类造成的环境变化——包括栖息地破坏、污染、入侵物种的引入、过度开采和气候变化——会摧毁一个生态系统，对一些物种的生存造成威胁。（HS-LS2-7） **LS2.D：社会互动和群体行为** • 在群体中生活可以增加个体与它们的亲属的生存机会，因而生物演化出了群体行为。（HS-LS2-8） **LS4.D：生物多样性与人类** • 新物种形成，生物多样性就增加；物种消失，生物多样性就降低。（*HS-LS2-7 的衍生概念*） • 人类依赖于生物世界，从其中获得资源和生物多样性提供的其他福利。但是人类活动也通过人口过多、过度采伐、栖息地破坏、污染、入侵物种引入和气候变化等对生物多样性产生着负面影响。因此，保持生物多样性，以维护生态系统功能和生产力，对于支持和巩固地球上的生命是至关重要的。保持生物多样性也通过保护具有休闲和灵感价值的景观造福着人类。（*HS-LS2-7 的衍生概念*）（*注意：HS-LS4-6 也涉及这一学科核心概念*）	

（可参考第 161 页上与 HS-LS2 相关的连接）

HS-LS2 生态系统：相互作用、能量和动态（续）

科学与工程实践	学科核心概念	跨学科概念
	⌄ **PS3.D：化学过程中的能量** • 在地球上捕捉和储存太阳能的主要方式是名为光合作用的复杂的化学过程。（*HS–LS2–5 的衍生概念*） **ETS1.B：形成可能的方案** • 在评估方案时，考虑一系列约束条件（包括成本、安全性、可靠性和美学）和思考其对社会、文化与环境的影响是重要的。（*HS–LS2–7 的衍生概念*）	

（可参考第 161 页上与 HS–LS2 相关的连接）

HS-LS3 遗传：性状的继承与变异

预期表现

学生可以通过以下表现来展示理解：

HS-LS3-1. 提出问题，以澄清 DNA 与染色体在编码从亲代传递到子代的性状时所起的作用。[评价边界：评价不包括减数分裂的阶段或此过程中特定步骤的生物化学机制。]

HS-LS3-2. 基于证据提出和辩护一个观点，说明可遗传的变异可能来自：①通过减数分裂发生的新的基因组合；②复制过程中发生的可存活的错误；③环境因素引起的突变。[说明：重点在于用数据支持关于变异发生方式的论述。][评价边界：评价不包括减数分裂的阶段或此过程中特定步骤的生物化学机制。]

HS-LS3-3. 用统计学与概率论的概念去解释一个种群中显性性状的变异与分布。[说明：重点在于根据性状出现的可能性与影响性状表达的遗传因子与环境因子的关系，用数学方法描述性状的概率。][评价边界：评价不包括哈迪-温伯格计算。]

科学与工程实践	学科核心概念	跨学科概念
提出问题和定义问题 9-12年级提出问题和定义问题建立在 K-8 年级的经验和基础上，发展到通过使用模型和模拟来建构、完善和评估可以经实践检验的问题和设计问题。 ● 在研究模型或理论的过程中提出问题以澄清关系。（HS-LS3-1） **分析和解读数据** 9-12年级分析数据建立在 K-8 年级的经验和基础上，发展到引入更细致的统计分析，比较数据集的一致性以及用模型生成和分析数据。 ● 将统计学与概率论的概念（包括确定数据的方程关系以及当方程关系为线性时，斜率、截距和相关性系数）应用于科学与工程问题，在可行时使用数字工具。（HS-LS3-3） ⩘	**LS1.A：结构与功能** ● 所有细胞都包含以 DNA 分子的形式存在的遗传信息。基因是 DNA 中的片段，包含着指导蛋白质合成的编码。（*HS-LS3-1 的衍生概念*）（注意：*HS-LS1-1 也涉及这一学科核心概念。*） **LS3.A：性状的继承** ● 每个染色体包含一个非常长的 DNA 分子，染色体上的每个基因是一段独特的 DNA 片段。DNA 承载着形成物种特征的指令。一个生物体的所有细胞有相同的遗传信息，但是细胞使用（表达）的基因也许会以不同的方式被调控。DNA 并非全部用来编码蛋白质；DNA 的一些片段参与调控或结构性功能，还有一些功能是未知的。（HS-LS3-1） ⩘	**原因与结果** ● 区分因果关系与关联性，以及做出关于具体因果关系的论断时，需要经验证据。（HS-LS3-1）（HS-LS3-2） **尺度、比例与数量** ● 代数思维被用于研究科学数据和预测一个参数的变化对另一个参数的影响（如线性增长与指数增长）。（HS-LS3-3） .... **与科学的本质的联系** **科学是人类智慧的结晶** ● 技术的进步促进了科学的发展，科学也促进了技术的进步。（HS-LS3-3） ● 科学与工程被社会所影响，也影响着社会。（HS-LS3-3）

（可参考第 162 页上与 HS-LS3 相关的连接）

HS-LS3 遗传：性状的继承与变异（续）

科学与工程实践	学科核心概念	跨学科概念
参与基于证据的论证 　　9–12 年级参与基于证据的论证建立在 K–8 年级的经验和基础上，发展到使用适当与充分的证据和科学推理，辩护和评论关于自然界与人工世界的观点与解释。论证也可以来自当前或历史科学事件。 ● 基于证据提出和辩护一个关于自然界的观点，反映科学知识和学生产生的证据。（HS–LS3–2）	**LS3.B：性状的变异** ● 在有性繁殖中，染色体有时会在减数分裂（细胞分裂）过程中交换片段，从而产生新的基因组合，并因此带来更多的基因变异。虽然 DNA 的复制被严谨地调控着、非常准确，但错误的确仍然会发生并造成突变，这也是基因变异的一个来源。环境因子也能造成基因突变，可存活下来的突变可以被遗传。（HS–LS3–2） ● 环境因子也影响性状的表达，因而影响性状在一个种群中出现的概率。因此，观察到的性状的变异与分布取决于遗传与环境两方面因素。（HS–LS3–2）（HS–LS3–3）	

（可参考第 162 页上与 HS–LS3 相关的连接）

HS-LS4 生物演化：统一性与多样性

预期表现

学生可以通过以下表现来展示理解：

HS-LS4-1. 交流关于共同祖先与生物演化得到不同方面实证支持的科学信息。[说明：重点在于概念性地理解各方面证据对于共同祖先与生物演化的意义。证据的例子可以包括DNA序列的相似性、解剖结构以及胚胎发育中结构出现的顺序。]

HS-LS4-2. 基于证据建构解释，说明演化过程基本上来源于四项因素：①一个物种数量增加的潜力；②突变和有性繁殖引起的一个物种中的个体的可遗传变异；③对有限资源的竞争；④在环境中更有能力生存和繁殖的那些生物体的增殖。[说明：重点在于从竞争有限资源的能力以及随之而来的个体生存和物种适应性的角度，用证据解释这四个因素中的每一个对生物体数量、行为、形态或生理的影响。证据的例子包括简单的分布图形和比例推理等数学模型。][评价边界：评价不包括演化的其他机制，诸如遗传漂变、生物迁徙引起的基因流动和协同演化。]

HS-LS4-3. 应用统计学与概率论的概念作为支持，来解释具有有利的遗传性状的生物体相对于不具有这一性状的生物体有数量成比例增加的趋势。[说明：重点在于分析性状分布的改变，以及用这些改变作为证据来支持解释。][评价边界：评价仅限于基本的统计学与图形分析。评价不包括等位基因频率计算。]

HS-LS4-4. 基于证据解释自然选择是怎样引起种群的适应的。[说明：重点在于用数据提供证据，说明生态系统中的生物与非生物变化（诸如温度的季节变化、长期的气候变化、酸度、光照、地理屏障或其他生物体的演化）是怎样久而久之使基因频率发生改变，从而引起种群的适应的。]

HS-LS4-5. 评估支持以下观点的证据：环境条件的改变可能会引起：①一些物种的个体数量增加；②新物种逐渐出现；③其他物种的灭绝。[说明：重点在于找出因果关系，说明采伐森林、捕鱼、施肥、干旱、洪水等使环境发生变化的过程以及环境变化的速率是怎样使物种性状的分布发生变化或使物种的性状消失的。]

HS-LS4-6. 创造或修改一个模型，检验一减小人类活动对生物多样性的负面影响的解决方案。*[说明：重点在于检验与受到威胁的或濒危物种有关的，或与多个物种的基因变异有关的问题的解决方案。]

*这项预期表现通过实践或学科核心概念将传统科学内容整合到工程中。

科学与工程实践	学科核心概念	跨学科概念
分析和解读数据 9-12年级分析数据建立在K-8年级的经验和基础上，发展到引入更细致的统计分析，比较数据集以寻找一致性以及用模型生成和分析数据。	**LS4.A：共同祖先和多样性的证据** • 遗传信息为演化提供了证据。不同物种的DNA序列有差异，但也有许多重叠；事实上，遗传谱系的持续分支可以通过对比不同生物体的DNA序列来推断。这样的信息也可以从氨基酸序列的异同以及解剖学和胚胎学证据中获得。（HS-LS4-1）	**模式** • 在研究系统的各个尺度上可能会观察到不同的模式，这些模式可以为解释现象提供因果关系的证据。 （HS-LS4-1）（HS-LS4-3）

（可参考第162页上与HS-LS4相关的连接）

HS-LS4 生物演化：统一性与多样性（续）

科学与工程实践	学科核心概念	跨学科概念
• 将统计学和概率论的概念（包括确定数据的方程关系以及当方程关系为线性时的斜率、截距和相关性系数）应用于科学与工程问题，在可行时使用数字工具。（HS-LS4-3） **使用数学和计算思维** 　　9-12 年级的数学和计算思维建立在 K-8 年级的经验和基础上，发展到使用代数思维与分析，包括三角函数、指数函数与对数函数在内的一系列线性和非线性函数以及用于统计分析的计算工具，去分析、表示和模拟数据。基于基本假设的数学模型，开发和使用简单的模拟计算。 • 创造一个关于一种现象、设备、过程或系统的模拟。（HS-PS4-6） **建构解释和设计解决方案** 　　9-12 年级建构解释和设计解决方案建立在 K-8 年级的经验和基础上，发展到用多种来源且相互独立的、学生开发的、与科学概念、原理和理论相一致的证据来支持解释和设计。 • 基于从各种来源（包括学生自己的研究、模型、理论和同行评议）获得的有效和可靠的证据，以及描述自然界的理论与定律在现在、未来都与过去一样有效的假设，建构一个解释。（HS-LS4-2）（HS-LS4-4） **参与基于证据的论证** 　　9-12 年级参与基于证据的论证建立在 K-8 年级的经验和基础上，发展到使用适当与充分的证据和科学推理，辩护和评论关于自然界与人工世界的观点与解释。论证也可以来自当前或历史科学事件。	**LS4.B：自然选择** • 自然选择只有在下列两个因素都存在时才会发生：①一个种群中的生物体之间有遗传信息的差异；②变异的遗传信息带来的表达差异——性状变异——引起了个体之间的表现有所不同。（HS-LS4-2）（HS-LS4-3） • 对生存具有积极影响的性状更有可能被繁殖，因此在种群中更加普遍。（HS-LS4-3） **LS4.C：适应** • 演化是下面四个因素的相互作用的结果：①一个物种个体数量增加的潜力；②突变和有性繁殖引起的一个物种的个体的遗传变异；③个体对它们的生存与繁殖所需的一个环境中有限的资源的竞争；④在这个环境中更能生存与繁殖的那些生物体的增殖。（HS-LS4-2） • 自然选择引起了适应——那些在解剖结构上、行为上和生理上都非常适合于在某一特定环境中生存和繁殖的生物体在种群中占据主导地位。也就是说，如果一个种群中存在一种有利的遗传性状，那么这个种群中的生物体的差异化的生存和繁殖将增加具有这一性状的个体在未来的世代中所占的比例，而降低不具有这一性状的个体的比例。（HS-LS4-3）（HS-LS4-4） • 适应也意味着当环境改变时一个种群中的性状的分布可能会改变。（HS-LS4-3） • 物理环境的改变，无论是自然发生的还是人类引起的，都会推动一些物种的扩张，新的和独特的物种随着种群在不同环境中分化而出现以及一些物种的衰退——甚至有时是灭绝。（HS-LS4-5）（HS-LS4-6） • 物种如果不能在改变后的环境中生存和繁衍，就会灭绝。如果物种成员不能适应太快或太剧烈的变化，物种就将失去演化的机会。（HS-LS4-5）	**原因与结果** • 区分因果关系与相关性，以及做出关于具体因果关系的论断时，需要经验证据。（HS-LS4-2）（HS-LS4-4）（HS-LS4-5）（HS-LS4-6） **与科学的本质的联系** **科学知识假设在自然系统中具有秩序性和一致性** • 科学知识基于这样一种假设：自然定律在当前与在过去一样有效，并且在未来也将持续有效。（HS-LS4-1）（HS-LS4-4）

（可参考第 162 页上与 HS-LS4 相关的连接）

新一代科学教育标准——学科核心概念序列　115

HS–LS4 生物演化：统一性与多样性（续）

科学与工程实践	学科核心概念	跨学科概念
⌄ • 评价当前被接受的解释或解决方案背后的证据，确定论证的优点。（HS-LS4-5） **获取、评价和交流信息** 　9–12年级获取、评价和交流信息建立在K–8年级的经验和基础上，发展到评价观点、方法与设计的有效性和可靠性。 • 以多种形式（包括口头的、图像的、文本的和数学的）交流科学信息（比如，关于现象和/或关于一个拟定的过程或系统的开发、设计与绩效）。（HS-LS4-1） ………… **与科学的本质的联系** **解释自然现象的科学模型、定律、机制和理论** • 一个科学理论是对自然界的一些方面的已经被证实的解释，基于一系列事实，而这些事实已经经过了观察和实验的反复检验，并且科学界在接受每个理论之前都会确认它的有效性。如果人们发现了新的证据，而一个理论与之不符，那么这个理论一般会根据这个新证据得到修正。（HS-LS4-1）	⌄ **LS4.D：生物多样性与人类** • 人类依赖于生物世界，从中获取资源和由生物多样性提供的其他福利。但是人类活动也从人口过剩、过度开采、栖息地破坏、环境污染、外来物种入侵和气候变化等方面对生物多样性造成了消极影响。因此，保持生物多样性，以维护生态系统的功能和生产力，对于支持和巩固地球上的生命是必需的。保持生物多样性也通过保护具有休闲和灵感价值的景观造福着人类。（HS-LS4-6）（*注意：HS-LS2-7也涉及这一学科概念*） **ETS1.B：形成可能的方案** • 在评估解决方案时，考虑一系列约束条件（包括成本、安全性、可靠性和美学）和思考其对社会、文化与环境的影响是重要的。（*HS-LS4-6的衍生概念*） • 实物模型和计算机可以通过多种方式辅助工程设计过程。计算机用途广泛，诸如运行模型以测试不同的问题解决方案或检验哪种方案最有效率或经济，以及制作向客户说明一个给定的设计将如何满足其需求的有说服力的演示文档。（*HS-LS4-6的衍生概念*）	

（可参考第162页上与HS–LS4相关的连接）

高中地球与空间科学

在高中阶段，学生继续发展对地球与空间科学三个学科核心概念的理解。高中地球与空间科学预期表现建立在初中概念与技能的基础上，使高中学生能够更深入地解释地球与空间科学的重要现象——这些现象在生命科学与物质科学中也是同样重要的。这些预期表现将核心概念和科学与工程实践、跨学科概念糅合起来，支持学生发展有用的知识去解释跨科学学科的概念。虽然高中地球与空间科学预期表现将特定实践与具体学科核心概念关联起来，但教学决策应当包括实现预期表现的众多实践。

ESS1：地球在宇宙中的位置的预期表现帮助学生解答这一问题：宇宙是什么，地球在其中处于什么位置？《框架》中的学科核心概念ESS1分解为三个子概念：宇宙和它的恒星、地球和太阳系以及行星地球的历史。学生研究控制太阳系和宇宙形成、演化和运行的过程。他们学习的一些概念是基础的科学概念，比如我们周围的物质是如何在大爆炸和恒星的内核中形成的。其他概念是实用的，比如太阳的短期变化是怎样直接影响人类的。工程和技术在这里扮演着重要的角色，它们使我们得以获取和分析支持关于太阳系和宇宙形成的理论的数据。以下跨学科概念被称为这些学科核心概念的组织概念：模式；尺度、比例与数量；能量与物质；稳定与变化。在 ESS1 预期表现中，学生有望在以下方面展示能力素质，包括：开发和使用模型；运用数学和计算思维；建构解释和设计解决方案；参与辩论以及获取、评价和交流信息。期望学生通过实践展现其对核心概念的理解。

ESS2：地球的系统的预期表现帮助学生解答这一问题：地球怎样以及为什么处于不断的变化中？《框架》中的学科核心概念 ESS2 分解为五个子概念：地球物质和系统、板块构造论和大尺度系统相互作用、水在地球表面过程中的作用、天气和气候以及生物地质学。在本书中，生物地质学归纳在生命科学标准中。学生开发模型，来解释不同地球系统之间的反馈机制控制地球表面现象的途径。这些问题的核心之一是对地球表面陆地的形成发挥了很大作用的地球内部系统与通过风化和腐蚀毁坏陆地的太阳驱动的表面系统之间的冲突状态。学生开始研究人类活动引发反馈从而改变其他系统的途径。学生理解控制天气和气候的系统相互作用，着重强调气候变化的机制与影响。学生模拟天气系统的不同组成部分之间的能量流动，以及这是如何影响碳循环等化学循环的。以下跨学科概念被称为这些学科核心概念的组织概念：原因与结果；能量与物质；结构与功能；稳定与变化。在 ESS2 预期表现中，学生预期在以下方面展示能力素质，包括：开发和使用模型；计划和开展研究；分析和解读数据以及参与辩论。期望学生通过实践展现其对核心概念的理解。

ESS3：地球与人类活动的预期表现帮助学生解答这一问题：地球表面过程和人类活动是怎样相互影响的？《框架》中的学科核心概念 ESS3 分解为四个子概念：自然资源、自然灾害、人类对地球系统的影响以及全球气候变化。学生通过自然灾害的影响、人类对自然资源的依赖、人类活动对环境的重大影响等理解人类与其他地球系统之间复杂而重要的相互依存关系。工程与技术在这里扮演着重要角色：学生要使用数学思维以及对地球科学数据的分析来研究人类在地球上长期生存所要面临的许多挑战，并建立解决方案。以下跨学科概念被称为这些学科核心概念的组织概念：原因与结果；系统与系统模型；稳定与变化。在 ESS3 预期表现中，学生预期在以下方面展示能力素质，包括：分析和解读数据；数学和计算思维；建构解释以及设计解决方案、参与辩论。期望学生通过实践展现其对核心概念的理解。

HS-ESS1 地球在宇宙中的位置

预期表现

学生可以通过以下表现来展示理解：

HS-ESS1-1. 基于证据开发一个模型，描述太阳的生命周期以及太阳内核中的核聚变在释放最终以辐射形式到达地球的能量中所起的作用。[说明：重点在于使太阳内核中的核聚变释放的能量到达地球的能量传递机制。模型证据的例子包括观察其他恒星的质量和生命周期以及突然的太阳耀斑（"太空气象"）、11年太阳黑子周期和非周期性的长期变化使太阳辐射发生的改变。][评价边界：评价不包括太阳核聚变涉及的原子与原子内部过程的细节。]

HS-ESS1-2. 基于天文观测得到的关于光谱、遥远星系的移动和宇宙中物质的组成的证据解释大爆炸理论。[说明：重点在于来自遥远星系的光的红移作为宇宙膨胀的证据，作为大爆炸的残留辐射的宇宙微波背景以及宇宙中的一般物质组成——在恒星和星际气体（通过恒星电磁辐射光谱）找到的主要物质与大爆炸理论的预测（3/4氢和1/4氦）相符。]

HS-ESS1-3. 交流关于恒星在它们的生命周期中产生元素的途径的科学概念。[说明：重点在于核聚变的方式以及继而产生的不同元素随着恒星的质量和恒星所处的生命阶段而改变。][评价边界：评价不包括不同质量的恒星的许多不同的核聚变途径的细节。]

HS-ESS1-4. 用数学或计算模型预测太阳系中公转的天体的运动。[说明：重点在于决定人造卫星、行星、卫星公转运动的牛顿引力定律。][评价边界：用数学模型表现天体之间的引力和用开普勒定律描述公转运动不应涉及两个以上的天体或微积分。]

HS-ESS1-5. 评估关于过去和现在大陆和海洋地壳移动的证据和板块构造论，解释地壳岩石的年代。[说明：重点在于能用板块构造论解释地壳岩石的年代。例子包括海洋地壳年代随着与洋中脊距离的增长而增长（板块扩张的结果）以及北美大陆地壳的年代随着与古代地核距离的增长而增长（过去的板块相互作用的结果）。]

HS-ESS1-6. 应用科学推理和从古代地球物质、陨石及其他行星表面获得的证据，解释地球的形成和早期历史。[说明：重点在于用太阳系中可获得的证据重建地球的早期历史，这要追溯到地球在46亿年前与太阳系中的其他天体一起形成之时。证据包括古代物质的绝对年代（用放射定年法测试陨石、月球岩石和地球上最古老的矿物而获得）、太阳系天体的大小和组成以及行星表面的撞击坑。]

* 这项预期表现通过实践或学科核心概念将传统科学内容整合到工程中。

科学与工程实践	学科核心概念	跨学科概念
开发和使用模型 9-12年级的建模建立在K-8年级的经验和基础上，发展到使用、综合与开发模型，以预测和展现自然界与人工世界中的系统与系统之间、系统组成部分之间的变量关系。	**ESS1.A：宇宙和它的恒星** ●太阳这颗恒星始终在变化，并将在大约100亿年的时间里逐渐燃尽。（HS-ESS1-1）	**模式** ●识别模式需要实证。（HS-ESS1-5） **尺度、比例与数量** ●一个现象的重要性取决于它发生的尺度、比例与数量。（HS-ESS1-1）

（可参考第163页上与HS-ESS1相关的连接）

HS-ESS1 地球在宇宙中的位置（续）

科学与工程实践	学科核心概念	跨学科概念
• 基于证据开发一个模型，说明系统之间或一个系统组成部分之间的关联。（HS-ESS1-1） **使用数学和计算思维** 　　9-12年级的数学和计算思维建立在K-8年级的经验和基础上，发展到使用代数思维与分析，包括三角函数、指数函数与对数函数在内的一系列线性和非线性函数，以及用于统计分析的计算工具，去分析、表示和模拟数据。基于基本假设的数学模型，开发和使用简单的模拟计算。 • 用现象的数学或计算表示方式来描述解释。（HS-ESS1-4） **建构解释和设计解决方案** 　　9-12年级建构解释和设计解决方案建立在K-8年级的经验和基础上，发展到用多种来源且相互独立的、学生开发的、与科学概念、原理和理论相一致的证据来支持解释和设计。 • 基于从各种来源（包括学生自己的研究、理论、模型和同行评议）获得的有效和可靠的证据，以及描述自然界的理论与定律在现在、未来都与过去一样有效的假设，建构一个解释。（HS-ESS1-2） • 应用科学推理，将证据和观点联系起来，评价推理和数据在多大程度上支持解释或结论。（HS-ESS1-6） **参与基于证据的论证** 　　9-12年级参与基于证据的论证建立在K-8年级的经验和基础上，发展到使用适当与充分的证据和科学推理，辩护和评论关于自然界与人工世界的观点与解释。论证也可以来自当前或历史科学事件。 • 评价当前被接受的解释或方案背后的证据，确定论证的优点。（HS-ESS1-5）	• 对恒星的光谱和亮度的研究可用于识别恒星的元素组成、它们的移动和它们与地球的距离。（HS-ESS1-2）（HS-ESS1-3） • 我们观察到的离我们越来越远的遥远星系、恒星与非星气体的组成以及仍然散布在宇宙中的远古辐射（宇宙微波背景辐射）支持着大爆炸理论。（HS-ESS1-2） • 除了大爆炸时形成的氢和氦，恒星内部的核聚变生产了所有质量轻于或等于铁的原子核（包括铁），这样的过程还释放电磁能。一些大质量恒星到达超新星阶段和发生爆炸时，生成更重的元素。（HS-ESS1-2）（HS-ESS1-3） **ESS1.B：地球和太阳系** • 开普勒定律描述天体公转运动的共同特征，包括他们围绕太阳的椭圆轨道。天体的公转轨道可能会由于来自太阳系中其他天体的引力作用或与太阳系中其他天体的撞击而改变。（HS-ESS1-4） **ESS1.C：行星地球的历史** • 大陆岩石——最初形成时间可能在40亿年前——通常比海底岩石——距今2亿年以内——更古老。（HS-ESS1-5） • 虽然活跃的地质过程——诸如板块运动和侵蚀——已经破坏或改变了地球上大多数非常久远的岩石记录，但太阳系中的其他物体——诸如月岩、小行星和陨石——在亿万年间并没有什么变化。研究这些物体可以提供关于地球的形成与早期历史的信息。（HS-ESS1-6）	• 代数思维被用于研究科学数据和预测一个参数的变化对另一个参数的影响（如线性增长与指数增长）。（HS-ESS1-4） **能量与物质** • 能量不会被创造或毁灭——它只会在不同位置、对象、场或系统间移动。（HS-ESS1-2） • 在原子核过程中，原子不是守恒的，但质子与中子的总数是守恒的。（HS-ESS1-3） **稳定与变化** • 科学在很多时候是为了解释事物是如何改变和如何保持不变的。（HS-ESS1-6） ---------- **与工程、技术以及科学的应用的关联** **科学、工程和技术的相互依存** • 科学与工程在被称作研发的循环中相互补充。许多研发项目需要科学家、工程师和其他许多方面的专业人员共同完成。（HS-ESS1-2）（HS-ESS1-4） ---------- **与科学的本质的联系** **科学知识假设在自然系统中具有秩序性与一致性** • 科学知识基于这样一种假设：自然定律在当前与在过去一样有效，并且在未来也将持续有效。（HS-ESS1-2） • 科学假定宇宙是一个巨大的独立系统，基本定律在其中是一致的。（HS-ESS1-2）

（可参考第163页上与HS-ESS1相关的连接）

HS-ESS1 地球在宇宙中的位置（续）

科学与工程实践	学科核心概念	跨学科概念
获取、评价和交流信息 9-12年级获取、评价和交流信息，建立在K-8年级的经验和基础上，发展到评价观点、方法与设计的有效性和可靠性。 • 以多种形式（包括口头的、图像的、文本的和数学的）交流科学概念（比如，关于现象和/或关于一个拟定的过程或系统的开发、设计与绩效）。（HS-ESS1-3） ……… 与科学的本质的联系 **解释自然现象的科学模型、定律、机制和理论** • 一个科学理论是对自然界的一些方面的已经被证实的解释，基于一系列事实，而这些事实已经经过了观察和实验的反复检验，并且科学界在接受每个理论之前都会确认它的有效性。如果人们发现了新的证据，而一个理论与之不符，那么这个理论一般会根据这个新证据得到修正。（HS-ESS1-2）（HS-ESS1-6） • 模型、机制和解释共同作为开发科学理论的工具。（HS-ESS1-6）	**ESS2.B：板块构造论和大尺度系统相互作用** • 板块构造论是一种综合的理论，它解释了地球表面的岩石的过去和当前的移动，为理解地质历史提供了一个框架。（*ESS2.B 8年级年级段终点*）（*HS-ESS1-5的衍生概念*） **PS1.C：原子核过程** • 自发的放射性衰变遵循特征性的指数衰减法则。原子核的寿命允许人们使用放射定年法确定岩石和其他物质的年代。（*HS-ESS1-5的衍生概念*）（*HS-ESS1-6的衍生概念*） **PS3.D：化学过程和日常生活中的能量** • 太阳中心的核聚变过程释放的能量最终以辐射的形式到达地球。（*HS-ESS1-1的衍生概念*） **PS4.B：电磁辐射** • 各种元素的原子释放和吸收特征频率的光。这些特征帮助人们识别一种元素的存在，即使是非常微小的量。（*HS-ESS1-2的衍生概念*）	

（可参考第163页上与HS-ESS1相关的连接）

HS-ESS2 地球的系统

预期表现

学生可以通过以下表现来展示理解：

HS-ESS2-1. 开发一个模型，描述地球内部和表面的过程是怎样在不同空间与时间尺度上运作从而形成大陆和海底特征的。［说明：重点在于陆地地貌（山、谷和高原等）和海底地貌（海沟、海脊和海底山等）是怎样在建设力（火山活动、构造隆升和造山运动等）和破坏力（风化、物质坡移和海岸侵蚀等）的共同作用下形成的。］［评价边界：评价不包括对具体地质特征形成细节的记忆。］

HS-ESS2-2. 分析地球科学数据，作出论断：对地球表面的一种改变可能产生反馈从而使其他地球系统发生变化。［说明：案例应当包括气候反馈，例如温室气体的增加引起全球气温的升高、冰川随之融化、减弱地表反射的阳光从而增加地表温度、进一步减少冰量的机制。案例还可以来自其他系统的相互作用，例如地表植被的损失是怎样增加水土流失的；再如河流筑坝是怎样增加地下水补给、减少泥沙运移和增加海岸侵蚀的；再如湿地损失是怎样引起局部湿度减少从而进一步减少湿地范围的。］

HS-ESS2-3. 基于地球内部的证据开发一个模型，描述热对流引起的物质循环。［说明：既要建立地球一维模型，在径向上按密度分层，也要建立三维模型，表现地幔对流和由此引起的板块运动。证据的例子包括从地震波获得的地球三维结构地图，地球磁场变化速率记录（例如对外层地核中的对流的限制性影响），以及高压实验识别的地球不同地质圈层的组成。］

HS-ESS2-4. 使用一个模型，描述流入和流出地球系统的能量的变化怎样引起气候变化。［说明：气候变化的原因的例子随时间尺度而异。十年以内：大型火山喷发、海洋环流；几十年到几百年：人类活动的变化、海洋环流、太阳辐射输出；几万年到几十万年：地球公转轨道和地轴指向的变化；几千万年到几亿年：大气组成的长期变化。］［评价边界：对气候变化的结果的评价仅限于地表温度、降水模式、冰川体积、海平面高度和生物圈分布的改变。］

HS-ESS2-5. 针对水的性质以及水对地球物质和地球表面过程的影响，计划和开展研究。［说明：强调对水与各种固态物质的机制与化学研究，旨在为水循环与被称作岩石循环的系统相互作用间的联系提供证据。机制研究的例子包括用流动情况图表研究水流运输和沉积，用土壤含水量的变化研究侵蚀以及用水结冰时的扩张研究冰楔作用。化学研究的例子包括化学风化和再结晶（通过检验不同物质的溶解度）或熔化物的形成（通过研究水是怎样降低大多数固体的熔化温度的）。］

HS-ESS2-6. 开发一个定量模型，描述水圈、大气圈、地圈和生物圈之间的碳循环。［说明：重点在于模拟生物地球化学循环，包括在海洋、大气、土壤和生物圈（包括人类）中循环的作为生物体生存基础的碳。］

HS-ESS2-7. 基于证据构建一个论证，说明地球的系统和地球上的生物体是共同演化的。［说明：重点在于生物圈和地球其他系统之间的动态作用的原因、结果和反馈，地球科学因素控制着生命的演化，生命的演化转而又连续改变着地球的表面。案例包括具有光合作用的生命是怎样通过生产氧气改变大气，而这一效果又是怎样转而加快风化速率和影响动物的演化的；陆地上的微生物是怎样促进土壤的形成，而这又是怎样转而影响陆地植物的演化的；珊瑚的演化是怎样形成珊瑚礁，从而改变海岸侵蚀与沉积的模式，为新物种的演化提供栖息地的。］［评价边界：评价不包括全面理解生物圈与地球其他系统相互作用的机制。］

（可参考第 164 页上与 HS-ESS2 相关的连接）

HS-ESS2 地球的系统（续）

科学与工程实践	学科核心概念	跨学科概念
开发和使用模型 　　9-12 年级的建模建立在 K-8 年级的经验和基础上，发展到使用、综合与开发模型，以预测和展现自然界与人工世界中的系统与系统之间、系统组成部分之间的变量关系。 ● 基于证据开发一个模型，说明系统之间或一个系统的组成部分之间的关联。（HS-ESS2-1）（HS-ESS2-3）（HS-ESS2-6） ● 用模型解释现象的机制。（HS-ESS2-4） **计划和开展研究** 　　9-12 年级计划和开展研究建立在 K-8 年级的经验和基础上，发展到为概念模型、数学模型、实物模型和经验模型提供证据或检验的研究。 ● 单独和与人合作计划和开展一项研究，生成可以作为证据的基础数据，并且在设计中确定得到可靠测量所需数据的类型、数量和准确度，思考数据精确度的局限因素（如测试次数、成本、风险和时间），并据此改进设计。（HS-ESS2-5） **分析和解读数据** 　　9-12 年级分析数据建立在 K-8 年级的经验和基础上，发展到引入更细致的统计分析，比较数据集以发现一致性，以及用模型生成和分析数据。 ● 用工具、技术和 / 或模型（例如计算模型、数学模型）分析数据，从而得出有效和可靠的科学观点或一个优化的设计方案。（HS-ESS2-2）	**ESS1.B：地球和太阳系** ● 发生在几十万年间的地球公转轨道形状的周期性变化，以及地球自转轴方向的变化，已经改变了落在地球上的阳光的强度和分布。这些现象引起了冰期周期和其他缓慢的气候变化的出现。（HS-ESS2-4 的衍生概念） **ESS2.A：地球物质和系统** ● 动态和相互作用的地球各系统产生能增加或减缓原发变化的反馈效应。（HS-ESS2-1）（HS-ESS2-2） ● 来自深层探测器和地震波的证据，对地球表面及其磁场的历史变化的重建以及对物理与化学过程的理解让人们建立了一个地球模型：一个炽热的固态内核、一个液态外核以及固态的地幔和地壳。地幔及其中板块的运动主要是通过热对流发生的，包括由于从地球内部向外的能量流动以及密度较大的物质受引力作用向地球内部移动而引起的物质循环。（HS-ESS2-3） ● 地质记录表明：全球和局地气候变化是由太阳能量输出或地球轨道的变化、板块构造事件、海洋环流、火山运动、冰川、植被和人类活动之间的相互作用引起的。这些变化的时间尺度相差很大，从突然发生（如火山灰云）到中期尺度（冰期）再到非常长的周期（构造变化）。（HS-ESS2-4） **ESS2.B：板块构造论和大尺度系统相互作用** ● 不稳定同位素的放射性衰变持续在地壳和地幔中产生新能量，提供了驱动地幔对流的主要热源。板块构造论可以被看作地幔对流在地表的表现。（HS-ESS2-3）	**原因与结果** ● 区分因果关系与相关性以及做出关于具体因果关系的论断时，需要经验证据。（HS-ESS2-4） **能量与物质** ● 封闭系统中的能量与物质的总量是守恒的。（HS-ESS2-6） ● 能量驱动着系统内部与系统之间的物质循环。（HS-ESS2-3） **结构与功能** ● 自然与人工物体与系统的功能与性质可以从它们的总体结构、组成部分的构造和使用方式以及它们的各种材料的分子亚结构来推断。（HS-ESS2-5） **稳定与变化** ● 科学在很多时候是为了解释事物是如何改变和如何保持不变的。（HS-ESS2-7） ● 变化和变化速率可以被量化和模拟，时间跨度从非常短到非常长。一些系统的变化是不可逆的。（HS-ESS2-1） ● 反馈（正反馈或负反馈）可以使一个系统稳定或破坏一个系统的稳定。（HS-ESS2-2） ············ **与工程、技术以及科学的应用的关联** **科学、工程和技术的相互依存** ● 科学与工程在被称作研发的循环中相互补充。许多研发项目需要科学家、工程师和其他许多方面的专业人员共同完成。（HS-ESS2-3）

（可参考第 164 页上与 HS-ESS2 相关的连接）

HS-ESS2 地球的系统（续）

科学与工程实践	学科核心概念	跨学科概念
参与基于证据的论证 9-12 年级参与基于证据的论证建立在 K-8 年级的经验和基础上，发展到使用适当与充分的证据和科学推理，辩护和评论关于自然界与人工世界的观点与解释。论证也可以来自当前或历史的科学事件。 ● 基于数据和证据，建构口头与书面论证或反驳一个论证。（HS-ESS2-7） ………… **与科学的本质的联系** **实证是科学知识的基础** ● 实证是科学知识的基础。（HS-ESS2-3） ● 不同学科有共同的用证据评价关于自然系统的解释的规则。（HS-ESS2-3） ● 科学包括将证据模式与当前理论相协调的过程。（HS-ESS2-3） ● 支持同一个解释的多方面证据强化科学论证。（HS-ESS2-4）	● 板块构造论是一种综合的理论，它解释了地球表面的岩石的过去和当前的移动，为理解地质历史提供了一个框架。（ESS2.B 8 年级年级段终点）（HS-ESS2-1） ● 板块移动造就了大多数大陆与海底地貌，也影响了大多数岩石与矿物在地壳中的分布。（ESS2.B 8 年级年级段终点）（HS-ESS2-1） **ESS2.C：水在地球表面过程中的作用** ● 地球表面液态水的丰富储量和它独特的物理与化学性质的组合对于地球的动态起中心作用。这些性质包括不同寻常的吸收、存储和释放大量能量、传递光、结冰时体积增大、溶解和传输物质以及降低岩石的黏性和熔点的能力。（HS-ESS2-5） **ESS2.D：天气和气候** ● 地球的全球气候系统的基础是来自太阳的电磁辐射，以及它的反射、吸收和储存，在大气、海洋和陆地系统中的再分配，以及向太空的重新辐射。（HS-ESS2-4） ● 大气的逐渐变化归因于植物与其他生物体对二氧化碳的捕捉和对氧气的释放。（HS-ESS2-6）（HS-ESS2-7） ● 人类活动引起的大气变化已经增加了二氧化碳的浓度，并因此影响着气候。（HS-ESS2-6）（HS-ESS2-4） **ESS2.E：生物地质学** ● 生物圈与地球其他系统之间的许多动态和精妙的反馈引起了地球表面和存在于地球上的生命的持续的协同进化。（HS-ESS2-7） **PS4.A：波的性质** ● 地质学家用地震波和它们在不同地层界面处的反射探查地球内部的结构。（*HS-ESS2-3 的衍生概念*）	**工程、技术和科学对社会与自然界的影响** ● 新技术可能对社会和环境产生深刻的影响，包括没有预料到的影响。成本和效益分析是对技术作出决策的关键方面。（HS-ESS2-2）

（可参考第 164 页上与 HS-ESS2 相关的连接）

HS-ESS3 地球与人类活动

预期表现

学生可以通过以下表现来展示理解：

HS-ESS3-1. 基于证据建构解释，说明自然资源的可用性、自然灾害的发生和气候的变化已经影响了人类活动。［说明：关键自然资源的例子包括可获得的淡水（如河、湖和地下水）、具有肥沃的土壤的地区（如三角洲）以及矿物和化石燃料集中度高的地区。自然灾害的例子可以来自地球内部过程（如火山喷发和地震）、表面过程（如海啸、物质坡移和土壤侵蚀）和极端天气（如飓风、洪水和干旱）。能影响种群或驱动大规模迁移的气候变化的效果的例子包括海平面的改变、局部气温与降水模式以及可以种植的农作物和饲养的家畜的种类。］

HS-ESS3-2. 基于成本效益比，评价开发、管理和利用能源与矿产资源的不同设计方案。*［说明：重点在于尽可能地节约、回收和再利用资源（如矿物和金属）；当不能节约、回收和再利用资源时，将影响最小化。例子包括为农业用土、采矿（煤、沥青砂、油页岩）、抽取石油和天然气等开发最好的实践方案。科学知识指出自然系统可能发生什么——而不是应该发生什么。］

HS-ESS3-3. 开发一个计算模型，描述对自然资源的管理、人类的可持续性和生物多样性之间的关系。［说明：影响自然资源管理的因素的例子包括资源开采的成本和废弃物管理，人均消费以及新技术的开发。影响人类可持续性的因素的例子包括农业效率、资源保护水平和城市规划。］［评价边界：对计算模拟的评价仅限于使用已经提供的多参数程序或建立简化的电子表格运算。］

HS-ESS3-4. 评估或改进一个减小人类活动对自然系统的影响的技术方案。*［说明：关于人类活动的影响的数据可以包括释放的污染物的量与类型、生物量与物种多样性的变化或地表土地使用的面积变化（例如城市开发、农业和畜牧业或露天采矿）。减小未来影响的例子可以小到局部地区的措施（如减少资源的使用，资源的再利用和再循环），大到大尺度的地质工程设计方案（例如通过对大气或海洋的大规模改变影响全球气温）。］

HS-ESS3-5. 分析地球科学数据和从全球气候模型获得的结果，对于当前的全球或局部地区气候变化速率以及这些变化在未来对地球系统的影响，作出基于证据的预测。［说明：数据和气候模型输出的证据关于气候变化（如降水与气温）和与之相关的影响（如海平面、冰川体积、大气与海洋组成）。］［评价边界：评价仅限于一种气候变化的例子和与之相关的影响。］

HS-ESS3-6. 用计算模型描述地球各系统间的关系以及这些关系是怎样由于人类活动而改变的。［说明：可以考虑的地球系统包括水圈、大气圈、冰冻圈、岩石圈和/或生物圈。人类活动的深远影响的例子如：大气中二氧化碳的增加是怎样引起陆地上光合作用的生物量和海洋酸化度的增加的，又是怎样进一步影响海洋生物体健康和海洋种群的。］［评价边界：评价不包括运行计算模型，仅限于使用公开发布的科学计算模型的结果。］

*这项预期表现通过实践或学科核心概念将传统科学内容整合到工程中。

（可参考第165页上与HS-ESS3相关的连接）

HS-ESS3 地球与人类活动（续）

科学与工程实践	学科核心概念	跨学科概念
分析和解读数据 　　9-12年级分析数据建立在K-8年级的经验和基础上，发展到引入更细致的统计分析，比较数据集以发现一致性，以及用模型生成和分析数据。 ● 用计算模型分析数据，从而得出有效和可靠的科学观点。（HS-ESS3-5） **使用数学和计算思维** 　　9-12年级的数学和计算思维建立在K-8年级的经验和基础上，发展到使用代数思维与分析，包括三角函数、指数函数与对数函数在内的一系列线性和非线性函数，以及用于统计分析的计算工具，去分析、表示和模拟数据。基于基本假设的数学模型，开发和使用简单的模拟计算。 ● 创造一个关于一种现象、设备、过程或系统的计算模型。（HS-ESS3-3） ● 使用现象的计算模型或设计方案描述和/或支持观点和/或解释。（HS-ESS3-6） **建构解释和设计解决方案** 　　9-12年级建构解释和设计解决方案建立在K-8年级的经验和基础上，发展到用多种来源且相互独立的、学生开发的、与科学概念、原理和理论相一致的证据来支持解释和设计。 ● 基于从各种来源（包括学生自己的研究、理论、模型和同行评议）获得的有效和可靠的证据，以及描述自然界的理论与定律在现在、未来都与过去一样有效的假设，建构一个解释。（HS-ESS3-1） ● 基于科学知识、学生得到的证据、经过主次排序的标准和权衡的考虑，设计或改进一个真实世界复杂问题的解决方案。（HS-ESS3-4） ▽	**ESS2.D：天气和气候** ● 目前的模型预测：尽管未来区域性气候变化将会是复杂多变的，全球平均气温将会持续升高。全球气候模型预测的结果强烈依赖人类每年向大气排放的温室气体的量，以及海洋与生物圈吸收这些气体的方式。（*HS-ESS3-6的衍生概念*） **ESS3.A：自然资源** ● 自然资源的可用性已经引导了人类社会的发展。（HS-ESS3-1） ● 所有制造能量和开采其他资源的形式都有相关的经济、社会、环境和地理政治学成本与风险，同时也有相应的收益。新技术和社会调控会改变这些因素的平衡。（HS-ESS3-2） **ESS3.B：自然灾害** ● 自然灾害和其他地质事件已经塑造了人类历史过程；它们已经显著改变了人类种群的规模，驱动了人类的迁徙。（HS-ESS3-1） **ESS3.C：人类对地球系统的影响** ● 人类社会的可持续性和支持人类社会的生物多样性需要对自然资源负责任的管理。（HS-ESS3-3） ● 科学家与工程师能通过开发产生较少污染与废弃物和预防生态系统退化的技术来作出重要的贡献。（HS-ESS3-4） **ESS3.D：全球气候变化** ● 虽然人类影响的规模前所未有的大，但人类模拟、预测和管理当前与未来影响的能力也是如此。（HS-ESS3-5） ● 通过计算机模拟和其他研究，有关海洋、大气圈和生物圈如何相互作用和如何被人类活动影响的重大发现层出不穷。（HS-ESS3-6） ▽	**原因与结果** ● 区分因果关系与相关性，以及作出关于具体因果关系的论断时，需要经验证据。（HS-ESS3-1） **系统与系统模型** ● 在研究或描述一个系统时，系统的边界和初始条件需要被定义，输入和输出需要用模型来分析和描述。（HS-ESS3-6） **稳定与变化** ● 变化和变化速率可以被量化和模拟，时间跨度从非常短到非常长。一些系统的变化是不可逆的。（HS-ESS3-3）（HS-ESS3-5） ● 反馈（正反馈或负反馈）可以使一个系统稳定或破坏一个系统的稳定。（HS-ESS3-4） ············ **与工程、技术以及科学的应用的关联** **工程、技术和科学对社会与自然界的影响** ● 现代文明取决于重要的技术系统。（HS-ESS3-1）（HS-ESS3-3） ● 工程师持续地应用科学知识和工程设计实践改进技术系统，从而提高收益并降低成本与风险。（HS-ESS3-2）（HS-ESS3-4） ● 新技术可能对社会和环境产生深刻的影响，包括没有预料到的影响。（HS-ESS3-3） ● 成本和效益分析是对技术作出决策的关键方面。（HS-ESS3-2） ············ **与科学的本质的联系** **科学是人类智慧的结晶** ● 科学是人类努力、想象与创造的结果。（HS-ESS3-3） ▽

（可参考第165页上与HS-ESS3相关的连接）

HS-ESS3 地球与人类活动（续）

科学与工程实践	学科核心概念	跨学科概念
参与基于证据的论证 　　9-12 年级参与基于证据的论证建立在 K-8 年级的经验和基础上，发展到使用适当与充分的证据和科学推理，辩护和评论关于自然界与人工世界的观点与解释。论证也可以来自当前或历史的科学事件。 ● 基于科学概念与原理、经验证据和对相关因素（如经济的、社会的、环境的和伦理的）的逻辑论证，来评估针对一个真实世界问题的不同的解决方案。（HS-ESS3-2） .... 与科学的本质的联系 **科学研究使用多种方法** ● 科学研究使用不同的方法，而且并不总是使用相同的一套流程来获取数据。（HS-ESS3-5） ● 新技术推动科学知识的进步。（HS-ESS3-5） **实证是科学知识的基础** ● 实证是科学知识的基础。（HS-ESS3-5） ● 支持同一个解释的多方面证据可以强化科学论证。（HS-ESS3-5）	**ETS1.B：形成可能的方案** ● 在评估方案时，考虑一系列约束条件（包括成本、安全性、可靠性和美学）和思考其对社会、文化与环境的影响是重要的。（*HS-ESS3-2 的衍生概念*）（*HS-ESS3-4 的衍生概念*）	**科学解决有关自然界和物质世界的问题** ● 科学与技术可能会引发伦理问题，而科学本身并不提供这些问题的答案和解决方案。（HS-ESS3-2） ● 科学知识指出自然系统中会发生什么——而不是应该发生什么。后者涉及伦理学、价值观和人类对于如何使用知识的决策。（HS-ESS3-2） ● 许多决策并不只根据科学而作出，还依赖社会与文化背景来解决问题。（HS-ESS3-2）

（可参考第 165 页上与 HS-ESS3 相关的连接）

高中工程设计

在高中阶段，学生被预期能够参与解决综合了科学、技术、社会与环境的重要的全球问题，并能采取分析与战略性的思维方式，而这在已有训练与越来越高的成熟度下是可能的。正如在之前的水平上那样，这些能力可以被分解成三个阶段——定义问题、形成可能的方案和改进设计。

定义问题在高中阶段要求定性与定量分析。例如，当考虑世界人口的增长速度和一些正在遭遇饥荒国家的生活条件，为今后的人类提供食物与淡水的需求就显得尤为迫切。虽然高中生并不需要解决这些挑战，但他们被预期开始思考这些问题，将它们作为——至少部分是——可以通过工程来解决的问题。

形成可能的方案，解决重要的全球问题开始于将这些问题分解成可以通过工程方法解决的小问题。为了评估潜在的方案，学生们被预期不仅能思考广泛的标准，而且能意识到标准需要被排出优先顺序。举个例子，公共安全或环境保护也许比成本甚至功能更重要。对优先顺序的决策会引导在权衡时的选择。

改进设计在高中水平可以包括复杂的方法，比如用计算机模型模拟拟订的方案。学生被预期能够使用这些方法思考一系列标准与约束条件，尝试预测可能的社会与环境影响，以及将他们的模拟结果与真实世界进行比较以检验模型的有效性。

与其他科学学科的联系帮助高中学生在各种各样的情境中发展这些能力。例如，在生命科学中，学生设计、评价和改进一个减小人类对环境的影响的方案（HS-LS2-7）以及创造或改进一个模型，去检验弱化人类活动对生物多样性的负面影响的方案（HS-LS4-6）。在物质科学中，学生通过将工程能力与他们对化学反应条件（HS-PS1-6）、碰撞中的力（HS-PS2-3）和不同形式能量间的转化（HS-PS3-3）的认识结合起来使用，以解决问题。在地球与空间科学中，学生应用他们的工程能力去减小人类对地球系统的影响，提高社会与环境的成本-效益比（HS-ESS3-2、HS-ESS3-4）。

到12年级末，学生被预期实现与一个单独问题相关的四项HS-ETS1预期表现（HS-ETS1-1、HS-ETS1-2、HS-ETS1-3和HS-ETS1-4），从而理解工程设计的相互联系的流程。这包括分析重大全球挑战，量化解决方案的标准与约束条件，将复杂问题分解成较小的、更可操作的问题，基于经过优先度排序的标准与权衡评价备选方案以及用计算机模型模拟拟订方案的影响。尽管HS-ETS1中展示的预期表现将特定的实践与具体学科核心概念结合起来，教学决策时应当涵盖支持学生实现预期表现的众多实践。

HS-ETS1 工程设计

预期表现

学生可以通过以下表现来展示理解：

HS-ETS1-1. 分析一个重大全球挑战，指明针对满足社会需求与希望的方案的定性与定量的标准与约束条件。

HS-ETS1-2. 设计一个方案来解决一个真实世界的复杂问题，通过将该问题分解成较小的、更可操作、能通过工程解决的问题。

HS-ETS1-3. 评估一个真实世界复杂问题的解决方案，基于经过优先级排序的标准与利弊权衡，这些标准与利弊权衡中涉及广泛的约束条件，包括成本、安全性、可靠性与美学，以及可能的社会、文化与环境影响。

HS-ETS1-4. 使用一个计算机模型，模拟一个真实世界复杂问题的拟订方案的影响，此模型应包括考虑到与问题相关的系统内部与系统之间的相互作用的众多标准与约束条件。

科学与工程实践	学科核心概念	跨学科概念
提出问题和定义问题 9-12年级提出问题和定义问题建立在K-8年级的经验和基础上，发展到通过使用模型和模拟来建构、完善和评估可以经实践检验的问题和设计问题。 ● 通过具体说明成功方案的标准与约束条件，分析真实世界复杂问题。（HS-ETS1-1） **使用数学和计算思维** 9-12年级的数学和计算思维建立在K-8年级的经验和基础上，发展到使用代数思维与分析，包括三角函数、指数函数与对数函数在内的一系列线性和非线性函数，以及用于统计分析的计算工具，去分析、表示和模拟数据。基于基本假设的数学模型，开发和使用简单的模拟计算。 ● 使用数学模型和/或计算机模型，预测针对系统和/或系统间的相互作用的设计方案的效果。（HS-ETS1-4） ⌄	**ETS1.A：定义和界定工程问题** ● 标准与约束条件也包括满足社会的任何要求（比如考虑降低风险），并且应尽可能地量化，其陈述方式应让人能够判断一个给定的设计是否满足了它们。（HS-ETS1-1） ● 人类今天面临着重大全球挑战，诸如清洁水与食物的需求或使污染最小化的能源的需求，而这些挑战是可以通过工程来应对的。这些全球挑战也可能在局部地区有所体现。（HS-ETS1-1） **ETS1.B：形成可能的方案** ● 在评价方案时，考虑一系列约束条件（包括成本、安全性、可靠性和美学）和思考其对社会、文化与环境的影响是重要的。（HS-ETS1-3） ⌄	**系统与系统模型** ● 模型（例如实物模型、数学模型以及计算机模型）可以被用来模拟不同尺度上的系统和系统内部与系统之间的相互作用——包括能量、物质和信息流。（HS-ETS1-4） ············ 与工程、技术以及科学的应用的关联 **科学、工程和技术对社会和自然界的影响** ● 新技术可能对社会和环境产生深刻的影响，包括没有预料到的影响。成本和效益分析是对技术作出决策的关键因素。（HS-ETS1-1）（HS-ETS1-3）

（可参考第166页上与HS-ETS1相关的连接）

HS-ETS1 工程设计（续）

科学与工程实践	学科核心概念	跨学科概念
⌄ **建构解释和设计解决方案** 　　9-12 年级建构解释和设计解决方案建立在 K-8 年级的经验和基础上，发展到用多种来源且相互独立的、学生开发的、与科学概念、原理和理论相一致的证据来支持解释和设计。 ● 基于科学知识、学生得到的证据、经过主次排序的标准和利弊权衡的考虑，设计一个真实世界复杂问题的解决方案。（HS-ETS1-2） ● 基于科学知识、学生得到的证据、经过主次排序的标准和利弊权衡的考虑，评价一个真实世界复杂问题的解决方案。（HS-ETS1-3）	⌄ ● 实物模型和计算机可以通过多种方式辅助工程设计。计算机用途广泛，诸如运行模型以测试不同的问题解决方案或检验哪种方案最有效率或经济，并制作向客户说明一个给定的设计将如何满足其需求的有说服力的演示文档。（HS-ETS1-4） **ETS1.C：优化设计方案** ● 标准可能需要被分解成能够系统地达成的简单条目，关于若干标准的主次顺序的决定（权衡利弊）可能也是必需的。（HS-ETS1-2）	

（可参考第 166 页上与 HS-ETS1 相关的连接）

连接《新一代科学教育标准》学科核心概念序列

K-PS2 运动和稳定性：力和相互作用

与幼儿园其他学科核心概念的连接
K-PS2-2: K.ETS1.A，K.ETS1.B

跨年级段学科核心概念的衔接
K-PS2-1: 3.PS2.A，3.PS2.B，4.PS3.A
K-PS2-2: 2.ETS1.B，3.PS2.A，4.ETS1.A

与州共同核心标准的连接
（注：斜体字部分不一定是成功完成一个既定预期表现的先决条件，但可能与其连接。）

英语语言艺术/读写能力
K-PS2-1: W.K.7
K-PS2-2: *RI.K.1*，*SL.K.3*

关键点
RI.K.1: 在鼓励和支持下，提出和回答有关文章中核心细节的问题。
W.K.7: 参与共同研究和写作项目（例如，探索一些喜爱的作家的书，并提出自己的见解）。
SL.K.3: 提出问题和回答问题以寻求帮助、获取信息或弄清不理解的事物。

数学
K-PS2-1: *MP.2*，*K.MD.A.1*，K.MD.A.2

关键点
MP.2: 抽象和定量地推理。
K.MD.A.1: 描述物体的可测量属性，例如长度或重量。描述单个物体的几个可测量属性。
K.MD.A.2: 直接比较两个物体相同的、可测量的属性，看哪个物体具有更多/更少的该种属性并描述差异。

K-PS3 能量

与幼儿园其他学科核心概念的连接
K-PS3-2: K.ETS1.A，K.ETS1.B

跨年级段学科核心概念的衔接
K-PS3-1: 1.PS4.B，3.ESS2.D
K-PS3-2: 1.PS4.B，2.ETS1.B，4.ETS1.A

与州共同核心标准的连接
（注：斜体字部分不一定是成功完成一个既定预期表现的先决条件，但可能与其连接。）

英语语言艺术/读写能力
K-PS3-1: W.K.7
K-PS3-2: *W.K.7*

关键点
W.K.7: 参与共同研究和写作项目（例如，探索一些喜爱的作家的书，并提出自己的见解）。

数学
K-PS3-1: K.MD.A.2
K-PS3-2: K.MD.A.2

关键点
K.MD.A.2: 直接比较两个物体相同的、可测量的属性，看哪个物体具有更多/更少的该种属性并描述差异。

K-LS1 从分子到生物体：结构与过程

与幼儿园其他学科核心概念的连接
不适用

跨年级段学科核心概念的衔接
K-LS1-1: 1.LS1.A，2.LS2.A，3.LS2.C，3.LS4.B，5.LS1.C，5.LS2.A

与州共同核心标准的连接
（注：斜体字部分不一定是成功完成一个既定预期表现的先决条件，但可能与其连接。）

英语语言艺术/读写能力
K-LS1-1: W.K.7

关键点
W.K.7: 参与共同研究和写作项目（例如，探索一些喜爱的作家的书，并提出自己的见解）。

数学
K-LS1-1: *K.MD.A.2*

连接《新一代科学教育标准》学科核心概念序列

关键点
K.MD.A.2: 直接比较两个物体相同的、可测量的属性，看哪个物体具有更多/更少的该种属性并描述差异。

K-ESS2 地球的系统

与幼儿园其他学科核心概念的连接
不适用

跨年级段学科核心概念的衔接
K-ESS2-1: 2.ESS2.A，3.ESS2.D，4.ESS2.A
K-ESS2-2: 4.ESS2.E，5.ESS2.A

与州共同核心标准的连接
（注：斜体字部分不一定是成功完成一个既定预期表现的先决条件，但可能与其连接。）

英语语言艺术/读写能力
K-ESS2-1: W.K.7
K-ESS2-2: RI.K.1，W.K.1，*W.K.2*

关键点
RI.K.1: 在鼓励和支持下，提出和回答有关文章中核心细节的问题。
W.K.1: 综合运用绘画、口述和书写的方法来形成观点，告知读者他们正在写的这本书的主题或名字，并陈述有关这个主题或这本书的想法或偏好。
W.K.2: 综合运用绘画、口述和书写的方法来形成信息性/解释性文本，在其中命名他们正在写的事物，并提供关于该主题的一些信息。
W.K.7: 参与共同研究和写作项目（例如，探索一些喜爱的作家的书，并提出自己的见解）。

数学
K-ESS2-1: MP.2, MP.4, K.CC.A, K.MD.A.1, K.MD.B.3

关键点
MP.2: 抽象和定量地推理。
MP.4: 进行数学建模。
K.CC.A: 知道数的名字并能顺数。
K.MD.A.1: 描述物体的可测量属性，例如长度或重量。描述单个物体的几个可测量属性。

K.MD.B.3: 将物体按照要求进行分类；数清每种类别中物体的数量并且按照数量对这些类别进行排序。

K-ESS3 地球与人类活动

与幼儿园其他学科核心概念的连接
K-ESS3-2: K.ETS1.A
K-ESS3-3: K.ETS1.A

跨年级段学科核心概念的衔接
K-ESS3-1: 1.LS1.A，5.LS2.A，5.ESS2.A
K-ESS3-2: 2.ESS1.C，3.ESS3.B，4.ESS3.B
K-ESS3-3: 2.ETS1.B，4.ESS3.A，5.ESS3.C

与州共同核心标准的连接
（注：斜体字部分不一定是成功完成一个既定预期表现的先决条件，但可能与其连接。）

英语语言艺术/读写能力
K-ESS3-1: *SL.K.5*
K-ESS3-2: RI.K.1，SL.K.3
K-ESS3-3: *W.K.2*

关键点
RI.K.1: 在鼓励和支持下，提出和回答有关文章中核心细节的问题。
W.K.2: 综合运用绘画、口述和书写的方法来形成信息性/解释性文本，在其中命名他们正在写的事物，并提供关于该主题的一些信息。
SL.K.3: 提出问题和回答问题以寻求帮助、获取信息或弄清不理解的事物。
SL.K.5: 根据需要增加绘画或其他视觉展示形式，以提供额外细节。

数学
K-ESS3-1: *MP.2*，*MP.4*，*K.CC*
K-ESS3-2: *MP.4*，*K.CC*

关键点
MP.2: 抽象和定量地推理。
MP.4: 使用数学建模。
K.CC: 计数与基数。

连接《新一代科学教育标准》学科核心概念序列

1-PS4 波及其在信息传递技术中的应用

与一年级其他学科核心概念的连接
不适用

跨年级段学科核心概念的衔接
1-PS4-2: 4.PS4.B
1-PS4-3: 2.PS1.A
1-PS4-4: K.ETS1.A, 2.ETS1.B, 4.PS4.C, 4.ETS1.A

与州共同核心标准的连接
（注：斜体字部分不一定是成功完成一个既定预期表现的先决条件，但可能与其连接。）

英语语言艺术/读写能力
1-PS4-1: W.1.7, W.1.8, *SL.1.1*
1-PS4-2: *W.1.2*, W.1.7, W.1.8, *SL.1.1*
1-PS4-3: W.1.7, W.1.8, *SL.1.1*
1-PS4-4: W.1.7

关键点
W.1.2: 撰写信息性/解释性文本，并在其中命名一个主题，提供关于该主题的一些资料，并为其撰写结尾。
W.1.7: 参与共同研究和写作项目（例如，探索一些关于给定主题的"入门"书籍，并使用这些书籍来写出说明）。
W.1.8: 在成人的指导和支持下，从经验中回忆信息或从提供的信息源中搜集信息来回答问题。
SL.1.1: 在小组和大组中，与不同的同伴和成人开展有关一年级主题和文章的协作性对话。

数学
1-PS4-4: *MP.5*, *1.MD.A.1*, *1.MD.A.2*

关键点
MP.5: 策略性地使用适当的工具。
MD.A.1: 根据长度对三个物体进行排序；通过第三个物体比较两个物体的长度。
1.MD.A.2: 通过将较短的物体（长度单位）首尾相连地置于一个物体之上，以该长度单位的整数数量表示该物体长度；理解对某个物体的长度测量可以看作将特定数量的同尺寸的长度单位无间隙或无重叠地连在一起。

1-LS1 从分子到生物体：结构与过程

与一年级其他学科核心概念的连接
不适用

跨年级段学科核心概念的衔接
1-LS1-1: K.ETS1.A, K4. LS1. A, 4. LS1.D, 4. ETS1. A
1-LS1-2: 3.LS2.D

与州共同核心标准的连接
（注：斜体字部分不一定是成功完成一个既定预期表现的先决条件，但可能与其连接。）

英语语言艺术/读写能力
1-LS1-1: W.1.7
1-LS1-2: RI.1.1, RI.1.2, RI.1.10

关键点
RI.1.1: 提出和回答文章中有关核心细节的问题。
RI.1.2: 识别文章所表达的主题并复述核心细节。
RI.1.10: 在鼓励和支持下，阅读对该年级来说有一定复杂性的信息性文本。
W.1.7: 参与共同研究和写作项目（例如，探索一些关于给定主题的"入门"书籍，并使用这些书籍来写出说明）。

数学
1-LS1-2: *1.NBT.B.3*，*1.NBT.C.4*，*1.NBT.C.5*，*1.NBT.C.6*

关键点
1.NBT.B.3: 基于十位数和个位数的含义，比较两个两位数，采用 >、= 和 < 符号来记录比较的结果。
1.NBT.C.4: 使用具体模型或绘图，以及基于位值、运算属性和/或加法和减法之间关系的策略，完成100以内的加法，包括两位数和一位数的加法，以及两位数和10的倍数的加法；将策略与书面方法联系起来并解释使用的理由。理解在两位数加法中，十位数与十位数相加，个位数与个位数相加，某些情况下必须构成1个10。
1.NBT.C.5: 给定一个两位数，在不计数的情况下，分别心算出比这个数大10和小10的数字；解释使用的推理过程。
1.NBT.C.6: 使用具体模型或绘图以及基于位值、运算

新一代科学教育标准——学科核心概念序列 133

连接《新一代科学教育标准》学科核心概念序列

属性和/或加法和减法之间的关系的策略，将两个在 10～90 范围内的 10 的倍数相减（差值是正数或 0）；将策略与书面方法联系起来并解释使用的理由。

1-LS3 遗传：性状的继承与变异

与一年级其他学科核心概念的连接
不适用

跨年级段学科核心概念的衔接
1-LS3-1: 3.LS3.A，3.LS3.B

与州共同核心标准的连接
（注：斜体字部分不一定是成功完成一个既定预期表现的先决条件，但可能与其连接。）

英语语言艺术/读写能力
1-LS3-1: RI.1.1，W.1.7，W.1.8

关键点
RI.1.1: 提出和回答有关文章中核心细节的问题。
W.1.7: 参与共同研究和写作项目（例如，探索一些关于给定主题的"入门"书籍，并使用这些书籍来写出说明）。
W.1.8: 在成人的指导和支持下，从经验中回忆信息或从提供的信息源中搜集信息来回答问题。

数学
1-LS3-1: *MP.2，MP.5，1.MD.A.1*

关键点
MP.2: 抽象和定量地推理。
MP.5: 策略性地使用适当的工具。
1.MD.A.1: 根据长度对三个物体进行排序；通过第三个物体比较两个物体的长度。

1-ESS1 地球在宇宙中的位置

与一年级其他学科核心概念的连接
不适用

跨年级段学科核心概念的衔接
1-ESS1-1: 3.PS2.A，5.PS2.B，5-ESS1.B
1-ESS1-2: 5.PS2.B，5-ESS1.B

与州共同核心标准的连接
（注：斜体字部分不一定是成功完成一个既定预期表现的先决条件，但可能与其连接。）

英语语言艺术/读写能力
1-ESS1-1: W.1.7，W.1.8
1-ESS1-2: W.1.7，W.1.8

关键点
W.1.7: 参与共同研究和写作项目（例如，探索一些关于给定主题的"入门"书籍，并使用这些书籍来写出说明）。
W.1.8: 在成人的指导和支持下，从经验中回忆信息或从提供的信息源中搜集信息来回答问题。

数学
1-ESS1-2: *MP.2，MP.4，MP.5，1.OA.A.1，1.MD.C.4*

关键点
MP.2: 抽象和定量地推理。
MP.4: 使用数学建模。
MP.5: 策略性地使用适当的工具。
1.OA.A.1: 用 20 以内的加法和减法来解决涉及增加、减少、组合、拆分和比较情境的应用题，未知数可出现在任何位置（如使用物品、绘画、方程式来表示问题）。
1.MD.C.4: 组织、表示和解释最多三个类别的数据；提出和回答有关数据点总数、每个类别数据点数量以及类别之间数据点数量差异的问题。

2-PS1 物质及其相互作用

与二年级其他学科核心概念的连接
不适用

跨年级段学科核心概念的衔接
2-PS1-1: 5.PS1.A
2-PS1-2: 5.PS1.A
2-PS1-3: 4.ESS2.A，5.PS1.A，5.LS2.A
2-PS1-4: 5.PS1.B

连接《新一代科学教育标准》学科核心概念序列

与州共同核心标准的连接

（注：斜体字部分不一定是成功完成一个既定预期表现的先决条件，但可能与其连接。）

英语语言艺术 / 读写能力

2-PS1-1: W.2.7，W.2.8

2-PS1-2: *RI.2.8*，W.2.7，W.2.8

2-PS1-3: W.2.7，W.2.8

2-PS1-4: *RI.2.1*，RI.2.3，RI.2.8，W.2.1

关键点

RI.2.1: 提出和回答诸如谁、什么、哪里、何时、为什么、如何等问题，以此表现对文章中核心细节的理解。

RI.2.3: 描述文章中一系列历史事件、科学想法或概念以及技术程序步骤之间的关系。

RI.2.8: 描述支持作者在文章中表达的特定观点的理由。

W.2.1: 撰写对正在介绍的主题或书籍的意见，陈述观点，提供支持的原因，使用连接词（例如，因为，还有）连接观点和理由，并提供结论性表述或章节。

W.2.7: 参与共同研究和写作项目（例如阅读一些关于单个主题的书籍，形成报告，记录科学观察）。

W.2.8: 从经验中回忆信息或从提供的信息源中搜集信息来回答问题。

数学

2-PS1-1: *MP.4*，2.MD.D.10

2-PS1-2: *MP.2*，*MP.4*，*MP.5*，*2.MD.D.10*

关键点

MP.2: 抽象和定量地推理。
MP.4: 使用数学建模。
MP.5: 策略性地使用适当的工具。
2.MD.D.10: 画统计图或柱状图（单一单位尺度），以最多 4 个类别表示一个数据集。采用柱状图来解决简单的组合、分离和比较问题。

2-LS2 生态系统：相互作用、能量和动态

与二年级其他学科核心概念的连接
不适用

跨年级段学科核心概念的衔接

2-LS2-1: K.LS1.C，K-ESS3.A，5.LS1.C

2-LS2-2: K.ETS1.A，5.LS2.A

与州共同核心标准的连接

（注：斜体字部分不一定是成功完成一个既定预期表现的先决条件，但可能与其连接。）

英语语言艺术 / 读写能力

2-LS2-1: W.2.7，W.2.8

2-LS2-2: *SL.2.5*

关键点

W.2.7: 参与共同研究和写作项目（例如阅读一些关于单个主题的书籍，形成报告，记录科学观察）。

W.2.8: 从经验中回忆信息或从提供的信息源中搜集信息来回答问题。

SL.2.5: 创建故事或诗的录音；在恰当时给故事或经历叙述加入绘画或其他视觉表现方式以阐述创意、想法和感受。

数学

2-LS2-1: *MP.2*，*MP.4*，*MP.5*

2-LS2-2: *MP.4*，2.MD.D.10

关键点

MP.2: 抽象和定量地推理。
MP.4: 使用数学建模。
MP.5: 策略性地使用适当的工具。
2.MD.D.10: 画统计图或柱状图（单一单位尺度），以最多 4 个类别表示一个数据集。采用柱状图来解决简单的组合、分离和比较问题。

2-LS4 生物演化：统一性与多样性

与二年级其他学科核心概念的连接
不适用

跨年级段学科核心概念的衔接

2-LS4-1: 3.LS4.C，3.LS4.D，5.LS2.A

与州共同核心标准的连接

（注：斜体字部分不一定是成功完成一个既定预期表

连接《新一代科学教育标准》学科核心概念序列

现的先决条件，但可能与其连接。）

英语语言艺术 / 读写能力
2-LS4-1: *W.2.7*, *W.2.8*

关键点
W.2.7: 参与共同研究和写作项目（例如阅读一些关于单个主题的书籍，形成报告，记录科学观察）。
W.2.8: 从经验中回忆信息或从提供的信息源中搜集信息来回答问题。

数学
2-LS4-1: *MP.2*, *MP.4*, *2.MD.D.10*

关键点
MP.2: 抽象和定量地推理。
MP.4: 使用数学建模。
2.MD.D.10: 画统计图或柱状图（单一单位尺度），以最多4个类别表示一个数据集。采用柱状图来解决简单的组合、分离和比较问题。

2-ESS1 地球在宇宙中的位置

与二年级其他学科核心概念的连接
不适用

跨年级段学科核心概念的衔接
2-ESS1-1: 3.LS2.C, 4.ESS1.C, 4.ESS2.A

与州共同核心标准的连接
（注：斜体字部分不一定是成功实施一个既定预期表现的先决条件，但可能与其连接。）

英语语言艺术 / 读写能力
2-ESS1-1: *RI.2.1*, RI.2.3, *W.2.6*, *W.2.7*, *W.2.8*, SL.2.2

关键点
RI.2.1: 提出和回答诸如谁、什么、哪里、何时、为什么、如何等问题，以此表现对文章中核心细节的理解。
RI.2.3: 描述文章中一系列历史事件、科学想法或概念以及技术程序步骤之间的关系。
W.2.6: 在成人的指导和支持下，使用各种数字化工具来创作和发布写作作品，包括通过与同伴进行合作的方式。
W.2.7: 参与共同研究和写作项目（例如阅读一些关于单个主题的书籍，形成报告，记录科学观察）。
W.2.8: 从经验中回忆信息或从提供的信息源中搜集信息来回答问题。
SL.2.2: 从大声朗读、口头或其他媒体表达的信息中复述或描述核心概念或细节。

数学
2-ESS1-1: *MP.2*, *MP.4*, 2.NBT.A

关键点
MP.2: 抽象和定量地推理。
MP.4: 使用数学建模。
2.NBT.A: 理解位值。

2-ESS2 地球的系统

与二年级其他学科核心概念的连接
2-ESS2-3: 2.PS1.A

跨年级段学科核心概念的衔接
2-ESS2-1: K.ETS1.A, 4.ESS2.A, 4.ETS1.A, 4.ETS1.B, 4.ETS1.C, 5.ESS2.A
2-ESS2-2: 4.ESS2.B, 5.ESS2.C
2-ESS2-3: 5.ESS2.C

与州共同核心标准的连接
（注：斜体字部分不一定是成功完成一个既定预期表现的先决条件，但可能与其连接。）

英语语言艺术 / 读写能力
2-ESS2-1: *RI.2.3*, RI.2.9
2-ESS2-2: *SL.2.5*
2-ESS2-3: *W.2.6*, W.2.8

关键点
RI.2.3: 描述文章中一系列历史事件、科学想法或概念以及技术程序步骤之间的关系。
RI.2.9: 比较和对比关于相同主题的两篇文章中最重要的观点。
W.2.6: 在成人的指导和支持下，使用各种数字化工具来创作和发布写作作品，包括通过与同伴进行合

连接《新一代科学教育标准》学科核心概念序列

作的方式。

W.2.8: 从经验中回忆信息或者从提供的信息源中搜集信息来回答问题。

SL.2.5: 创建故事或诗的录音；在恰当时给故事或经历叙述增加绘画或其他视觉表现方式以阐述创意、想法和感受。

数学

2-ESS2-1: *MP.2*，*MP.4*，*MP.5*，*2.MD.B.5*
2-ESS2-2: *MP.2*，*MP.4*，*2.NBT.A.3*

关键点

MP.2: 抽象和定量地推理。
MP.4: 使用数学建模。
MP.5: 策略性地使用适当的工具。
2.NBT.A.3: 基于十进制、数字名称和扩展形式进行1000 内数字的读与写。
2.MD.B.5: 使用 100 以内的加减法解答涉及具有相同单位的长度的应用题〔例如，使用绘图（比如关于尺子的绘图）和包含未知数符号的方程式来表示问题〕。

K-2-ETS1 工程设计

连接 K-2-ETS1.A: 定义和界定工程问题
幼儿园：K-PS2-2，K-ESS3-2

连接 K-2-ETS1.B: 形成可能的方案
幼儿园：K-ESS3-3
一年级：1-PS4-4
二年级：2-LS2-2

连接 K-2-ETS1.C: 优化设计方案
二年级：2-ESS2-1

跨年级段学科核心概念的衔接
K-2-ETS1-1: 3-5.ETS1.A，3-5.ETS1.C
K-2-ETS1-2: 3-5.ETS1.A，3-5.ETS1.B，3-5.ETS1.C
K-2-ETS1-3: 3-5.ETS1.A，3-5.ETS1.B，3-5.ETS1.C

与州共同核心标准的连接
（注：斜体字部分不一定是成功完成一个既定预期表现的先决条件，但可能与其连接。）

英语语言艺术 / 读写能力
K-2-ETS1-1: RI.2.1，*W.2.6*，*W.2.8*
K-2-ETS1-2: *SL.2.5*
K-2-ETS1-3: *W.2.6*，*W.2.8*

关键点

RI.2.1: 提出和回答诸如谁、什么、哪里、何时、为什么、如何等问题，以此表现对文章中核心细节的理解。
W.2.6: 在成人的指导和支持下，使用各种数字化工具来创作和发布写作作品，包括通过与同伴进行合作的方式。
W.2.8: 从经验中回忆信息或从提供的信息源中搜集信息来回答问题。
SL.2.5: 创建故事或诗的录音；在恰当时给故事或经验叙述加入绘画或其他视觉表现方式以阐述创意想法和感受。

数学
K-2-ETS1-1: *MP.2*，*MP.4*，*MP.5*，*2.MD.D.10*
K-2-ETS1-3: *MP.2*，*MP.4*，*MP.5*，*2.MD.D.10*

关键点

MP.2: 抽象和定量地推理。
MP.4: 使用数学建模。
MP.5: 策略性地使用适当的工具。
2.MD.D.10: 画统计图或柱状图（单一单位尺度），以最多 4 个类别表示一个数据集。采用柱状图来解决简单的组合、分离和比较问题。

3-PS2 运动和稳定性：力和相互作用

与三年级其他学科核心概念的连接
不适用

跨年级段学科核心概念的衔接
3-PS2-1: K.PS2.A，K.PS2.B，K.PS3.C，5.PS2.B，MS.PS2.A，MS.ESS1.B，MS.ESS2.C
3-PS2-2: 1.ESS1.A，4.PS4.A，MS.PS2.A，MS.ESS1.B
3-PS2-3: MS.PS2.B
3-PS2-4: K.ETS1.A，4.ETS1.A，MS.PS2.B

与州共同核心标准的连接
（注：斜体字部分不一定是成功完成一个既定预期表

连接《新一代科学教育标准》学科核心概念序列

现的先决条件，但可能与其连接。）

英语语言艺术 / 读写能力
3-PS2-1: *RI.3.1，W.3.7，W.3.8*
3-PS2-2: *W.3.7，W.3.8*
3-PS2-3: *RI.3.1，RI.3.3，RI.3.8，SL.3.3*

关键点
RI.3.1: 提出和回答问题以展现对文章的理解，明确地以文章内容作为答案的基础。
RI.3.3: 使用形容时间、顺序和因果关系的语言，描述文章中的一系列历史事件、科学思想或概念以及技术程序步骤之间的关系。
RI.3.8: 描述文章中特定句子与段落之间的逻辑关系（例如，比较，原因 / 结果，一个序列中的第一 / 第二 / 第三）。
W.3.7: 开展短期研究项目，建构关于某个主题的知识。
W.3.8: 从经验中回忆信息或从印刷和数字来源中搜集信息；对来源进行简要注释，将证据按照给定的类别进行排序。
SL.3.3: 就来自某位演讲者的信息提出问题并回答相关问题，提供详细阐述和细节。

数学
3-PS2-1: *MP.2，MP.5，3.MD.A.2*

关键点
MP.2: 抽象和定量地推理。
MP.5: 策略性地使用适当的工具。
3.MD.A.2: 使用克（g）、千克（kg）和升（l）等标准单位测量和估计液体体积和物体的质量。使用加、减、乘、除解决涉及具有相同单位的质量或体积的一步应用题［例如使用绘图（如有刻度的量杯）来表示问题］。

3-LS1 从分子到生物体：结构与过程

与三年级其他学科核心概念的连接
不适用

跨年级段学科核心概念的衔接
3-LS1-1: MS.LS1.B

与州共同核心标准的连接
（注：斜体字部分不一定是成功实施一个既定预期表现的先决条件，但可能与其连接。）

英语语言艺术 / 读写能力
3-LS1-1: *RI.3.7，SL.3.5*

关键点
RI.3.7: 使用从插图中获取的信息（例如，地图、照片）和文章中的字词，以表明对文章的理解（例如，关键事件在何地、何时、为什么以及如何发生）。
SL.3.5: 以可以被理解的语速制作听的故事或诗歌的录音，其中应当展现流畅的朗诵；在恰当时增加视觉表现方式，以强调或增强特定事实或细节。

数学
3-LS1-1: *MP.4，3.NBT，3.NF*

关键点
MP.4: 使用数学建模。
3.NBT: 十进制数字和运算。
3.NF: 数字和运算——分数。

3-LS2 生态系统：相互作用、能量和动态

与三年级其他学科核心概念的连接
不适用

跨年级段学科核心概念的衔接
3-LS2-1: 1.LS1.B，MS.LS2.A

与州共同核心标准的连接
（注：斜体字部分不一定是成功完成一个既定预期表现的先决条件，但可能与其连接。）

英语语言艺术 / 读写能力
3-LS2-1: *RI.3.1，RI.3.3，W.3.1*

关键点
RI.3.1: 提出和回答问题来展现对文章的理解，明确地以文章内容作为答案的基础。
RI.3.3: 使用形容时间、顺序和因果关系的语言，描述文章中的一系列历史事件、科学思想或概念以及

连接《新一代科学教育标准》学科核心概念序列

技术程序步骤之间的关系。
W.3.1: 就某个主题或文章撰写评论，有理由地支持某种观点。

数学
3-LS2-1: MP.4，3.NBT

关键点
MP.4: 使用数学建模。
3.NBT: 十进制数字与运算。

3-LS3 遗传：性状的继承与变异

与三年级其他学科核心概念的连接
不适用

跨年级段学科核心概念的衔接
3-LS3-1: 1.LS3.A，1.LS3.B，MS.LS3.A，MS.LS3.B
3-LS3-2: MS.LS1.B

与州共同核心标准的连接
（注：斜体字部分不一定是成功完成一个既定预期表现的先决条件，但可能与其连接。）

英语语言艺术/读写能力
3-LS3-1: RI.3.1，*RI.3.2*，RI.3.3，*W.3.2*，*SL.3.4*
3-LS3-2: RI.3.1，*RI.3.2*，RI.3.3，W.3.2，*SL.3.4*

关键点
RI.3.1: 提出和回答问题来表明对文章的理解，明确地以文章内容作为答案的基础。
RI.3.2: 明确文章的中心思想；叙述关键细节，并解释这些细节如何支持中心思想。
RI.3.3: 使用形容时间、顺序和因果关系的语言，描述文章中的一系列历史事件、科学思想或概念以及技术程序步骤之间的关系。
W.3.2: 撰写信息性/解释性文本来探讨一个主题，清晰地表达想法和信息。
SL.3.4: 以可被理解的语速清晰地叙述，提供恰当的事实和相关的、描述性的细节，就某个主题或文章进行报告、讲故事或叙述经历。

数学
3-LS3-1: *MP.2*，*MP.4*，*3.MD.B.4*
3-LS3-2: *MP.2*，*MP.4*，*3.MD.B.4*

关键点
MP.2: 抽象和定量地推理。
MP.4: 使用数学建模。
3.MD.B.4: 使用以二分之一英寸和四分之一英寸为刻度的尺子测量长度来生成数据。制作折线图（横坐标用适当的单位，即整数、二分之一或四分之一为刻度）来呈现数据。

3-LS4 生物演化：统一性与多样性

与三年级其他学科核心概念的连接
3-LS4-2: 3.LS4.C
3-LS4-3: 3.ESS2.D
3-LS4-4: 3.ESS3.B

跨年级段学科核心概念的衔接
3-LS4-1: 4.ESS1.C，MS.LS2.A，MS.LS4.A，MS.ESS1.C，MS.ESS2.B
3-LS4-2: 1.LS3.A，MS.LS2.A，MS.LS3.B，MS.LS4.B
3-LS4-3: K.ESS3.A，2.LS2.A，2.LS4.D，MS.LS2.A，MS.LS4.B，MS.LS4.C，MS.ESS1.C
3-LS4-4: K.ESS3.A，K.ETS1.A，2.LS2.A，2.LS4.D，4.ESS3.B，4.ETS1.A，MS.LS2.A，MS.LS2.C，MS.LS4.C，MS.ESS1.C，MS.ESS3.C

与州共同核心标准的连接
（注：斜体字部分不一定是成功完成一个既定预期表现的先决条件，但可能与其连接。）

英语语言艺术/读写能力
3-LS4-1: *RI.3.1*，*RI.3.2*，*RI.3.3*，*W.3.1*，*W.3.2*，*W.3.8*
3-LS4-2: *RI.3.1*，*RI.3.2*，*RI.3.3*，W.3.2，*SL.3.4*
3-LS4-3: *RI.3.1*，*RI.3.2*，*RI.3.3*，*W.3.1*，*W.3.2*，*SL.3.4*
3-LS4-4: *RI.3.1*，*RI.3.2*，*RI.3.3*，*W.3.1*，*W.3.2*，*SL.3.4*

关键点
RI.3.1: 提出和回答问题来展现对文章的理解，明确地以文章内容作为答案的基础。
RI.3.2: 明确文章的中心思想；叙述关键细节，并解

连接《新一代科学教育标准》学科核心概念序列

释这些细节如何支持中心思想。

RI.3.3: 使用形容时间、顺序和因果关系的语言，描述文章中的一系列历史事件、科学思想或概念以及技术程序步骤之间的关系。

W.3.1: 就某个主题或文章撰写评论，有理由地支持某个观点。

W.3.2: 撰写信息性/解释性文章来探讨一个主题，清晰地表达想法和信息。

W.3.8: 从经验中回忆信息或从印刷和数字来源中搜集信息；对来源进行简要注释，将证据按给定的类别进行排序。

SL.3.4: 以可被理解的语速清晰地叙述，提供恰当的事实和相关的、描述性的细节，就某个主题进行报告、讲故事或叙述经历。

数学

3-LS4-1: *MP.2，MP.4，MP.5，3.MD.B.4*

3-LS4-2: *MP.2，MP.4，3.MD.B.3*

3-LS4-3: *MP.2，MP.4，3.MD.B.3*

3-LS4-4: *MP.2，MP.4*

关键点

MP.2: 抽象和定量地推理。

MP.4: 使用数学建模。

MP.5: 策略性地使用适当的工具。

3.MD.B.3: 绘制具有刻度的统计图和条形图来表示具有多个类别的数据集。使用条形图所表示的信息，解决1步和2步"多多少"和"少多少"的问题。

3.MD.B.4: 使用以二分之一英寸和四分之一英寸为刻度的尺子测量长度来生成数据。制作折线图（横坐标用适当的单位，即整数、二分之一或四分之一为刻度）来呈现数据。

3-ESS2 地球的系统

与三年级其他学科核心概念的连接
不适用

跨年级段学科核心概念的衔接
3-ESS2-1: K.ESS2.D，4.ESS2.A，5.ESS2.A，MS.ESS2.C，MS.ESS2.D

3-ESS2-2: MS.ESS2.C，MS.ESS2.D

与州共同核心标准的连接

（注：斜体字部分不一定是成功完成一个既定预期表现的先决条件，但可能与其连接。）

英语语言艺术/读写能力

3-ESS2-2: *RI.3.1*，RI.3.9，W.3.8

关键点

RI.3.1: 提出和回答问题来展现对文章的理解，明确地以文章内容作为答案的基础。

RI.3.9: 比较和对比关于同一主题的两篇文章之间最重要的要点和关键细节。

W.3.8: 从经验中回忆信息或从印刷和数字来源中搜集信息；对来源进行简要注释，将证据按给定的类别进行排序。

数学

3-ESS2-1: MP.2，MP.4，*MP.5，3.MD.A.2*，3.MD.B.3

3-ESS2-2: MP.2，MP.4

关键点

MP.2: 抽象和定量地推理。

MP.4: 使用数学建模。

MP.5: 策略性地使用适当的工具。

3.MD.A.2: 使用克（g）、千克（kg）和升（l）等标准单位测量和估计液体的体积和物体的质量。使用加、减、乘、除解决涉及具有相同单位的质量或体积的一步应用题[例如使用绘图（如有刻度的烧杯）来表示问题]。

3.MD.B.3: 绘制具有刻度的统计图和条形图来表示具有多个类别的数据集。使用条形图所表示的信息，解决1步和2步"多多少"和"少多少"的问题。

3-ESS3 地球与人类活动

与三年级其他学科核心概念的连接
不适用

跨年级段学科核心概念的衔接
3-ESS3-1: K.ESS3.B，K.ETS1.A，4.ESS3.B，4.ETS1.A，MS.ESS3.B

连接《新一代科学教育标准》学科核心概念序列

与州共同核心标准的连接
（注：斜体字部分不一定是成功完成一个既定预期表现的先决条件，但可能与其连接。）

英语语言艺术 / 读写能力
3-ESS3-1: *W.3.1*, *W.3.7*

关键点
W.3.1: 就某个主题或文章撰写评论，有理由地支持某个观点。
W.3.7: 开展短期研究项目，建构关于某个主题的知识。

数学
3-ESS3-1: *MP.2*, *MP.4*

关键点
MP.2: 抽象和定量地推理。
MP.4: 使用数学建模。

4-PS3 能量

与四年级其他学科核心概念的连接
不适用

跨年级段学科核心概念的衔接
4-PS3-1: MS.PS3.A
4-PS3-2: MS.PS2.B, MS.PS3.A, MS.PS3.B, MS.PS4.B
4-PS3-3: K.PS2.B, 3.PS2.A, MS.PS2.A, MS.PS3.A, MS.PS3.B, MS.PS3.C
4-PS3-4: K.ETS1.A, 2.ETS1.B, 5.PS3.D, 5.LS1.C, MS.PS3.A, MS.PS3.B, MS.ETS1.B, MS.ETS1.C

与州共同核心标准的连接
（注：斜体字部分不一定是成功完成一个既定预期表现的先决条件，但可能与其连接。）

英语语言艺术 / 读写能力
4-PS3-1: RI.4.1, RI.4.3, *RI.4.9*, W.4.2, W.4.8, W.4.9
4-PS3-2: W.4.7, W.4.8
4-PS3-3: W.4.7, W.4.8
4-PS3-4: W.4.7, W.4.8

关键点
RI.4.1: 当解释文章明确表达的内容，以及根据文章进行推论的时候，要参考文章中的细节和例子。
RI.4.3: 基于文章中的特定信息，解释历史、科学或技术文章中的事件、程序、想法或概念，包括发生了什么以及为什么发生。
RI.4.9: 整合关于同一主题的两篇文章的信息，以有见识地撰写或讲述该主题。
W.4.2: 撰写信息性 / 解释性文章来探讨一个主题，清晰地表达想法和信息。
W.4.7: 开展短期研究项目，通过调查某个主题的不同方面来建构知识。
W.4.8: 从经验中回忆信息或从印刷和数字来源中搜集信息；进行注释、信息分类，并提供信息来源清单。
W.4.9: 从文献或信息文章中获取证据，以支持分析、反思和研究。

数学
4-PS3-4: *4.OA.A.3*

关键点
4.OA.A.3: 使用四则运算来解决多步整数（答案也要是整数）应用题，包括必须解释余数的应用题。用以一个字母代表未知数的方程来表示这些问题。使用包括舍入在内的心算和估算策略来评估答案的合理性。

4-PS4 波及其在信息传递技术中的应用

与四年级其他学科核心概念的连接
4-PS4-1: 4.PS3.A, 4.PS3.B
4-PS4-3: 4.ETS1.A

跨年级段学科核心概念的衔接
4-PS4-1: MS.PS4.A
4-PS4-2: 1.PS4.B, MS.PS4.B, MS.LS1.D
4-PS4-3: K.ETS1.A, 1.PS4.C, 2ETS1.B, 2.ETS1.C, 3.PS2.A, MS.PS4.C, MS.ETS1.B

与州共同核心标准的连接
（注：斜体字部分不一定是成功完成一个既定预期表现的先决条件，但可能与其连接。）

连接《新一代科学教育标准》学科核心概念序列

英语语言艺术 / 读写能力
4-PS4-1: *SL.4.5*
4-PS4-2: *SL.4.5*
4-PS4-3: *RI.4.1*, RI.4.9

关键点
RI.4.1: 当解释文章明确表达的内容，以及根据文章进行推论时，要参考文章中的细节和例子。
RI.4.9: 整合关于同一主题的两篇文章的信息，以有见识地撰写或讲述该主题。
SL.4.5: 在演示文稿中加入录音和视觉表现方式，以加强构建中心思想或主题。

数学
4-PS4-1: *MP.4*, *4.G.A.1*
4-PS4-2: *MP.4*, *4.G.A.1*

关键点
MP.4: 使用数学建模。
4.G.A.1: 绘制点、直线、线段、射线、角（例如直角、锐角以及钝角）、垂线和平行线，分辨这些二维图形。

4-LS1 从分子到生物体: 结构与过程

与四年级其他学科核心概念的连接
不适用

跨年级段学科核心概念的衔接
4-LS1-1: 1.LS1.A, 3.LS3.B, MS.LS1.A
4-LS1-2: 1.LS1.D, MS.LS1.A, MS.LS1.D

与州共同核心标准的连接
（注：斜体字部分不一定是成功完成一个既定预期表现的先决条件，但可能与其连接。）

英语语言艺术 / 读写能力
4-LS1-1: W.4.1
4-LS1-2: *SL.4.5*

关键点
W.4.1: 就某个主题或文章撰写评论，有理由地支持某个观点。
SL.4.5: 在演示文稿中加入录音和视觉表现方式，以加强构建中心思想或主题。

数学
4-LS1-1: *4.G.A.3*

关键点
4.G.A.3: 识别二维图形中可以作为对称轴的直线，使得该图可以沿该直线折叠后完全重合。识别轴对称图形并画出对称轴。

4-ESS1 地球在宇宙中的位置

与四年级其他学科核心概念的连接
不适用

跨年级段学科核心概念的衔接
4-ESS1-1: 2.ESS1.C, 3.LS4.A, MS.LS4.A, MS.ESS1.C, MS.ESS2.A, MS.ESS2.B

与州共同核心标准的连接
（注：斜体字部分不一定是成功完成一个既定预期表现的先决条件，但可能与其连接。）

英语语言艺术 / 读写能力
4-ESS1-1: W.4.7, W.4.8, *W.4.9*

关键点
W.4.7: 开展短期研究项目，通过调查某个主题的不同方面来建构知识。
W.4.8: 从经验中回忆信息或从印刷和数字来源中搜集信息；进行注释、信息分类，并提供信息来源清单。
W.4.9: 从文献或信息文章中获取证据，以支持分析、反思和研究。

数学
4-ESS1-1: *MP.2*, *MP.4*, *4.MD.A.1*

关键点
MP.2: 抽象和定量地推理。
MP.4: 使用数学建模。
4.MD.A.1: 了解单一计量单位系统内的各个测量单位之间的比例关系，包括千米、米和厘米；千克和克；磅和盎司；升和毫升；小时、分钟和秒。在单一

连接《新一代科学教育标准》学科核心概念序列

测量系统中，用较小的单位来表示较大单位的测量值。在两列表格中记录不同单位的等值测量值。

4-ESS2 地球的系统

与四年级其他学科核心概念的连接
不适用

跨年级段学科核心概念的衔接
4-ESS2-1: 2.ESS1.C，2.ESS2.A，5.ESS2.A
4-ESS2-2: 2.ESS2.B，2.ESS2.C，5.ESS2.C，MS.ESS1.C，MS.ESS2.A，MS.ESS2.B

与州共同核心标准的连接
（注：斜体字部分不一定是成功完成一个既定预期表现的先决条件，但可能与其连接。）

英语语言艺术 / 读写能力
4-ESS2-1: W.4.7，W.4.8
4-ESS2-2: RI.4.7

关键点
RI.4.7: 以视觉、口头或定量（例如曲线图、图表、图解、时间线、动画或网页上的交互元素）的方式解释信息，并解释这些信息如何有助于文章的理解。
W.4.7: 开展短期研究项目，通过调查某个主题的不同方面来建构知识。
W.4.8: 从经验中回忆信息或从印刷和数字来源中搜集信息；进行注释、信息分类，并提供信息来源清单。

数学
4-ESS2-1: MP.2，MP.4，MP.5，*4.MD.A.1*，*4.MD.A.2*
4-ESS2-2: *4.MD.A.2*

关键点
MP.2: 抽象和定量地推理。
MP.4: 使用数学建模。
MP.5: 策略性地使用适当的工具。
4.MD.A.1: 了解单一计量单位系统内的各个测量单位之间的比例关系，包括千米、米和厘米；千克和克；磅和盎司；升和毫升；小时、分钟和秒。在单一测量系统中，用较小的单位来表示较大单位的测量值。在两列表格中记录不同单位的等值测量值。

4.MD.A.2: 使用四则运算解答涉及距离、时段、液体体积、物体质量和货币的应用题，包括涉及简分数或小数的应用题，以及需要用较小单位来表示较大单位测量值的应用题。使用具有刻度的数轴等图表来呈现测量数据。

4-ESS3 地球与人类活动

与四年级其他学科核心概念的连接
4-ESS3-2: 4.ETS1.C

跨年级段学科核心概念的衔接
4-ESS3-1: 5.ESS3.C，MS.PS3.D，MS.ESS2.A，MS.ESS3.A，MS.ESS3.C，MS.ESS3.D
4-ESS3-2: K.ETS1.A，2.ETS1.B，2.ETS1.C，MS.ESS2.A，MS.ESS3.B，MS.ETS1.B

与州共同核心标准的连接
（注：斜体字部分不一定是成功完成一个既定预期表现的先决条件，但可能与其连接。）

英语语言艺术 / 读写能力
4-ESS3-1: *W.4.7*，W.4.8，*W.4.9*
4-ESS3-2: RI.4.1，RI.4.9

关键点
RI.4.1: 当解释文章明确表达的内容，以及根据文章进行推论的时候，要参考文章中的细节和例子。
RI.4.9: 整合关于同一主题的两篇文章的信息，以有见识地撰写或讲述该主题。
W.4.7: 开展短期研究项目，通过调查某个主题的不同方面来建构知识。
W.4.8: 从经验中回忆信息或从印刷和数字来源中搜集信息；进行注释、信息分类，并提供信息来源清单。
W.4.9: 从文献或信息文章中获取证据，以支持分析、反思和研究。

数学
4-ESS3-1: *MP.2*，*MP.4*，*4.OA.A.1*
4-ESS3-2: *MP.2*，*MP.4*，*4.OA.A.1*

关键点
MP.2: 抽象和定量地推理。

新一代科学教育标准——学科核心概念序列 143

连接《新一代科学教育标准》学科核心概念序列

MP.4: 使用数学建模。
4.OA.A.1: 将乘法算式解释为比较（例如将 35 = 5×7 解释为 7 的 5 倍和 5 的 7 倍）。将乘法的比较型语言陈述表示为乘法算式。

5-PS1 物质及其相互作用

与五年级其他学科核心概念的连接
不适用

跨年级段学科核心概念的衔接
5-PS1-1: 2.PS1.A, MS.PS1.A
5-PS1-2: 2.PS1.A, 2.PS1.B, MS.PS1.A, MS.PS1.B
5-PS1-3: 2.PS1.A, MS.PS1.A
5-PS1-4: 2.PS1.B, MS.PS1.A, MS.PS1.B

与州共同核心标准的连接
（注：斜体字部分不一定是成功完成一个既定预期表现的先决条件，但可能与其连接。）

英语语言艺术 / 读写能力
5-PS1-1: *RI.5.7*
5-PS1-2: *W.5.7, W.5.8, W.5.9*
5-PS1-3: *W.5.7, W.5.8, W.5.9*
5-PS1-4: W.5.7, W.5.8, W.5.9

关键点
RI.5.7: 利用多种印刷或数字来源的信息，展现能够快速找到问题答案或有效解决问题的能力。
W.5.7: 开展短期研究项目，通过调查某个主题的不同方面来建构知识。
W.5.8: 从经验中回忆信息或从印刷和数字来源中搜集信息；在注释或已完成的作品中总结或解释信息，并提供信息来源清单。
W.5.9: 从文献或信息文章中获取证据，以支持分析、反思和研究。

数学
5-PS1-1: MP.2, MP.4, 5.NBT.A.1, 5.NF.B.7, 5.MD.C.3, 5.MD.C.4
5-PS1-2: MP.2, MP.4, MP.5, *5.MD.A.1*
5-PS1-3: MP.2, MP.4, MP.5

关键点
MP.2: 抽象和定量地推理。
MP.4: 使用数学建模。
MP.5: 策略性地使用适当的工具。
5.NBT.A.1: 解释当一个数乘以 10 的几次方时，乘积就是在该数后面加几个 0；解释当一个小数乘以或者除以 10 的几次方时小数点位置的变化。使用整数指数来表示 10 的指数。
5.NF.B.7: 应用和拓展先前对除法的理解，从而进行以下运算：单位分数除以整数和整数除以单位分数。
5.MD.A.1: 在给定测量系统内，对不同大小的标准测量单位进行转换（例如将 5 厘米转换成 0.05 米），并使用这些转换来解决多步的、现实生活中的问题。
5.MD.C.3: 认识到体积是立体图形的一项属性，并理解体积测量的概念。
5.MD.C.4: 通过使用立方厘米、立方英寸、立方英尺和临时单位等基本立方单位测量体积。

5-PS2 运动和稳定性：力和相互作用

与五年级其他学科核心概念的连接
不适用

跨年级段学科核心概念的衔接
5-PS2-1: 3.PS2.A, 3.PS2.B, MS.PS2.B, MS.ESS1.B, MS.ESS2.C

与州共同核心标准的连接
（注：斜体字部分不一定是成功完成一个既定预期表现的先决条件，但可能与其连接。）

英语语言艺术 / 读写能力
5-PS2-1: *RI.5.1*, RI.5.9, W.5.1

关键点
RI.5.1: 在解释文章明确表达的内容以及从文章中做出推论时，能够准确地引用文章内容。
RI.5.9: 整合关于同一主题的多篇文章的信息，以有见识地撰写或讲述该主题。
W.5.1: 撰写关于主题或文章的评论，有理有据地支持某个观点。

连接《新一代科学教育标准》学科核心概念序列

5-PS3 能量

与五年级其他学科核心概念的连接
不适用

跨年级段学科核心概念的衔接
5-PS3-1: K.LS1.C, 2.LS2.A, 4.PS3.A, 4.PS3.B, 4.PS3.D, MS.PS3.D, MS.PS4.B, MS.LS1.C, MS.LS2.B

与州共同核心标准的连接
（注：斜体字部分不一定是成功完成一个既定预期表现的先决条件，但可能与其连接。）

英语语言艺术 / 读写能力
5-PS3-1: *RI.5.7, SL.5.5*

关键点
RI.5.7: 利用多种印刷或数字来源的信息，展现能够快速找到问题答案或有效解决问题的能力。
SL.5.5: 当需要强调中心思想或主题时，在演示文稿中包含多媒体组件（如图表、声音）和视觉表达方式。

5-LS1 从分子到生物体：结构与过程

与五年级其他学科核心概念的连接
5-LS1-1: 5.PS1.A

跨年级段学科核心概念的衔接
5-LS1-1: K.LS1.C, 2.LS2.A, MS.LS1.C

与州共同核心标准的连接
（注：斜体字部分不一定是成功完成一个既定预期表现的先决条件，但可能与其连接。）

英语语言艺术 / 读写能力
5-LS1-1: *RI.5.1*, RI.5.9, W.5.1

关键点
RI.5.1: 在解释文章明确表达的内容以及根据文章做出推论时，能够准确地引用文章内容。
RI.5.9: 整合关于同一主题的多篇文章的信息，以有见识地撰写或讲述该主题。
W.5.1: 撰写关于主题或文章的评论，有理有据地支持某个观点。

数学
5-LS1-1: *MP.2, MP.4, MP.5, 5.MD.A.1*

关键点
MP.2: 抽象和定量地推理。
MP.4: 使用数学建模。
MP.5: 策略性地使用适当的工具。
5.MD.A.1: 在给定测量系统内，对不同大小的标准测量单位进行转换（如将 5 厘米转换成 0.05 米），并使用这些转换来解决多步的、现实生活中的问题。

5-LS2 生态系统：相互作用、能量和动态

与五年级其他学科核心概念的连接
5-LS2-1: 5.PS1.A, 5.ESS2.A

跨年级段学科核心概念的衔接
5-LS2-1: 2.PS1.A, 2.LS4.D, 4.ESS2.E, MS.PS3.D, MS.LS1.C, MS.LS2.A, MS.LS2.B

与州共同核心标准的连接
（注：斜体字部分不一定是成功完成一个既定预期表现的先决条件，但可能与其连接。）

英语语言艺术 / 读写能力
5-LS2-1: *RI.5.7, SL.5.5*

关键点
RI.5.7: 利用多种印刷或数字来源的信息，展现能够快速找到问题答案或有效解决问题的能力。
SL.5.5: 当需要强调中心思想或主题时，在演示文稿中包含多媒体组件（如图表、声音）和视觉表达方式。

数学
5-LS2-1: *MP.2, MP.4*

关键点
MP.2: 抽象和定量地推理。
MP.4: 使用数学建模。

连接《新一代科学教育标准》学科核心概念序列

5-ESS1 地球在宇宙中的位置

与五年级其他学科核心概念的连接
不适用

跨年级段学科核心概念的衔接
5-ESS1-1: MS.ESS1.A，MS.ESS1.B
5-ESS1-2: 1.ESS1.A，1.ESS1.B，3.PS2.A，MS.ESS1.A，MS.ESS1.B

与州共同核心标准的连接
（注：斜体字部分不一定是成功完成一个既定预期表现的先决条件，但可能与其连接。）

英语语言艺术/读写能力
5-ESS1-1: *RI.5.1*，*RI.5.7*，*RI.5.8*，RI.5.9，W.5.1
5-ESS1-2: SL.5.5

关键点
RI.5.1: 在解释文章明确表达的内容，以及根据文章进行推论时，能够准确地引用文章内容。
RI.5.7: 利用多种印刷或数字来源的信息，展现能够快速找到问题答案或有效解决问题的能力。
RI.5.8: 解释作者如何利用理由和证据来支持文章中的特定要点，分辨哪些理由和证据支持哪一（些）要点。
RI.5.9: 整合关于同一主题的多篇文章的信息，以有见识地撰写或讲述该主题。
W.5.1: 撰写关于主题或文章的评论，有理有据地支持某个观点。
SL.5.5: 当需要强调中心思想或主题时，在演示文稿中包含多媒体组件（例如图表、声音）和视觉表达方式。

数学
5-ESS1-1: *MP.2*，MP.4，*5.NBT.A.2*
5-ESS1-2: *MP.2*，MP.4，5.G.A.2

关键点
MP.2: 抽象和定量地推理。
MP.4: 使用数学建模。
5.NBT.A.2: 解释当一个数乘以 10 的几次方，乘积就是在该数后面加几个 0；解释当一个小数乘以或者除以 10 的几次方时小数点位置的变化。使用整数指数来表示 10 的指数。
5.G.A.2: 在坐标平面的第一个象限中绘制点来表示现实世界和数学问题，并在情境背景下解释点的坐标值的含义。

5-ESS2 地球的系统

与五年级其他学科核心概念的连接
不适用

跨年级段学科核心概念的衔接
5-ESS2-1: 2.ESS2.A，3.ESS2.D，4.ESS2.A，MS.ESS2.A，MS.ESS2.C，MS.ESS2.D
5-ESS2-2: 2.ESS2.C，MS.ESS2.C，MS.ESS3.A

与州共同核心标准的连接
（注：斜体字部分不一定是成功完成一个既定预期表现的先决条件，但可能与其连接。）

英语语言艺术/读写能力
5-ESS2-1: *RI.5.7*，SL.5.5
5-ESS2-2: *RI.5.7*，*W.5.8*，SL.5.5

关键点
RI.5.7: 利用多种印刷或数字来源的信息，展现能够快速找到问题答案或有效解决问题的能力。
W.5.8: 从经验中回忆信息或从印刷和数字来源中搜集信息；在注释或已完成的作品中总结或解释信息，并提供信息来源清单。
SL.5.5: 当需要强调中心思想或主题时，在演示文稿中包含多媒体组件（例如图表、声音）和视觉表达方式。

数学
5-ESS2-1: *MP.2*，MP.4，5.G.A.2
5-ESS2-2: MP.2，MP.4

关键点
MP.2: 抽象和定量地推理。
MP.4: 使用数学建模。
5.G.A.2: 在坐标平面的第一个象限中绘制点来表示现实世界和数学问题，并在情境背景下解释点的坐标值的含义。

连接《新一代科学教育标准》学科核心概念序列

5-ESS3 地球与人类活动

与五年级其他学科核心概念的连接
不适用

跨年级段学科核心概念的衔接
5-ESS3-1: MS.ESS3.A，MS.ESS3.C，MS.ESS3.D

与州共同核心标准的连接
（注：斜体字部分不一定是成功完成一个既定预期表现的先决条件，但可能与其连接。）

英语语言艺术 / 读写能力
5-ESS3-1: *RI.5.1*，RI.5.7，RI.5.9，W.5.8，*W.5.9*

关键点
RI.5.1: 在解释文章明确表达的内容，以及根据文章进行推论时，能够准确地引用文章内容。
RI.5.7: 利用多种印刷或数字来源的信息，展现能够快速找到问题答案或有效解决问题的能力。
RI.5.9: 整合关于同一主题的多篇文章的信息，以有见识地撰写或讲述该主题。
W.5.8: 从经验中回忆信息或从印刷和数字来源中搜集信息；在注释或已完成的作品中总结或解释信息，并提供信息来源清单。
W.5.9: 从文献或信息文章中获取证据，以支持分析、反思和研究。

数学
5-ESS3-1: *MP.2*，*MP.4*

关键点
MP.2: 抽象和定量地推理。
MP.4: 使用数学建模。

3-5-ETS1 工程设计

连接 3-5-ETS1.A: 定义和界定工程问题
四年级：4-PS3-4

连接 3-5-ETS1.B: 设计工程问题的解决方案
四年级：4-ESS3-2

连接 3-5-ETS1.C: 优化设计方案
四年级：4-PS4-3

跨年级段学科核心概念的衔接
3-5-ETS1-1: K-2.ETS1.A，MS.ETS1.A，MS.ETS1.B
3-5-ETS1-2: K-2.ETS1.A，K-2.ETS1.B，K-2.ETS1.C，MS.ETS1.B，MS.ETS1.C
3-5-ETS1-3: K-2.ETS1.A，K-2.ETS1.C，MS.ETS1.B，MS.ETS1.C

与州共同核心标准的连接
（注：斜体字部分不一定是成功完成一个既定预期表现的先决条件，但可能与其连接。）

英语语言艺术 / 读写能力
3-5-ETS-1: W.5.7，W.5.8，W.5.9
3-5-ETS-2: *RI.5.1*，RI.5.7，RI.5.9
3-5-ETS-3: W.5.7，W.5.8，W.5.9

关键点
RI.5.1: 在解释文章明确表达的内容，以及根据文章进行推论时，能够准确地引用文章内容。
RI.5.7: 利用多种印刷或数字来源的信息，展现能够快速找到问题答案或有效解决问题的能力。
RI.5.9: 整合关于同一主题的多篇文章的信息，以有见识地撰写或讲述该主题。
W.5.7: 开展短期研究项目，通过调查某个主题的不同方面来建构知识。
W.5.8: 从经验中回忆信息或从印刷和数字来源中搜集信息；在注释或已完成的作品中总结或解释信息，并提供信息来源清单。
W.5.9: 从文献或信息文章中获取证据，以支持分析、反思和研究。

数学
3-5-ETS-1: *MP.2*，*MP.4*，*MP.5*，*3-5.OA*
3-5-ETS-2: *MP.2*，*MP.4*，*MP.5*，*3-5.OA*
3-5-ETS-3: *MP.2*，*MP.4*，*MP.5*

关键点
MP.2: 抽象和定量地推理。
MP.4: 使用数学建模。
MP.5: 策略性地使用适当的工具。
3-5.OA: 运算与代数思维。

连接《新一代科学教育标准》学科核心概念序列

MS-PS1 物质及其相互作用

与本年级段其他学科核心概念的连接
MS-PS1-1: MS.ESS2.C
MS-PS1-2: MS.PS3.D，MS.LS1.C，MS.ESS2.A
MS-PS1-3: MS.LS2.A，MS.LS4.D，MS.ESS3.A，MS.ESS3.C
MS-PS1-4: MS.ESS2.C
MS-PS1-5: MS.LS1.C，MS.LS2.B，MS.ESS2.A
MS-PS1-6: MS.PS3.D

跨年级段学科核心概念的衔接
MS-PS1-1: 5.PS1.A，HS.PS1.A，HS.ESS1.A
MS-PS1-2: 5.PS1.B，HS.PS1.B
MS-PS1-3: HS.PS1.A，HS.LS2.A，HS.LS4.D，HS.ESS3.A
MS-PS1-4: HS.PS1.A，HS.PS1.B，HS.PS3.A
MS-PS1-5: 5.PS1.B，HS.PS1.B
MS-PS1-6: HS.PS1.A，HS.PS1.B，HS.PS3.A，HS.PS3.B，HS.PS3.D

与州共同核心标准的连接
（注：斜体字部分不一定是成功完成一个既定预期表现的先决条件，但可能与其连接。）

英语语言艺术/读写能力
MS-PS1-1: *RST.6–8.7*
MS-PS1-2: *RST.6–8.1*，RST.6–8.7
MS-PS1-3: RST.6–8.1，WHST.6–8.8
MS-PS1-4: *RST.6–8.7*
MS-PS1-5: *RST.6–8.7*
MS-PS1-6: RST.6–8.3，WHST.6–8.7

关键点
RST.6–8.1: 引用具体的文字证据来支持科学与技术文章的分析，注意到说明或描述中的精确细节。
RST.6–8.3: 在进行实验、测量或执行技术任务时，精确地遵循多步骤程序。
RST.6–8.7: 将文章中表达定量或技术信息的文字与该信息的视觉表达形式相结合（例如流程图、图表、模型、图形或表格）。
WHST.6–8.7: 开展短期研究项目来解答一个问题（包括自己提出的问题），利用多种来源，形成额外相关的、聚焦的并可以采用多种途径探索的问题。
WHST.6–8.8: 从多种印刷和数字来源中搜集相关信息，有效利用搜索词；评估每个来源的可信性和准确性；引用或改述其他人的数据和结论，同时避免剽窃并遵循引用的标准格式。

数学
MS-PS1-1: MP.2，*MP.4*，6.RP.A.3，8.EE.A.3
MS-PS1-2: MP.2，6.RP.A.3，6.SP.B.4，6.SP.B.5
MS-PS1-4: 6.NS.C.5
MS-PS1-5: MP.2，MP.4，6.RP.A.3

关键点
MP.2: 抽象和定量地推理。
MP.4: 使用数学建模。
6.RP.A.3: 使用比例和比率推理来解决现实问题和数学问题。
6.NS.C.5: 理解正数和负数被一起用于描述具有相反的方向或数值的量（例如高于/低于零的温度、高于/低于海平面的海拔、贷/借以及正/负电荷）；使用正数和负数来表示现实世界情境中的数量，解释每种情况下零的含义。
8.EE.A.3: 使用个位数乘以10的整数次方的形式来估计非常大或非常小的数量，并表示一个比另一个多多少倍。
6.SP.B.4: 在数轴上显示数值数据，包括点图、直方图和箱形图。
6.SP.B.5: 根据其所处情境，总结数值数据集。

MS-PS2 运动和稳定性：力和相互作用

与本年级段其他学科核心概念的连接
MS-PS2-1: MS.PS3.C
MS-PS2-2: MS.PS3.A，MS.PS3.B，MS.ESS2.C
MS-PS2-4: MS.ESS1.A，MS.ESS1.B，MS.ESS2.C

跨年级段学科核心概念的衔接
MS-PS2-1: 3.PS2.A，HS.PS2.A
MS-PS2-2: 3.PS2.A，HS.PS2.A，HS.PS3.B，HS.ESS1.B
MS-PS2-3: 3.PS2.B，HS.PS2.B
MS-PS2-4: 5.PS2.B，HS.PS2.B，HS.ESS1.B
MS-PS2-5: 3.PS2.B，HS.PS2.B，HS.PS3.A，HS.PS3.B，HS.PS3.C

连接《新一代科学教育标准》学科核心概念序列

与州共同核心标准的连接

（注：斜体字部分不一定是成功完成一个既定预期表现的先决条件，但可能与其连接。）

英语语言艺术/读写能力
MS-PS2-1: *RST.6-8.1*，*RST.6-8.3*，*WHST.6-8.7*
MS-PS2-2: RST.6-8.3，WHST.6-8.7
MS-PS2-3: *RST.6-8.1*
MS-PS2-4: WHST.6-8.1
MS-PS2-5: *RST.6-8.3*，*WHST.6-8.7*

关键点
RST.6-8.1: 引用具体的文字证据来支持科学与技术文章的分析，注意到说明或描述中的精确细节。
RST.6-8.3: 在进行实验、测量或执行技术任务时，精确地遵循多步骤程序。
WHST.6-8.1: 撰写聚焦于特定学科内容的论点。
WHST.6-8.7: 开展短期研究项目来解答一个问题（包括自己提出的问题），利用多种来源，形成额外相关的、聚焦的并可以采用多种途径探索的问题。

数学
MS-PS2-1: MP.2，6.NS.C.5，*6.EE.A.2*，*7.EE.B.3*，*7.EE.B.4*
MS-PS2-2: MP.2，*6.EE.A.2*，*7.EE.B.3*，*7.EE.B.4*
MS-PS2-3: MP.2

关键点
MP.2: 抽象和定量地推理。
6.NS.C.5: 理解正数和负数被一起用于描述具有相反的方向或数值的量（例如高于/低于零的温度、高于/低于海平面的海拔、贷/借以及正/负电荷）；使用正数和负数来表示现实世界情境中的数量，解释每种情况下零的含义。
6.EE.A.2: 书写、阅读和评价含有代表数字的字母的表达式。
7.EE.B.3: 策略性地使用工具解决在任何形式下的正、负有理数的多步的现实世界和数学中的问题。应用运算的性质以计算任意形式的数字；酌情在不同的形式之间进行转换；用心算和估算策略评估答案的合理性。
7.EE.B.4: 使用变量来表示现实世界或数学问题中的量，通过对数量的推理构造简单的方程和不等式来解决问题。

MS-PS3 能量

与本年级段其他学科核心概念的连接
MS-PS3-1: MS.PS2.A
MS-PS3-3: MS.PS1.B，MS.ESS2.A，MS.ESS2.C，MS.ESS2.D
MS-PS3-4: MS.PS1.A，MS.PS2.A，MS.ESS2.C，MS.ESS2.D，MS.ESS3.D
MS-PS3-5: MS.PS2.A

跨年级段学科核心概念的衔接
MS-PS3-1: 4.PS3.B，HS.PS3.A，HS.PS3.B
MS-PS3-2: HS.PS2.B，HS.PS3.B，HS.PS3.C
MS-PS3-3: 4.PS3.B，HS.PS3.B
MS-PS3-4: 4.PS3.C，HS.PS1.B，HS.PS3.A，HS.PS3.B
MS-PS3-5: 4.PS3.C，HS.PS3.A，HS.PS3.B

与州共同核心标准的连接

（注：斜体字部分不一定是成功完成一个既定预期表现的先决条件，但可能与其连接。）

英语语言艺术/读写能力
MS-PS3-1: *RST.6-8.1*，RST.6-8.7
MS-PS3-2: *SL.8.5*
MS-PS3-3: *RST.6-8.3*，WHST.6-8.7
MS-PS3-4: RST.6-8.3，*WHST.6-8.7*
MS-PS3-5: *RST.6-8.1*，*WHST.6-8.1*

关键点
RST.6-8.1: 引用具体的文字证据来支持科学与技术文章的分析，注意到说明或描述中的精确细节。
RST.6-8.3: 在进行实验、测量或执行技术任务时，精确地遵循多步骤程序。
RST.6-8.7: 将文章中表达定量或技术信息的文字与该信息的视觉表达方式相结合（例如流程图、图表、模型、图形或表格）。
WHST.6-8.1: 撰写聚焦于学科内容的论点。
WHST.6-8.7: 开展短期研究项目来解答一个问题（包括自己提出的问题），利用多种来源，形成额外相关的、聚焦的并可以采用多种途径探索的问题。
SL.8.5: 将多媒体和视觉表达形式整合到演示文稿中，以阐明信息、强化主张和证据以及增添兴趣。

连接《新一代科学教育标准》学科核心概念序列

数学

MS-PS3-1: MP.2，6.RP.A.1，*6.RP.A.2*，7.RP.A.2，8.EE.A.1，*8.EE.A.2*，8 F.A.3

MS-PS3-4: MP.2，*6.SP.B.5*

MS-PS3-5: MP.2，*6.RP.A.1*，7.RP.A.2，*8.F.A.3*

关键点

MP.2: 抽象和定量地推理。

6.RP.A.1: 理解比例的概念，并用比例语言描述两个数量之间的比例关系。

6.RP.A.2: 理解单位比例 a/b 是与 a:b 且 b 不等于 0 相关联的概念，并在比例关系情境下使用比例语言。

7.RP.A.2: 识别和表示数量之间的比例关系。

8.EE.A.1: 了解并应用整数指数的性质来生成等价的数值表达式。

8.EE.A.2: 利用平方和立方根的符号形式来表现 $X_2=P$ 和 $X_3=P$ 方程的解，其中 P 是一个正有理数。估算小的完全平方数的平方根和完全立方数的立方根。了解 $\sqrt{2}$ 是无理数。

8.F.A.3: 将等式 $y = mx + b$ 理解为对一个线性函数的定义，它的图是一条直线；举出非线性函数的例子。

6.SP.B.5: 根据其所处情境，总结数值数据集。

MS-PS4 波及其在信息传递技术中的应用

与本年级段其他学科核心概念的连接
MS-PS4-2: MS.LS1.D

跨年级段学科核心概念的衔接
MS-PS4-1: 4.PS3.A，4.PS3.B，4.PS4.A，HS.PS4.A，HS.PS4.B

MS-PS4-2: 4.PS4.B，HS.PS4.A，HS.PS4.B，HS.ESS1.A，HS.ESS2.A，HS.ESS2.C，HS.ESS2.D

MS-PS4-3: 4.PS4.C，HS.PS4.A，HS.PS4.C

与州共同核心标准的连接
（注：斜体字部分不一定是成功完成一个既定预期表现的先决条件，但可能与其连接。）

英语语言艺术 / 读写能力

MS-PS4-1: *SL.8.5*

MS-PS4-2: *SL.8.5*

MS-PS4-3: RST.6-8.1，*RST.6-8.2*，RST.6-8.9，WHST.6-8.9

关键点

RST.6-8.1: 引用具体的文字证据来支持科学与技术文章的分析，注意到说明或描述中的精确细节。

RST.6-8.2: 确定文章的中心思想或结论；提供与先前知识或观点不同的文章的准确摘要。

RST.6-8.9: 将从实验、模拟、视频或多媒体资源获得的信息与从阅读同一主题的文章中获得的信息进行比较和对比。

WHST.6-8.9: 从信息文章中获取证据以支持分析、反思和研究。

SL.8.5: 将多媒体和视觉表达方式整合到演示文稿中，以阐明信息、强化主张和证据以及增添兴趣。

数学

MS-PS4-1: MP.2，MP.4，6.RP.A.1，6.RP.A.3，7.RP.A.2，*8.F.A.3*

关键点

MP.2: 抽象和定量地推理。

MP.4: 使用数学建模。

6.RP.A.1: 理解比例的概念，并用比例语言描述两个数量之间的比例关系。

6.RP.A.3: 利用比例和比率推理解决现实问题和数学问题。

7.RP.A.2: 识别和表示数量之间的比例关系。

8.F.A.3: 将等式 $y = mx + b$ 理解为对一个线性函数的定义，它的图是一条直线；举出非线性函数的例子。

MS-LS1 从分子到生物体：结构与过程

与本年级段其他学科核心概念的连接

MS-LS1-2: MS.LS3.A

MS-LS1-4: MS.LS2.A

MS-LS1-5: MS.LS2.A

MS-LS1-6: MS.PS1.B，MS.ESS2.A

MS-LS1-7: MS.PS1.B

跨年级段学科核心概念的衔接

MS-LS1-1: HS.LS1.A

MS-LS1-2: 4.LS1.A，HS.LS1.A

MS-LS1-3: HS.LS1.A

MS-LS1-4: 3.LS1.B，HS.LS2.A，HS.LS2.D

MS-LS1-5: 3.LS1.B，3.LS3.A，HS.LS2.A

连接《新一代科学教育标准》学科核心概念序列

MS-LS1-6: 5.PS3.D，5.LS1.C，5.LS2.A，5.LS2.B，HS.PS1.B，HS.LS1.C，HS.LS2.B，HS.ESS2.D

MS-LS1-7: 5.PS3.D，5.LS1.C，5.LS2.B，HS.PS1.B，HS.LS1.C，HS.LS2.B

MS-LS1-8: 4.LS1.D，HS.LS1.A

与州共同核心标准的连接

（注：斜体字部分不一定是成功完成一个既定预期表现的先决条件，但可能与其连接。）

英语语言艺术/读写能力

MS-LS1-1: WHST.6-8.7

MS-LS1-2: *SL.8.5*

MS-LS1-3: RST.6-8.1，RI.6.8，WHST.6-8.1

MS-LS1-4: RST.6-8.1，RI.6.8，WHST.6-8.1

MS-LS1-5: RST.6-8.1，*RST.6-8.2*，*WHST.6-8.2*，WHST.6-8.9

MS-LS1-6: RST.6-8.1，*RST.6-8.2*，WHST.6-8.2，WHST.6-8.9

MS-LS1-7: *SL.8.5*

MS-LS1-8: WHST.6-8.8

关键点

RST.6-8.1: 引用具体的文字证据来支持科学与技术文章的分析。

RST.6-8.2: 确定文章的中心思想或结论；提供与先前知识或观点不同的文章的准确摘要。

RI.6.8: 追踪和评估文章中的论点和具体主张，区分有和没有理由和证据支持的观点。

WHST.6-8.1: 撰写聚焦于学科内容的论点。

WHST.6-8.2: 通过选择、组织和分析相关内容，撰写信息性/解释性文章，以检查主题和传递观点、概念和信息。

WHST.6-8.7: 开展短期研究项目来解答一个问题（包括自己提出的问题），利用多种来源，形成额外相关的、聚焦的并可以采用多种途径探索的问题。

WHST.6-8.8: 从多种印刷和数字来源中搜集相关信息；评估每个来源的可信性；引用或改述他人的数据和结论，同时避免剽窃并提供基本的参考信息来源。

WHST.6-8.9: 从信息文章中获取证据以支持分析、反思和研究。

SL.8.5: 将多媒体和视觉表达方式整合到演示文稿中，以阐明信息、强化主张和证据以及增添兴趣。

数学

MS-LS1-1: *6.EE.C.9*

MS-LS1-2: *6.EE.C.9*

MS-LS1-3: *6.EE.C.9*

MS-LS1-4: *6.SP.A.2*，*6.SP.B.4*

MS-LS1-5: *6.SP.A.2*，*6.SP.B.4*

MS-LS1-6: *6.EE.C.9*

关键点

6.EE.C.9: 用变量表示现实世界中变化相互关联的两个量；写一个算式来表示因变量与自变量之间的关系。用图形和表格分析因变量和自变量之间的关系，并将它们与算式联系起来。

6.SP.A.2: 理解一组被搜集来回答统计性问题的数据可以用它的中心、分布和整体形状来进行描述。

6.SP.B.4: 根据其所处情境，总结数值数据集。

MS-LS2 生态系统：相互作用、能量和动态

与本年级段其他学科核心概念的连接

MS-LS2-1: MS.ESS3.A，MS.ESS3.C

MS-LS2-2: MS.LS1.B

MS-LS2-3: MS.PS1.B，MS.ESS2.A

MS-LS2-4: MS.LS4.C，MS.LS4.D，MS.ESS2.A，MS.ESS3.A，MS.ESS3.C

MS-LS2-5: MS.ESS3.C

跨年级段学科核心概念的衔接

MS-LS2-1: 3.LS2.C，3.LS4.D，5.LS2.A，HS.LS2.A，HS.LS4.C，HS.LS4.D，HS.ESS3.A

MS-LS2-2: 1.LS1.B，HS.LS2.A，HS.LS2.B，HS.LS2.D

MS-LS2-3: 5.LS2.A，5.LS2.B，HS.PS3.B，HS.LS1.C，HS.LS2.B，HS.ESS2.A

MS-LS2-4: 3.LS2.C，3.LS4.D，HS.LS2.C，HS.LS4.C，HS.LS4.D，HS.ESS2.E，HS.ESS3.B，HS.ESS3.C

MS-LS2-5: HS.LS2.A，HS.LS2.C，HS.LS4.D，HS.ESS3.A，HS.ESS3.C，HS.ESS3.D

与州共同核心标准的连接

（注：斜体字部分不一定是成功完成一个既定预期表现的先决条件，但可能与其连接。）

连接《新一代科学教育标准》学科核心概念序列

英语语言艺术/读写能力

MS-LS2-1: RST.6–8.1, RST.6–8.7

MS-LS2-2: RST.6–8.1, WHST.6–8.2, WHST.6–8.9, SL.8.1, SL.8.4

MS-LS2-3: SL.8.5

MS-LS2-4: RST.6–8.1, RI.8.8, WHST.6–8.1, WHST.6–8.9

MS-LS2-5: RST.6–8.8, RI.8.8

关键点

RST.6–8.1: 引用具体的文字证据支持对科学与技术文章的分析。

RST.6–8.7: 将文章中表达定量或技术信息的文字与该信息的视觉表达形式相结合（例如流程图、图表、模型、图形或表格）。

RST.6–8.8: 基于研究发现和文章中的推测，区分事实和理性判断。

RI.8.8: 追踪和评估文章中的论点和具体主张，评估推理是否合理、证据是否相关并且充分支持这些主张。

WHST.6–8.1: 用清晰的理由和相关证据撰写支持主张的论点。

WHST.6–8.2: 通过选择、组织和分析相关内容，撰写信息性/解释性文章，以检查主题和传递观点、概念和信息。

WHST.6–8.9: 从文献或信息文章中获取证据以支持分析、反思和研究。

SL.8.1: 与不同的合作伙伴就8年级的主题、文章和议题进行一系列有效地讨论（例如一对一讨论、小组内讨论以及教师引领的讨论），在讨论中对他人的想法进行拓展并明确表述自己的想法。

SL.8.4: 用切题的证据、合理有效的推理、精心挑选的细节，以聚焦的、连贯的方式提出主张和发现，并强调突出要点；恰当地使用目光接触、适当音量和清晰发音。

SL.8.5: 在演示文稿中包含多媒体组件和视觉表达方式，以阐明主张和发现并强调突出要点。

数学

MS-LS2-2: *6.SP.B.5*

MS-LS2-3: *6.EE.C.9*

MS-LS2-5: *MP.4*, *6.RP.A.3*

关键点

MP.4: 使用数学建模。

6.RP.A.3: 利用比率和比率推理解决现实问题和数学问题。

6.EE.C.9: 用变量表示现实世界中变化相互关联的两个量；写一个算式来表示因变量与自变量之间的关系。用图形和表格分析因变量和自变量之间的关系，并将它们与算式联系起来。

6.SP.B.5: 根据其所处情境，总结数值数据集。

MS-LS3 遗传：性状的继承与变异

与本年级段其他学科核心概念的连接

MS-LS3-1: MS.LS1.A, MS.LS4.A

跨年级段学科核心概念的衔接

MS-LS3-1: 3.LS3.A, 3.LS3.B, HS.LS1.A, HS.LS1.B, HS.LS3.A, HS.LS3–B

MS-LS3-2: 3.LS3.A, 3.LS3.B, HS.LS1.B, HS.LS3.A, HS.LS3–B

与州共同核心标准的连接

（注：斜体字部分不一定是成功完成一个既定预期表现的先决条件，但可能与其连接。）

英语语言艺术/读写能力

MS-LS3-1: *RST.6–8.1*, *RST.6–8.4*, RST.6–8.7, *SL.8.5*

MS-LS3-2: *RST.6–8.1*, *RST.6–8.4*, RST.6–8.7, *SL.8.5*

关键点

RST.6–8.1: 引用具体的文字证据以支持对科学与技术文章的分析。

RST.6–8.4: 确定符号、关键术语和其他特定领域的词和短语在与6–8年级文章和主题相关的特定科学或技术情境中的含义。

RST.6–8.7: 将文章中表达定量或技术信息的文字与该信息的视觉表达形式相结合（例如流程图、图表、模型、图形或表格）。

SL.8.5: 在演示文稿中包含多媒体组件和视觉表达方式，以阐明主张和发现并强调突出要点。

数学

MS-LS3-2: *MP.4*, *6.SP.B.5*

连接《新一代科学教育标准》学科核心概念序列

关键点
MP.4: 使用数学建模。
6.SP.B.5: 根据其所处情境，总结数值数据集。

MS-LS4 生物演化：统一性与多样性

与本年级段其他学科核心概念的连接
MS-LS4-1: MS.ESS1.C, MS.ESS2.B
MS-LS4-2: MS.LS3.A, MS.LS3.B, MS.ESS1.C
MS-LS4-4: MS.LS2.A, MS.LS3.A, MS.LS3.B
MS-LS4-6: MS.LS2.A, MS.LS2.C, MS.LS3.B, MS.ESS1.C

跨年级段学科核心概念的衔接
MS-LS4-1: 3.LS4.A, HS.LS4.A, HS.ESS1.C
MS-LS4-2: 3.LS4.A, HS.LS4.A, HS.ESS1.C
MS-LS4-3: HS.LS4.A
MS-LS4-4: 3.LS3.B, 3.LS4.B, HS.LS2.A, HS.LS3.B, HS.LS4.B, HS.LS4.C
MS-LS4-5: HS.LS3.B, HS.LS4.C
MS-LS4-6: 3.LS4.C, HS.LS2.A, HS.LS2.C, HS.LS3.B, HS.LS4.B, HS.LS4.C

与州共同核心标准的连接
（注：斜体字部分不一定是成功完成一个既定预期表现的先决条件，但可能与其连接。）

英语语言艺术 / 读写能力
MS-LS4-1: *RST.6–8.1*, RST.6–8.7
MS-LS4-2: RST.6–8.1, WHST.6–8.2, WHST.6–8.9, *SL.8.1*, *SL.8.4*
MS-LS4-3: *RST.6–8.1*, RST.6–8.7, *RST.6–8.9*
MS-LS4-4: *RST.6–8.1*, *RST.6–8.9*, WHST.6–8.2, WHST.6–8.9, *SL.8.1*, *SL.8.4*
MS-LS4-5: RST.6–8.1, *WHST.6–8.8*

关键点
RST.6–8.1: 引用具体的文字证据来支持科学与技术文章的分析，注意到说明或描述中的精确细节。
RST.6–8.7: 将文章中表达定量或技术信息的文字与该信息的视觉表达方式相结合（例如流程图、图表、模型、图形或表格）。
RST.6–8.9: 将从实验、模拟、视频或多媒体资源获得的信息与从阅读同一主题的文章中获得的信息进行比较和对比。
WHST.6–8.2: 通过选择、组织和分析相关内容，撰写信息性/解释性文章，以检查主题和传递观点、概念和信息。
WHST.6–8.8: 从多种印刷和数字来源中搜集相关信息；评估每个来源的可信性；引用或改述他人的数据和结论，同时避免剽窃并提供基本的参考信息来源。
WHST.6–8.9: 从信息文章中获取证据以支持分析、反思和研究。
SL.8.1: 与不同的合作伙伴就6年级的主题、文章和议题进行一系列有效地讨论（例如一对一讨论、小组内讨论以及教师引领的讨论），在讨论中对他人的想法进行拓展并明确表述自己的想法。
SL.8.4: 用切题的证据、合理有效的推理、精心挑选的细节，以聚焦的、连贯的方式提出主张和发现，并强调突出要点；恰当地使用目光接触、适当音量和清晰发音。

数学
MS-LS4-1: *6.EE.B.6*
MS-LS4-2: *6.EE.B.6*
MS-LS4-4: *6.RP.A.1*, *6.SP.B.5*, *7.RP.A.2*
MS-LS4-6: MP.4, *6.RP.A.1*, *6.SP.B.5*, *7.RP.A.2*

关键点
MP.4: 使用数学建模。
6.RP.A.1: 理解比例的概念，并用比例语言描述两个数量之间的比例关系。
6.SP.B.5: 根据其所处情境，总结数值数据集。
6.EE.B.6: 在解决现实世界或数学问题时，用变量来代表数字和编写表达式；理解一个变量可以代表一个未知数，或者根据当前的目的可以代表特定集合中的任何一个数字。
7.RP.A.2: 识别和表示数量之间的比例关系。

MS-ESS1 地球在宇宙中的位置

与本年级段其他学科核心概念的连接
MS-ESS1-1: MS.PS2.A, MS.PS2.B
MS-ESS1-2: MS.PS2.A, MS.PS2.B
MS-ESS1-3: MS.ESS2.A
MS-ESS1-4: MS.LS4.A, MS.LS4.C

连接《新一代科学教育标准》学科核心概念序列

跨年级段学科核心概念的衔接

MS-ESS1-1: 3.PS2.A，5.PS2.B，5.ESS1.B，HS.PS2.A，HS.PS2.B，HS.ESS1.B

MS-ESS1-2: 3.PS2.A，5.PS2.B，5.ESS1.A，5.ESS1.B，HS.PS2.A，HS.PS2.B，HS.ESS1.A，HS.ESS1.B

MS-ESS1-3: 5.ESS1.B，HS.ESS1.B，HS.ESS2.A

MS-ESS1-4: 3.LS4.A，3.LS4.C，4.ESS1.C，HS.PS1.C，HS.LS4.A，HS.LS4.C，HS.ESS1.C，HS.ESS2.A

与州共同核心标准的连接

（注：斜体字部分不一定是成功完成一个既定预期表现的先决条件，但可能与其连接。）

英语语言艺术/读写能力

MS-ESS1-1: *SL.8.5*

MS-ESS1-2: *SL.8.5*

MS-ESS1-3: RST.6-8.1，RST.6-8.7

MS-ESS1-4: RST.6-8.1，WHST.6-8.2

关键点

RST.6-8.1: 引用具体的文字证据以支持科学与技术文章分析。

RST.6-8.7: 将文章中表达定量或技术信息的文字与该信息的视觉表达形式相结合（例如流程图、图表、模型、图形或表格）。

WHST.6-8.2: 通过选择、组织和分析相关内容，撰写信息性/解释性文章，以检查主题和传递观点、概念和信息。

SL.8.5: 在演示文稿中包含多媒体组件和视觉表达方式，以阐明主张和发现并强调突出要点。

数学

MS-ESS1-1: *MP.4*，*6.RP.A.1*，*7.RP.A.2*

MS-ESS1-2: *MP.4*，*6.RP.A.1*，*7.RP.A.2*，*6.EE.B.6*，*7.EE.B.4*

MS-ESS1-3: MP.2，6.RP.A.1，7.RP.A.2

MS-ESS1-4: *6.EE.B.6*，*7.EE.B.4*

关键点

MP.2: 抽象和定量地推理。

MP.4: 使用数学建模。

6.RP.A.1: 理解比例的概念，并用比例语言描述两个数量之间的比例关系。

7.RP.A.2: 识别和表示数量之间的比例关系。

6.EE.B.6: 在解决现实世界或数学问题时，用变量来代表数字和编写表达式；理解一个变量可以代表一个未知数，或者根据当前的目的可以代表特定集合中的任何一个数字。

7.EE.B.4: 使用变量表示现实世界或数学问题中的数量，通过数量推理构建简单等式和不等式来解决问题。

MS-ESS2 地球的系统

与本年级段其他学科核心概念的连接

MS-ESS2-1: MS.PS1.A，MS.PS1.B，MS.PS3.B，MS.LS2.B，MS.LS2.C，MS.ESS1.B，MS.ESS3.C

MS-ESS2-2: MS.PS1.B，MS.LS2.B

MS-ESS2-3: MS.LS4.A

MS-ESS2-4: MS.PS1.A，MS.PS2.B，MS.PS3.A，MS.PS3.D

MS-ESS2-5: MS.PS1.A，MS.PS2.A，MS.PS3.A，MS.PS3.B

MS-ESS2-6: MS.PS2.A，MS.PS3.B，MS.PS4.B

跨年级段学科核心概念的衔接

MS-ESS2-1: 4.PS3.B，4.ESS2.A，5.ESS2.A，HS.PS1.B，HS.PS3.B，HS.LS1.C，HS.LS2.B，HS.ESS2.A，HS.ESS2.C，HS.ESS2.E

MS-ESS2-2: 4.ESS1.C，4.ESS2.A，4.ESS2.E，5.ESS2.A，HS.PS3.D，HS.LS2.B，HS.ESS1.C，HS.ESS2.A，HS.ESS2.B，HS.ESS2.C，HS.ESS2.D，HS.ESS2.E，HS.ESS3.D

MS-ESS2-3: 3.LS4.A，3.ESS3.B，4.ESS1.C，4.ESS2.B，4.ESS3.B，HS.LS4.A，HS.LS4.C，HS.ESS1.C，HS.ESS2.A，HS.ESS2.B

MS-ESS2-4: 3.PS2.A，4.PS3.B，5.PS2.B，5.ESS2.C，HS.PS2.B，HS.PS3.B，HS.PS4.B，HS.ESS2.A，HS.ESS2.C，HS.ESS2.D

MS-ESS2-5: 3.ESS2.D，5.ESS2.A，HS.ESS2.C，HS.ESS2.D

MS-ESS2-6: 3.PS2.A，3.ESS2.D，5.ESS2.A，HS.PS2.B，HS.PS3.B，HS.PS3.D，HS.ESS1.B，HS.ESS2.A，HS.ESS2.D

与州共同核心标准的连接

（注：斜体字部分不一定是成功完成一个既定预期表现的先决条件，但可能与其连接。）

连接《新一代科学教育标准》学科核心概念序列

英语语言艺术 / 读写能力
MS-ESS2-1: *SL.8.5*
MS-ESS2-2: RST.6–8.1，WHST.6–8.2，*SL.8.5*
MS-ESS2-3: *RST.6–8.1*，RST.6–8.7，RST.6–8.9
MS-ESS2-5: RST.6–8.1，RST.6–8.9，*WHST.6–8.8*
MS-ESS2-6: *SL.8.5*

关键点
RST.6–8.1: 引用具体的文字证据用以支持对科学与技术文章的分析。
RST.6–8.7: 使用变量表示现实世界或数学问题中的数量，通过数量推理构建简单等式和不等式来解决问题。
RST.6–8.9: 将从实验、模拟、视频或多媒体资源获得的信息与从阅读同一主题的文章中获得的信息进行比较和对比。
WHST.6–8.2: 通过选择、组织和分析相关内容，撰写信息性 / 解释性文章，以检查主题和传递观点、概念和信息。
WHST.6–8.8: 从多种印刷和数字来源中搜集相关信息；评估每个来源的可信性；引用或改述他人的数据和结论，同时避免剽窃并提供基本的参考信息来源。
SL.8.5: 在演示文稿中包含多媒体组体和视觉表达方式，以阐明主张和发现并强调突出要点。

数学
MS-ESS2-2: MP.2，*6.EE.B.6*，*7.EE.B.4*
MS-ESS2-3: MP.2，*6.EE.B.6*，*7.EE.B.4*
MS-ESS2-5: MP.2，6.NS.C.5

关键点
MP.2: 抽象和定量地推理。
6.NS.C.5: 理解正数和负数被一起用于描述具有相反的方向或数值的量（例如高于 / 低于零的温度、高于 / 低于海平面的海拔、贷 / 借以及正 / 负电荷）；使用正数和负数来表示现实世界情境中的数量，解释每种情况下零的含义。
6.EE.B.6: 在解决现实世界或数学问题时，用变量来代表数字和编写表达式；理解一个变量可以代表一个未知数，或者根据当前的目的可以代表特定集合中的任何一个数字。
7.EE.B.4: 使用变量表示现实世界或数学问题中的数量，通过数量推理构建简单等式和不等式来解决问题。

MS-ESS3 地球与人类活动

与本年级段其他学科核心概念的连接
MS-ESS3-1: MS.PS1.A，MS.PS1.B，MS.ESS2.D
MS-ESS3-2: MS.PS3.C
MS-ESS3-3: MS.LS2.A，MS.LS2.C，MS.LS4.D
MS-ESS3-4: MS.LS2.A，MS.LS2.C，MS.LS4.D
MS-ESS3-5: MS.PS3.A

跨年级段学科核心概念的衔接
MS-ESS3-1: 4.PS3.D，4.ESS3.A，HS.PS3.B，HS.LS1.C，HS.ESS2.A，HS.ESS2.B，HS.ESS2.C，HS.ESS3.A
MS-ESS3-2: 3.ESS3.B，4.ESS3.B，HS.ESS2.B，HS.ESS2.D，HS.ESS3.B，HS.ESS3.D
MS-ESS3-3: 3.LS2.C，3.LS4.D，5.ESS3.C，HS.LS2.C，HS.LS4.C，HS.LS4.D，HS.ESS2.C，HS.ESS2.D，HS.ESS2.E，HS.ESS3.C，HS.ESS3.D
MS-ESS3-4: 3.LS2.C，3.LS4.D，5.ESS3.C，HS.LS2.A，HS.LS2.C，HS.LS4.C，HS.LS4.D，HS.ESS2.E，HS.ESS3.A，HS.ESS3.C
MS-ESS3-5: HS.PS3.B，HS.PS4.B，HS.ESS2.A，HS.ESS2.D，HS.ESS3.C，HS.ESS3.D

与州共同核心标准的连接
（注：斜体字部分不一定是成功完成一个既定预期表现的先决条件，但可能会与其连接。）

英语语言艺术 / 读写能力
MS-ESS3-1: RST.6–8.1，WHST.6–8.2，WHST.6–8.9
MS-ESS3-2: *RST.6–8.1*，RST.6–8.7
MS-ESS3-3: WHST.6–8.7，WHST.6–8.8
MS-ESS3-4: RST.6–8.1，WHST.6–8.1，WHST.6–8.9
MS-ESS3-5: RST.6–8.1

关键点
RST.6–8.1: 引用具体的文字证据以支持对科学与技术文章的分析。
RST.6–8.7: 将文章中表达定量或技术信息的文字与该信息的视觉表达形式相结合（例如流程图、图表、模型、图形或表格）。
WHST.6–8.1: 撰写聚焦于学科内容的观点。
WHST.6–8.2: 通过选择、组织和分析相关内容，撰写信息性 / 解释性文章，以检查主题和传递观点、概念和信息。

连接《新一代科学教育标准》学科核心概念序列

WHST.6–8.7: 开展短期研究项目来解答一个问题（包括自己提出的问题），利用多种来源，形成额外相关的、聚焦的并可以采用多种途径探索的问题。

WHST.6–8.8: 从多种印刷和数字来源中搜集相关信息；评估每个来源的可信性；引用或改述他人的数据和结论，同时避免剽窃并提供基本的参考信息来源。

WHST.6–8.9: 从信息文章中获取证据以支持分析、反思和研究。

数学

MS-ESS3-1: *6.EE.B.6，7.EE.B.4*

MS-ESS3-2: *MP.2，6.EE.B.6，7.EE.B.4*

MS-ESS3-3: *6.RP.A.1，7.RP.A.2，6.EE.B.6，7.EE.B.4*

MS-ESS3-4: *6.RP.A.1，7.RP.A.2，6.EE.B.6，7.EE.B.4*

MS-ESS3-5: *MP.2，6.EE.B.6，7.EE.B.4*

关键点

MP.2: 抽象和定量地推理。

6.RP.A.1: 理解比例的概念，并用比例语言描述两个数量之间的比例关系。

7.RP.A.2: 识别和表示数量之间的比例关系。

6.EE.B.6: 在解决现实世界或数学问题时，用变量来代表数字和编写表达式；理解一个变量可以代表一个未知数，或者根据当前的目的可以代表特定集合内任何一个数字。

7.EE.B.4: 使用变量表示现实世界或数学问题中的数量，通过数量推理构建简单等式和不等式来解决问题。

MS-ETS1 工程设计

连接 MS-ETS1.A: 定义和界定工程问题

物质科学：MS–PS3–3

连接 MS-ETS1.B: 开发可能的解决方法

物质科学：MS–PS1–6，MS–PS3–3

生命科学：MS–LS2–5

连接 MS-ETS1.C: 优化设计方案

物质科学：MS–PS1–6

跨年级段学科核心概念的衔接

MS-ETS1-1: 3–5.ETS1.A，3–5.ETS1.C，HS.ETS1.A，HS.ETS1.B

MS-ETS1-2: 3–5.ETS1.A，3–5.ETS1.B，3–5.ETS1.C，HS.ETS1.A，HS.ETS1.B

MS-ETS1-3: 3–5.ETS1.A，3–5.ETS1.B，3–5.ETS1.C，HS.ETS1.B，HS.ETS1.C

MS-ETS1-4: 3–5.ETS1.B，3–5.ETS1.C，HS.ETS1.B，HS.ETS1.C

与州共同核心标准的连接

（注：斜体字部分不一定是成功完成一个既定预期表现的先决条件，但可能与其连接。）

英语语言艺术 / 读写能力

MS-ETS1-1: RST.6–8.1，WHST.6–8.8

MS-ETS1-2: *RST.6–8.1*，RST.6–8.9，WHST.6–8.7，*WHST.6–8.9*

MS-ETS1-3: *RST.6–8.1*，RST.6–8.7，RST.6–8.9

MS-ETS1-4: *SL.8.5*

关键点

RST.6–8.1: 引用具体的文字证据以支持科学与技术文章分析。

RST.6–8.7: 将文章中表达定量或技术信息的文字与该信息的视觉表达形式相结合（例如流程图、图表、模型、图形或表格）。

RST.6–8.9: 将从实验、模拟、视频或多媒体资源获得的信息与从阅读同一主题的文章中获得的信息进行比较和对比。

WHST.6–8.7: 开展短期研究项目来解答一个问题（包括自己提出的问题），利用多种来源，形成额外相关的、聚焦的并可以采用多种途径探索的问题。

WHST.6–8.8: 从多种印刷和数字来源中搜集相关信息；评估每个来源的可信性；引用或改述他人的数据和结论，同时避免剽窃并提供基本的参考信息来源。

WHST.6–8.9: 从信息文章中获取证据以支持分析、反思和研究。

SL.8.5: 在演示文稿中包含多媒体组件和视觉表达方式，以阐明主张和发现并强调突出要点。

数学

MS-ETS1-1: *MP.2，7.EE.B.3*

MS-ETS1-2: *MP.2，7.EE.B.3*

MS-ETS1-3: *MP.2，7.EE.B.3*

MS-ETS1-4: *MP.2，7.SP.C.7*

连接《新一代科学教育标准》学科核心概念序列

关键点

MP.2: 抽象和定量地推理。

7.EE.B.3: 策略性地使用工具解决在任何形式下的正、负有理数的多步的现实世界和数学中的问题。应用运算的性质以计算任意形式的数字；酌情在不同的形式之间进行转换；用心算和估算策略评估答案的合理性。

7.SP.C.7: 开发一个概率模型，并用它来发现事件的概率。比较来自模型的概率和实际观察到的频率；如果一致性不好，解释可能的差异来源。

HS-PS1 物质及其相互作用

与本年级段其他学科核心概念的连接

HS-PS1-1: HS.LS1.C
HS-PS1-2: HS.LS1.C, HS.ESS2.C
HS-PS1-3: HS.ESS2.C
HS-PS1-4: HS.PS3.A, HS.PS3.B, HS.PS3.D, HS.LS1.C
HS-PS1-5: HS.PS3.A
HS-PS1-6: HS.PS3.B
HS-PS1-7: HS.PS3.B, HS.LS1.C, HS.LS2.B
HS-PS1-8: HS.PS3.A, HS.PS3.B, HS.PS3.C, HS.PS3.D, HS.ESS1.A, HS.ESS1.C

跨年级段学科核心概念的衔接

HS-PS1-1: MS.PS1.A, MS.PS1.B
HS-PS1-2: MS.PS1.A, MS.PS1.B
HS-PS1-3: MS.PS1.A, MS.PS2.B
HS-PS1-4: MS.PS1.A, MS.PS1.B, MS.PS2.B, MS.PS3.D, MS.LS1.C
HS-PS1-5: MS.PS1.A, MS.PS1.B, MS.PS2.B, MS.PS3.A, MS.PS3.B
HS-PS1-6: MS.PS1.B
HS-PS1-7: MS.PS1.A, MS.PS1.B, MS.LS1.C, MS.LS2.B, MS.ESS2.A
HS-PS1-8: MS.PS1.A, MS.PS1.B, MS.PS1.C, MS.ESS2.A

与州共同核心标准的连接

（注：斜体字部分不一定是成功完成一个既定预期表现的先决条件，但可能与其连接。）

英语语言艺术 / 读写能力

HS-PS1-1: *RST.9–10.7*
HS-PS1-2: WHST.9–12.2, WHST.9–12.5
HS-PS1-3: RST.11–12.1, WHST.9–12.7, WHST.11–12.8, *WHST.9–12.9*
HS-PS1-4: *SL.11–12.5*
HS-PS1-5: RST.11–12.1, *WHST.9–12.2*
HS-PS1-6: *WHST.9–12.7*

关键点

RST.9–10.7: 将文章中所表达的定量或技术信息翻译成视觉表达形式（如表格或图表），并将视觉或数学（如一个等式）表达的信息翻译成文字。

RST.11–12.1: 引用具体的文字证据以支持科学与技术文章的分析，注意作者所指出的重要区别，注意描述中的任何差异或不一致之处。

WHST.9–12.2: 撰写信息性 / 解释性文章，包括对历史事件、科学程序 / 实验或技术过程的叙述。

WHST.9–12.5: 通过计划、修改、编辑、改写或尝试一种新的方法来发展和加强写作，聚焦于撰写对特定目的和读者来说最有价值的内容。

WHST.9–12.7: 为回答一个问题（包括自己提出的问题）或解决一个问题而进行简短的和持续性的研究项目；在适当的时候缩小或扩大调查；综合从多种来源获取的关于同一个主题的信息，以表明对所调查主题的理解。

WHST.11–12.8: 从多个权威的印刷和数字资源搜集相关信息，有效地利用高级搜索；根据特定任务、目的和受众评估每个来源的优点和缺点；选择性地将信息整合到文章中以保持思想的流畅。避免抄袭和过度依赖任何一个来源，遵循标准引用格式。

WHST.9–12.9: 从信息文章中获取证据以支持分析、反思和研究。

SL.11–12.5: 在演示文稿中有策略地使用数字媒体（例如文章、图片、音频、视频和交互式元素），以加强对发现、推理和证据的理解，并增添兴趣。

数学

HS-PS1-2: HSN–Q.A.1, *HSN–Q.A.3*
HS-PS1-3: HSN–Q.A.1, *HSN–Q.A.3*
HS-PS1-4: *MP.4*, HSN–Q.A.1, HSN–Q.A.2, *HSN–Q.A.3*
HS-PS1-5: MP.2, HSN–Q.A.1, *HSN–Q.A.3*
HS-PS1-7: MP.2, HSN–Q.A.1, HSN–Q.A.2, *HSN–Q.A.3*
HS-PS1-8: *MP.4*, HSN–Q.A.1, HSN–Q.A.2, *HSN–Q.A.3*

连接《新一代科学教育标准》学科核心概念序列

关键点

MP.2: 抽象和定量地推理。

MP.4: 使用数学建模。

HSN-Q.A.1: 使用单位作为理解问题和指导解决多步问题的方法；在公式中前后一致地选择和解释单位；选择和解释图表和数据显示中的刻度和原点。

HSN-Q.A.2: 为达到描述性建模的目的，定义适当的数量。

HSN-Q.A.3: 在报告数量时，选择适合于测量限制的精度级别。

HS-PS2 运动和稳定性：力和相互作用

与本年级段其他学科核心概念的连接

HS-PS2-1: HS.PS3.C，HS.ESS1.A，HS.ESS1.C，HS.ESS2.C

HS-PS2-2: HS.ESS1.A，HS.ESS1.C

HS-PS2-4: HS.PS3.A，HS.ESS1.A，HS.ESS1.B，HS.ESS1.C，HS.ESS2.C，HS.ESS3.A

HS-PS2-5: HS.PS3.A，HS.PS4.B，HS.ESS2.A，HS.ESS3.A

跨年级段学科核心概念的衔接

HS-PS2-1: MS.PS2.A，MS.PS3.C

HS-PS2-2: MS.PS2.A，MS.PS3.C

HS-PS2-3: MS.PS2.A，MS.PS3.C

HS-PS2-4: MS.PS2.B，MS.ESS1.B

HS-PS2-5: MS.PS2.B，MS.ESS1.B

HS-PS2-6: MS.PS1.A，MS.PS2.B

与州共同核心标准的连接

（注：斜体字部分不一定是成功完成一个既定预期表现的先决条件，但可能与其连接。）

英语语言艺术 / 读写能力

HS-PS2-1: *RST.11–12.1*, RST.11–12.7, *WHST.9–12.9*

HS-PS2-3: WHST.9–12.7

HS-PS2-5: WHST.9–12.7, *WHST.11–12.8*, *WHST.9–12.9*

HS-PS2-6: *RST.11–12.1*, *WHST.9–12.2*

关键点

RST.11–12.1: 引用具体的文字证据以支持科学与技术文章的分析，注意作者所指出的重要区别，注意描述中的任何差异或不一致之处。

RST.11–12.7: 整合和评估以不同格式和媒体呈现的多种信息来源（例如定量数据、视频和多媒体），以回答问题或解决问题。

WHST.9–12.2: 撰写信息性 / 解释性文章，包括对历史事件、科学程序 / 实验或技术过程的叙述。

WHST.9–12.7: 为回答一个问题（包括自己提出的问题）或解决一个问题而进行简短的和持续性的研究项目；在适当的时候缩小或扩大调查；综合从多种来源获取的关于同一个主题的信息，表明对所调查主题的理解。

WHST.11–12.8: 从多个权威的印刷和数字资源搜集相关信息，有效地利用高级搜索；根据特定任务、目的和受众评估每个来源的优点和缺点；选择性的将信息整合到文章中以保持思想的流畅。避免抄袭和过度依赖任何一个来源，遵循标准引用格式。

WHST.9–12.9: 从信息文章中获取证据以支持分析、反思和研究。

数学

HS-PS2-1: MP.2，MP.4，HSN-Q.A.1，*HSN-Q.A.2*，*HSN-Q.A.3*，*HSA-SSE.A.1*，*HSA-SSE.B.3*，*HSA-CED.A.1*，*HSA-CED.A.2*，*HSA-CED.A.4*，*HSF-IF.C.7*，*HSS-ID.A.1*

HS-PS2-2: MP.2，MP.4，HSN-Q.A.1，*HSN-Q.A.2*，HSN-Q.A.3，HSA-CED.A.1，*HSA-CED.A.2*，*HSA-CED.A.4*

HS-PS2-4: MP.2，MP.4，HSN-Q.A.1，*HSN-Q.A.2*，HSN-Q.A.3，HSA-SSE.A.1，HSA-SSE.B.3

HS-PS2-5: *HSN-Q.A.1*，*HSN-Q.A.2*，*HSN-Q.A.3*

HS-PS2-6: *HSN-Q.A.1*，*HSN-Q.A.2*，*HSN-Q.A.3*

关键点

MP.2: 抽象和定量地推理。

MP.4: 使用数学建模。

HSN-Q.A.1: 使用单位作为理解问题和指导解决多步问题的方法；在公式中前后一致地选择和解释单位；选择和解释图表和数据显示中的刻度和原点。

HSN-Q.A.2: 为达到描述性建模的目的，定义适当的数量。

HSN-Q.A.3: 在报告数量时，选择适合于测量限制的精度级别。

HSA-SSE.A.1: 根据情境解释表示某个数量的表达式。

HSA-SSE.B.3: 选择和生成表达式的等价形式，以揭

连接《新一代科学教育标准》学科核心概念序列

示和解释表达式所代表数量的属性。

HSA-CED.A.1: 创建一元等式和不等式，并用它们来解决问题。

HSA-CED.A.2: 创建二元或多元方程，以表示数量之间的关系；用标号和刻度在坐标轴上画出方程式。

HSA-CED.A.4: 重新排列公式以强调有关的数量值，使用与求解等式时相同的推理方法。

HSF-IF.C.7: 将原先用符号表示的方程绘制成图表并显示图表的关键特征。绘制简单方程时用手工，绘制复杂方程时使用技术。

HSS-ID.A.1: 在实数轴上用图表表示数据（例如点状图、柱状图、箱形图）。

HS-PS3 能量

与本年级段其他学科核心概念的连接

HS-PS3-1: HS.PS1.B, HS.LS2.B, HS.ESS1.A, HS.ESS2.A

HS-PS3-2: HS.PS1.A, HS.PS1.B, HS.PS2.B, HS.ESS2.A

HS-PS3-3: HS.ESS3.A

HS-PS3-4: HS.ESS1.A, HS.ESS2.A, HS.ESS2.D

HS-PS3-5: HS.PS2.B

跨年级段学科核心概念的衔接

HS-PS3-1: MS.PS3.A, MS.PS3.B, MS.ESS2.A

HS-PS3-2: MS.PS1.A, MS.PS2.B, MS.PS3.A, MS.PS3.C

HS-PS3-3: MS.PS3.A, MS.PS3.B, MS.ESS2.A

HS-PS3-4: MS.PS3.B

HS-PS3-5: MS.PS2.B, MS.PS3.C

与州共同核心标准的连接

（注：斜体字部分不一定是成功完成一个既定预期表现的先决条件，但可能与其连接。）

英语语言艺术/读写能力

HS-PS3-1: *SL.11-12.5*

HS-PS3-2: *SL.11-12.5*

HS-PS3-3: *WHST.9-12.7*

HS-PS3-4: *RST.11-12.1*, WHST.9-12.7, WHST.11-12.8, *WHST.9-12.9*

HS-PS3-5: *WHST.9-12.7*, *WHST.11-12.8*, *WHST.9-12.9*, *SL.11-12.5*

关键点

RST.11-12.1: 引用具体的文字证据以支持科学与技术文章的分析，注意作者所指出的重要区别，注意描述中的任何差异或不一致之处。

WHST.9-12.7: 为回答一个问题（包括自己提出的问题）或解决一个问题而进行简短的和持续性的研究项目；在适当的时候缩小或扩大调查；综合从多种来源获取的关于同一主题的信息，以表明对所调查主题的理解。

WHST.11-12.8: 从多个权威的印刷和数字资源搜集相关信息，有效地利用高级搜索；根据特定任务、目的和受众评估每个来源的优点和缺点；选择性的将信息整合到文章中以保持思想的流畅。避免抄袭和过度依赖任何一个来源，遵循标准引用格式。

WHST.9-12.9: 从信息文章中获取证据以支持分析、反思和研究。

SL.11-12.5: 在演示文稿中有策略地使用数字媒体（例如文章、图片、音频、视频和交互式元素），以加强对发现、推理和证据的理解，并增添兴趣。

数学

HS-PS3-1: MP.2, MP.4, HSN-Q.A.1, HSN-Q.A.2, HSN-Q.A.3

HS-PS3-2: MP.2, MP.4

HS-PS3-3: MP.2, MP.4, HSN-Q.A.1, HSN-Q.A.2, HSN-Q.A.3

HS-PS3-4: MP.2, *MP.4*

HS-PS3-5: MP.2, MP.4

关键点

MP.2: 抽象和定量地推理。

MP.4: 使用数学建模。

HSN-Q.A.1: 使用单位作为理解问题和指导解决多步问题的方法；在公式中前后一致地选择和解释单位；选择和解释图表和数据显示中的刻度和原点。

HSN-Q.A.2: 为达到描述性建模的目的，定义适当的数量。

HSN-Q.A.3: 在报告数量时，选择适合于测量限制的精度级别。

HS-PS4 波及其在信息传递技术中的应用

与本年级段其他学科核心概念的连接

HS-PS4-1: HS.ESS2.A

HS-PS4-3: HS.PS3.D, HS.ESS1.A, HS.ESS2.D

新一代科学教育标准——学科核心概念序列 159

连接《新一代科学教育标准》学科核心概念序列

HS-PS4-4: HS.PS1.C, HS.LS1.C, HS.PS3.A, HS.PS3.D
HS-PS4-5: HS.PS3.A

跨年级段学科核心概念的衔接
HS-PS4-1: MS.PS4.A, MS.PS4.B
HS-PS4-2: MS.PS4.A, MS.PS4.B, MS.PS4.C
HS-PS4-3: MS.PS4.B
HS-PS4-4: MS.PS3.D, MS.PS4.B, MS.LS1.C, MS.ESS2.D
HS-PS4-5: MS.PS4.A, MS.PS4.B, MS.PS4.C

与州共同核心标准的连接
（注：斜体字部分不一定是成功完成一个既定预期表现的先决条件，但可能与其连接。）

英语语言艺术 / 读写能力
HS-PS4-1: *RST.11–12.7*
HS-PS4-2: RST.9–10.8, *RST.11–12.1*, RST.11–12.8
HS-PS4-3: RST.9–10.8, *RST.11–12.1*, RST.11–12.8
HS-PS4-4: RST.9–10.8, *RST.11–12.1*, RST.11–12.7, RST.11–12.8, WHST.11–12.8
HS-PS4-5: *WHST.9–12.2*

关键点
RST.9–10.8: 评估文章中的推理和证据支持作者主张的程度或解决科学或技术问题建议的有效程度。
RST.11–12.1: 引用具体的文字证据以支持科学与技术文章的分析，注意作者所指出的重要区别，注意描述中的任何差异或不一致之处。
RST.11–12.7: 整合和评估以不同格式和媒体呈现的多种信息来源（例如定量数据、视频和多媒体），以回答问题或解决问题。
RST.11–12.8: 评估科学与技术文章中的假设、数据、分析和结论，在可能的时候验证数据并使用其他信息来源证实或挑战结论。
WHST.9–12.2: 撰写信息性 / 解释性文章，包括对历史事件、科学程序 / 实验或技术过程的叙述。
WHST.11–12.8: 从多个权威的印刷和数字资源搜集相关信息，有效地利用高级搜索；根据特定任务、目的和受众评估每个来源的优点和缺点；选择性地将信息整合到文章中以保持思想的流畅。避免抄袭和过度依赖任何一个来源，遵循标准引用格式。

数学
HS-PS4-1: MP.2, MP.4, HSA-SSE.A.1, *HSA-SSE.B.3*, *HSA.CED.A.4*
HS-PS4-3: MP.2, *HSA-SSE.A.1*, *HSA-SSE.B.3*, *HSA.CED.A.4*

关键点
MP.2: 抽象和定量地推理。
MP.4: 使用数学建模。
HSA-SSE.A.1: 根据情境解释表示某个数量的表达式。
HSA-SSE.B.3: 选择和生成表达式的等价形式，以揭示和解释表达式所代表数量的属性。
HSA.CED.A.4: 重新排列公式以强调有关的数量值，使用与求解等式时相同的推理方法。

HS-LS1 从分子到生物体：结构与过程

与本年级段其他学科核心概念的连接
HS-LS1-1: HS.LS3.A
HS-LS1-5: HS.PS1.B, HS.PS3.B
HS-LS1-6: HS.PS1.B
HS-LS1-7: HS.PS1.B, HS.PS2.B, HS.PS3.B

跨年级段学科核心概念的衔接
HS-LS1-1: MS.LS1.A, MS.LS3.A, MS.LS3.B
HS-LS1-2: MS.LS1.A
HS-LS1-3: MS.LS1.A
HS-LS1-4: MS.LS1.A, MS.LS1.B, MS.LS3.A
HS-LS1-5: MS.PS1.B, MS.PS3.D, MS.LS1.C, MS.LS2.B
HS-LS1-6: MS.PS1.A, MS.PS1.B, MS.PS3.D, MS.LS1.C, MS.ESS2.E
HS-LS1-7: MS.PS1.B, MS.PS3.D, MS.LS1.C, MS.LS2.B

与州共同核心标准的连接
（注：斜体字部分不一定是成功完成一个既定预期表现的先决条件，但可能与其连接。）

英语语言艺术 / 读写能力
HS-LS1-1: RST.11–12.1, WHST.9–12.2, WHST.9–12.9
HS-LS1-2: *SL.11–12.5*
HS-LS1-3: WHST.9–12.7, *WHST.11–12.8*
HS-LS1-4: *SL.11–12.5*
HS-LS1-5: *SL.11–12.5*
HS-LS1-6: RST.11–12.1, WHST.9–12.2, WHST.9–12.5, WHST.9–12.9
HS-LS1-7: *SL.11–12.5*

连接《新一代科学教育标准》学科核心概念序列

关键点

RST.11-12.1: 引用具体的文字证据以支持科学与技术文章的分析，注意作者所指出的重要区别，注意描述中的任何差异或不一致之处。

WHST.9-12.2: 撰写信息性/解释性文章，包括对历史事件、科学程序/实验或技术过程的叙述。

WHST.9-12.5: 通过计划、修改、编辑、改写或尝试一种新的方法来发展和加强写作，聚焦于撰写对特定目的和读者来说最有价值的内容。

WHST.9-12.7: 为回答一个问题（包括自己提出的问题）或解决一个问题而进行简短的和持续性的研究项目；在适当的时候缩小或扩大调查；综合从多种来源获取的关于同一个主题的信息，以表明对所调查主题的理解。

WHST.11-12.8: 从多个权威的印刷和数字资源搜集相关信息，有效地利用高级搜索；根据特定任务、目的和受众评估每个来源的优点和缺点；选择性的将信息整合到文章中以保持思想的流畅。避免抄袭和过度依赖任何一个来源，遵循标准引用格式。

WHST.9-12.9: 从信息文章中获取证据以支持分析、反思和研究。

SL.11-12.5: 在演示文稿中有策略地使用数字媒体（例如文章、图片、音频、视频和交互式元素），以加强对发现、推理和证据的理解，并增添兴趣。

数学

HS-LS1-4: *MP.4*，*HSF-IF.C.7*，*HSF-BF.A.1*

关键点

MP.4: 使用数学建模。

HSF-IF.C.7: 将原先用符号表示的方程绘制成图表并显示图表的关键特征。绘制简单方程时用手工表示，绘制复杂方程时使用技术。

HSF-BF.A.1: 写出描述两个数量之间关系的函数。

HS-LS2 生态系统：相互作用、能量和动态

与本年级段其他学科核心概念的连接

HS-LS2-2: HS.ESS2.E，HS.ESS3.A，HS.ESS3.C，HS.ESS3.D

HS-LS2-3: HS.PS1.B，HS.PS3.B，HS.PS3.D，HS.ESS2.A

HS-LS2-4: HS.PS3.B，HS.PS3.D

HS-LS2-5: HS.PS1.B，HS.ESS2.D

HS-LS2-6: HS.ESS2.E

HS-LS2-7: HS.ESS2.D，HS.ESS2.E，HS.ESS3.A，HS.ESS3.C

跨年级段学科核心概念的衔接

HS-LS2-1: MS.LS2.A，MS.LS2.C，MS.ESS3.A，MS.ESS3.C

HS-LS2-2: MS.LS2.A，MS.LS2.C，MS.ESS3.C

HS-LS2-3: MS.PS1.B，MS.PS3.D，MS.LS1.C，MS.LS2.B

HS-LS2-4: MS.PS3.D，MS.LS1.C，MS.LS2.B

HS-LS2-5: MS.PS3.D，MS.LS1.C，MS.LS2.B，MS.ESS2.A

HS-LS2-6: MS.LS2.A，MS.LS2.C，MS.ESS3.C，MS.ESS2.E

HS-LS2-7: MS.LS2.C，MS.ESS3.C，MS.ESS3.D

HS-LS2-8: MS.LS1.B

与州共同核心标准的连接

（注：斜体字部分不一定是成功完成一个既定预期表现的先决条件，但可能与其连接。）

英语语言艺术/读写能力

HS-LS2-1: *RST.11-12.1*，*WHST.9-12.2*

HS-LS2-2: *RST.11-12.1*，*WHST.9-12.2*

HS-LS2-3: RST.11-12.1，WHST.9-12.2，WHST.9-12.5

HS-LS2-6: RST.9-10.8，RST.11-12.1，*RST.11-12.7*，RST.11-12.8

HS-LS2-7: *RST.9-10.8*，*RST.11-12.7*，RST.11-12.8，WHST.9-12.7

HS-LS2-8: *RST.9-10.8*，RST.11-12.1，*RST.11-12.7*，RST.11-12.8

关键点

RST.9-10.8: 评估文章中的推理和证据支持作者主张的程度或解决科学或技术问题建议的有效程度。

RST.11-12.1: 引用具体的文字证据以支持科学与技术文章的分析，注意作者所指出的重要区别，注意描述中的任何差异或不一致之处。

RST.11-12.7: 整合和评估以不同格式和媒体呈现的多种信息来源（例如定量数据、视频和多媒体），以回答问题或解决问题。

RST.11-12.8: 评估科学与技术文章中的假设、数据、分析和结论，在可能的时候验证数据并使用其他信

连接《新一代科学教育标准》学科核心概念序列

息来源证实或挑战结论。

WHST.9-12.2: 撰写信息性/解释性文章，包括对历史事件、科学程序/实验或技术过程的叙述。

WHST.9-12.5: 通过计划、修改、编辑、改写或尝试一种新的方法来发展和加强写作，聚焦于撰写对特定目的和读者来说最有价值的内容。

WHST.9-12.7: 为回答一个问题（包括自己提出的问题）或解决一个问题而进行简短的和持续性的研究项目；在适当的时候缩小或扩大调查；综合从多种来源获取的关于同一个主题的信息，以表明对所调查主题的理解。

数学

HS-LS2-1: MP.2, *MP.4*, HSN-Q.A.1, *HSN-Q.A.2*, HSN-Q.A.3

HS-LS2-2: MP.2, *MP.4*, HSN-Q.A.1, *HSN-Q.A.2*, HSN-Q.A.3

HS-LS2-4: MP.2, *MP.4*, HSN-Q.A.1, *HSN-Q.A.2*, HSN-Q.A.3

HS-LS2-6: MP.2, HSS-ID.A.1, HSS-IC.A.1, HSS-IC.B.6

HS-LS2-7: *MP.2, HSN-Q.A.1, HSN-Q.A.2, HSN-Q.A.3*

关键点

MP.2: 抽象和定量地推理。

MP.4: 使用数学建模。

HSN-Q.A.1: 使用单位作为理解问题和指导解决多步问题的方法；在公式中前后一致地选择和解释单位；选择和解释图表和数据显示中的刻度和原点。

HSN-Q.A.2: 为达到描述性建模的目的，定义适当的数量。

HSN-Q.A.3: 在报告数量时，选择适合于测量限制的精度级别。

HSS-ID.A.1: 在实数轴上用图表表示数据。

HSS-IC.A.1: 将统计理解为基于随机抽样推断总体参数的过程。

HSS-IC.B.6: 根据数据评估报告。

HS-LS3 遗传：性状的继承与变异

与本年级段其他学科核心概念的连接

HS-LS3-3: HS.LS2.A, HS.LS2.C, HS.LS4.B, HS.LS4.C

跨年级段学科核心概念的衔接

HS-LS3-1: MS.LS3.A, MS.LS3.B

HS-LS3-2: MS.LS3.A, MS.LS3.B

HS-LS3-3: MS.LS2.A, MS.LS3.B, MS.LS4.C

与州共同核心标准的连接

（注：斜体字部分不一定是成功完成一个既定预期表现的先决条件，但可能与其连接。）

英语语言艺术/读写能力

HS-LS3-1: *RST.11–12.1*, *RST.11–12.9*

HS-LS3-2: *RST.11–12.1*, *WHST.9–12.1*

关键点

RST.11-12.1: 引用具体的文字证据以支持科学与技术文章的分析，注意作者所指出的重要区别，注意描述中的任何差异或不一致之处。

RST.11-12.9: 综合从一系列来源（例如文章、实验和模拟）中获取的信息，使之对过程、现象或概念有一致的理解，尽可能地解析相互矛盾的信息。

WHST.9-12.1: 撰写聚焦于特定学科内容的论点。

数学

HS-LS3-2: MP.2

HS-LS3-3: MP.2

关键点

MP.2: 抽象和定量地推理。

HS-LS4 生物演化：统一性与多样性

与本年级段其他学科核心概念的连接

HS-LS4-1: HS.LS3.A, HS.LS3.B, HS.ESS1.C

HS-LS4-2: HS.LS2.A, HS.LS2.D, HS.LS3.B, HS.ESS2.E, HS.ESS3.A

HS-LS4-3: HS.LS2.A, HS.LS2.D, HS.LS3.B

HS-LS4-4: HS.LS2.A, HS.LS2.D

HS-LS4-5: HS.LS2.A, HS.LS2.D, HS.LS3.B, HS.ESS2.E, HS.ESS3.A

HS-LS4-6: HS.ESS2.D, HS.ESS2.E, HS.ESS3.A, HS.ESS3.C, HS.ESS3.D

跨年级段学科核心概念的衔接

HS-LS4-1: MS.LS3.A, MS.LS3.B, MS.LS4.A, MS.ESS1.C

连接《新一代科学教育标准》学科核心概念序列

HS-LS4-2: MS.LS2.A，MS.LS3.B，MS.LS4.B，MS.LS4.C
HS-LS4-3: MS.LS2.A，MS.LS3.B，MS.LS4.B，MS.LS4.C
HS-LS4-4: MS.LS4.B，MS.LS4.C
HS-LS4-5: MS.LS2.A，MS.LS2.C，MS.LS4.C，MS.ESS3.C
HS-LS4-6: MS.LS2.C，MS.ESS3.C

与州共同核心标准的连接

（注：斜体字部分不一定是成功完成一个既定预期表现的先决条件，但可能与其连接。）

英语语言艺术 / 读写能力

HS-LS4-1: *RST.11–12.1，WHST.9–12.2，WHST.9–12.9，SL.11–12.4*
HS-LS4-2: RST.11–12.1，WHST.9–12.2，WHST.9–12.9，*SL.11–12.4*
HS-LS4-3: *RST.11–12.1，WHST.9–12.2，WHST.9–12.9*
HS-LS4-4: RST.11–12.1，WHST.9–12.2，WHST.9–12.9
HS-LS4-5: RST.11–12.8，WHST.9–12.9
HS-LS4-6: *WHST.9–12.5*，WHST.9–12.7

关键点

RST.11–12.1: 引用具体的文字证据以支持科学与技术文章的分析，注意作者所指出的重要区别，注意描述中的任何差异或不一致之处。
RST.11–12.8: 评估科学与技术文章中的假设、数据、分析和结论，在可能的时候验证数据并使用其他信息来源证实或挑战结论。
WHST.9–12.2: 撰写信息性 / 解释性文章，包括对历史事件、科学程序 / 实验或技术过程的叙述。
WHST.9–12.5: 通过计划、修改、编辑、改写或尝试一种新的方法来发展和加强写作，聚焦于撰写对特定目的和读者来说最有价值的内容。
WHST.9–12.7: 为回答一个问题（包括自己提出的问题）或解决一个问题而进行简短的和持续性的研究项目；在适当的时候缩小或扩大调查；综合从多种来源获取的关于同一个主题的信息，以表明对所调查主题的理解。
WHST.9–12.9: 从信息文章中获取证据以支持分析、反思和研究。
SL.11–12.4: 用切题的证据、合理有效的推理以及精心挑选的细节，以聚焦的、连贯的方式提出主张和发现，并强调突出要点；恰当地使用目光接触、适当音量和清晰发音。

数学

HS-LS4-1: *MP.2*
HS-LS4-2: MP.2，*MP.4*
HS-LS4-3: MP.2
HS-LS4-4: *MP.2*
HS-LS4-5: *MP.2*

关键点

MP.2: 抽象和定量地推理。
MP.4: 使用数学建模。

HS-ESS1 地球在宇宙中的位置

与本年级段其他学科核心概念的连接

HS-ESS1-1: HS.PS1.C，HS.PS3.A
HS-ESS1-2: HS.PS1.A，HS.PS1.C，HS.PS3.A，HS.PS3.B，HS.PS4.A
HS-ESS1-3: HS.PS1.A，HS.PS1.C
HS-ESS1-4: HS.PS2.B
HS-ESS1-5: HS.PS3.B，HS.ESS2.A
HS-ESS1-6: HS.PS2.A，HS.PS2.B

跨年级段学科核心概念的衔接

HS-ESS1-1: MS.PS1.A，MS.PS4.B，MS.ESS1.A，MS.ESS2.A，MS.ESS2.D
HS-ESS1-2: MS.PS1.A，MS.PS4.B，MS.ESS1.A
HS-ESS1-3: MS.PS1.A，MS.ESS1.A
HS-ESS1-4: MS.PS2.A，MS.PS2.B，MS.ESS1.A，MS.ESS1.B
HS-ESS1-5: MS.ESS1.C，MS.ESS2.A，MS.ESS2.B
HS-ESS1-6: MS.PS2.B，MS.ESS1.B，MS.ESS1.C，MS.ESS2.A，MS.ESS2.B

与州共同核心标准的连接

（注：斜体字部分不一定是成功完成一个既定预期表现的先决条件，但可能与其连接。）

英语语言艺术 / 读写能力

HS-ESS1-1: *RST.11–12.1*
HS-ESS1-2: *RST.11–12.1*，WHST.9–12.2
HS-ESS1-3: *WHST.9–12.2，SL.11–12.4*
HS-ESS1-5: *RST.11–12.1*，RST.11–12.8，*WHST.9–12.2*
HS-ESS1-6: *RST.11–12.1*，RST.11–12.8，WHST.9–12.1

连接《新一代科学教育标准》学科核心概念序列

关键点

RST.11-12.1: 引用具体的文字证据以支持科学与技术文章的分析，注意作者所指出的重要区别，注意描述中的任何差异或不一致之处。

RST.11-12.8: 评估科学与技术文章中的假设、数据、分析和结论，在可能的时候验证数据并使用其他信息来源证实或挑战结论。

WHST.9-12.1: 撰写聚焦于特定学科内容的论点。

WHST.9-12.2: 撰写信息性／解释性文章，包括对历史事件、科学程序／实验或技术过程的叙述。

SL.11-12.4: 用切题的证据、合理有效的推理以及精心挑选的细节，以聚焦的、连贯的方式提出主张和发现，并强调突出要点；恰当地使用目光接触、适当音量和清晰发音。

数学

HS-ESS1-1: MP.2，MP.4，HSN-Q.A.1，HSN-Q.A.2，HSN-Q.A.3，*HSA-SSE.A.1*，*HSA-CED.A.2*，*HSA-CED.A.4*

HS-ESS1-2: MP.2，HSN-Q.A.1，*HSN-Q.A.2*，HSN-Q.A.3，*HSA-SSE.A.1*，*HSA-CED.A.2*，HSA-CED.A.4

HS-ESS1-3: MP.2

HS-ESS1-4: MP.2，MP.4，HSN-Q.A.1，HSN-Q.A.2，HSN-Q.A.3，HSA-SSE.A.1，*HSA-CED.A.2*，*SA-CED.A.4*

HS-ESS1-5: MP.2，HSN-Q.A.1，*HSN-Q.A.2*，HSN-Q.A.3

HS-ESS1-6: MP.2，HSN-Q.A.1，*HSN-Q.A.2*，HSN-Q.A.3，*HSF-IF.B.5*，*HSS-ID.B.6*

关键点

MP.2: 抽象和定量地推理。

MP.4: 使用数学建模。

HSN-Q.A.1: 使用单位作为理解问题和指导解决多步问题的方法；在公式中前后一致地选择和解释单位；选择和解释图表和数据显示中的刻度和原点。

HSN-Q.A.2: 为达到描述性建模的目的，定义适当的数量。

HSN-Q.A.3: 在报告数量时，选择适合于测量限制的精度级别。

HSA-SSE.A.1: 根据情境解释表示某个数量的表达式。

HSA-CED.A.2: 创建二元或多元方程，以表示数量之间的关系；用标号和刻度在坐标轴上画出方程式。

HSA-CED.A.4: 重新排列公式以强调有关的数量值，使用与求解等式时相同的推理方法。

HSF-IF.B.5: 将函数的域与它的图联系起来，并在适当时将它的域与它所描述的数量关系联系起来。

HSS-ID.B.6: 在散点图上表示两个定量变量的数据，并描述这些变量是如何关联的。

HS-ESS2 地球的系统

与本年级段其他学科核心概念的连接

HS-ESS2-1: HS.PS2.B

HS-ESS2-2: HS.PS3.B，HS.PS4.B，HS.LS2.B，HS.LS2.C，HS.LS4.D，HS.ESS3.C，HS.ESS3.D

HS-ESS2-3: HS.PS2.B，HS.PS3.B，HS.PS3.D

HS-ESS2-4: HS.PS3.A，HS.PS3.B，HS.LS2.C，HS.ESS1.C，HS.ESS3.C，HS.ESS3.D

HS-ESS2-5: HS.PS1.A，HS.PS1.B，HS.PS3.B，HS.ESS3.C

HS-ESS2-6: HS.PS1.A，HS.PS1.B，HS.PS3.D，HS.LS1.C，HS.LS2.B，HS.ESS3.C，HS.ESS3.D

HS-ESS2-7: HS.LS2.A，HS.LS2.C，HS.LS4.A，HS.LS4.B，HS.LS4.C，HS.LS4

跨年级段学科核心概念的衔接

HS-ESS2-1: MS.PS2.B，MS.LS2.B，MS.ESS1.C，MS.ESS2.A，MS.ESS2.B，MS.ESS2.C，MS.ESS2.D

HS-ESS2-2: MS.PS3.D，MS.PS4.B，MS.LS2.B，MS.LS2.C，MS.LS4.C，MS.ESS2.A，MS.ESS2.B，MS.ESS2.C，MS.ESS2.D，MS.ESS3.C，MS.ESS3.D

HS-ESS2-3: MS.PS1.A，MS.PS1.B，MS.PS2.B，MS.PS3.A，MS.PS3.B，MS.ESS2.A，MS.ESS2.B

HS-ESS2-4: MS.PS3.A，MS.PS3.B，MS.PS3.D，MS.PS4.B，MS.LS1.C，MS.LS2.B，MS.LS2.C，MS.ESS2.A，MS.ESS2.B，MS.ESS2.C，MS.ESS2.D，MS.ESS3.C，MS.ESS3.D

HS-ESS2-5: MS.PS1.A，MS.PS4.B，MS.ESS2.A，MS.ESS2.C，MS.ESS2.D

HS-ESS2-6: MS.PS1.A，MS.PS3.D，MS.PS4.B，MS.LS2.B，MS.ESS2.A，MS.ESS2.B，MS.ESS2.C，MS.ESS3.C，MS.ESS3.D

HS-ESS2-7: MS.LS2.A，MS.LS2.C，MS.LS4.A，MS.LS4.B，MS.LS4.C，MS.ESS1.C，MS.ESS2.A，MS.ESS2.C，MS.ESS3.C

连接《新一代科学教育标准》学科核心概念序列

与州共同核心标准的连接

（注：斜体字部分不一定是成功完成一个既定预期表现的先决条件，但可能与其连接。）

英语语言艺术 / 读写能力

HS-ESS2-1: *SL.11–12.5*

HS-ESS2-2: *RST.11–12.1，RST.11–12.2*

HS-ESS2-3: *RST.11–12.1，SL.11–12.5*

HS-ESS2-4: *SL.11–12.5*

HS-ESS2-5: *WHST.9–12.7*

HS-ESS2-7: *WHST.9–12.1*

关键点

RST.11–12.1: 引用具体的文字证据以支持科学与技术文章的分析，注意作者所指出的重要区别，注意描述中的任何差异或不一致之处。

RST.11–12.2: 确定文章的中心思想或结论；用更简单但是依然准确的术语改述文章中复杂的概念、过程或信息以达到总结的目的。

WHST.9–12.1: 撰写聚焦于特定学科内容的论点。

WHST.9–12.7: 为回答一个问题（包括自己提出的问题）或解决一个问题而进行简短的和持续性的研究项目；在适当的时候缩小或扩大调查；综合从多种来源获取的关于同一主题的信息，以表明对所调查主题的理解。

SL.11–12.5: 在演示文稿中有策略地使用数字媒体（例如文章、图片、音频、视频和交互式元素），以加强对发现、推理和证据的理解，并增添兴趣。

数学

HS-ESS2-1: MP.2，MP.4，HSN-Q.A.1，HSN-Q.A.2，HSN-Q.A.3

HS-ESS2-2: MP.2，HSN-Q.A.1，HSN-Q.A.3

HS-ESS2-3: MP.2，MP.4，HSN-Q.A.1，HSN-Q.A.2，HSN-Q.A.3

HS-ESS2-4: MP.2，MP.4，HSN-Q.A.1，HSN-Q.A.2，HSN-Q.A.3

HS-ESS2-5: HSN-Q.A.3

HS-ESS2-6: MP.2，MP.4，HSN-Q.A.1，HSN-Q.A.2，HSN-Q.A.3

关键点

MP.2: 抽象和定量地推理。

MP.4: 使用数学建模。

HSN-Q.A.1: 使用单位作为理解问题和指导解决多步问题的方法；在公式中前后一致地选择和解释单位；选择和解释图表和数据显示中的刻度和原点。

HSN-Q.A.2: 为达到描述性建模的目的，定义适当的数量。

HSN-Q.A.3: 在报告数量时，选择适合于测量限制的精度级别。

HS-ESS3 地球与人类活动

与本年级段其他学科核心概念的连接

HS-ESS3-2: HS.PS3.B，HS.PS3.D，HS.LS2.A，HS.LS2.B，HS.LS4.D，HS.ESS2.A

HS-ESS3-3: HS.PS1.B，HS.LS2.A，HS.LS2.B，HS.LS2.C，HS.LS4.D，HS.ESS2.A，HS.ESS2.E

HS-ESS3-4: HS.LS2.C，HS.LS4.D

HS-ESS3-5: HS.PS3.B，HS.PS3.D，HS.LS1.C，HS.ESS2.D

HS-ESS3-6: HS.LS2.B，HS.LS2.C，HS.LS4.D，HS.ESS2.A

跨年级段学科核心概念的衔接

HS-ESS3-1: MS.LS2.A，MS.LS4.D，MS.ESS2.A，MS.ESS3.A，MS.ESS3.B

HS-ESS3-2: MS.PS3.D，MS.LS2.A，MS.LS2.B，MS.LS4.D，MS.ESS3.A，MS.ESS3.C

HS-ESS3-3: MS.PS1.B，MS.LS2.A，MS.LS2.B，MS.LS2.C，MS.LS4.C，MS.LS4.D，MS.ESS2.A，MS.ESS3.A，MS.ESS3.C

HS-ESS3-4: MS.LS2.C，MS.ESS2.A，MS.ESS3.B，MS.ESS3.C，MS.ESS3.D

HS-ESS3-5: MS.PS3.B，MS.PS3.D，MS.ESS2.A，MS.ESS2.D，MS.ESS3.B，MS.ESS3.C，MS.ESS3.D

HS-ESS3-6: MS.LS2.C，MS.ESS2.A，MS.ESS2.C，MS.ESS3.C，MS.ESS3.D

与州共同核心标准的连接

（注：斜体字部分不一定是成功完成一个既定预期表现的先决条件，但可能与其连接。）

英语语言艺术 / 读写能力

HS-ESS3-1: *RST.11–12.1，WHST.9–12.2*

HS-ESS3-2: *RST.11–12.1，RST.11–12.8*

连接《新一代科学教育标准》学科核心概念序列

HS-ESS3-4: RST.11-12.1, RST.11-12.8
HS-ESS3-5: RST.11-12.1, *RST.11-12.2*, RST.11-12.7

关键点

RST.11-12.1: 引用具体的文字证据以支持科学与技术文章的分析，注意作者所指出的重要区别，注意描述中的任何差异或不一致之处。

RST.11-12.2: 确定文章的中心思想或结论；用更简单但是依然准确的术语改述文章中复杂的概念、过程或信息以达到总结的目的。

RST.11-12.7: 整合和评估以不同格式和媒体呈现的多种信息来源（例如定量数据、视频和多媒体），以回答问题或解决问题。

RST.11-12.8: 评估科学与技术文章中的假设、数据、分析和结论，在可能的时候验证数据并使用其他信息来源证实或挑战结论。

WHST.9-12.2: 撰写信息性/解释性文章，包括对历史事件、科学程序/实验或技术过程的叙述。

数学

HS-ESS3-1: *MP.2*, *HSN-Q.A.1*, *HSN-Q.A.2*, *HSN-Q.A.3*
HS-ESS3-2: MP.2
HS-ESS3-3: MP.2, MP.4
HS-ESS3-4: *MP.2*, *HSN-Q.A.1*, *HSN-Q.A.2*, *HSN-Q.A.3*
HS-ESS3-5: MP.2, HSN-Q.A.1, *HSN-Q.A.2*, HSN-Q.A.3
HS-ESS3-6: MP.2, MP.4, HSN-Q.A.1, HSN-Q.A.2, HSN-Q.A.3

关键点

MP.2: 抽象和定量地推理。
MP.4: 使用数学建模。
HSN-Q.A.1: 使用单位作为理解问题和指导解决多步问题的方法；在公式中前后一致地选择和解释单位；选择和解释图表和数据显示中的刻度和原点。
HSN-Q.A.2: 为达到描述性建模的目的，定义适当的数量。
HSN-Q.A.3: 在报告数量时，选择适合于测量限制的精度级别。

HS-ETS1 工程设计

连接 HS-ETS1.A: 定义和界定工程问题
物质科学：HS-PS2-3, HS-PS3-3

连接 HS-ETS1.B: 设计工程问题的解决方案
地球和空间科学：HS-ESS3-2, HS-ESS3-4
生命科学：HS-LS2-7, HS-LS4-6

连接 HS-ETS1.C: 优化设计方案
物质科学：HS-PS1-6, HS-PS2-3

跨年级段学科核心概念的衔接
HS-ETS1-1: MS.ETS1.A
HS-ETS1-2: MS.ETS1.A, MS.ETS1.B, MS.ETS1.C
HS-ETS1-3: MS.ETS1.A, MS.ETS1.B
HS-ETS1-4: MS.ETS1.A, MS.ETS1.B, MS.ETS1.C

与州共同核心标准的连接

（注：斜体字部分不一定是成功完成一个既定预期表现的先决条件，但可能与其连接。）

英语语言艺术/读写能力

HS-ETS1-1: RST.11-12.7, *RST.11-12.8*, RST.11-12.9
HS-ETS1-3: *RST.11-12.7*, *RST.11-12.8*, *RST.11-12.9*

关键点

RST.11-12.7: 整合和评估以不同格式和媒体呈现的多种信息来源（例如定量数据、视频和多媒体），以回答问题或解决问题。

RST.11-12.8: 评估科学与技术文章中的假设、数据、分析和结论，在可能的时候验证数据并使用其他信息来源证实或挑战结论。

RST.11-12.9: 综合从一系列来源（例如文章、实验和模拟）中获取的信息，使之对过程、现象或概念有一致的理解，尽可能地解析相互矛盾的信息。

数学

HS-ETS1-1: MP.2, MP.4
HS-ETS1-2: MP.4
HS-ETS1-3: *MP.2*, MP.4
HS-ETS1-4: *MP.2*, MP.4

关键点

MP.2: 抽象和定量地推理。
MP.4: 使用数学建模。

主题序列

幼儿园到五年级

　　学生从幼儿园到五年级阶段要逐步了解四个学科核心概念：物质科学，生命科学，地球和空间科学，工程、技术和科学的应用。在低年级阶段，学生对周围世界的了解开始于识别模式，并对所提出问题答案的寻求。到五年级结束，学生有望展示与其所在年级相符的能力素质，包括搜集、描述、运用关于自然界和人工世界的信息。

　　小学年级段的预期表现为学生构建了概念与技能，当他们升入初中和高中时这些概念和技能为他们解释这四门学科中更为复杂的现象奠定了基础。在幼儿园到五年级间的预期表现中将特定的实践与指定的学科核心概念联系在一起，但是在教学中应该使用许多能帮助达成预期表现的实践。

幼 儿 园

幼儿园阶段的预期表现旨在帮助学生明晰以下问题,如:"更用力地拉或推一个物体会发生什么?动物住哪儿以及为什么它们会住在那儿?今天天气怎么样以及今天天气和昨天天气有什么不同?"幼儿园学生的预期表现包括《框架》中的学科核心概念 PS2、PS3、LS1、ESS2、ESS3 和 ETS1。

学生预计能够了解当地的天气模式与变化以及理解天气预报的目的,以应对糟糕的天气。学生通过对将不同大小或不同方向的拉力和推力应用于在运动中的物体上所产生的效果的理解,来分析一个解决方案。学生也预期能够了解动物和植物(包含人类)生存的需求以及这些需求与生存地点之间的关系。以下跨学科概念被称为这些学科核心概念的组织概念:模式;原因与结果;系统与系统模型;科学、工程和技术的相互依存;科学、工程和技术对社会和自然界的影响。

在幼儿园阶段的预期表现中,学生有望展示与其所在年级相符的能力素质,包括:提出问题;开发和使用模型;计划和开展研究;分析和解读数据;设计解决方案;参与基于证据的论证;获取、评价和交流信息。学生预期通过实践来展现其对核心概念的理解。

K. 力和相互作用：推力和拉力

预期表现

学生可以通过以下表现来展示理解：

K-PS2-1. 计划和开展研究来比较施加在一个运动物体上不同大小或方向的推力和拉力对物体运动的影响。[说明：拉力或推力的例子包括拉物体的绳子、一个人推一个物体、一个人让旋转的球停下来、两个物体相互碰撞和推拉。][评价边界：评价只限于不同的大小或不同的方向中的一种，两个不同时出现。评价不包括没有接触的推力或拉力，如磁力。]

K-PS2-2. 分析数据来判断当按照设计方案使用拉力或推力改变物体的速度或方向时，所得到的结果是否与预期一致。*[说明：问题可以是使一块大理石或其他物体移动一段距离，沿着特定的路径，来撞倒其他物体。解决问题的例子可以包括一些工具，比如斜面来增加物体的速度，或者一个物体能够使得大理石或者球的运动改变方向。][评价边界：评价不包含由于摩擦力改变的速度。]

*这项预期表现通过实践或学科核心概念将传统科学内容整合到工程中。

科学与工程实践	学科核心概念	跨学科概念
计划和开展研究 　　K–2 年级通过计划和开展研究来回答问题或检验结果建立在先前的经验和基础上，发展到简单的建立在公平实验基础上的、为解释和设计解决方案提供数据支持的研究。 ● 相互合作，在指导下计划和实施一个研究。（K-PS2-1） **分析和解读数据** 　　K–2 年级分析数据建立在先前的经验和基础上，发展到搜集、记录和共享观察结果。 ● 从对对象或工具的测试中分析数据，以确定其是否按预期的方式工作。（K-PS2-2） ············ **与科学的本质的联系** **科学研究使用多种方法** ● 科学家运用多种方法探究世界。（K-PS2-1）	**PS2.A：力与运动** ● 推力和拉力可以有不同的大小和方向。（K-PS2-1）（K-PS2-2） ● 作用在一个物体上的推力或拉力可以改变这个物体的运动速度或方向，也可以使它开始或停止运动。（K-PS2-1）（K-PS2-2） **PS2.B：相互作用的类型** ● 当物体相触碰或相撞，它们就挤压彼此，并可能改变运动方向。（K-PS2-1） **PS3.C：能量与力的关系** ● 更大的推力或拉力可以使物体更快地加速或减速。（K-PS2-1 的衍生概念） **ETS1.A：定义工程问题** ● 人们想要改变或创造的一种状态，可以转化成一个通过工程来解决的问题。这样的问题可能有许多可接受的解决方案。（K-PS2-2 的衍生概念）	**原因与结果** ● 设计简单的测试方案，以搜集更多的证据来支持或推翻学生关于原因的想法。（K-PS2-1）（K-PS2-2）

（可参考第 297 页上与 K. 力和相互作用相关的连接）

K. 生态系统中的相互依存关系：动物、植物及其生存环境

预期表现

学生可以通过以下表现来展示理解：

K-LS1-1. 用观察法来描述植物和动物（包括人类）生存需求的模式。[说明：模式的例子包括动物需要进食而植物却不需要，不同种类的动物对食物的不同需求，植物需要光以及所有生命都需要水。]

K-ESS2-2. 构建一个基于证据的论点，证明植物和动物（包括人类）会通过改变环境来满足他们的需要。[说明：植物和动物改变环境的例子可以包括松鼠在地下挖个洞来储存食物以及树根可以破坏混凝土。]

K-ESS3-1. 通过模型来展现不同动植物（包括人类）的需求与栖息地之间的关系。[说明：有关的例子可以包括鹿吃嫩芽和树叶，因此它们通常生活在枝叶茂盛的地方；而草的生长需要阳光，所以它们通常在牧地上生长。植物，动物以及他们周围的世界构成了一个系统。]

K-ESS3-3. 交流解决方案，即减少人类对当地环境中的土地、水、空气以及其他生物的影响。*
[说明：人类影响土地的例子可以包括滥砍滥伐以造纸，以及使用各种资源生产瓶子。解决方案的例子可以包括循环使用纸张和瓶瓶罐罐。]

*这项预期表现通过实践或学科核心概念将传统科学内容整合到工程中。

科学与工程实践	学科核心概念	跨学科概念
开发和使用模型 K-2年级建模建立在先前的经验和基础上，发展到使用和建立模型（比如图表、图画、物理副本、透视画、编剧和故事板）来表示具体事件或设计解决方案。 • 运用模型表示自然界的关系。（K-ESS3-1） **分析和解读数据** K-2年级分析数据建立在先前的经验和基础上，且发展到搜集、记录和共享观察结果。 • 运用观察结果（第一手资料或从媒体中）来描述自然界的模式，从而回答科学问题。（K-LS1-1） ⌄	**LS1.C：生物体的物质流与能量流的组织** • 所有动物的生存和生长都需要食物。它们从植物或其他动物中获取食物。植物的生存和生长需要水和光。（K-LS1-1） **ESS2.E：生物地质学** • 植物和动物能改变它们的生活环境。（K-ESS2-2） **ESS3.A：自然资源** • 生物需要水、空气和陆地上的资源。它们趋向于生活在具备他们所需条件的地方。人类在做每件事时都要用到自然资源。（K-ESS3-1） ⌄	**模式** • 自然界和人类世界的模式能够被观察并且作为证据。（K-LS1-1） **原因与结果** • 事件有产生可观察到的模式的原因。（K-ESS3-3） **系统与系统模型** • 自然界和人工世界的系统互为部分且共同作用。（K-ESS2-2）（K-ESS3-1）

（可参考第297页上与K. 生态系统中的相互依存关系相关的连接）

K. 生态系统中的相互依存关系：动物、植物及其生存环境（续）

科学与工程实践	学科核心概念	跨学科概念
参与基于证据的论证 K–2 年级参与基于证据的论证建立在先前的经验和基础上，发展到有关自然界和人工世界的概念和陈述。 • 构建有证据的论点来支持主张。（K–ESS2–2） **获取、评价和交流信息** K–2 年级获取、评价和交流信息建立在先前的经验和基础上，使用观察和文本来交流新信息。 • 与他人以口头或书面的形式交流解决方案并通过模型或用图表提供科学概念的细节。（K–ESS3–3） .... 与科学的本质的联系 **实证是科学知识的基础** • 科学家在观察世界时寻找模式和规则。（K–LS1–1）	**ESS3.C：人类对地球系统的影响** • 人类为了寻求更优质的生活而发明创造的东西会影响人类的周遭世界。但是他们可以选择尽量减少对土地、水、空气以及其他生物体的影响。（*K–ESS2–2 的衍生概念*）（K–ESS3–3） **ETS1.B：形成可能的方案** • 设计思路可通过草图、图纸或实物模型来传达。这些表现形式有助于人们与他人交流有关问题解决方案的想法。（*K–ESS3–3 的衍生概念*）	

（可参考第 297 页上与 K. 生态系统中的相互依存关系相关的连接）

K. 天气和气候

预期表现

学生可以通过以下表现来展示理解：

K-ESS2-1. 使用和共享对当地天气条件的观测，描述随时间变化的模式。[说明：定性观测的例子可以包括对天气的描述（比如晴天、多云、下雨和暖和）；定量观测的例子可以包括一个月内晴天、刮风和雨天的数量。模式的例子可能包括：天气通常是在早上比下午凉爽，不同月份的晴天与多云天数量的对比。][评价边界：定量观测的评估仅限于使用整数的相对测量，比如更热或更冷。]

K-ESS3-2. 提问以获取关于天气预报目的的信息，从而应对恶劣的天气。*[说明：重点是当地的各种恶劣天气。]

K-PS3-1. 通过观测确定太阳光对地球表面的影响。[说明：地球表面包括沙，土壤，岩石和水。][评价边界：温度评价仅限于相关的测量，如更热/更冷。]

K-PS3-2. 使用工具和材料来设计和建立一个结构，以减少阳光对一个区域变暖的影响。*[说明：例子包括雨伞、檐篷和帐篷，尽量减少太阳的变暖效应。]

*这项预期表现通过实践或学科核心概念将传统科学内容整合到工程中。

科学与工程实践	学科核心概念	跨学科概念
提出问题和定义问题 　　K–2年级提出和定义问题建立在先前的经验和基础上，发展到简单的、可以被测试的描述性问题。 ● 通过观察提问，找到更多关于人工世界的信息。（K-ESS3-2） **计划和开展研究** 　　K–2年级通过计划和开展研究来回答问题或检验结果是建立在先前的经验和基础上，发展到简单地建立在公平实验基础上的、为解释和设计解决方案提供数据支持的研究。 ⌄	**PS3.B：能量守恒和能量传递** ● 阳光温暖了地球表面。（K-PS3-1）（K-PS3-2） **ESS2.D：天气和气候** ● 天气是特定区域特定时间的阳光、风、雨或雪以及温度的组合。人们通过测量这些条件，以描述和记录天气，并关注它们随时间变化的模式。（K-ESS2-1） **ESS3.B：自然灾害** ● 在一个给定的地区，某些类型的恶劣天气比其他类型的恶劣天气更容易出现。气象科学家对恶劣天气作出预报，以便人们能够对这些事件做好准备和采取应对措施。（K-ESS3-2） **ETS1.A：定义和界定工程问题** ● 提问、观察和搜集信息有助于思考这些问题。（*K-ESS3-2的衍生概念*） ⌄	**模式** ● 自然界的模式可以被观测到，用于描述现象并作为证据。（K-ESS2-1） **原因与结果** ● 事件有产生可观察到的模式的原因。（K-PS3-1）（K-PS3-2） ………… **与工程、技术和科学的应用的关联** **科学、工程和技术的相互依存** ● 在自然界，人类每天都会遇到各种各样的问题。（K-ESS3-2） **工程、技术和科学对社会和自然界的影响** ● 人类在生活中依赖诸多技术；没有技术人类生活就会截然不同。（K-ESS3-2）

（可参考第298页上与K. 天气和气候相关的连接）

新一代科学教育标准——主题序列　173

K. 天气和气候（续）

科学与工程实践	学科核心概念	跨学科概念
• 通过观察（第一手资料或从媒体中获得的）来搜集数据进行比较。（K–PS3–1） **分析和解读数据** 　　K–2 年级分析数据建立在先前的经验和基础上，发展到搜集、记录和共享观察结果。 • 运用观察结果（第一手资料或从媒体中）来描述自然界的模式，从而回答科学问题。（K–ESS2–1） **建构解释和设计解决方案** 　　K–2 年级建构解释和设计解决方案建立在先前的经验和基础上，发展到在建构基于证据的对自然现象的解释和方案的设计中使用证据和概念。 • 通过使用工具和材料设计并建立解决一个具体问题的装置或解决方案。（K–PS3–2） **获取、评价和交流信息** 　　K–2 年级获取、评价和交流信息建立在先前的经验和基础上，使用观察和文本来交流新信息。 • 通过阅读与其年级相符的文本以及使用媒体获取科学信息来描述自然界的模式。（K–ESS3–2） ………… **与科学的本质的联系** **科学研究使用多种方法** • 科学家运用多种方法来探究世界。（K–PS3–1） **实证是科学知识的基础** • 科学家在观察世界时寻找模式和规则。（K–ESS2–1）	**ETS1.B：形成可能的方案** • 设计思路可通过草图、图纸或实物模型来传达。这些表现形式有助于人们与他人交流有关问题解决方案的想法。（*K–ESS3–3 的衍生概念*）	

（可参考第 298 页上与 K. 天气和气候相关的连接）

一 年 级

　　一年级阶段的预期表现旨在帮助学生明晰以下问题的答案，如"材料振动时会发生什么？没有光时会怎样？植物和动物用什么方法满足他们的需求，使其生存和成长？父代和子代有什么相似和不同？天上有什么，它们是如何移动的？"一年级学生的预期表现包括《框架》中的学科核心概念 PS4、LS1、LS3 和 ESS1。

　　学生预计能理解声音和物体振动的关系，以及可见光和物体能够被看见的关系。通过确定在光的路径上放置由不同材料制成的物体后的效果，光是从一个地方传播到另一个地方这一概念可以被此阶段的学生理解。还预计学生能理解动植物如何利用其外部部件来帮助它们生存、生长并满足需求，以及父母和后代的行为如何帮助后代生存；能够理解年幼的动植物和它们的父辈相似但不完全一样。学生能够观察、描述和预测天空中物体运动的不同模式。以下跨学科概念被称为这些学科核心概念的组织概念：模式；原因与结果；结构与功能；科学、工程、技术对社会和自然界的影响。

　　在一年级的预期表现中，学生有望展示与其所在年级相符的能力素质，包括：计划和开展研究；分析和解读数据；建构解释和设计解决方案；获取、评价和交流信息。期望学生能通过实践来展现其对核心概念的理解。

1. 波：光和声

预期表现

学生可以通过以下表现来展示理解：

1-PS4-1. 计划和开展研究来证明振动物体能够产生声音以及声音能够使得物体振动。[说明：能发出声音的振动物体的例子可以包括音叉和拨弦。声音如何能使物质振动的例子包括在一个正在发出声音的扬声器附近拿着一张纸，在一个振动的调音叉附近拿着一个物体。]

1-PS4-2. 观察以证明只有被光照射时物体才能够被看见。[说明：观察的例子可以包括在一个完全漆黑的房间、一个针孔盒、一个关于一位洞穴探险家拿着一个手电筒的视频。照明可以来自一个外部光源，也可以是由一个物体发出自己的光。]

1-PS4-3. 计划和开展研究来确定光在其传播路径上放置由不同材料制成的物体所产生的效果。[说明：材料的例子可以包括透明的（如透明的塑料）、半透明的（如蜡纸）、不透明的（如硬纸板）和能够反射的（如镜子）。][评价边界：评价不包括光的速度。]

1-PS4-4. 使用工具和材料来设计和构建一个装置，使用光或声音来解决远距离沟通的问题。*[说明：装置的例子可以包括一个光源发送信号、纸杯和线做成的"电话"以及用鼓点模式传信。][评价边界：评价不包括通信装置如何工作的技术性细节。]

*这项预期表现通过实践或学科核心概念将传统科学内容整合到工程中。

科学与工程实践	学科核心概念	跨学科概念
计划和开展研究 K–2年级通过计划和开展研究来回答问题或检验结果建立在先前的经验和基础上，发展到简单的建立在公平实验基础上的、为解释和设计解决方案提供数据支持的研究。 ● 以合作方式进行计划和实施调查，产生数据作为回答问题的证据基础。（1-PS4-1）（1-PS4-3） **建构解释和设计解决方案** K–2年级建构解释和设计解决方案建立在先前的经验和基础上，发展到在建构基于证据的对自然现象的解释和方案的设计中使用证据和概念。 ⬇	**PS4.A：波的性质** ● 声音可以使物质振动，振动的物质也可以产生声音。（1-PS4-1） **PS4.B：电磁辐射** ● 只有当光照亮物体或者物体本身能够发光，物体才可见。（1-PS4-2） ● 一些材料允许光通过，一些材料只允许部分光通过，还有一些材料则阻挡所有光，并在它背后的任何表面上形成一个阴影，在那里没有光可以到达。镜子被用来改变光束的方向。（界限：通过体验光源、镜子和影子来逐步建立光的传播这一概念，但并不讨论光速。）（1-PS4-3） ⬇	**原因与结果** ● 设计测试方案，以搜集更多的证据来支持或推翻学生关于原因的想法。（1-PS4-1）（1-PS4-2）（1-PS4-3） ………… **与工程、技术和科学的应用的关联** **工程、技术和科学对社会和自然界的影响** ● 人类在生活中依赖诸多技术；没有技术人类生活就会截然不同。（1-PS4-4）

（可参考第298页上与1.波相关的连接）

1. 波：光和声（续）

科学与工程实践	学科核心概念	跨学科概念
• 通过观察（第一手资料或媒体）来为自然现象构建基于证据的解释。（1–PS4-2） • 通过使用工具和材料设计并建立一个装置，来解决一个具体的问题。（1–PS4-4） ············ **与科学的本质的联系** **科学研究使用多种方法** • 科学研究始于一个问题。（1–PS4-1） • 科学家运用多种方法探究世界。（1–PS4-1）	**PS4.C：信息技术和仪器** • 人们也使用各种仪器进行长距离的交流（发送和接收信息）。（1–PS4-4）	

（可参考第 298 页上与 1. 波相关的连接）

1. 结构、功能和信息处理

预期表现

学生可以通过以下表现来展示理解：

1-LS1-1. 通过模仿植物和动物如何利用它们的外部特征来帮助它们生存、生长和满足自身需求，设计出一种解决人类问题的方案。*[说明：通过模仿植物或动物解决人类问题的例子可以包括通过模仿龟壳，橡子壳和动物鳞片设计衣服或设备来保护骑自行车的人；通过模仿动物的尾巴和植物的根来稳定结构；通过模仿树枝和动物的刺来抵挡入侵者以及通过模仿眼睛和耳朵来侦查入侵者。]

1-LS1-2. 阅读文本和使用媒介来确定那些能帮助后代生存下去的父母及后代的行为模式。[说明：行为模式的例子可能包括后代发出的信号（如哭闹、叽叽喳喳、其他发声）和父母的反应（如喂养、安慰和保护后代）。]

1-LS3-1. 通过观察来证明年幼的植物和动物与父辈相似但不是完全一样。[说明：模式的例子可以包括植物或动物共同的特征。观察的例子可以包括同一种类的叶子有相同的形状但是大小不同以及一种特定品种的狗和它们的父辈相像但不完全一样。][评价边界：评价不包括继承或进行变态或杂交的动物。]

*这项预期表现通过实践或学科核心概念将传统科学内容整合到工程中。

科学与工程实践	学科核心概念	跨学科概念
建构解释和设计解决方案 K-2年级建构解释和设计解决方案建立在先前的经验和基础上，发展到在建构基于证据的对自然现象的解释和方案的设计中使用证据和概念。 • 通过观察（第一手资料或媒体）来为自然现象提供基于经验证据的解释。（1-LS3-1） • 使用材料设计一个解决一个具体问题的装置或解决方案。（1-LS1-1） **获取、评价和交流信息** K-2年级获取、评价和交流信息建立在先前的经验和基础上，使用观察和文本来交流新信息。 ⯆	**LS1.A：结构与功能** • 所有生物都有外部部件。不同的动物采取不同的方式，利用自己身体的各个部件去看、听、抓物体、保护自己、从一处移动到另一处，以及寻找、发现和摄取食物、水和空气。植物也拥有不同的部件（根、茎、叶、花、果实）来帮助它们生存、成长。（1-LS1-1） **LS1.B：生物体的生长和发育** • 成年的植物和动物能产生后代。对于许多种动物而言，父母和后代自己都会通过一些行为来帮助后代存活。（1-LS1-2） ⯆	**模式** • 自然界的模式可以被观测到，用于描述现象并作为证据。（1-LS1-2）（1-LS3-1） **结构与功能** • 自然和人造物品的结构的形状和稳定性与其功能密切相关。（1-LS1-1） ············ 与工程、技术和科学的应用的关联 **工程、技术和科学对社会和自然界的影响** • 每个人造物品的设计是通过应用一些自然界的知识和使用来自自然界的材料。（1-LS1-1）

（可参考第299页上与1.结构、功能和信息处理相关的连接）

1. 结构、功能和信息处理（续）

科学与工程实践	学科核心概念	跨学科概念
● 通过阅读与其年级相符的文本以及使用媒体获取科学信息来明确自然界的模式。（1–LS1–2） ············ **与科学的本质的联系** **实证是科学知识的基础** ● 科学家在观察世界时寻找模式和规则。（1–LS1–2）	**LS1.D：信息处理** ● 动物拥有捕捉和传递其生长和生存所需的各种信息的身体部位。动物会通过有助于它们生存的行为来对这些输入做出响应。植物也能对一些外部输入做出响应。（1–LS1–1） **LS3.A：性状的继承** ● 年幼的动物和它们的父辈很像但不完全一样。植物也和它们的父母很像但不是完全一样。（1–LS3–1） **LS3.B：性状的变异** ● 同一类别的植物或动物的个体之间可以观察到相似性，但它们也可能在许多方面有所不同。（1–LS3–1）	

（可参考第299页上与1.结构、功能和信息处理相关的连接）

1. 宇宙系统：模式和周期

预期表现

学生可以通过以下表现来展示理解：

1-ESS1-1. 观察太阳、月亮和星星来描述可预测的模式。［说明：模式的例子可以包括太阳和月亮从天空中的一侧升起，在天空中移动并且落下，星星不像太阳只能在晚上看到。］［评价边界：模式的评估只限于在晚上可见而在白天不可见的星星。］

1-ESS1-2. 观察在一年中不同时期的白天时长。［说明：重点是将冬天的白天时长和夏天或秋天的白天时长对比。］［评价边界：评估只限于白天时长的相对数量，而不是量化具体的照射小时数。］

科学与工程实践	学科核心概念	跨学科概念
计划和开展研究 K–2 年级通过计划和开展研究来回答问题或检验结果建立在先前的经验和基础上，发展到简单的建立在公平实验基础上的、为解释和设计解决方案提供数据支持的研究。 ● 通过观察的数据（第一手资料或来自媒体）来搜集数据进行比较。（1–ESS1–2） **分析和解读数据** K–2 年级分析数据建立在先前经验之上，且发展到搜集、记录和共享观察结果。 ● 运用观测（第一手资料或来自媒体）来描述自然界的模式，从而回答科学问题。（1–ESS1–1）	**ESS1.A：宇宙和它的恒星** ● 天空中太阳、月亮和恒星的运动模式是可以被观察、描述和预测的。（1–ESS1–1） **ESS1.B：地球和太阳系** ● 日出和日落的季节性模式是可以被观察、描述和预测的。（1–ESS1–2）	**模式** ● 自然界的模式可以被观测到，用于描述现象并作为证据。（1–ESS1–1）（1–ESS1–2） ………… **与科学的本质的联系** **科学知识假设在自然系统中具有秩序性和一致性** ● 科学家认为许多现在发生的自然事件和过去发生的相似。（1–ESS1–1） ● 许多事件都是重复发生的。（1–ESS1–1）

（可参考第 299 页上与 1. 宇宙系统相关的连接）

二 年 级

二年级阶段的预期表现旨在帮助学生明晰以下问题："陆地怎样变化及其变化的原因是什么？土壤和水体的种类有哪些？材料之间有什么相同和不同之处？以及材料的性能与功能之间有什么关联？植物生长需要的条件是什么？生活在某一地方的物种有多少类别？"二年级学生的预期表现包括《框架》中的学科核心概念 PS1、LS2、LS4、ESS1、ESS2 和 ETS1。

预计学生能够知道植物的生长条件以及植物如何依靠动物来授粉或传播它们的种子。学生还应学会对比不同生态环境下物种的多样性。该年级学生应能够通过对不同材料的分析和分类，获知材料的外在特性。学生能够运用关于风和水可以改变地形的知识，比较减缓或阻止这一改变的解决方案。学生能够利用信息和模型识别和描述该地土壤和水体的形态和类别，以及地球上储藏水资源的地方。以下跨学科概念被称为这些学科核心概念的组织概念：模式；原因与结果；能量与物质；结构与功能；稳定性与变化；科学、工程和技术对社会和自然界的影响。

在二年级的预期表现中，学生有望展示与其所在年级相符的能力素质，包括：开发和使用模型；计划和开展研究；分析和解读数据；建构解释和设计解决方案；参与基于证据的论证；获取、评价和交流信息。期望学生通过实践来展现其对核心概念的理解。

2. 物质的结构和性质

预期表现

学生可以通过以下表现来展示理解：

2-PS1-1. 计划和开展研究，通过材料可观察的特征对其进行描述和分类。[说明：观察可以包括颜色、质地、硬度和柔韧性。模式可以包括不同材料的相似特征。]

2-PS1-2. 测试不同的材料，获得数据并加以分析，明确哪些材料具有适合的特征，可以用于达成预定目标。*[说明：特征的例子可以包括强度、柔韧性、硬度、质地和吸光度][评价边界：评估的定量测量仅限于长度。]

2-PS1-3. 观察并证明由碎块建成的物体可以被拆卸并组成新的物体。[说明：碎块的例子可以包括块体、建筑砖或者其他小物件。]

2-PS1-4. 用证据论证，加热或冷却引起的变化有些可以逆转，有些不能。[说明：可逆转的变化的例子可以包括诸如水或黄油这类物体在不同温度下发生的变化。不可逆转的变化的例子可以包括煮鸡蛋、冻结植物叶片和加热纸。]

*这项预期表现通过实践或学科核心概念将传统科学内容整合到工程中。

科学与工程实践	学科核心概念	跨学科概念
计划和开展研究 K-2 年级通过计划和开展研究来回答问题或者检验结果建立在先前的经验和基础上，发展到简单的建立在公平实验基础上的、为解释和设计解决方案提供数据支持的研究。 • 以合作的方式进行计划和实施调查，产生数据作为回答问题的证据基础。（2-PS1-1） **分析和解读数据** K-2 年级分析数据建立在先前的经验和基础上，发展到搜集、记录和共享观察结果。 • 从对对象或工具的测试中分析数据，以确定其是否按预期的方式工作。（2-PS1-2） ⇩	**PS1.A：物质的结构和性质** • 存在着不同种类的物质，并且它们中的许多既可以是固体也可以是液体，这取决于温度。可以根据物质可观察到的特征对其进行描述和分类。（2-PS1-1） • 不同的特征适用于不同的用途。（2-PS1-2）（2-PS1-3） • 各种各样的物体都可以由一组小部件组建而成。（2-PS1-3） **PS1.B：化学反应** • 加热或冷却某种物质可能会引起可观察到的变化。这些变化有时是可逆的，有时是不可逆的。（2-PS1-4）	**模式** • 自然界和人工世界的模式能够被观察。（2-PS1-1） **原因与结果** • 事件有产生可观察到的模式的原因。（2-PS1-4） • 设计测试方案，以搜集更多的证据来支持或推翻学生关于原因的想法。（2-PS1-2） **能量与物质** • 物体可以分解成更小的物体或者组建成更大的物体，也可以改变形状。（2-PS1-3） .... ⇩

（可参考第 300 页上与 2. 物质的结构和性质相关的连接）

2. 物质的结构和性质（续）

科学与工程实践	学科核心概念	跨学科概念
建构解释和设计解决方案　K–2 年级建构解释和设计解决方案建立在先前的经验和基础上，发展到在建构基于证据的对自然现象的解释和方案的设计中使用证据和概念。 ●通过多种渠道进行观察为自然现象提供基于证据的解释。（2–PS1–3） **参与基于证据的论证**　K–2 参与基于证据的论证建立在先前的经验和基础上，发展到比较有关自然界和人工世界的想法和陈述。 ●构建有证据的论点来支持主张。（2–PS1–4） ………… 与科学的本质的联系 **解释自然现象的科学模型、定律、机制和理论** ●科学家用因果关系解释自然事件。（2–PS1–4）		**与工程、技术和科学的应用的关联** **科学、工程和技术对人类社会和自然界的影响** ●每个人造物品的设计是通过应用一些自然界的知识，并使用来自自然界的材料。（2–PS1–2）

（可参考第 300 页上与 2. 物质的结构和性质相关的连接）

2. 生态系统中的相互依存关系

预期表现

学生可以通过以下表现来展示理解：

2-LS2-1. 计划和开展研究来确定植物的生长是否需要阳光和水。[评价边界：评估只限于一次只测试一个变量。]

2-LS2-2. 开发一个简单的模型来模拟动物传播种子或对植物进行授粉的功能。*

2-LS4-1. 观察植物和动物来比较不同栖息地中生命的多样性。[说明：重点是强调在每种不同的栖息地中生物的多样性。][评价边界：评估不包括特定的栖息地中的特定的动物和植物名称。]

*这项预期表现通过实践或学科核心概念将传统科学内容整合到工程中。

科学与工程实践	学科核心概念	跨学科概念
开发和使用模型 K-2年级建模建立在先前的经验和基础上，发展到使用和建立模型（比如图表、图画、物理副本、透视画、编剧和故事板）来表示具体事件或设计解决方案。 ●基于证据开发一个简单的模型表示一个提出的对象或工具。（2-LS2-2） **计划和开展研究** K-2年级通过计划和开展研究来回答问题或者检验结果建立在先前的经验和基础上，发展到简单的建立在公平实验基础上的、为解释和设计解决方案提供数据支持的研究。 ●以合作的方式制订计划和开展研究，产生数据作为回答问题的证据基础。（2-LS2-1） ●通过观察（第一手或来自媒体的资料）来搜集用作对比的数据。（2-LS4-1） ·········· **与科学的本质的联系** **实证是科学知识的基础** ●科学家在观察世界时寻找模式和规则。（2-LS4-1）	**LS2.A：生态系统中的相互依存关系** ●植物的生长依赖于水和光。（2-LS2-1） ●植物依靠动物来授粉或传播它们的种子。（2-LS2-2） **LS4.D：生物多样性与人类** ●地球上的任何区域都生活着许多不同种类的生物，它们存在于陆地和水中的不同位置。（2-LS4-1） **ETS1.B：形成可能的方案** ●设计思路可通过草图、图纸或实物模型来传达。这些表现形式有助于人们与他人交流有关问题解决方案的想法。（2-LS2-2的衍生概念）	**原因与结果** ●事件有产生可观察到的模式的原因。（2-LS2-1） **结构与功能** ●自然和人造产品的结构的形状和稳定性与它们的功能有关。（2-LS2-2）

（可参考第300页上与2.生态系统中的相互依存关系相关的连接）

2. 地球的系统：地球的形成过程

预期表现

学生可以通过以下表现来展示理解：

2-ESS1-1. 运用多种渠道获得的信息来证明地球事件能够迅速或缓慢发生。[说明：事件和时间尺度的例子可以包括迅速发生的火山爆发和地震以及缓慢发生的岩石侵蚀。][评价边界：评价不包括时间尺度的定量测量。]

2-ESS2-1. 比较为减缓或防止风或水改变陆地的形状而设计的多个解决方案。*[说明：解决方案的例子可以包括不同方法设计的堤坝和防护林来阻挡风和水以及使用不同方法设计的灌木、草和树木来保持土壤。]

2-ESS2-2. 开发一个模型来代表一个地区内陆地和水体的形状和类型。[评价边界：评价不包括模型中的定量缩放比例。]

2-ESS2-3. 获取信息，以确定在地球上哪里可以发现固态或液态的水。

*这项预期表现通过实践或学科核心概念将传统科学内容整合到工程中。

科学与工程实践	学科核心概念	跨学科概念
开发和使用模型 K-2 年级建模建立在先前的经验和基础上，发展到使用和建立模型（比如图表、图画、物理副本、透视画、编剧和故事板）来表示具体事件或设计解决方案。 • 创建表示自然界模式的模型。（2-ESS2-2） **建构解释和设计解决方案** K-2 年级建构解释和设计解决方案建立在先前的经验和基础上，发展到在建构基于证据的对自然现象的解释和方案的设计中使用证据和概念。 • 通过多种渠道进行观察为自然现象提供基于证据的解释。（2-ESS1-1） • 对比解决某一问题的多个解决方案。（2-ESS2-1） **获取、评价和交流信息** K-2 年级获取、评价和交流信息建立在先前的经验和基础上，发展到使用观察结果和文本来交流新信息。 • 运用不同的文本，文本特征（例如，标题、目录、词汇表、电子菜单、按钮）来获取信息以及其他能够解决科学问题的媒介。（2-ESS2-3）	**ESS1.C：行星地球的历史** • 有些事件发生得很快；还有些事件发生得很慢，持续的时间比一个人能观察的时间尺度长得多。（2-ESS1-1） **ESS2.A：地球物质和系统** • 风和水可以改变陆地的形状。（2-ESS2-1） **ESS2.B：板块构造论和大尺度系统相互作用** • 地图显示了事物的位置。人们可以用地图绘制出任何区域的陆地和水体的形状与种类。（2-ESS2-2） **ESS2.C：水在地球表面过程中的作用** • 在海洋、河流、湖泊和池塘都可以发现水。水以固态的冰和液态水的形式存在。（2-ESS2-3） **ETS1.C：优化设计方案** • 因为一个问题总是存在不止一个可能的解决方案，所以比较和测试不同的方案十分有用。（2-ESS2-1 的衍生概念）	**模式** • 自然界的模式可以被观测。（2-ESS2-2）（2-ESS2-3） **稳定与变化** • 事件可以缓慢或迅速变化。（2-ESS1-1）（2-ESS2-1） 与工程、技术和科学的应用的关联 **工程、技术和科学对社会和自然界的影响** • 开发和使用技术对自然界产生影响。（2-ESS2-1） 与科学的本质的联系 **科学解决有关自然界和物质世界的问题** • 科学家探究自然界和物质世界。（2-ESS2-1）

（可参考第 301 页上与 2. 地球的系统相关的连接）

新一代科学教育标准——主题序列 185

K-2年级 工程设计

孩子们似乎天生具有想要去设计和建造的创造性的冲动。其通常需要比原材料更多的事物来激发孩子的想象和创造，如用纸箱去搭建他们自己的城堡和玩具屋以及在湿沙子的水边组建沙滩城堡。小学老师的任务就是去引导孩子这种倾向，帮助学生意识到通过一个系统的过程，通常称为工程设计，创造力可以成为解决问题和实现目标的方法。尽管工程设计不是一个固定的过程，思考以下三个步骤对理解这一过程有所帮助，即定义问题、形成可能的方案以及确定最好的解决方案。

定义问题开始于幼儿园阶段，因为学生知道，人们想改变的情况可以被看作一个可以解决的问题。在二年级结束的时候，学生应该能够提出问题，并进行观察，搜集有关问题的信息，这样他们就可以想象一个对象或一个工具来解决它。

从定义问题阶段自然转到**形成可能的方案**。这个阶段最具挑战性的方面是阻止学生立即实施第一方案以及让他们在行动前进行全面的思考。让学生描述他们的想法或者制造一个物理模型是学生构建解决问题想法的一个好方法。

比较不同的解决方案可能涉及测试每一种解决方案，看看它们解决问题或达成目标的效果如何。消费产品测试是构建这种能力的很好的模式。虽然小学低年级的学生不应被赋予设计控制变量实验的责任，但他们应该能够通过比较两种产品来确定哪一个是更好的解决方案。

通过与其他科学学科的联系来帮助学生在不同情境中发展这些能力。幼儿园小朋友预期能够设计和构建简单装置。一年级学生预期能够使用工具和材料来解决简单的问题以及测试和对比不同的解决方案。二年级学生预期能够定义更复杂的问题以及建立、测试和分析数据来比较不同的解决方案。

在二年级结束的时候，学生应该能够完成关于一个问题的所有三个预期表现（K-2-ETS1-1，K-2-ETS1-2 和 K-2-ETS1-3）来理解工程设计的相关过程——定义问题、形成解决方案、比较不同的解决方案，通过测试它们的效果来找到最佳解决方案。

K-2年级 工程设计

预期表现

学生可以通过以下表现来展示理解：

K-2-ETS1-1. 提问、观察和搜集关于人们想要改变的情况的信息，以定义一个可以通过开发新的或改进旧的对象和工具来解决的简单问题。

K-2-ETS1-2. 创建一个简单的草图、图画或物理模型来描述一个物体的形状如何在解决给定的问题中使其发挥作用。

K-2-ETS1-3. 从为解决同一个问题而设计的两个对象的测试中分析数据，并且比较每个对象的优缺点。

科学与工程实践	学科核心概念	跨学科概念
提出问题和定义问题 　　K-2年级提出问题和定义问题建立在先前的经验和基础上，发展到简单的描述性问题。 ● 通过观察，找到更多关于自然界和人工世界的问题。（K-2-ETS1-1） ● 定义一个能够通过开发新的或者改进的对象或工具解决的简单问题。（K-2-ETS1-1） **开发和使用模型** 　　K-2年级建模建立在先前的经验和基础上，发展到使用和建立模型（比如图表、图画、物理副本、透视画、编剧和故事板）来表示具体事件或设计解决方案。 ● 基于证据开发一个简单的模型来表示一个所建议的对象或工具。（K-2-ETS1-2） **分析和解读数据** 　　K-2年级分析数据建立在先前的经验和基础上，发展到搜集、记录和共享观察结果。 ● 从对象或工具的测试中分析数据，以确定其是否按预期的方式工作。（K-2-ETS1-3）	**ETS1.A：定义和界定工程问题** ● 人们想要改变或创造的一种情况，可以转化成一个通过工程来解决的问题。（K-2-ETS1-1） ● 提问、观察和搜集信息有助于思考这些问题。（K-2-ETS1-1） ● 在开始设计一个解决方案之前，重要的是清楚地理解该问题。（K-2-ETS1-1） **ETS1.B：形成可能的方案** ● 设计思路可通过草图、图纸或实物模型来传达。这些表现形式有助于人们与他人交流有关问题解决方案的想法。（K-2-ETS1-2） **ETS1.C：优化设计方案** ● 因为一个问题总是存在不止一个可能的解决方案，所以比较和测试不同方案是十分有用的。（K-2-ETS1-3）	**结构与功能** ● 每个人造物品的设计是通过应用一些自然界的知识，并使用来自自然界的材料。（K-2-ETS1-2）

（可参考第301页上与K-2年级　工程设计相关的连接）

三 年 级

三年级阶段的预期表现旨在帮助学生明晰以下问题："世界各地有哪些典型的天气？一年四季有怎样不同的天气？怎样减少与天气相关的灾害的影响？生物体是如何具有不同的性状的？过去的植物、动物和环境与现在的植物、动物和环境有什么相同或不同？环境变化对生物体有什么影响？向一个物体施加平衡和不平衡力时对此物体分别产生怎样的影响？磁铁怎样使用？"三年级学生的预期表现包括《框架》中的学科核心概念 PS2、LS1、LS2、LS3、LS4、ESS2、ESS3。

学生能够组织和利用数据描述特定季节的典型天气。通过应用与天气相关的灾害的知识，学生能够对旨在减少这类灾害影响的解决方案的优缺点做出判断。期望学生能够理解不同生物体生命周期的相同和不同之处。这一阶段，学生需要明白生物体有不同的遗传性状，且生物体也会由于环境的影响而产生性状。此外，学生应能够利用证据建构关于同一物种的个体之间特征差异是如何为生存、求偶和繁殖提供优势的解释。学生预计能够了解很久以前的生物以及它们的生活环境。三年级学生需要知道环境变化时，一些生物能够生存和繁殖，一些需要另寻生存之处，一些生物会迁入这一发生变化的环境，还有一些会死亡。学生能够理解平衡和不平衡力对物体运动的影响以及互不接触的两个物体之间电磁相互作用的因果关系。他们还需要基于他们对磁相互作用的理解来定义一个可以用磁铁解决的简单设计。以下跨学科概念被称为这些学科核心概念的组织概念：模式；原因与结果；尺度、比例与数量；系统与系统模型；科学、工程和技术的相互依存；科学、工程、技术对社会和自然界的影响。

在三年级的预期表现中，学生有望展示与其所在年级相符的能力素质，包括：提出问题和定义问题；开发和使用模型；计划和开展研究；分析和解读数据；建构解释和设计解决方案；参与基于证据的论证；获取、评价和交流信息。期望学生能通过实践来展现其对核心概念的理解。

3. 力和相互作用

预期表现

学生可以通过以下表现来展示理解：

3-PS2-1. 计划和开展研究，证明平衡力和不平衡力对物体的运动有影响。［说明：例子可以包括球的一边受到不平衡力的作用可以使它开始移动，箱子的两边受到平衡力的作用不会发生移动］［评价边界：评价仅限于一次一个变量：数量、大小或力的方向。评价不包括定量分析力的大小，只包括定性和相对地分析力的大小。评价仅限于将重力理解为使物体向下的力。］

3-PS2-2. 观察并测量物体的运动，证明使用一种模式可以预测未来的运动状态。［说明：有可预测模式的运动例子可以包括孩子荡秋千、球在碗里来回滚动以及两个孩子玩跷跷板。］［评价边界：评价不包括技术术语，如周期和频率。］

3-PS2-3. 提出问题来确定两个互不接触的物体间电磁相互作用的因果关系。［说明：电力的例子可以包括带电气球作用于头发的力以及带电棒和纸之间的力；磁力的例子可以包括两个永久磁铁之间的力，电磁铁和钢制回形针之间的力以及对比一个磁铁所施加的力和两个磁铁所施加的力。因果关系的例子包括物体之间的距离如何影响力的强度以及磁场方向如何影响磁场力的方向。］［评价边界：评价仅限于由学生可以操纵的物体产生的力，电的相互作用仅限于静电。］

3-PS2-4. 定义一个运用磁铁的知识可以解决的简单的设计问题。*［说明：设计问题的例子可以包括建一个闩锁使门处于关闭状态，发明一个设备防止两个移动的物体接触。］

*这项预期表现通过实践或学科核心概念将传统科学内容整合到工程中。

科学与工程实践	学科核心概念	跨学科概念
提出问题和定义问题 　　3–5 年级提出问题和定义问题建立在 K–2 年级的经验和基础上，发展到详细描述定性关系。 ● 提出基于一定发展模式（如因果关系）的可探究的问题。（3–PS2–3） ● 定义一个能够通过开发新的或者改进的物件或工具解决的简单问题。（3–PS2–4） ⬇	**PS2.A：力与运动** ● 每个力都作用于一个特定物体并且有大小和方向。一个静止的物体通常也会受到多个力的作用，但是它们的合力为零。合力不为零时会造成物体运动速度或方向的改变。［界限：在这个年级水平上，只需要定性分析和理解概念，而非定量分析，在这个级别上可使用力的叠加。］（3–PS2–1） ⬇	**模式** ● 变化的模式可以用来预测。（3–PS2–2） **原因与结果** ● 因果关系经常被用来定义。（3–PS2–1） ● 因果关系经常被用来定义、检测和解释变化。（3–PS2–3） ………… **与工程、技术和科学的应用的关联** **科学、工程和技术的互相依存** ● 对自然界的科学发现常常能够催生出新的或改进过的、通过工程设计过程得以发展的技术。（3–PS2–4）

（可参考第 302 页上与 3. 力和相互作用相关的连接）

新一代科学教育标准——主题序列　189

3. 力和相互作用（续）

科学与工程实践	学科核心概念	跨学科概念
计划和开展研究 　　3–5 年级计划和开展研究来回答问题或者检验结果建立在 K–2 年级的经验和基础上，发展到需要开展控制变量的研究并提供证据以支持解释或设计解决方案。 ● 以合作的方式计划和开展研究来产生数据作为依据，采用公平测试，控制变量，考虑试验次数。（3-PS2-1） ● 通过观察和测量获得数据，作为解释现象或检验解决方案的依据。（3-PS2-2） ……… 　　　　与科学的本质的联系 **实证是科学知识的基础** ● 科学发现基于识别模式。（3-PS2-2） **科学研究使用多种方法** ● 运用多种方法、工具和技术开展科学研究。（3-PS2-1）	● 物体在不同情况下的运动模式可以被观察和测量；当过去的运动呈一个规律的模式时，可以据此预测将来的运动。[界限：在这个年级水平，不引入大小、速度、动量和矢量等术语，但需要知道在描述有些量时应同时包括大小和方向。]（3-PS2-2） **PS2.B：相互作用的类型** ● 相互接触的物体可以彼此施加力。（3-PS2-1） ● 一对物体之间的电和磁的作用力不需要物体相互接触。不同情况下力的大小取决于物体的特征和它们之间的距离，对于两个磁体之间的力，还需要考虑磁体的相对方向。（3-PS2-3）（3-PS2-4）	

（可参考第 302 页上与 3. 力和相互作用相关的连接）

3. 生态系统中的相互依存关系

预期表现

学生可以通过以下表现来展示理解：

3-LS2-1. 论证一些动物组成群落可以帮助它们生存。

3-LS4-1. 分析和解读化石上的数据，提供过去生物体和其居住环境的证据。［说明：数据的例子可以包括生物体化石的类型、大小和分布。化石和环境的例子可以包括在陆地上发现的海洋生物化石、在北极地区发现的热带植物化石和已灭绝的生物体化石。］［评价边界：评估不包括对特定化石或现存植物和动物的鉴定。评价仅限于主要化石类型和相对年龄。］

3-LS4-3. 构造具有证据的论点，即在一个特定的栖息地有些生物可以生存得很好，有些生存较差，有些根本无法生存。［说明：证据的例子可以包括所涉及的生物和栖息地的需求和特征。这些生物及其栖息地构成各部分互相依赖的系统。］

3-LS4-4. 论述一个解决方案的优势，该方案针对与由环境变化以及其中的动植物种类可能变化而导致的问题。*［说明：环境变化的例子可能包括土地特性、水分布、温度、食物和其他生物的变化。］［评价边界：评价仅限于一个单一的环境变化。评估不包括温室效应和气候变化。］

*这项预期表现通过实践或学科核心概念将传统科学内容整合到工程中。

科学与工程实践	学科核心概念	跨学科概念
分析和解读数据 3–5年级的分析数据建立在K–2年级的经验和基础上，发展到介绍定量方法来搜集数据和进行多个定性观察的试验。如果可行，应采用数字化工具。 ●分析和解读数据，利用逻辑推理理解现象。（3–LS4–1） **参与基于证据的论证** 3–5年级参与基于证据的论证建立在K–2年级的经验和基础上，发展到引用自然界和人工世界相关的证据去评论同伴提出的科学的解释和解决方案。 ●使用证据、数据或模型构建一个论证。（3–LS2–1） ●构建有证据支持的论点。（3–LS4–3） ●通过引用关于解决方案是如何满足该问题的评价标准以及约束条件的证据论述有关解决方案的优势。（3–LS4–4）	**LS2.C：生态系统的动态、运作和恢复力** ●当环境的变化影响某处的物理特征、温度或资源的可用性时，一些生物体能存活和繁衍，另一些迁移到新的环境，还有一些生物体会迁入这一变化后的环境，而一些会死亡。（3–LS4–4衍生概念） **LS2.D：社会互动和群体行为** ●成为群体的一分子，有助于动物获取食物、自我保护和应对变化。不同的群体可能具有不同的功能和显著的规模差异。（注：从K–2迁移。）（3–LS2–1） **LS4.A：共同祖先和多样性的证据** ●一些曾经在地球上生活的植物和动物种类现在在任何地方都再也找不到了。（注：从K–2迁移。）（3–LS4–1）	**原因与结果** ●因果关系经常被识别和用来解释变化。（3–LS2–1）（3–LS4–3） **尺度、比例与数量** ●可观察的现象存在于极短至极长的一段时间内。（3–LS4–1） **系统与系统模型** ●可以根据部件组成及其相互作用描述一个系统。（3–LS4–4） ············ 与工程、技术和科学的应用的关联 **科学、工程和技术的相互依存** ●相关的科学概念和研究成果的知识在工程中很重要。（3–LS4–3）

（可参考第303页上与3. 生态系统中的相互依存关系相关的连接）

新一代科学教育标准——主题序列　191

3. 生态系统中的相互依存关系（续）

科学与工程实践	学科核心概念	跨学科概念
	⌄ • 化石为生活在很久以前的生物体的种类以及它们的生活环境的性质提供了证据。（3-LS4-1） **LS4.C：适应** • 对于任何特定的环境，某些种类的生物体能很好地生存，有些生存得较差，有的则根本无法生存。（3-LS4-3） **LS4.D：生物多样性与人类** • 生物种群生活在各种各样的栖息地，栖息地的变化会影响生活在那里的生物体。	⌄ ………… 与科学的本质的连接 **科学知识假设在自然系统中存在秩序性和一致性** • 科学认为在自然系统中有一致的模式。（3-LS4-1） **科学是人类智慧的结晶** • 大多数科学家和工程师团队合作开展工作的。（3-LS4-3）

（可参考第 303 页上与 3. 生态系统中的相互依存关系相关的连接）

3. 性状的继承与变异：生命周期和性状

预期表现

学生可以通过以下表现来展示理解：

3-LS1-1. 开发模型来描述生物体具有独特和多样化的生命周期，但它们在出生、生长、繁殖和死亡上有共同点。[说明：生物体生命过程中经历的变化形成一种模式。][评价边界：植物生命周期的评价仅限于这些开花植物。评价不包括人类的繁衍细节。]

3-LS3-1. 分析和解读数据，证明植物和动物的形状遗传于父母以及这些性状的变异存在于相似的生物群体中。[说明：子女和其父母之间或者兄弟姐妹之间所存在的性状的相似性或差异性即为遗传的模式。重点放在人类以外的生物体。][评估边界：评估不包括继承的基因机制和对性状的预测。评估限于非人类案例。]

3-LS3-2. 用证据来支持对性状可以被环境影响的解释。[说明：环境影响性状的案例包括通常缺少水的高大植物会发育迟缓以及给宠物狗吃得太多却运动少可能会使它超重。]

3-LS4-2. 用证据来解释同一物种的个体之间的特征差异如何为生存、求偶和繁殖提供了优势。[说明：因果关系的实例可以是：比其他植物拥有更大荆棘的植物不太可能被天敌吃掉，有更好伪装色的动物比其他动物可能更容易生存，因此更容易留下后代。]

科学与工程实践	学科核心概念	跨学科概念
开发和使用模型 3-5 年级的建模建立在 K-2 年级的经验和基础上，发展到建立和修正简单的模型，使用模型去表示事件和设计解决方案。 ● 开发模型来描述现象。（3-LS1-1） **分析和解读数据** 3-5 年级的分析数据建立在 K-2 年级的经验和基础上，发展到介绍定量方法来搜集数据和进行多个定性观察的试验。如果可行，应采用数字化工具。 ● 分析和解读数据，利用逻辑推理理解现象。（3-LS3-1）	**LS1.B: 生物体的生长和发育** ● 繁殖对各种生物持续存在是必不可少的。植物和动物都拥有独特和多样化的生命周期。（3-LS1-1） **LS3.A: 性状的继承** ● 生物体的许多特征是从它们父母那里继承来的。（3-LS3-1） ● 而有些特征是个体与环境相互作用的结果，这部分特征的范围涵盖了从饮食到学习。许多特征既涉及继承又涉及环境。（3-LS3-2） **LS3.B: 性状的变异** ● 不同生物体的外观和功能有所不同，是因为它们继承了不同的遗传信息。（3-LS3-1）	**模式** ● 模式的异同可以用来排序、分类自然现象。（3-LS3-1） ● 变化的模式可以被用于预测。（3-LS1-1） **原因与结果** ● 因果关系经常被识别和用来解释变化。（3-LS3-2）（3-LS4-2）

（可参考第 303 页上与 3. 性状的继承与变异相关的连接）

3. 性状的继承与变异：生命周期和性状（续）

科学与工程实践	学科核心概念	跨学科概念
⌄ **建构解释和设计解决方案** 　　3–5 年级构建解释和设计解决方案建立在 K–2 年级的经验和基础上，发展到在构建描述和预测现象的特定变量的解释时使用证据以及在设计问题的多种解决方案时使用证据。 • 使用证据（例如观察、模型）以支持解释。（3–LS3–2） • 使用证据（例如观察、模型）以支持解释。（3–LS4–2） .... 　　**与科学的本质的连接** **实证是科学知识的基础** • 科学发现基于识别模式。（3–LS1–1）	⌄ • 环境也会影响生物体的性状发展。（3–LS3–2） **LS4.B：自然选择** • 同一物种的个体之间有时存在特征差异，为生存、求偶和繁殖提供了优势。（3–LS4–2）	

（可参考第 303 页上与 3. 性状的继承与变异相关的连接）

3. 天气和气候

预期表现

学生可以通过以下表现来展示理解:

3-ESS2-1. 通过表格和图形展示数据来描述特定的季节中预期的典型天气状况。[说明：在这个年级水平，数据的例子可能包括平均气温、降水量和风向。][评价边界：图形显示的评价只限于柱状图和统计图表。评价不包括气候变化。]

3-ESS2-2. 获取并整合信息来描述世界不同地区的气候。

3-ESS3-1. 论述一个设计方案的优势，该方案旨在减少与天气相关的灾害的影响。*[说明：与天气相关灾害的设计方案的例子可能包括防止洪水的屏障、抗风屋顶和避雷针。]

*这项预期表现通过实践或学科核心概念将传统科学内容整合到工程中。

科学与工程实践	学科核心概念	跨学科概念
分析和解读数据 3-5 年级的分析数据建立在 K-2 年级的经验和基础上，发展到介绍定量方法来搜集数据和进行多个定性观察的试验。如果可行，应采用数字化工具。 ●通过表格和各种图形（柱状图和统计图表）显示数据来表明关系模式。（3-ESS2-1） **参与基于证据的论证** 3-5 年级参与基于证据的论证建立在 K-2 年级的经验和基础上，发展到引用自然界和人工世界相关的证据去评论同伴提出的科学的解释和解决方案。 ●通过引用关于解决方案是如何满足该问题的评价标准以及约束条件的证据，论述有关解决方案的优势。（3-ESS3-1） **获取、评价和交流信息** 3-5 年级获取、评价和交流信息建立在 K-2 年级的经验和基础上，发展到评估想法和方法的优点和准确性。 ●从书籍或其他可靠的媒体获得并整合信息去解释现象。（3-ESS2-2）	**ESS2.D：天气和气候** ●科学家记录不同的时间和地区的天气模式，以便预测接下来可能出现何种天气。（3-ESS2-1） ●气候描述一个地区一系列典型天气状况的集合，以及那些天气状况在多年中变化的程度。（3-ESS2-2） **ESS3.B：自然灾害** ●多种灾害起因于自然过程。人类无法消除自然灾害，但可以采取措施减弱其影响力。（3-ESS3-1）（注：4-ESS3-2 也涉及本学科核心概念。）	**模式** ●变化的模式可以被用于预测。（3-ESS2-1）（3-ESS2-2） **原因与结果** ●因果关系经常被识别、检测和用来解释变化。（3-ESS3-1） ┈┈┈┈┈┈┈┈┈ **与工程、技术和科学的应用的关联** **工程、技术和科学对社会和自然界的影响** ●工程师改进现有技术或开发新技术让人类受益（例如更好的假肢）、减少已知风险（例如汽车安全带）以及满足社会需求（例如手机）。（3-ESS3-1） ┈┈┈┈┈┈┈┈┈ **与科学的本质的联系** **科学是人类智慧的结晶** ●科学影响日常生活。（3-ESS3-1）

（可参考第 304 页上与 3. 天气和气候相关的连接）

四年级

　　四年级阶段的预期表现旨在帮助学生明晰以下问题，如："什么是波？它们可以做些什么？水、冰、风和植被如何改变陆地？地球特征的什么模式可以通过使用地图来确定？内部和外部的结构如何支持动植物的存活、生长、行为和繁殖？能量是什么？能量与运动的关系是什么？能量是如何转移的？如何用能量来解决问题？"四年级的预期表现包括《框架》中的学科核心概念 PS3、PS4、LS1、ESS1、ESS2、ESS3 和 ETS1。

　　学生能够使用波的模型，根据波幅和波长来描述波的模式，并表明波能引起对象移动。学生有望认识到水、冰、风或植被所导致的风化或侵蚀的影响。他们运用有关地球自然进程的知识来生成和比较多种解决方案，以减少这种进程对人类的影响。为了描述地球特征的模式，学生分析和解读地图中的数据。四年级学生有望认识到动植物都有内部和外部的结构来支持存活、生长、行为和繁殖。通过开发模型，他们可以描述以下事实：当光从对象表面反射后进入眼睛时，此对象才可以被看到。学生能够使用证据来构建关于对象的速度和能量之间关系的解释。学生有望认识到能量可通过声、光、热和电流从一个地方传递到另一个地方或通过碰撞从一个对象传递到另一个对象。他们运用自己对能量的理解来设计、测试和完善能够将能量从一种形式转化到另外一种形式的设备。以下跨学科概念被称为这些学科核心概念的组织概念：模式；原因与结果；能量与物质；系统与系统模型；科学、工程和技术的相互依存；工程、技术和科学对社会和自然界的影响。

　　在四年级阶段的预期表现中，学生有望展示与其所在年级相符的能力素质，包括：提出问题；开发和使用模型；计划和开展研究；分析和解读数据；建构解释和设计解决方案；参与基于证据的论证；获取、评价和交流信息。期望学生通过实践来展现其对核心概念的理解。

4. 能量

预期表现

学生可以通过以下表现来展示理解：

4-PS3-1. 用证据来解释物体的速度与该对象的能量有关。[评价边界：评价不包括对象速度变化的定量测量或对能量的精确或定量定义。]

4-PS3-2. 用观察提供的证据表明，能量可通过声、光、热和电流从一个地方传递到另外一个地方。[评价边界：评估不包括能量的定量测量。]

4-PS3-3. 提出问题，并预测关于物体碰撞时发生的能量变化的结果。[说明：重点是当物体相互作用时由于速度变化引起的能量的变化，而不是力。][评价边界：评价不包括能量的定量测量。]

4-PS3-4. 运用科学概念来设计、测试和完善能够使能量从一种形式转化为另一种形式的设备。*[说明：设备的实例可以包括将电能转换成动能的车辆、光或声音的电回路以及将光转换为热的太阳能加热器。限制条件的例子可以包括材料、成本或设计的时间。][评价边界：设备应限于能将动能转换成电能或使用存储的能量产生运动或制造光或声音的设备。]

4-ESS3-1. 获取并整合信息，以描述能源和燃料来自自然资源且它们的使用影响环境。[说明：可再生能源的例子可能包括风能、坝后水能和太阳能；化石燃料和核燃料是不可再生能源。环境影响的例子可以包括建造水坝、露天开采导致栖息地的丧失以及由于化石燃料的燃烧导致空气污染。]

*这项预期表现通过实践或学科核心概念将传统科学内容整合到工程中。

科学与工程实践	学科核心概念	跨学科概念
提出问题和定义问题 　　3-5年级提出问题和定义问题，建立在K-2年级的经验和基础上，发展到详细描述定性关系。 ●提出可探究的问题并基于一定发展模式（如因果关系）预测合理结果。（4-PS3-3） **计划和开展研究** 　　3-5年级计划和开展研究来回答问题或者检验结果建立在K-2年级的经验和基础上，发展到需要开展控制变量的研究，并提供证据以支持解释或设计解决方案。 ⬇	**PS3.A：能量的定义** ●一个物体运动得越快，它拥有的能量就越多。（4-PS3-1） ●能量可以通过运动的物体或通过声、光或电流从一处传递到另一处。（4-PS3-2）（4-PS3-3） **PS3.B：能量守恒和能量传递** ●哪里有运动的物体、声音、光或热，哪里就有能量。当物体相碰撞，能量会从一个物体传递到另一个物体，并改变它们的运动。在这样的碰撞中，通常会有一些能量传递到周围的空气中，使空气变热并产生声音。（4-PS3-2）（4-PS3-3） ⬇	**原因与结果** ●因果关系经常被识别和用来解释变化。（4-ESS3-1） **能量与物质** ●能量可以在多个对象之间通过不同的方式传递。（4-PS3-1）（4-PS3-2）（4-PS3-3）（4-PS3-4） ………… **与工程、技术和科学的应用的关联** **科学、工程和技术的相互依存** ●相关科学概念和研究成果的知识在工程中很重要。（4-ESS3-1） **工程、技术和科学对社会和自然界的影响** ●工程师改进现有技术或开发新技术。（4-PS3-4） ⬇

（可参考第305页上与 4. 能量相关的连接）

4. 能量（续）

科学与工程实践	学科核心概念	跨学科概念
▼	▼	▼
●通过观察获得数据，作为解释现象或检验解决方案的依据。（4-PS3-2） **建构解释和设计解决方案** 　　3-5年级构建解释和设计解决方案建立在K-2年级的经验和基础上，发展到在构建描述和预测现象的特定变量的解释时使用证据以及在设计问题的多种解决方案时使用证据。 ●使用证据（如测量结果、观察结果以及模式）来构建解释。（4-PS3-1） ●把科学概念应用到解决设计问题上。（4-PS3-4） **获取、评价和交流信息** 　　3-5年级获取、评价和交流信息建立在K-2年级的经验和基础上，发展到评估想法和方法的优点和准确性。 ●从书籍或其他可靠的媒介获得并整合信息去解释现象。（4-ESS3-1）	●光也会将能量从一处传递到另一处。（4-PS3-2） ●能量也可以通过电流从一处传递到另一处，然后在某处产生运动、声音、热和光。而电流最初的产生可能是通过将动能转化为电能实现的。（4-PS3-2）（4-PS3-4） **PS3.C：能量与力的关系** ●当物体相撞，接触时的作用力传递能量，从而改变物体的运动。（4-PS3-3） **PS3.D：化学过程和日常生活中的能量** ●"产生能量"这个表述通常是指将储存能转化为有实际用途的所需形式。（4-PS3-4） **ESS3.A：自然资源** ●人类使用的能源和燃料都是从自然资源中获得的，并且人类对能源和燃料的使用以多种方式影响着环境。有些资源过段时间还可再生，而有些资源则不可再生。（4-ESS3-1） **ETS1.A：定义和界定工程问题** ●一个问题可能的解决方案会受到可用的材料和资源（约束条件）限制。所设计的解决方案的成功取决于对一个解决方案所需的特征（标准）的考量。在比较方案的不同提案时，可以根据各个提案满足标准的程度，或各个提案考虑约束条件的程度。（4-PS3-4衍生概念）	●随着时间的推移，人们的需求不断改变，同样他们对于新的和改进的技术的需求也发生了变化。（4-ESS3-1） ………… **与科学的本质的联系** **科学是人类智慧的结晶** ●大多数科学家和工程师团队合作。（4-PS3-4） ●科学影响日常生活。（4-PS3-4）

（可参考第305页上与4.能量相关的连接）

198　新一代科学教育标准——主题序列

4. 波：波和信息

预期表现

学生可以通过以下表现来展示理解：

4-PS4-1. 建立波的模型，描述关于波幅和波长的模型以及波能导致物体的运动。[说明：模型的例子可以包括图表、类比、并使用电线来说明波长和波的振幅的实物模型。][评价边界：评价不包括干涉效应、电磁波、非周期波或振幅和波长的定量模型。]

4-PS4-3. 生成和比较使用模式来传递信息的多种解决方案。*[说明：解决方案的例子可能包括鼓通过声波发送编码信息，用 1 和 0 代表黑色和白色的格子发送图像的信息，使用摩尔斯码发送文本。]

*这项预期表现通过实践或学科核心概念将传统科学内容整合到工程中。

科学与工程实践	学科核心概念	跨学科概念
开发和使用模型 3–5 年级建模建立在 K–2 年级的经验和基础上，发展到建立和修正简单的模型，使用模型去表示事件和设计解决方案。 • 使用类比、举例或抽象表达建立模型，以描述科学原理。（4–PS4–1） **建构解释和设计解决方案** 3–5 年级构建解释和设计解决方案建立在 K–2 年级的经验和基础上，发展到在构建描述和预测现象的特定变量的解释时使用证据以及在设计问题的多种解决方案时使用证据。 • 基于对设计问题的标准和限制条件的达成情况，形成并对比多个解决方案。（4–PS4–3） .... **与科学的本质的联系** **实证是科学知识的基础** • 科学发现基于识别模式。（4–PS4–1）	**PS4.A：波的特性** • 波是运动的常规模式，通过扰动水面可在水中形成波。当波传过深水的表面时，水会原位上下起伏；水并不随水波的传播方向运动，除非水到达了岸边。（注：本年级段终点从 K–2 迁移）（4–PS4–1） • 相同类型的波在振幅（波的高度）和波长（波峰与波峰之间的距离）上可以是不同的。（4–PS4–1） **PS4.C：信息技术和仪器** • 数字化信息可以长距离传递而无显著衰减。高技术设备，如计算机或手机，能接收并解码信息——将数字化信息转变为声音——反之亦然。（4–PS4–3） **ETS1.C：优化设计方案** • 不同的方案需要根据给定的标准和限制条件进行测试，以确定其中哪一个能最佳地解决问题。（4–PS4–3 衍生概念）	**模式** • 模式的异同可以用来对自然现象进行排序和分类。（4–PS4–1） • 模式的异同可以用来对人造物品进行排序和分类。（4–PS4–3） .... **与工程、技术和科学的应用的关联** **科学、工程和技术的相互依存** • 相关科学概念和研究成果的知识在工程中很重要。（4–PS4–3）

（可参考第 305 页上与 4. 波相关的连接）

4. 结构、功能和信息处理

预期表现

学生可以通过以下表现来展示理解：

4-PS4-2. 建立一个模型来描述当物体反射的光进入眼睛时物体就可以被看见。[评价边界：评价不包括反射特定颜色的可见光反射、视觉的细胞机制、或视网膜如何工作的知识。]

4-LS1-1. 论证植物和动物都有内部和外部结构，为其生长、生存、行为和繁殖承担各种功能。[说明：结构的例子可能包括刺、茎、根、彩色花瓣、心脏、胃、肺、脑和皮肤。][评价边界：评价仅限于植物和动物系统中的宏观结构。]

4-LS1-2. 用模型来描述，动物通过感官接收不同类型的信息，在它们的脑中处理这些信息，并以不同的方式对信息做出反应。[说明：重点是信息传递系统。][评价边界：评价不包括脑存储和复述信息的机制或感觉器官发挥作用的机制。]

科学与工程实践	学科核心概念	跨学科概念
开发和使用模型 　　3-5年级建模建立在K-2年级的经验和基础上，发展到建立和修正简单的模型，使用模型去表示事件和设计解决方案。 ● 建立模型以描述现象。（4-PS4-2） ● 使用模型来测试有关自然系统功能的相互作用。（4-LS1-2） **参与基于证据的论证** 　　3-5年级参与基于证据的论证建立在K-2年级的经验和基础上，发展到引用自然界和人工世界相关的证据去评论同伴提出的科学的解释和解决方案。 ● 使用证据、数据和模型构建一个论证。（4-LS1-1）	**PS4.B：电磁辐射** ● 当物体表面反射的光进入眼睛时，物体就可以被看见。（4-PS4-2） **LS1.A：结构与功能** ● 植物和动物都有内部和外部结构，为其生长、生存、行为和繁殖承担各种功能。（4-LS1-1） **LS1.D：信息处理** ● 不同感觉器官专门接收特定类型的信息，这些信息随后可通过动物的脑进行处理。动物能够利用它们的感知和记忆来指导其行为。（4-LS1-2）	**原因与结果** ● 因果关系经常被识别。（4-PS4-2） **系统与系统模型** ● 可以根据部件的组成及其相互作用来描述一个系统。（4-LS1-1）（4-LS1-2）

（可参考第306页上与4.结构、功能和信息处理相关的连接）

4. 地球的系统：地球的形成过程

预期表现

学生可以通过以下表现来展示理解：

4-ESS1-1. 从岩石形成的模式和岩石层中的化石中找出证据，来解释一段时间内地表的变化。[说明：从模式中找到的证据的例子可以包括：有海洋贝壳化石的岩石层在有植物化石但没有贝壳化石的岩石层的上面，则表明出从陆地到水中随时间的演变；底部有河流、岩壁上有不同类型的岩石层的峡谷表明随着时间的推移，河流对岩石的侵蚀][评价边界：评价不包括有关岩石形成机制的特定知识，也不包括对岩石的形成和岩层的记忆。评价仅限于相对时间。]

4-ESS2-1. 观察和/或测量，以证明由水、冰、风或者植被导致的风化或侵蚀作用的影响。[说明：测量的变量可以包括水向下运动的斜坡角度、植被的量、风速、沉积的相对速率、水的冻融周期、加热和冷却周期以及水流体积。][评价边界：评价仅限于风化或侵蚀的单一形式。]

4-ESS2-2. 通过分析并解读来自地图的数据，以描述表示地球特征的模式。[说明：地图上可以包括地球上陆地和海底等高线图，以及标明山脉、洲界、火山和地震位置的地图。]

4-ESS3-2. 形成和比较多种旨在减少地球自然进程对人类的影响的解决方案。*[说明：解决方案的例子可能包括设计一个抗震建筑和完善火山活动的监测。][评价边界：评价仅限于地震、洪水、海啸和火山喷发。]

*这项预期表现通过实践或学科核心概念将传统科学内容整合到工程中。

科学与工程实践	学科核心概念	跨学科概念
计划和开展研究 3-5 年级计划和开展研究来回答问题或检验结果建立在 K-2 年级的经验和基础上，发展到需要开展控制变量的研究，并提供证据以支持解释或设计解决方案。 • 通过观察和测量获得数据，作为解释现象的依据。（4-ESS2-1） **分析和解读数据** 3-5 年级的分析数据建立在 K-2 年级的经验和基础上，发展到介绍定量方法来搜集数据和多个进行定性观察的试验。如果可行，应采用数字化工具。 • 分析和解读数据，利用逻辑推理理解现象。（4-ESS2-2）	**ESS1.C：行星地球的历史** • 局部的、地区的和全球范围内的岩层分布揭示了随时间而发生的变化，这些变化是地球内部的力如地震引起的。某些化石类型的存在和位置表明岩层形成的顺序。（4-ESS1-1） **ESS2.A：地球物质和系统** • 降雨有助于塑造陆地地形状和影响在一个地区中的生物体类型。水、冰、风、生物体和重力将岩石、土壤和沉积物破碎成较小的颗粒，并使它们四处迁移。（4-ESS2-1）	**模式** • 模式可以用来作为支持解释的证据。（4-ESS2-1）（4-ESS2-2） **原因与结果** • 因果关系经常被识别、检测和用来解释变化。（4-ESS2-1）（4-ESS3-2） **与工程、技术和科学的应用的关联** **工程，技术和科学对社会和自然界的影响** • 工程师改进现有技术或开发新技术来获得更多的利益，降低已知的风险以及满足社会需求。（4-ESS3-2）

（可参考第 306 页上与 4. 地球的系统相关的连接）

新一代科学教育标准——主题序列　201

4. 地球的系统：地球的形成过程（续）

科学与工程实践	学科核心概念	跨学科概念
建构解释和设计解决方案 　　3-5 年级构建解释和设计解决方案建立在 K-2 年级的经验和基础上，发展到在构建描述和预测现象的特定变量的解释时使用证据以及在设计问题的多种解决方案时使用证据。 ● 确定在解释中能支持特定要点的证据。（4-ESS1-1）	**ESS2.B：板块构造论和大尺度系统相互作用** ● 山脉、深海沟、海底结构、地震和火山的位置是按一定的模式排布的。大多数地震和火山都处于大陆和海洋板块边界的带状区域上。主要的山脉是在大陆内部或接近大陆边缘的地方形成的。地图有助于确定地球不同区域中不同特征的陆地和水域的位置。（4-ESS2-2） **ESS2.E：生物地质学** ● 生物会影响其生存地区的物理特征。（4-ESS1-1） **ESS3.B：自然灾害** ● 多种灾害起因于自然过程（如地震、海啸和火山爆发）。人类无法消除自然灾害，但可以采取措施减弱它们的影响。（4-ESS3-2） （注：也可以从 3.WC. 找到本学科核心概念） **ETS1.B：形成可能的方案** ● 测试一个方案，需要研究它在一系列可能的条件下是如何表现的。（4-ESS3-2 的衍生概念）	…………… 与科学的本质的联系 **科学知识假设在自然系统中具有秩序性和一致性** ● 科学认为在自然系统中有一致的模式。（4-ESS1-1）

（可参考第 306 页上与 4. 地球的系统相关的连接）

202　新一代科学教育标准——主题序列

五 年 级

五年级阶段的预期表现旨在帮助学生明晰以下问题，比如："当物质变化时，它的重量会变化吗？在地球的不同地方可以发现多少水？可以通过结合其他物质产生新的物质吗？生态系统中的物质如何进行循环？食物中的能量来自哪里？其用途是什么？阴影的长度和方向或者日夜的相对长度是如何一天天变化的？在不同的季节星体的外表如何变化？"五年级的预期表现包括《框架》中的学科核心概念 PS1、PS2、PS3、LS1、LS2、ESS1、ESS2 和 ESS3。

学生能够通过建模来描述物质是由很小且看不到的微粒组成的。学生有望认识到无论物质经过什么变化物质的总量是守恒的。学生能够确定两个或两个以上的物质混合是否会产生新的物质。通过使用实例来建立模型，学生能够描述岩石圈、生物圈、水圈或大气圈相互作用的方式。他们能够描述数据并以图表形式表示数据来提供关于地球上水资源分布的证据。学生有望认识到，植物主要是从空气和水中获得他们生长所需要的营养。通过使用模型，学生可以描述植物、动物、分解者和环境中物质的运动以及动物的食物中能量最初来自太阳。学生预计能理解影子的长度和方向的日变化、昼夜更替以及一些星体在夜空中会季节性出现。以下跨学科概念被称为这些学科核心概念的组织概念：模式；原因与结果；尺度、比例与数量；能量与物质；系统与系统模型。

在五年级阶段的预期表现中，学生有望展示与其所在年级相符的能力素质，包括：开发和使用模型；计划和开展研究；分析和解读数据；使用数学和计算思维；参与基于证据的论证；获取、评价和交流信息。期望学生通过实践来展现其对核心概念的理解。

5. 物质的结构和性质

预期表现

学生可以通过以下表现来展示理解：

5-PS1-1. 形成一个模型来描述物质是由很小而看不到的微粒组成的。[说明：证据的实例包括通过充气膨胀一个篮球、用注射器压缩气体、把糖溶解在水中和蒸发海水。][评价边界：评估不包括解释蒸发和凝结在原子尺度上的机制或定义看不见的粒子。]

5-PS1-2. 测量并用图表表示数量，以证明在加热、冷却或混合物质时不管发生何种类型的变化，物质的总质量是守恒的。[说明：反应或变化的例子包括通过相变、溶解、混合产生新的物质。][评价边界：评估不包括区分质量和重量。]

5-PS1-3. 通过观察和测量，基于特征来识别材料。[说明：识别材料的例子包括小苏打和其他粉末、金属、矿物和液体。性质的例子包括颜色、硬度、反射率、导电性、导热性、磁力和溶解度；密度并不作为一个可识别的特征。][评价边界：评估不包括密度或区分质量和重量。]

5-PS1-4. 进行研究以确定两种或两种以上的物质混合是否会产生新的物质。

科学与工程实践	学科核心概念	跨学科概念
开发和使用模型 3-5年级建模建立在K-2年级的经验和基础上，发展到建立和修正简单的模型，使用模型去表示事件和设计解决方案。 ● 开发模型以描述现象。（5-PS1-1） **计划和开展研究** 3-5年级计划和开展研究来回答问题或检验结果建立在K-2年级的经验和基础上，发展到开展采用控制变量的研究并为支持解释或设计解决方案提供依据。 ● 以合作的方式开展研究，产生作为依据的数据，使用公平测试以控制变量和考虑实验次数。（5-PS1-4） ● 通过观察和测量产生数据，作为解释现象的依据。（5-PS1-3） ▼	**PS1.A：物质的结构和性质** ● 任何类型的物质都可以被细分为很小而不可见的微粒，尽管如此，物质仍然存在，并可以通过其他方法检测到。气体是由很小而不可见的、可以在空间里自由移动的物质粒子组成的，这一模型可以解释很多现象，包括气体的膨胀和形状，空气对较大颗粒或物体的影响。（5-PS1-1） ● 当物质形态变化时，物质的总量（重量）是守恒的，尽管在有些变化过程中物质看起来像消失了一样。（5-PS1-2） ● 对各种性质的测量可以用来识别特定物质。[界限：在这个年级水平，并不区分质量和重量，也不尝试定义不可见的粒子或解释蒸发和凝结在原子尺度上的机制。]（5-PS1-3） ▼	**原因与结果** ● 因果关系经常被识别、检测和用来解释变化。（5-PS1-4） **尺度、比例与数量** ● 存在从非常小到非常大的自然对象。 ● 标准单位是用来测量和描述物理量的，如重量、时间、温度和体积。（5-PS1-2）（5-PS1-3） ············ **与科学的本质的联系** **科学知识假设在自然系统中具有秩序性和一致性** ● 科学认为在自然系统中有一致的模式。（5-PS1-2）

（可参考第307页上与5.物质的结构和性质相关的连接）

5. 物质的结构和性质（续）

科学与工程实践	学科核心概念	跨学科概念
使用数学和计算思维 　　3–5 年级使用数学和计算思维建立在 K–2 年级的经验和基础上，发展到对多个物理特征进行定量测量，使用数学和计算分析数据和对比多种解决方案。 ●测量和用图像表示数量（如重量），以解决科学问题和工程难题。（5-PS1-2）	**PS1.B：化学反应** ●当两个或多种不同的物质被混合时，可能会形成一种具有不同性质的新物质（5-PS1-4） ●不管发生了什么反应和性质的变化，物质的总重量不发生改变。〔界限：质量和重量在这个年级段不进行区分。〕（5-PS1-2）	

（可参考第 307 页上与 5. 物质的结构和性质相关的连接）

5. 生物体和生态系统中的物质与能量

预期表现

学生可以通过以下表现来展示理解：

5-PS3-1. 使用模型来描述动物食物中的能量（用作身体修复、生长、运动和保持体温）是曾经来自太阳的能量。［说明：模型的例子包括图表和流程图。］

5-LS1-1. 论证植物主要从空气和水中获得他们生长所需要的材料。［说明：重点是植物的物质主要来自空气和水，而不是土壤。］

5-LS2-1. 开发一个模型来描述植物、动物、分解者和环境之间的物质运动。［说明：强调不是食物的物质（空气，水和土壤中的分解者）被植物改变成了可作为食物的物质。系统的例子包括生物体、生态系统和地球］［评价边界：评价不包括分子解释。］

科学与工程实践	学科核心概念	跨学科概念
开发和使用模型 　　3-5年级建模建立在 K-2 年级的经验和基础上，发展到建立和修正简单的模型，使用模型去表示事件和设计解决方案。 ● 使用模型描述现象。（5-PS3-1） ● 开发模型以描述现象。（5-LS2-1） **参与基于证据的论证** 　　3-5年级参与基于证据的论证建立在 K-2 年级的经验和基础上，发展到引用自然界和人工世界相关的证据去评论同伴提出的科学的解释和解决方案。 ● 通过证据、数据或模型支持一个论证。（5-LS1-1） .... **与科学的本质的联系** **解释自然现象的科学模型、定律、机制和理论** ● 科学解释描述自然事件的机制。（5-LS2-1）	**PS3.D：化学过程和日常生活中的能量** ● 消化食物所释放的能量曾经是来自太阳的能量，植物通过化学过程捕获了这些能量，植物自身的物质也在此化学过程中得以形成。（来自空气和水）。（5-PS3-1） **LS1.C：生物体的物质流与能量流的组织** ● 食物向动物提供它们身体修复和生长所需要的材料，以及维持体温和运动所需要的能量。（5-PS3-1 的衍生概念） ● 植物主要从空气和水中获取它们生长所需的材料。（5-LS1-1） ⌄	**系统与系统模型** ● 可以根据部件组成及其相互作用来描述一个系统。（5-LS2-1） **能量与物质** ● 物质可在系统内部进行传递，也可以被传入或传出系统。（5-LS1-1） ● 能量可以通过多种方式在物体间传递。（5-PS3-1）

（可参考第 307 页上与 5. 生物体和生态系统中的物质与能量相关的连接）

5. 生物体和生态系统中的物质与能量（续）

科学与工程实践	学科核心概念	跨学科概念
	LS2.A：生态系统中的相互依存关系 • 几乎任何一种动物的食物都可以追溯到植物。生物在食物网中相互联系。在食物网中，一些动物以植物为食；另一些动物以吃植物的动物为食。某些生物体，如真菌和细菌，能分解死亡的生物体（植物、植物的部件和动物），因此它们起到"分解者"的作用。分解作用最终将一些物质还原（回收）到土壤中。生物体只能在满足它们特定需要的环境中生存。一个健康的生态系统是这样的：能满足生活在其中的不同类型的多个物种各自的需求，并且有一张相对稳定的生命网。新引进的物种可能会破坏生态系统的平衡。（5-LS2-1） **LS2.B：生态系统中的物质循环和能量传递** • 随着植物、动物和微生物的生存和死亡，物质在空气、土壤以及这些生物体之间循环。生物体从环境中获得气体和水，并将废弃物（气体、液体或固体）释放回环境。（5-LS2-1）	

（可参考第307页上与5. 生物体和生态系统中的物质与能量相关的连接）

5. 地球的系统

预期表现

学生可以通过以下表现来展示理解：

5-ESS2-1. 开发一个模型来描述岩石圈、生物圈、水圈和大气圈之间相互作用的方式。[说明：例子包括海洋对生态系统、地形形状和气候的影响；大气通过天气和气候对生态系统和地形形状的影响；山脉对大气中风和云的影响。岩石圈、生物圈、水圈和大气圈每个都是一个系统。][评价边界：评价只限于两个系统之间的相互作用。]

5-ESS2-2. 描述并图示出在不同的水体中咸水和淡水的数量，为地球中水的分布提供证据。[评价边界：评价只限于海洋、湖泊、河流、冰川、地下水和极地冰盖，不包括大气中的水。]

5-ESS3-1. 获取和整合有关个体社群使用科学概念来保护地球资源和环境的方式的信息。

科学与工程实践	学科核心概念	跨学科概念
开发和使用模型 3-5年级建模建立在K-2年级的经验和基础上，发展到建立和修正简单的模型，使用模型去表示事件和设计解决方案。 • 使用实例来开发模型以描述科学原理。（5-ESS2-1） **使用数学和计算思维** 3-5年级使用数学和计算思维建立在K-2年级的经验和基础上，发展到对多个物理特征进行定量测量，使用数学和计算分析数据和对比多种解决方案。 • 描述和用图像表示数量，比如面积和体积，来解答科学问题。（5-ESS2-2） **获取、评价和交流信息** 3-5年级获取、评价和交流信息建立在K-2年级的经验和基础上，发展到评估想法和方法的优点和准确性。 • 从书籍或其他可靠的媒体获得并整合信息去解释现象或设计问题的解决方案。（5-ESS3-1）	**ESS2.A：地球物质和系统** • 地球的主要系统有岩石圈（固体和熔融的岩石、土壤和沉积物）、水圈（水和冰）、大气圈（空气）和生物圈（生物包括人类）。这些系统以多种方式相互作用，影响地球表面的物质和过程。海洋供养着各种各样的生态系统和生物体，塑造地貌，并影响气候。大气圈中的风和云与地形相互作用决定天气模式。（5-ESS2-1） **ESS2.C：水在地球表面过程中的作用** • 地球上几乎所有的可用水都在海洋。大多数淡水存在于冰川或地下；只有一小部分存在于河流、湖泊、湿地和大气中。（5-ESS2-2） **ESS3.C：人类对地球系统的影响** • 人类在农业、工业和日常生活中的活动已经对土地、植被、河流、海洋、空气以及至外层空间造成了重大影响。但是个体和社会正在为保护地球资源与环境而努力。（5-ESS3-1）	**尺度、比例与数量** • 标准单位用来测量和描述物理量，如重量和体积。（5-ESS2-2） **系统与系统模型** • 可以根据部件的组成及其相互作用来描述一个系统。（5-ESS2-1）（5-ESS3-1） .... 与科学的本质的联系 **科学解决有关自然界和物质世界的问题** • 科学发现局限于可以通过实证得到答案的问题。（5-ESS3-1）

（可参考第308页上与5.地球的系统相关的连接）

5. 宇宙系统：恒星和太阳系

预期表现

学生可以通过以下表现来展示理解：

5-PS2-1. 论证地球对物体的重力作用是向下的。［说明："向下"是指向地球的地心。］［评价边界：评价不包括重力的数学表达式。］

5-ESS1-1. 论证其他恒星与太阳亮度的差异来自它们与地球相对距离的差异。［评价边界：评价只限于相对距离，不是恒星大小。评价不包括影响相对亮度的其他因素（如恒星质量，年龄和阶段）。］

5-ESS1-2. 通过图表展示数据来说明关于影子的长度和方向的日变化、昼夜更替、夜空中某些恒星表征季节性变化的模式。［说明：模式的例子包括地球相对于太阳的位置和运动以及选择只在特定的几个月可见的恒星。］［评价边界：评价不包括季节的产生原因。］

科学与工程实践	学科核心概念	跨学科概念
分析和解读数据 　　3-5年级的分析数据建立在K-2年级的经验和基础上，发展到介绍定量方法来搜集数据和进行多个定性观察的试验。如果可行，应使用数字化工具。 ● 通过图形（柱状图、统计图表及饼图）显示数据以表明关系模式。（5-ESS1-2） **参与基于证据的论证** 　　3-5年级参与基于证据的论证建立在K-2年级的经验和基础上，发展到引用自然界和人工世界相关的证据去评论同伴提出的科学的解释和解决方案。 ● 通过证据、数据或模型支持一个论证。（5-PS2-1）（5-ESS1-1）	**PS2.B：相互作用的类型** ● 重力是地球对其表面附近物体的作用力，并将物体拉向地球的中心。（5-PS2-1） **ESS1.A：宇宙和它的恒星** ● 太阳看上去是一个比其他恒星更大、更亮的恒星，这是因为太阳距离我们更近。从与地球的距离来讲，恒星之间的差别很大。（5-ESS1-1） **ESS1.B：地球和太阳系** ● 地球围绕太阳运行的轨道、月球围绕地球运行的轨道以及地球围绕一个南北极之间的轴的自转，形成了可观察的模式。这些模式包括昼夜更替；影子长度和方向的日变化；太阳、月亮和星星的位置在一天、一个月和一年中不同时间的变化。（5-ESS1-2）	**模式** ● 模式的异同可以用来排序、分类、交流和分析自然现象中简单的变化。（5-ESS1-2） **原因与结果** ● 因果关系经常被识别和用来解释变化。（5-PS2-1） **尺度、比例与数量** ● 存在从非常小到非常大的自然对象。（5-ESS1-1）

（可参考第309页上与5.宇宙系统相关的连接）

3-5 年级工程设计

　　学生解决问题的能力建立在 K-2 年级的经验上,在 K-2 年级阶段,学生要了解人们希望改变的情况可以被定义为可以通过工程设计解决的问题或实现的目标。随着 3-5 年级学生成熟程度的增加,他们可以从事更加系统和有创造性的工程设计。在之前和之后的年级,工程设计可以被认为是三个阶段。我们需牢记在心,但是并不一定要遵循这个顺序,因为学生可能会在测试阶段想出新的解决方案或重新定义问题来更好地满足原始需要。尽管如此,他们应该培养工程设计过程中的三个阶段所需的所有能力。

　　在这个年级段,**定义问题**涉及指定标准和约束条件的额外步骤。标准是对于一个成功解决方案的要求并且通常指定一个设计预计能执行的功能以及应具备的特性使得对不同设计进行比较成为可能。约束条件是创建设计解决方案时必须考虑的限制。在教室里,限制条件来自可获得的材料和学生可用于工作的时间。

　　在这个阶段,**形成可能的方案**涉及产生几种不同的解决方案的训练,系统地对比它们来看出哪一个能最好地满足问题的标准和约束条件(这是 K-2 年级水平工程设计二、三阶段的整合)。

　　改进设计涉及使用控制实验或"公平测试"来构建和测试模型或原型,"公平测试"指每次只改变一个变量而其他变量不变的实验。在科学探究中使用同样的做法,除了我们的目标是实现最好的设计而不是回答一个自然界的问题。改进设计的另一个途径是构建一个结构,然后测试它直至失败;注明失败的原因以便重新设计结构使其更强大。"失败"是设计过程中必不可少的部分,因为它指出了提高设计方案的途径。

　　与其他科学学科的联系可以帮助学生在不同情境下培养这些能力。举个例子,3 年级的学生将他们对科学的理解整合到设计中,包括磁力(3-PS2-4)、生物体的需求(3-LS4-3)和恶劣天气的影响(3-ESS3-1)。4 年级的学生设计和比较多种问题的解决方案,问题包括能量从一种形式转化为另一种形式(4-PS3-4)、通信(4-PS4-3)、减少风化和侵蚀的影响(4-ESS2-1)和地质灾害(4-ESS3-2)。5 年级的学生可设计解决环境问题的方案(5-ESS2-1)。

　　在五年级结束的时候,为了理解工程设计中相互关联的过程,学生应该能够达到关于一个问题的所有三个预期表现(3-5-ETS1-1,3-5-ETS1-2 和 3-5-ETS1-3)。这些包括通过指定标准和约束条件来定义问题、开发和比较多个解决方案以及进行控制实验来测试可选择的方案。

3-5. 工程设计

预期表现

学生可以通过以下表现来展示理解：

3-5-ETS1-1. 定义一个反映需要或希望的简单的设计问题，其中包括指定的成功的标准和约束条件、材料、时间或成本。

3-5-ETS1-2. 基于如何更好地满足问题的标准和约束条件，形成和比较针对该问题的多个可能的解决方案。

3-5-ETS1-3. 计划和开展公平测试，在其中控制变量并考量失败点，以识别模型或原型中有待改进的方面。

科学与工程实践	学科核心概念	跨学科概念
提出问题和定义问题 　　3-5 年级提出问题和定义问题建立在 K-2 年级的经验和基础上，发展到详细说明定性关系。 ● 定义一个能够通过开发对象、工具、过程或系统解决的简单问题，并且包括一些有关成功的标准和对材料、时间或成本的限制条件。（3-5- ETS1-1） **计划和开展研究** 　　3-5 年级计划和开展研究来回答问题或检验结果建立在 K-2 年级的经验和基础上，发展到开展控制变量的研究，并且可以为支持解释或设计解决方案提供依据。 ● 以合作的方式计划和开展研究以产生可以作为依据的数据，在研究过程中采用公平测试来控制变量并考虑试验次数。（3- 5-ETS1-3） **建构解释和设计解决方案** 　　3-5 年级构建解释和设计解决方案建立在 K-2 年级的经验和基础上，发展到在构建描述和预测现象的特定变量的解释时使用证据以及在设计问题的多种解决方案时使用证据。 ● 基于对设计问题的标准和限制条件的达成情况，形成并对此多个解决方案。（3- 5- ETS1-2）	**ETS1.A：定义和界定工程问题** ● 一个问题可能的解决方案会受到可用的材料和资源（约束条件）的限制。所设计的解决方案的成功取决于对一个解决方案所需的特征（标准）的考量。在比较方案的不同提案时，可以根据各个提案满足标准的程度或各个提案考虑约束条件的程度。（3-5-ETS1-1） **ETS1.B：形成可能的方案** ● 在开始设计一个方案之前，应当对问题本身展开研究。测试一个方案，需要研究它在一系列可能的条件下是如何表现的。（3-5-ETS1-2） ● 在任何阶段，与同伴交流关于方案的想法是设计过程的重要组成部分，并且分享想法有助于改进设计方案。（3-5-ETS1-2） ● 设计测试的目的通常是找出失败点或困难，从而确定需要改进的设计元素。（3-5-ETS1-3） **ETS1.C：优化设计方案** ● 不同的方案需要根据给定的标准和约束条件进行测试，以确定其中哪一个能最好地解决问题。（3-5-ETS1-3）	**工程、技术和科学对社会和自然界的影响** ● 随着时间的推移，人们的需求不断改变，同样他们对于新的和改进的技术的需求也发生了变化。（3-5-ETS1-1） ● 工程师改进现有技术或开发新技术来获得更好的利益，降低已知的风险以及满足社会需求。（3-5-ETS1-2）

（可参考第 309 页上与 3-5. 工程设计相关的连接）

新一代科学教育标准——主题序列　211

初中物质科学

在初中阶段，学生继续发展对物质科学四个核心概念的理解。初中阶段物质科学的预期表现建立在K-5年级概念与能力的基础上，让学习者能够解释物质科学中的重要现象以及解释生命科学及地球与空间科学中的重要现象。物质科学预期表现将核心概念、科学与工程实践及跨学科概念糅合起来，支持学生学习解释真实世界中的物质、生命及地球与空间科学现象所需的知识。在物质科学中，初中阶段的预期表现着眼于发展学生对几项科学实践的理解。这包括开发和使用模型、计划和开展研究、分析和解读数据、使用数学和计算思维、建构解释以及运用这些实践来展示对核心概念的理解。学生也预期能够表现出对一些工程实践的理解，包括设计与评价。

物质的结构和性质主题的预期表现帮助学生回答诸如这些问题：粒子是如何组合生成新的不同特征的物质的？热量如何影响粒子的运动？回答这类问题需要建立在对分子和原子尺度上能发生什么的理解之上。到初中阶段结束的时候，学生将能够理解和运用纯净物具有独特的物理与化学性质，并且它们是由一种原子或分子组成的。他们将能够从分子水平上解释物质的状态及状态变化。以下跨学科概念被称为这些学科核心概念的组织概念：模式；原因与结果；尺度、比例与数量；能量与物质；结构与功能；科学、工程和技术的相互依存；科学、工程和技术对社会与自然界的影响。在本主题的预期表现中，学生有望在以下方面展现能力素质，包括：开发与使用模型；以及获取、评价与交流信息。期望学生能通过科学与工程实践来展现其对学科核心概念的理解。

化学反应主题的预期表现帮助学生回答以下问题：新物质形成时会发生什么？哪些改变了而哪些保持不变？回答这类问题需要建立在对化学反应发生时分子和原子尺度上能发生什么的理解之上。到初中结束的时候，学生将能够为解释化学反应会重新组合原子以形成新的物质以及原子的重新排列过程提供分子层面的说明。学生还将能够对化学反应系统应用其对工程设计和优化过程的理解。以下跨学科概念被称为这些学科核心概念的组织概念：模式；能量与物质。在本主题的预期表现中，学生有望在以下方面展现能力素质：开发与使用模型；分析和解读数据；以及设计解决方案。期望学生能通过科学与工程实践来展现其对学科核心概念的理解。

力和相互作用主题的预期表现着眼于帮助学生理解关于为什么一

些物体会一直运动、为什么物体会掉到地上、为什么一些材料会相互吸引而其他材料不会的概念。学生回答这一问题：怎样描述物体间及物体系统中的物理相互作用？在初中水平，《框架》中的学科核心概念PS2被分解成两个子概念：力与运动以及相互作用的类型。到初中结束时，学生将能够应用牛顿第三运动定律，用力去解释物体的运动。学生也将应用关于引力、电磁力的概念去解释各种各样的现象，包括关于为什么一些材料相互吸引而其他材料相互排斥的初始概念。特别地，学生将理解引力相互作用总是吸引，而电与磁相互作用既可能吸引，也可能排斥。学生也将理解物体即使互相不接触也可以通过"场"彼此施加力。学生还能够应用工程实践与概念去解决当物体相撞时引发的问题。以下跨学科概念被称为这些学科核心概念的组织概念：原因与结果；系统与系统模型；稳定与变化；以及科学、工程和技术对社会与自然界的影响。在本主题的预期表现中，学生有望在以下方面展现能力素质，包括：提出问题；计划与开展研究；设计方案以及参与基于证据的论证。期望学生能通过这些实践来展现其对核心概念的理解。

能量主题的预期表现帮助学生解答这一问题：能量怎样从一个物体或系统传递到另一个物体或系统？在初中水平，《框架》中的学科核心概念PS3被分解成四个子概念：能量的定义、能量守恒与能量传递、能量与力的关系以及化学过程和日常生活中的能量。学生形成重要的对能量概念的定性理解，包括物体间的相互作用可以用能量在物体或物体系统间传递的概念来解释和预测，以及任意系统中的能量变化总是等于传递入与传递出系统的能量之和。学生理解运动的物体具有动能，物体还可能具有取决于相对位置的储存能（势能）。学生还将知道能量与温度的区别，开始理解力与能量的关系。学生还将能够将对设计的理解应用在能量传递过程中。以下跨学科概念被称为这些学科核心概念的组织概念：尺度、比例与数量；系统与系统模型；能量。在PS3预期表现中，学生有望在以下方面展现能力素质，包括：开发与使用模型；计划研究；分析与解读数据；设计解决方案；参与基于证据的论证。期望学生能通过科学与工程实践来展现其对PS3核心概念的理解。

波和电磁辐射主题的预期表现帮助学生解答这一问题：波有哪些特征？怎样利用波？在初中阶段，《框架》中的学科核心概念PS4被分解成三个子概念：波的特性、电磁辐射以及信息技术和仪器。学生将能够描述和预测波在与物质发生相互作用时的特征与行为。学生将能够应用对波的理解去发送数字信息。以下跨学科概念被称为这些学科核心概念的组织概念：模式；结构与功能。在本主题的预期表现中，学生有望在以下方面展现能力素质，包括：开发与使用模型；使用数学思维以及获取、评价和交流信息。期望学生能通过科学与工程实践来展现其对核心概念的理解。

初中．物质的结构和性质

预期表现

学生可以通过以下表现来展示理解：

MS-PS1-1. 开发模型，描述原子是怎样组成简单分子及简单分子的延伸结构的。[说明：重点在于开发各种复杂度的分子模型。简单分子举例：氨、甲醇。延伸结构举例：氯化钠、钻石。分子水平的模型举例：图形，三维球棍模型或用各种原子组成不同分子的计算机模型。][评价边界：评价不包括价电子与键能，不涉及组成复杂结构的子单元的离子性质，也不包括对复杂分子或简单分子的延伸结构中所有个体原子的完整描述。]

MS-PS1-3. 搜集和理解信息来描述合成材料来源于自然资源并影响着社会。[说明：重点在于自然资源经历一个化学过程而形成合成材料。新材料可以包括新药品、食物、替代燃料等。][评价边界：评价仅限于定性信息。]

MS-PS1-4. 开发模型，预测和描述热能增减前后微粒运动、温度和纯净物状态的变化。[说明：重点在于用分子水平的固体、液体和气体的定量模型去显示输入或输出热能会增加或减少微粒的动能，直至引起物质状态的改变。模型可以包括绘画和图表。微粒可以是分子或惰性原子。纯净物可以包括水、二氧化碳和氦气。]

科学与工程实践	学科核心概念	跨学科概念
开发和使用模型 6-8年级建模建立在K-5年级的经验和基础上，发展到开发、使用和修正模型，以描绘、检验和预测更抽象的现象与设计系统。 • 开发一个模型以预测和/或描述现象。（MS-PS1-1）（MS-PS1-4） **获取、评价和交流信息** 6-8年级获取、评价和交流信息建立在K-5年级的经验和基础上，发展到评价想法与方法的优点和有效性。 • 从多个适当的来源采集、阅读和综合信息，评价各种来源和信息采集方法的可信度、准确度和可能的偏差，描述信息是怎样得到证据的支持或没有得到支持的。（MS-PS1-3） ⌄	**PS1.A：物质的结构和性质** • 物质是由不同原子组成的，原子与原子通过不同方式连结。原子组成分子，一个分子中可能包含2到数千个原子。（MS-PS1-1） • 每种纯净物都具有独特的物理与化学性质（大量物质在给定情况下），可以根据性质去辨别纯净物。（MS-PS1-3）（注：MS-PS1-2也涉及本学科核心概念。） • 气体与液体是由彼此相对运动的分子或惰性原子组成的。（MS-PS1-4） • 在液体中，分子与分子总是相互接触；在气体中，分子相距很远，除非在发生偶然的碰撞时。在固体中，原子近距离分布，并可能在原位振动而不改变相对位置。（MS-PS1-4） ⌄	**原因与结果** • 因果关系可以用来预测自然或人工系统中的现象。（MS-PS1-4） **尺度、比例与数量** • 时间、空间与能量现象可以在不同尺度用模型观测到以研究极大或极小的系统。（MS-PS1-1） **结构与功能** • 通过考虑不同材料的性质以及材料可以如何被塑形和使用，使结构经过设计能够执行特定的功能。（MS-PS1-3） ……… ⌄

（可参考第310页上与初中．物质的结构和性质相关的连接）

初中. 物质的结构和性质（续）

科学与工程实践	学科核心概念	跨学科概念
与科学的本质的联系 **解释自然现象的科学模型、定律、机制和理论** • 定律是自然现象的规律或数学描述。（MS–PS1–5）	• 固体可能由分子组成，也有可能是由重复子单元组成的延伸结构（例如晶体）。（MS–PS1–1） • 物质状态随温度或压强的变化可以用关于物质的模型来描述和预测。（MS–PS1–4） **PS1.B：化学反应** • 物质的化学反应有各自的特征。在一个化学过程中，组成反应物的原子重新组合成不同的分子，新的物质与反应物具有不同的性质。（MS–PS1–3）（注：MS–PS1–2和MS–PS1–5也涉及本学科核心概念。） **PS3.A：能量的定义** • "热量"这个词在日常用语中既指热能（物质中的原子或分子的运动），也指热能从一个物体到另一个物体的传递。在科学中，热量仅用于第二个含义；它指由于两个物体的温度差而传递的能量。（MS–PS1–4的衍生概念） • 温度不是能量的量度；温度与系统总能量的关系取决于系统中的物质的类型、状态和量。（MS–PS1–4的衍生概念）	**与工程、技术以及科学的应用的关联** **科学、工程和技术的相互依存** • 工程的进步已经带来了几乎所有科学领域的重要发现，科学发现也已经促进了整个工业与工程系统的发展。（MS–PS1–3） **科学、工程和技术对社会和自然界的影响** • 驱动和限制技术使用的因素包括：个人或社会需求、愿望和价值观；科学研究的发现；以及气候、自然资源和经济条件等因素上的差别。因此，技术使用随着地区和时间而变化。（MS–PS1–3）

（可参考第310页上与初中.物质的结构和性质相关的连接）

初中 . 化学反应

预期表现

学生可以通过以下表现来展示理解：

MS-PS1-2. 分析和解读关于物质发生相互作用前后性质的数据，判断是否发生了化学反应。[说明：反应可以是糖或钢丝绒的燃烧、脂肪与氢氧化钠反应、锌与氯化氢混合等。][评价边界：评价仅限于分析以下性质：密度、熔点、沸点、溶解度、可燃性和气味。]

MS-PS1-5. 开发和使用模型，描述在化学反应中原子总数是保持不变的，因而质量是守恒的。[说明：重点在于物质守恒定律，以及表现原子的物理模型或绘画，包括数字形式的模型。][评价边界：评价不包括原子质量的使用，方程式的配平或分子间作用力。]

MS-PS1-6. 完成一个设计项目，建立、检验和优化一个设备，使之通过化学过程释放或吸收热能。*[说明：重点在于设计，控制能量向环境的传递以及用物质类型与浓度等因子优化设备。设计举例：氯化铵或氯化钙的溶解等化学反应。][评价边界：仅对检测设备时某种物质的量、反应时间与温度设置标准。]

*这项预期表现通过实践或学科核心概念将传统科学内容整合到工程中。

科学与工程实践	学科核心概念	跨学科概念
开发和使用模型 6-8年级建模建立在K-5年级的经验和基础上，发展到开发、使用和修正模型，以描绘、检验和预测更抽象的现象与设计系统。 • 开发一个模型以描述无法观察到的机制。（MS-PS1-5） **分析和解读数据** 6-8年级分析数据建立在K-5年级的经验和基础上，发展到将定量分析拓展为研究，区分相关关系与因果关系，以及基础的数据统计技术和误差分析。 • 分析和解读数据，以决定研究结果的异同。（MS-PS1-2） ⯆	**PS1.A：物质的结构和性质** • 每种纯净物都具有独特的物理与化学性质（大量物质在给定情况下），可以根据性质去辨别纯净物。（MS-PS1-2）（注：MS-PS1-3也涉及本学科核心概念。） **PS1.B：化学反应** • 物质的化学反应有各自的特征。在一个化学过程中，组成反应物的原子重新组合成不同的分子，新的物质与反应物具有不同的性质。（MS-PS1-2），（MS-PS1-5）（注：MS-PS1-3也涉及本学科核心概念。） • 各种原子的总数是守恒的，因而质量是不变的。（MS-PS1-5） • 一些化学反应释放能量；其他储存能量。（MS-PS1-6） ⯆	**模式** • 宏观模式是与微观以及原子水平上的结构性质相关的。（MS-PS1-2） **能量与物质** • 物质是守恒的，因为原子在物理与化学过程中是守恒的。（MS-PS1-5） • 当能量在一个人工或自然系统中流动时，能量的传递可以被追踪到。（MS-PS1-6）

（可参考第310页上与初中.化学反应相关的连接）

初中．化学反应（续）

科学与工程实践	学科核心概念	跨学科概念
建构解释和设计解决方案 　　6–8年级建构解释和设计解决方案建立在K–5年级的经验和基础上，发展到用多种来源的、与科学概念、原理和理论相一致的证据来支撑解释的建构和方案的设计。 ● 开展一个设计项目，参与设计流程，创建并/或实施一种方案，满足具体的设计标准和约束条件。（MS–PS1–6） ············ 与科学的本质的联系 **实证是科学知识的基础** ● 科学知识以证据与解释之间的逻辑与概念联系为基础。（MS–PS1–2） **解释自然现象的科学模型、定律、机制和理论** ● 定律是自然现象的规律或数学描述。（MS–PS1–5）	**ETS1.B：形成可能的方案** ● 一个解决方案需要检验，并根据检验结果进行修正，从而得到改进。（*MS–PS1–6的衍生概念*） **ETS1.C：优化设计方案** ● 虽然一个设计也许不能在所有检验中都有最佳表现，但识别这个设计在各个测试中获得最佳表现的特征能为再设计提供有用的信息——也就是说，一些特征可以被整合到新设计中。（*MS–PS1–6的衍生概念*） ● 反复检验最佳可行方案以及基于检验结果的不断修正的过程，能带来更好的改进，并最终生成最佳方案。（*MS–PS1–6的衍生概念*）	

（可参考第310页上与初中．化学反应相关的连接）

初中．力和相互作用

预期表现

学生可以通过以下表现来展示理解：

MS-PS2-1. 应用牛顿第三定律设计一个方案，解决关于两个相撞物体运动的问题。*〔说明：真实案例可以包括两车相撞、车与静止物体相撞、流星与空间飞行器相撞。〕〔评价边界：评价仅限于竖直或水平单一方向上的相互作用。〕

MS-PS2-2. 计划一项研究，提供证据证明一个物体运动的变化取决于物体所受的合力及物体的质量。〔说明：强调系统中的平衡力（牛顿第一定律）与非平衡力，力、质量和运动变化的定性比较（牛顿第二定律），参考系以及单位说明等。〕〔评价边界：评价仅限于惯性参考系单一方向上的力与运动变化，每次仅限于一个变量的变化。评价不包括三角函数的使用。〕

MS-PS2-3. 提出关于数据的问题，确定影响电磁力强度的因素。〔说明：使用电磁力的设备可以包括电磁铁、电动机或发电机。数据可以包括线圈数对电磁铁强度的影响或增加磁铁的数量或强度对电动机转速的影响。〕〔评价边界：需要定量回答的问题仅限于比例推理和代数思维。〕

MS-PS2-4. 用证据建构和呈现论述，以支持观点：引力相互作用表现为吸引，并取决于相互作用物体的质量。〔说明：论据可以包括从展现太阳系中的天体的质量、相互作用强度与太阳的距离以及公转周期等的模型、数字工具或图表中获得的数据。〕〔评价边界：评价不包括牛顿万有引力定律或开普勒定律。〕

MS-PS2-5. 开展一项研究并评估实验设计，提供证据表明存在于物体之间的场向各个物体施加力，即使物体没有相互接触。〔说明：这类现象可以包括磁体、带电胶带和带电木髓球的相互作用。〕〔评价边界：评价仅限于电场与磁场，仅限于场的存在的定性证据。〕

*这项预期表现通过实践或学科核心概念将传统科学内容整合到工程中。

科学与工程实践	学科核心概念	跨学科概念
提出问题和定义问题 6-8年级提出问题和定义问题建立在K-5年级的经验和基础上，发展到指出变量间的关系、阐明论证和模型。 ● 提出可以在教室里、户外以及博物馆或其他有可用资源的公共场所研究的问题，并且在适当的情况下基于观察和科学原理建立一个假设。（MS-PS2-3） ⌄	**PS2.A：力与运动** ● 对于任何一对相互作用的物体，第一个物体对第二个物体施加的力与第二个物体对第一个物体施加的力大小相等，方向相反（牛顿第三定律）。（MS-PS2-1） ⌄	**原因与结果** ● 因果关系可以被用来预测自然或人工系统中的现象。（MS-PS2-3）（MS-PS2-5） **系统与系统模型** ● 模型可以被用来表现系统和它们的相互作用，例如输入、处理和输出以及系统中的能量与物质流动。（MS-PS2-1）（MS-PS2-4） ⌄

（可参考第311页上与初中．力和相互作用相关的连接）

初中．力和相互作用（续）

科学与工程实践	学科核心概念	跨学科概念
计划和开展研究 6-8年级计划和开展研究来回答问题或检验结果，建立在K-5年级的经验和基础上，发展到使用多个变量的、为解释或设计方案提供证据支持的研究。 • 独自和与人合作计划一项研究，并且在设计中识别自变量、因变量和控制变量，需要使用什么工具采集数据，测量结果如何记录，以及需要多少数据来支撑一个观点。（MS-PS2-2） • 开展一项研究并评价实验设计以生成能够作为依据并实现研究目标的数据。（MS-PS2-5） **建构解释和设计解决方案** 6-8年级建构解释和设计解决方案，建立在K-5年级的经验和基础上，发展到用多种来源的、与科学概念、原理和理论相一致的证据来支撑解释的建构和方案的设计。 • 应用科学概念或原理来设计一个物体、工具、过程或系统。（MS-PS2-1） **参与基于证据的论证** 6-8年级参与基于证据的论证建立在K-5年级的经验和基础上，发展到建立一个有说服力的论证，支持或反对关于自然界与人工世界的解释或解决方案。 • 建立和提交口头和书面论证，用实证和科学推理支持或反对关于一种现象的解释或模型或一个问题的解决方案。（MS-PS2-4） ············ **与科学的本质的联系** **实证是科学知识的基础** • 科学知识以证据与解释之间的逻辑与概念联系为基础。（MS-PS2-2）（MS-PS2-4）	• 一个物体的运动取决于作用于其上的力的总和；如果物体所受的合力不为零，物体的运动就会改变。物体的质量越大，使运动有相同改变所需的力越大。对于任意给定物体，较大的力使运动产生较大的改变。（MS-PS2-2） • 所有物体的位置和力与运动的方向都必须在一个任意选择的参考系中以任意选择的单位来描述。为了与其他人分享信息，参考系与单位的选择也必须被分享。（MS-PS2-2） **PS2.B：相互作用的类型** • 电与磁（电磁）力可以是引力或者斥力，它们的大小取决于带电量、电流或磁感应强度，以及相互作用的物体之间的距离。（MS-PS2-3） • 引力相互作用总是吸引。任意两个有质量的物体之间都有引力，但引力通常很小，除非两个物体或其中一个物体具有很大的质量（比如地球与太阳）。（MS-PS2-4）。 • 隔着一定距离施加的力（电、磁、引力）可以用场来解释，场延伸于空间中，并可以用它们对一个检验物体（分别是一个带电物体、一个磁体或一个球）的作用来描述它们的分布。（MS-PS2-5）	**稳定与变化** • 对自然或人工系统中的稳定与变化的解释，可以通过检查随时间的变化和不同尺度的力来建构。（MS-PS2-2） ············ **与工程、技术以及科学的应用的关联** **科学、工程和技术对社会和自然界的影响** • 驱动和限制技术使用的因素包括：个人或社会需求、愿望和价值观；科学研究的发现以及气候、自然资源和经济条件等因素上的差别。（MS-PS2-1）

（可参考第311页上与初中．力和相互作用相关的连接）

初中 . 能量

预期表现

学生可以通过以下表现来展示理解：

MS-PS3-1. 建立和解读数据图，描述动能与物体质量及速度的关系。［说明：强调对动能与质量、动能与速度的关系的描述。举例包括以不同的速度骑自行车，不同大小的石头滚下山，被威浮球撞击与被网球撞击的对比。］

MS-PS3-2. 开发一个模型，描述当相隔一定距离相互作用的物体改变位置时，系统中储存的势能就会改变。［说明：强调势能的相对量，而不是势能的计算。在系统中相隔不同距离相互作用的物体的例子可以包括：地球与不同高度的过山车或货架上不同高度的物品，改变磁体的方向以及将一个带有静电荷的气球靠近同学的头发。模型可以包括对系统的呈现、图表、图片和书面描述。］［评价边界：评价仅限于两个物体，并仅限于电、磁与引力相互作用。］

MS-PS3-3. 应用科学原理设计、制造和检验一个最小化或最大化热传递的装置。*［说明：装置可以包括隔热箱、太阳能灶和泡沫塑料杯。］［评价边界：评价不包括计算热传递的总量。］

MS-PS3-4. 计划一项研究，以确定传递的能量、物质的类型、质量与通过测量样本温度得到的微粒平均动能的变化量之间的关系。［说明：实验可以包括：将不同质量的冰加入相同体积、相同初始温度的水中，对比冰融化之后的水温；比较相同质量的不同材料样品在环境中冷却或受热时的温度变化；使不同质量的相同材料得到一定量的能量，比较它们的温度变化。］［评价边界：评价不包括计算热传递的总量。］

MS-PS3-5. 建构、使用和呈现论述，以支持下列观点：当一个物体的动能改变时，它传递出或得到能量。［说明：论述中使用到的实证可以包括用温度变化或物体运动来呈现传递前后的能量。］［评价边界：评价不包括能量的计算。］

*这项预期表现通过实践或学科核心概念将传统科学内容整合到工程中。

科学与工程实践	学科核心概念	跨学科概念
开发和使用模型 　　6-8 年级建模建立在 K-5 年级的经验和基础上，发展到开发、使用和修正模型，以描绘、检验和预测更抽象的现象与设计系统。 ● 开发一个模型以描述无法观察到的机制。（MS-PS3-2） ⌄	**PS3.A：能量的定义** ● 运动的能量被称作动能；它与运动物体的质量成比例，随着运动速度的平方而增长。（MS-PS3-1） ● 一个物体系统还可能包含储存能（势能），这取决于物体的相对位置。（MS-PS3-2） ⌄	**尺度、比例与数量** ● 不同类型的量之间的比例关系（例如速度是位移与时间的比）提供了关于性质与过程的量的信息。（MS-PS3-1）（MS-PS3-4） ⌄

（可参考第 312 页上与初中 . 能量相关的连接）

初中．能量（续）

科学与工程实践	学科核心概念	跨学科概念
计划和开展研究 6-8 年级计划和开展研究以回答问题或检验结果建立在 K–5 年级的经验和基础上，发展到使用多个变量的、为解释或设计方案提供证据支持的研究。 • 独自和与人合作计划一项研究，并且在设计中识别自变量、因变量和控制变量，需要使用什么工具采集数据，测量结果如何记录，以及需要多少数据来支撑一个观点。（MS-PS3-4） **分析和解读数据** 6-8 年级数据建立在 K–5 年级的经验和基础上，发展到将定量分析拓展为研究，区分相关关系与因果关系，以及基础的数据统计技术和误差分析。 • 建立和解读数据图，识别线性和非线性关系。（MS-PS3-1） **建构解释和设计解决方案** 6-8 年级建构解释和设计解决方案，建立在 K–5 年级的经验和基础上，发展到用多种来源的、与科学概念、原理和理论相一致的证据来支撑解释的建构和方案的设计。 • 应用科学概念或原理来设计、制作和检验一个物体、工具、过程或系统。（MS-PS3-3） **参与基于证据的论证** 6-8 年级参与基于证据的论证，建立在 K–5 年级的经验和基础上，发展到建立一个有说服力的论证，支持或反对关于自然界与人工世界的解释或方案。 • 建立、使用和展示口头和书面论证，用实证和科学推理支持或反对关于一种现象的解释或模型。（MS-PS3-5） ············ **与科学的本质的联系** **实证是科学知识的基础** • 科学知识以证据与解释之间的逻辑与概念联系为基础。（MS-PS3-4）（MS-PS3-5）	• 温度是物质微粒平均动能的量度。温度与系统总能量的关系取决于物质的类型、状态和量。（MS-PS3-3）（MS-PS3-4） **PS3.B：能量守恒和能量传递** • 当一个物体的动能改变，就不可避免地会同时有其他的能量变化。（MS-PS3-5） • 使一个物质样品的温度产生一定量的变化所需的能量传递量，取决于物质的性质、样品的尺寸和环境。（MS-PS3-4） • 能量自发地从较热的物体或区域传递到较冷的物体或区域。（MS-PS3-3） **PS3.C：能量与力的关系** • 两个物体在发生相互作用时，会相互施加作用力，使能量在彼此之间传递。（MS-PS3-2） **ETS1.A：定义和界定一个工程问题** • 对一项设计任务的标准与约束条件定义得越精准，设计方案越可能获得成功。对约束条件进行说明需要思考可能对方案造成限制的科学原理及其他相关知识。（*MS-PS3-3 的衍生概念*） **ETS1.B：形成可能的方案** • 一个方案需要检验，并根据检验结果进行修正，从而得到改进。评估方案在多大程度上满足了待解决问题的标准与约束条件有系统的过程。（*MS-PS3-3 的衍生概念*）	**系统与系统模型** • 模型可以被用来表现系统和它们的相互作用——例如输入、处理和输出以及系统中的能量与物质流动。（MS-PS3-2） **能量与物质** • 能量可以有不同的形式（例如，场中的能量、热能、运动的能量）。（MS-PS3-5） • 当能量在一个人工或自然系统中流动时，能量的转移可以被追踪到。（MS-PS3-3）

（可参考第 312 页上与初中．能量相关的连接）

初中．波和电磁辐射

预期表现

学生可以通过以下表现来展示理解：

MS-PS4-1. 用数学表现方式来描述一个关于波的简单模型，其中包括波的振幅是怎样关联波的能量的。[说明：重点是从定性与定量两方面描述波。][评价边界：评价不包括电磁波，并仅限于标准重复波。]

MS-PS4-2. 开发和使用模型，描述波在遇到各种材料时被反射、吸收或穿过各种材料。[说明：重点在于光和机械波。模型的例子可以包括画图、模拟和书面描述。][评价边界：评价仅限于关于光和机械波的定性描述。]

MS-PS4-3. 将定性的科学与技术信息整合起来，论证数字信号与模拟信号相比是编码和传递信息更可靠的方式。[说明：重点在于对波可以被用于交流信息有基本的理解。案例可以包括：用光纤传递光波，Wi-Fi 设备发射无线电波，将存储的二进制数字/数串转换成声音或在计算机屏幕上显示文字。][评价边界：评价不包括二进制计数。评价不包括任何设备的具体机制。]

科学与工程实践	学科核心概念	跨学科概念
开发和使用模型 6-8 年级建模建立在 K-5 年级的经验和基础上，发展到开发、使用和修正模型，以描绘、检验和预测更抽象的现象与设计系统。 • 开发和使用模型以描述现象。（MS-PS4-2） **使用数学和计算思维** 6-8 年级的数学和计算思维建立在 K-5 年级的经验和基础上，发展到识别大数据集内的模式，以及使用数学概念去支持解释和论证。 • 使用数学表现方式来描述和/或支持科学结论与设计方案。（MS-PS4-1） **获取、评价和交流信息** 6-8 年级获取、评价和交流信息建立在 K-5 年级的经验和基础上，发展到评价想法与方法的优点和有效性。 ⌄	**PS4.A：波的性质** • 一列简单波具有由特定波长、频率与振幅构成的重复模式。（MS-PS4-1） • 声波的传播需要介质。（MS-PS4-2） **PS4.B：电磁辐射** • 当光照在一个物体上，光会被反射、吸收或穿过物体，这取决于物体的材料和光的频率（颜色）。（MS-PS4-2） • 光沿直线传播，除非遇到不同透明材料的分界面（例如空气和水，空气和玻璃），在此分界面光的传播路线发生偏折。（MS-PS4-2） • 光的波动模型在解释亮度、颜色以及光在两种介质的界面发生的与频率有关的偏折时是有用的。（MS-PS4-2） • 然而，由于光可以在太空中传播，因而它不可能像声波或水波那样是靠介质传播的波。（MS-PS4-2） ⌄	**模式** • 图表可以用于识别数据中的模式。（MS-PS4-1） **结构与功能** • 通过考虑不同材料的性质以及材料可以如何被塑形和使用，使结构经过设计能够执行特定的功能。（MS-PS4-2） • 使结构经过设计能够执行特定的功能。（MS-PS4-3） ---------- **与工程、技术以及科学的应用的关联** **科学、工程和技术对社会和自然界的影响** • 技术拓展了科学研究所需的测量、探索、建模和计算能力。（MS-PS4-3） ⌄

（可参考第 312 页上与初中．波和电磁辐射相关的连接）

初中.波和电磁辐射（续）

科学与工程实践	学科核心概念	跨学科概念
• 将书面文字与多媒体中定性的科学与技术信息整合起来，以阐明观点与发现。（MS-PS4-3） **与科学的本质的联系** **实证是科学知识的基础** • 科学知识以证据与解释之间的逻辑与概念联系为基础。（MS-PS4-1）	**PS4.C：信息技术与仪器** • 数字信号（作为波脉冲发送）是编码和传递信息更可靠的方式。（MS-PS4-3）	**与科学的本质的联系** **科学是人类智慧的结晶** • 技术的进步促进了科学的发展，科学也促进了技术的进步。（MS-PS4-3）

（可参考第312页上与初中.波和电磁辐射相关的连接）

初中生命科学

在初中阶段，学生发展对理解生命科学所需的关键概念的认识。这些概念建立在学生从较早年级的学习中以及从物质与地球科学领域的核心概念、科学与工程实践及跨学科概念中获得的科学理解的基础上。初中有五个生命科学的主题：①结构、功能和信息处理；②生物体的生长、发育和繁殖；③生物体和生态系统中的物质与能量；④生态系统的相互依存；⑤自然选择和适应。初中的预期表现将核心概念和科学与工程实践、跨学科概念糅合起来，支持学生发展有用的知识来解释跨科学学科的概念。虽然初中生命科学的预期表现将特定的实践与具体学科核心概念结合起来，但教学决策时应当使用在预期表现中得到整合的各种科学与工程实践。本预期表现中的概念和实践基于《框架》中对该年级段终点的描述。

结构、功能和信息处理主题的预期表现帮助学生回答这一问题：生物体的结构如何支持生物体完成生命功能？初中学生将能计划和开展研究，以获得证明活的生物体由细胞组成的证据，并明确生物体与环境的关系。学生将运用对细胞理论的理解创建细胞的实物和概念模型。他们将能为细胞和生物体系统间的相互作用、生物体怎样从环境中搜集和使用信息构建解释。完成主题学习之后，学生将理解所有的生物体都是由细胞组成的；生物体的特殊结构对应着特定的功能；对许多生物体而言，身体是由多个相互作用的子系统组成的系统，从细胞到身体形成一个层级系统。以下跨学科概念被称为这些核心概念的组织概念：原因与结果；结构与功能；能量与物质。

生物体的生长、发育和繁殖主题的预期表现帮助学生回答这一问题：生物体是如何生长、发育和繁殖的？学生将理解环境和遗传因素如何决定单个生物体的生长。他们还能展示如何理解基因对有性生殖和无性生殖的影响。学生将能够通过证据支持他们对增加生物体成功繁殖的可能性的结构和行为的理解。学生将能对人类选择特定特征的方式、技术的作用、基因改造以及与选择性育种有关的道德责任的本质有初步的了解。完成初中阶段学习时，学生将能够解释从出生到年老的过程中，生物体在结构、功能和行为上的变化。学生将能使用以下实践：分析和解读数据、使用模型、开展研究以及交流信息。在整个主题学习中，结构与功能、变化与稳定、生物体中的物质流和能量流等跨学科概念和学科核心概念将支持学生的理解。

生物体和生态系统中的物质与能量主题的预期表现帮助学生回答

这一问题：生物体如何获得和使用物质与能量？物质与能量如何在生态系统中流动？初中学生将能够使用概念的和实物的模型来解释能量传递与转化及物质循环，因为他们已能为光合作用在生态系统物质循环中的作用构建解释。他们还能建构有关生物体内的物质循环和为了从生态系统中获得赖以生存和成长的物质与能量而进行的生物体间的相互作用的解释。学生将能形成与其年级段相符合的认知理解和使用以下实践：开展研究、参与基于证据的论证以及口头和书面交流。学生还将理解维持生命需要输入大量的能量和物质，以及生物体的结构和功能有助于物质和能量的获得、转化、传递、释放和消除。在这些跨学科概念的基础上，增添对连接此主题的预期表现的系统与系统模型更深层次的理解。

生态系统中的相互依存关系主题的预期表现帮助学生回答这一问题：为了获得物质与能量，环境中的生物体之间是如何相互依存的？为了回答这个问题，初中学生为生态系统间的相互依存构建解释，并为了做出维护生态系统多样性的决策而使用科学的、经济的、政治的和社会的各类理由构建解释。学生将可以使用模型、构建基于证据的解释以及使用源于证据的争论。学生将能够理解生物体和生物种群的生存依赖于它们与环境中的其他生物体以及非生物因素之间的相互依存。他们还将能理解有限的资源会影响生物体和生物种群的生长，并可能导致对这些有限资源的竞争。学生将使用以下跨学科概念来支持对所研究现象的理解：能量与物质、系统与系统模型以及原因与结果。

自然选择和适应主题的预期表现帮助学生回答这些问题：生物体之间的遗传变异是如何影响生存和繁殖的？经过多代的演变，环境如何影响种群的遗传性状？初中学生将能通过分析化石所记载的数据来描述地球上生命演变历史的证据并且为生物体的相似性构建解释。他们将对自然选择中变异的作用以及由此导致的物种产生有初步的认识。他们将形成与预期年级段相符合的认知理解，并使用以下实践：分析图表；使用数学模型；搜集、阅读和交流信息。原因与结果这一跨学科概念是本主题的核心。

初中.结构、功能和信息处理

预期表现

学生可以通过以下表现来展示理解：

MS-LS1-1. 开展研究，提供证据来说明生物体由细胞组成——或者是一个细胞，或者是许多不同数量和类型的细胞。[说明：重点在于建立生物体由细胞组成的证据，区分生物与非生物以及理解生物可能由一个细胞组成也可能由许多不同细胞组成。]

MS-LS1-2. 开发和使用模型，描述细胞的整体功能以及细胞各个部分为此功能作出贡献的方式。[说明：重点在于细胞作为整个系统的功能以及细胞各部分的主要作用，特别是细胞核、叶绿体、线粒体、细胞膜和细胞壁。][评价边界：对细胞器结构与功能关系的评价仅限于细胞壁和细胞膜。对其他细胞器的功能的评价仅限于它们与整个细胞的关系。评价不包括细胞或细胞各部分的生物化学功能。]

MS-LS1-3. 用证据论证身体系统是如何由相互作用的子系统组成的，子系统又是如何由细胞群体组成的。[说明：重点在于从概念上理解细胞构成组织，组织构成器官，器官执行特定的身体功能。例子包括一个系统中的子系统的相互作用以及这些系统的正常运作。][评价边界：评价不包括某个身体系统独立于其他系统的机制。评价仅限于循环、排泄、消化、呼吸、肌肉和神经系统。]

MS-LS1-8. 搜集和综合信息，说明感受器通过向大脑发送信息来对刺激作出反应，而这些信息可能触发即时行为或是作为记忆被存储。[评价边界：评价不包括这些信息的传递机制。]

科学与工程实践	学科核心概念	跨学科概念
开发和使用模型 6-8 年级建模建立在 K-5 年级的经验和基础上，发展到开发、使用和修正模型，以描绘、检验和预测更抽象的现象与设计系统。 ● 开发和使用模型以描述现象。（MS-LS1-2） **计划和开展研究** 6-8 年级计划和开展研究，建立在 K-5 年级的经验和基础上，发展到使用多个变量的、为解释或设计方案提供证据支持的研究。 ● 开展一项研究，生成可以作为证据的基础的数据，达到研究的目标。（MS-LS1-1） ▼	**LS1.A：结构与功能** ● 所有生物都由细胞构成，细胞是可以被称作"活着"的最小单元。一个生物体可能由单一细胞构成（单细胞的），也可能由许多不同种类与数量的细胞构成（多细胞的）。（MS-LS1-1） ● 在细胞中，专门的结构负责特定的功能，细胞膜形成了控制物质进出细胞的边界。（MS-LS1-2） ● 多细胞生物体是一个由多个相互作用的子系统组成的系统。这些子系统是由具有特定身体功能的组织与器官组成的，执行协同工作的细胞组成了这些组织与器官。（MS-LS1-3） ▼	**原因与结果** ● 因果关系可以被用来预测自然系统中的现象。（MS-LS1-8） **尺度、比例与数量** ● 在一个尺度上可以观察到的现象可能无法在另一个尺度上观察。（MS-LS1-1） **系统与系统模型** ● 系统之间会相互作用；系统可能会有子系统，并可能是更大的复杂系统的一个部分。（MS-LS1-3） ▼

（可参考第 313 页上与初中.结构、功能和信息处理相关的连接）

初中．结构、功能和信息处理（续）

科学与工程实践	学科核心概念	跨学科概念
与基于证据的论证 6–8年级参与基于证据的论证，建立在K–5年级的经验和基础上，发展到建立一个有说服力的论证，支持或反对关于自然界与人工世界的解释或方案。 ● 使用有证据支持的口头或书面论述，去支持或反对一个现象的解释或模型。（MS–LS1–3） **获取、评价和交流信息** 6–8年级获取、评价和交流信息建立在K–5年级的经验和基础上，发展到评价想法与方法的优点和有效性。 ● 从多个恰当的来源采集、阅读和综合信息，评价各种来源和信息采集方法的可信度、准确度和可能的偏差，描述信息是怎样得到证据的支持或没有得到支持的。（MS–LS1–8）	**LS1.D：信息处理** ● 每个感受器对不同的输入（电磁的、机械的、化学的）作出反应，在这些反应中，不同输入作为信号通过神经细胞传递到脑，形成即时行为或记忆。（MS–LS1–8）	**结构与功能** ● 复杂和微观的结构与系统可以被可视化、模拟和用来描述它们的功能是怎样依赖于它们的各个组成部分之间关系的；因此，复杂的自然与人工结构/系统可以被分析，从而确定它们是如何运作的。（MS–LS1–2） ………… 与工程、技术以及科学的应用的关联 **科学、工程和技术的相互依存** ● 工程的进步已经带来了几乎所有科学领域的重要发现，科学发现也已经促进了整个工业与工程系统的发展。（MS–LS1–1） ………… 与科学的本质的联系 **科学是人类智慧的结晶** ● 科学家与工程师会被思维习惯所引导，诸如看问题时是否能保持客观、对模糊的容忍度、是否持怀疑主义和对新思想的开放度。（MS–LS1–3）

（可参考第313页上与初中．结构、功能和信息处理相关的连接）

初中. 生物体和生态系统中的物质与能量

预期表现

学生可以通过以下表现来展示理解：

MS-LS1-6. 基于证据建构科学解释，说明光合作用在进出生物体的物质循环和能量流动中所起的作用。[说明：重点在于跟踪物质的移动和能量的流动。][评价边界：评价不包括光合作用的生物化学机制。]

MS-LS1-7. 开发一个模型，描述食物是怎样通过化学反应重新组合成新分子从而支持生长或在这些新物质在生物体中移动的过程中释放能量的。[说明：重点在描述分子被分解并重新组合以及在这个过程中释放能量。][评价边界：评价不包括光合作用或呼吸作用的化学反应的细节。]

MS-LS2-1. 分析和解读数据，提供证据说明资源可用性对一个生态系统中的生物体以及生物种群的影响。[说明：重点在于资源与生物个体的生长以及在资源丰富和稀缺时一个生态系统中的生物体的数量间的因果联系。]

MS-LS2-3. 开发模型，描述一个生态系统中的生物和非生物成分之间的物质循环与能量流动。[说明：重点在于描述进出各个生态系统的物质的守恒和能量的流动以及界定系统的边界。][评价边界：评价不包括用化学反应描述过程。]

MS-LS2-4. 建立有实证支持的论证，证明一个生态系统的物理或生物成分的改变影响生物种群。[说明：重点在于识别数据中的模式并据此作出关于种群变化的推断以及评估有实证支持的关于生态系统变化的论证。]

科学与工程实践	学科核心概念	跨学科概念
开发和使用模型 6-8年级建模建立在K-5年级的经验和基础上，发展到开发、使用和修正模型以及描绘、检验和预测更抽象的现象与设计系统。 ● 开发模型以描述现象。（MS-LS2-3） ● 开发一个模型以描述无法观察到的机制。（MS-LS1-7） **分析和解读数据** 6-8年级分析数据建立在K-5年级的经验和基础上，发展到将定量分析拓展为研究，区分相关关系与因果关系以及基础的数据统计技术和误差分析。 ● 分析和解读数据，为现象提供证据。（MS-LS2-1）	**LS1.C：生物体的物质流与能量流的组织** ● 植物、藻类（包括浮游植物）和许多微生物利用来自光的能量、来自空气的二氧化碳和水通过光合作用过程制造糖（食物），释放氧气。这些糖可以立即被使用或储存以供生长或后续使用。（MS-LS1-6） ● 在单个生物体中，食物伴随着一系列化学反应而移动，在这些反应中，食物被分解并重新形成新的分子，支持生物体生长或释放能量。（MS-LS1-7） **LS2.A：生态系统中的相互依存关系** ● 生物体和生物种群依赖于它们与环境中的生物与非生物因子的相互作用。（MS-LS2-1）	**原因与结果** ● 因果关系可以被用来预测自然或人工系统中的现象。（MS-LS2-1） **能量与物质** ● 物质是守恒的，因为原子在物理与化学过程中是守恒的。（MS-LS1-7） ● 在一个自然系统中，能量的传递和转化驱动着物质的运动和/或循环。（MS-LS1-6） ● 当能量在一个自然系统中流动时，能量的传递和转化可以被追踪到。（MS-LS2-3） **稳定与变化** ● 一个系统中的某个部分的小变化可能会引起另一个部分的大变化。（MS-LS2-4）

（可参考第314页上与初中.生物体和生态系统中的物质与能量相关的连接）

初中．生物体和生态系统中的物质与能量（续）

科学与工程实践	学科核心概念	跨学科概念
建构解释和设计解决方案 6-8年级建构解释和设计解决方案建立在K-5年级的经验和基础上，发展到用多种来源的、与科学概念、原理和理论相一致的证据来支持解释的建构和方案的设计。 • 基于从各种来源（包括学生自己的实验）获得的有效和可靠的证据以及描述自然界的理论与定律在现在、未来都与过去一样有效的假设，建构一个科学解释。（MS-LS1-6） **参与基于证据的论证** 6-8年级参与基于证据的论证建立在K-5年级的经验和基础上，发展到建立一个有说服力的论证，支持或反对关于自然界与人工世界的解释或方案。 • 使用有实证和科学推理支持的口头或书面论述，支持或反对一个现象的解释或模型以及一个问题的解决方案。（MS-LS2-4） .... 与科学的本质的联系 **实证是科学知识的基础** • 科学知识以证据与解释之间的逻辑联系为基础。（MS-LS1-6） • 各个科学学科有共同的获取与评价实证的规则。（MS-LS2-4）	• 在任何生态系统中，有着相似食物、水、氧气或其他资源需求的生物体和种群可能会相互竞争有限的资源，对这些资源的有限获取限制着它们的生长和繁殖。（MS-LS2-1） • 生物体的生长和种群的增长受到资源获取的限制。（MS-LS2-1） **LS2.B：生态系统中的物质循环和能量传递** • 食物网是展示在一个生态系统中的生产者、消费者和分解者相互作用的过程中，物质与能量是如何在这三者之间传递的。物质进出物理环境的传递发生在各个水平上。分解者将死亡动植物物质中的营养回收到陆地环境的土壤中或水环境的水中。组成生物体的原子在生态系统的生命与非生命部分之间反复地循环。（MS-LS2-3） **LS2.C：生态系统的动态、运作和恢复力** • 生态系统在本质上是动态的；它们的特征随着时间而变化。一个生态系统的任何物理或生物成分的破坏都可能导致生态系统的所有种群发生变化。（MS-LS2-4） **PS3.D：化学过程和日常生活中的能量** • 植物生成复杂食物分子（糖）的化学反应需要能量输入（即从阳光获得的能量）才能发生。在这个反应中，二氧化碳和水结合形成基于碳的有机分子，并释放氧气。（*MS-LS1-6的衍生概念*） • 植物和动物的细胞呼吸涉及需要氧的化学反应，释放储存能。在这些过程中，包含碳的复杂分子与氧反应，生成二氧化碳和其他物质。（*MS-LS1-7的衍生概念*）	.... 与科学的本质的联系 **科学知识假设自然系统具有秩序性与一致性** • 科学假定自然系统中的对象和事件的出现具有一致的模式，这些模式是可以通过测量和观察来理解的。（MS-LS2-3）

（可参考第314页上与初中．生物体和生态系统中的物质与能量相关的连接）

初中. 生态系统中的相互依存关系

预期表现

学生可以通过以下表现来展示理解：

MS-LS2-2. 建构解释，用来预测多个生态系统的生物体之间的相互作用模式。[说明：重点在于从生态系统中的生物体和非生物成分间关系的角度，预测不同生态系统中一致的相互作用模式。相互作用类型可以包括竞争、捕食和互利共生。]

MS-LS2-5. 评估关于保持生物多样性与生态系统服务的相互竞争的设计方案。*[说明：生态系统服务的例子可以包括水的净化、营养的循环和水土保持。设计方案的限制可以来自科学、经济与社会多方面的考量。]

*这项预期表现通过实践或学科核心概念将传统科学内容整合到工程中。

科学与工程实践	学科核心概念	跨学科概念
建构解释和设计解决方案 6–8 年级建构解释和设计解决方案建立在 K–5 年级的经验和基础上，发展到用多种来源的、与科学概念、原理和理论相一致的证据来支持解释的建构和方案的设计。 • 建立一个包含变量间定性与定量关系的解释来预测现象。（MS-LS2-2） **参与基于证据的论证** 6–8 年级参与基于证据的论证，建立在 K–5 年级的经验和基础上，发展到建立一个有说服力的论证，支持或反对关于自然界与人工世界的解释或方案。 • 基于共同开发和商定的设计标准，评估相互竞争的设计方案。（MS-LS2-5）	**LS2.A：生态系统中的相互依存关系** • 捕食相互作用可能会减少生物体的数量或消除整个种群。相反，互利共生相互作用可能发展到相互依存的程度：生物体的生存离不开彼此。尽管不同生态系统中发生竞争、捕食和互利共生相互作用的物种不一样，生物体其所在环境中的生命和非生命部分的相互作用模式是共同的。（MS-LS2-2） **LS2.C：生态系统的动态、运作和恢复力** • 生物多样性描述了在地球的陆地与海洋生态系统中发现的不同物种。一个生态系统的生物多样性的完整性通常被用来考量这个生态系统的健康程度。（MS-LS2-5） **LS4.D：生物多样性与人类** • 生物多样性的变化会影响人类的资源，诸如食物、能源和药品，以及人类依赖的生态系统服务——例如水的净化和再循环。（MS-LS2-5 的衍生概念） **ETS1.B：形成可能的方案** • 用有系统的流程来评估方案在多大程度上满足了待解决问题的标准与约束条件。（MS-LS2-5 的衍生概念）	**模式** • 模式可以被用来识别因果关系。（MS-LS2-2） **稳定与变化** • 一个系统中的某个部分的小变化可能会引起另一个部分的大变化。（MS-LS2-5） .... **与工程、技术以及科学的应用的关联** **科学、工程和技术对社会和自然界的影响** • 驱动和限制技术使用的因素包括：个人或社会需求、愿望和价值观；科学研究的发现；以及气候、自然资源和经济条件等因素上的差别。因此，技术使用随着地区和时间而异。（MS-LS2-5） .... **与科学的本质的联系** **科学解决有关自然界和物质世界的问题** • 科学知识能够描述行为的结果，但不能决定社会采取的决策。（MS-LS2-5）

（可参考第 314 页上与初中. 生态系统中的相互依存关系相关的连接）

初中. 生物体的生长、发育和繁殖

预期表现

学生可以通过以下表现来展示理解:

MS-LS1-4. 用基于实证和科学推理的论证去解释动物的特征行为与植物的特殊结构是怎样分别影响动物与植物的繁殖成功率的。[说明:影响动物繁殖率的行为举例:建造巢穴,为幼小动物保暖;群居,以免幼小动物被捕食;用叫声和颜色艳丽的羽毛吸引异性进行交配。动物行为影响植物繁殖率的例子:传递花粉或种子;为种子萌发和生长提供条件。植物结构的例子:明亮的花朵吸引蝴蝶传递花粉;花蜜和气味吸引昆虫传递花粉;被松鼠埋在地下的坚果硬壳。]

MS-LS1-5. 基于证据建构科学解释,说明环境和遗传因子是怎样影响生物体的生长的。[说明:局地环境条件的例子可以包括食物的可获得性、光、空间和水。遗传因子的例子可以包括大型牲畜和牧草种类影响生物体的生长。证据可以包括干旱减缓了植物生长,肥料增加植物生长,不同植物种子在不同环境中以不同速度生长,以及鱼在大池塘中比在小池塘中长得大。][评价边界:评价不包括遗传机制、基因调节或生物化学过程。]

MS-LS3-1. 开发和使用模型,描述为什么位于染色体上的基因结构变化(突变)可能影响蛋白质,并可能对生物体的结构与功能带来有害的、有益的或中性的影响。[说明:重点在于对于遗传物质的变化可能引起蛋白质合成的变化有概念性的理解。][评价边界:评价不包括分子水平上的具体变化、蛋白质合成的机制或突变的具体类型。]

MS-LS3-2. 开发和使用模型,描述为什么通过无性繁殖产生的后代具有相同的遗传信息,而通过有性繁殖产生的后代具有遗传变异。[说明:重点在于使用旁氏表、图表和模拟等方法描述亲代到子代的基因传递和由此带来的遗传变异之间的因果关系。]

MS-LS4-5. 搜集与综合关于改变了人类影响生物体预期性状继承的方式的技术的信息。[说明:重点在于从可靠来源综合信息,描述人类通过人工选择对遗传结果的影响(例如基因修饰、畜牧业和基因治疗)以及这些技术对社会的影响和促成这些科学发现的技术。]

科学与工程实践	学科核心概念	跨学科概念
开发和使用模型 6-8年级建模建立在K-5年级的经验和基础上,发展到开发、使用和修正模型,以描绘、检验和预测更抽象的现象与设计系统。 ● 开发和使用模型以描述现象。(MS-LS3-1)(MS-LS3-2) ⇓	**LS1.B:生物体的生长和发育** ● 生物体进行有性或无性繁殖,将它们的遗传信息传递给后代。(MS-LS3-2 的衍生概念) ● 动物通过有特征性的行为来增加繁殖的概率。(MS-LS1-4) ⇓	**原因与结果** ● 因果关系可以用来预测自然系统中的现象。(MS-LS3-2) ● 现象可能有多个原因,并且系统中的有些因果关系只能用概率来描述。(MS-LS1-5)(MS-LS4-5) ⇓

(可参考第315页上与初中. 生物体的生长、发育和繁殖相关的连接)

初中 . 生物体的生长、发育和繁殖（续）

科学与工程实践	学科核心概念	跨学科概念
建构解释和设计解决方案 　　6-8年级建构解释和设计解决方案建立在K-5年级的经验和基础上，发展到用多种来源的、与科学概念、原理和理论相一致的证据来支持解释的建构和方案的设计。 ●基于从各种来源（包括学生自己的实验）获得的有效和可靠的证据以及描述自然界的理论与定律在现在、未来都与过去一样有效的假设，建构一个科学解释。（MS-LS1-5） **参与基于证据的论证** 　　6-8年级参与基于证据的论证建立在K-5年级的经验和基础上，发展到建立一个有说服力的论证，支持或反对关于自然界与人工世界的解释或方案。 ●使用有实证和科学推理支持的口头或书面论述，支持或反对一个现象的解释或模型以及一个问题的解决方案。（MS-LS1-4） **获取、评价和交流信息** 　　6-8年级获取、评价和交流信息建立在K-5年级的经验和基础上，发展到评价想法与方法的优点和有效性。 ●从多个恰当的来源采集、阅读和综合信息，评价各种来源和信息采集方法的可信度、准确度和可能的偏差，描述信息是怎样得到证据的支持或没有得到支持的。（MS-LS4-5）	●植物通过多种途径繁殖，有时候依赖于动物的行为和专门的有助于繁殖的特征。（MS-LS1-4） ●遗传因子和本地环境条件影响成熟植株的生长。（MS-LS1-5） **LS3.A：性状的继承** ●基因位于细胞染色体上，染色体成对出现，每对染色体上带有很多不同基因并且每种基因都有两个等位基因。每个基因主要负责特定的蛋白质的生产，而蛋白质影响个体的性状。基因的变化（突变）会引起蛋白质的变化，这会影响生物体的结构与功能，并由此改变性状。（MS-LS3-1） ●亲代与子代间遗传性状的变异源于基因的不同，而基因的不同是继承得到的染色体子集引起的。（MS-LS3-2） **LS3.B：性状的变异** ●对于有性繁殖的生物体，父本和母本各自贡献子代获得的基因的一半（随机）。染色体成对出现，因而等位基因也是成对出现的，其中一个来自父本，一个来自母本。它们可能是相同的，也可能是不同的。（MS-LS3-2） ●除了由有性繁殖而产生的变异，遗传信息还可能因为突变而改变。虽然罕见，但突变可能引起蛋白质的结构与功能改变。一些改变对生物体是有益的，一些是有害的，还有一些是中性的。（MS-LS3-1） **LS4.B：自然选择** ●在人工选择中，人类通过选择育种影响生物体的某些特征。一个人可以在亲代中选择由基因决定的预期性状，将相关的基因传递给子代。（MS-LS4-5）	**结构与功能** ●复杂和微观的结构与系统可以被可视化、模拟和用来描述它们的功能是怎样依赖于形状、组成及它们的各个组成部分之间关系的；因此，复杂的自然与人工结构/系统可以被分析，从而确定它们是如何运作的。（MS-LS3-1） ………… **与工程、技术以及科学的应用的关联** **科学、工程和技术的相互依存** ●工程的进步已经带来了几乎所有科学领域的重要发现，科学发现也已经促进了整个工业与工程系统的发展。（MS-LS4-5） ………… **与科学的本质的联系** **科学解决有关自然界和物质世界的问题** ●科学知识能够描述行为的结果，但不能决定社会采取的决策。（MS-LS4-5）

（可参考第315页上与初中 . 生物体的生长、发育和繁殖相关的连接）

初中. 自然选择和适应

预期表现

学生可以通过以下表现来展示理解：

MS-LS4-1. 在假定过去起作用的自然法则在今天也起作用的前提下，分析和解读数据以发现化石记录的模式，这些化石记载了地球生命史上生命形式的存在、多样性、灭绝和改变。[说明：重点在于找出生物体的解剖结构的复杂性的变化模式，以及岩层中的化石的年代顺序。][评价边界：评价不包括具体物种的名称或化石记录的地质时期。]

MS-LS4-2. 应用科学概念建构解释，说明现代生物体之间以及现代生物体与化石生物体之间在解剖结构上的异同，推论演化关系。[说明：重点在于从大致解剖结构的异同来解释生物体之间的演化关系。]

MS-LS4-3. 分析图形化数据，比较多个物种在胚胎发育上的相似模式，从而识别在完全形成的解剖结构中不显著的关联。[说明：重点在于通过比较宏观的图形或图片，推论不同生物体的胚胎之间大致的相关模式。][评价边界：关于比较的评价仅限于胚胎发育大致的解剖结构。]

MS-LS4-4. 建立基于证据的解释，描述一个种群性状的基因变异是如何提高一些个体在具体环境中生存和繁殖的概率的。[说明：重点在于使用简单的概率陈述和比例推理来建立解释。]

MS-LS4-6. 用数学表现方式支持关于自然选择如何引起种群特定性状随时间增减的解释。[说明：重点在于使用数学模型、概率陈述和比例推理去支持关于种群随时间的改变趋势的解释。][评价边界：评价不包括哈迪-温伯格定律的计算。]

科学与工程实践	学科核心概念	跨学科概念
分析和解读数据 6–8年级分析数据建立在K–5年级的经验和基础上，发展到将定量分析拓展为研究，区分相关关系与因果关系，以及基础的数据统计技术和误差分析。 ● 分析数据图，识别线性和非线性关系。(MS-LS4-3) ● 分析和解读数据，以决定科学发现中的异同。(MS-LS4-1) ⊻	**LS4.A：共同祖先和多样性的证据** ● 化石及其所处年代（例如，通过化石在沉积岩层中的位置或放射性定年法推断化石的年代）共同组成了化石记录。它们记载了地球生命史上许多生命形式的存在、多样性、灭绝和改变。(MS-LS4-1) ● 现在生存着的各种生物体之间及它们与化石记录中的生物体之间的解剖异同使人们能够重建演化历史并推断演化谱系。(MS-LS4-2) ⊻	**模式** ● 模式可以被用来识别因果关系。(MS-LS4-2) ● 图表和图像可以被用于识别数据中的模式。(MS-LS4-1)(MS-LS4-3) **原因与结果** ● 现象可能有多个原因，并且系统中的有些因果关系只能用概率来描述。(MS-LS4-4)(MS-LS4-6) .... ⊻

（可参考第316页上与初中. 自然选择和适应相关的连接）

初中．自然选择和适应（续）

科学与工程实践	学科核心概念	跨学科概念
使用数学和计算思维 　　6-8 年级的数学和计算思维建立在 K-5 年级的经验和基础上，发展到识别大数据集内的模式以及使用数学概念去支持解释和论证。 • 使用数学表现方式来支持科学结论与设计解决方案。（MS–LS4–6） **建构解释和设计解决方案** 　　6-8 年级建构解释和设计解决方案建立在 K-5 年级的经验和基础上，发展到用多种来源的、与科学概念、原理和理论相一致的证据来支持解释的建构和方案的设计。 • 应用科学概念建立关于真实世界现象、实例或事件的解释。（MS–LS4–2） • 建立一个包含变量间定性与定量关系的解释来描述现象。（MS–LS4–4） ············ **与科学的本质的联系** **实证是科学知识的基础** • 科学知识以证据与解释之间的逻辑与概念联系为基础。（MS–LS4–1）	• 不同物种胚胎发育的比较也能揭示相似性，而这些相似性展示出在完全成形的解剖结构中不显著的关联。（MS–LS4–3） **LS4.B：自然选择** • 自然选择使一个种群中的某些性状形成优势，而其他性状受到抑制。（MS–LS4–4） **LS4.C：适应** • 在若干代中通过自然选择发生的适应是一个重要的过程，通过这一过程，物种随着时间发生与环境条件的改变相应的变化。支持物种在新环境中生存与繁殖的性状变得更加普遍，而不支持生存与繁殖的性状变得少见。由此，性状在一个种群中的分布发生改变。（MS–LS4–6）	**与科学的本质的联系** **科学知识假设在自然系统中具有秩序性与一致性** • 科学假定自然系统中的对象和事件出现具有一致的模式，这些模式是可以通过测量和观察来理解的。（MS–LS4–1）（MS–LS4–2）

（可参考第 316 页上与初中．自然选择和适应相关的连接）

初中地球与空间科学

在初中阶段，通过更高阶的内容、实践和跨学科主题，在小学学习的基础上，学生将对地球和空间科学领域中广泛的主题有更深入的理解。初中阶段有五个地球和空间科学领域的主题：①宇宙系统；②地球的历史；③地球的系统；④天气和气候；⑤人类的影响。预期表现的内容是基于当前的针对社区的地球科学素养计划（如地球科学素养原则）以及在更强调地球系统的科学方法的情况下被呈现的。预期表现强烈反映出地球与空间科学中许多跟社会相关的方面（如资源、灾害以及环境影响）以及与工程和技术的联系。尽管初中地球与空间科学的预期表现将特定实践与具体学科核心概念组合起来，教学决策应当涵盖支持学生实现预期表现的众多实践。

宇宙系统主题的预期表现帮助学生回答诸如此类的问题：地球在宇宙中处于什么位置？什么组成了我们的太阳系？地球的运动怎样解释季节和日月食？这里提到了《框架》中的两个子概念，ESS1.A 和 ESS1.B。初中学生将可以检测地球相对于太阳系、银河系和宇宙的位置。这部分的学习特别强调系统研究法，使用太阳系的模型去解释日月食与季节的周期性模式。这一部分的学习也通过那些让我们能够探索太阳系中的天体并且获得支持解释宇宙形成与演化理论的数据的工具和技术与工程有紧密的联系。以下跨学科概念被称为这些学科核心概念的组织概念：模式；尺度、比例与数量；系统与系统模型；科学、工程和技术相互依存。在本主题的预期表现中，学生有望在以下方面展示能力素质，包括：开发和使用模型；分析和解读数据。期望学生通过实践来展现其对核心概念的理解。

地球的历史主题的预期表现帮助学生回答诸如此类的问题：人们是如何推断地球和地球上的生命随时间演变的？大陆板块的移动是如何影响地表的？这里提到了《框架》中的四个子概念，ESS1.C、ESS1.A、ESS2.B 和 ESS2.C。学生将能够检测地球科学的数据以理解地球演变历史中的事件和过程。本主题中的重要概念有尺度、比例与数量以及稳定与变化均与长地质时期的不同地质作用方式有关。地质事件和条件一直影响着生命的演变是地球历史中一个重要的方面，当然不同的生命形式也在地球系统的变化中扮演着重要的角色。在本主题的预期表现中，学生有望在以下方面展示能力素质，包括：分析和解读数据；构建解释。期望学生通过实践来展现对核心概念的理解。

地球的系统主题的预期表现帮助学生回答诸如此类的问题：地壳

内和地壳上的物质是怎样随时间的推移而变化的？水是怎样影响天气、在海洋中循环和塑造地表的？这里提到了《框架》中的三个子概念，ESS2.A、ESS2.C 和 ESS3.A。学生通过模拟系统内和不同系统间的能量流与物质循环理解地球系统是如何运作的。学生研究重要物质的控制特性并基于对真实的地球科学数据的分析建构解释。对于以上两个话题都很重要的是：地球内部和地球表面发生的过程既为社会提供了资源，又引起了给社会带来风险的自然灾害；并且它们都给识别和开发资源、减轻灾害中的损失带来了技术挑战。以下跨学科概念被称为这些学科核心概念的组织概念：原因与结果；能量与物质；稳定与变化。在本主题的预期表现中，有望在以下方面展示能力素质，包括：开发和使用模型；构建解释。期望学生通过实践来展现其对核心概念的理解。

天气和气候主题的预期表现帮助学生回答哪些因素相互作用并影响天气和气候这一问题。这里涉及《框架》中的三个子概念，ESS2.C、ESS2.D 和 ESS3.D。学生将能够建构和使用模型来理解控制天气和气候的因素。系统研究法在这里也很重要，即当来自太阳的能量在系统之间传递和在海洋与大气中循环时研究系统间的反馈。以下跨学科概念被称为这些学科核心概念的组织概念：原因与结果；系统与系统模型；稳定与变化。在本主题的预期表现中，学生有望在以下方面展示能力素质，包括：提出问题、开发和使用模型、计划和开展研究。期望学生通过实践来展现其对核心概念的理解。

人类影响主题的预期表现帮助学生回答诸如此类的问题：自然灾害怎样预测？人类活动怎样影响地球系统？这里涉及《框架》中的两个子概念，ESS3.B 和 ESS3.C。学生理解人类活动影响地球其他系统的方式。学生使用许多不同的实践去理解围绕人类对土地、能源、矿产和水资源的使用而产生的重大和复杂的问题以及这些问题持续发展的影响。以下跨学科概念被称为这些学科核心概念的组织概念：模式；原因与结果；科学、工程和技术的相互依存。

初中．宇宙系统

预期表现

学生可以通过以下表现来展示理解：

MS-ESS1-1. 开发和使用地－日－月系统模型，描述月相、日月食和季节等周期性模式。〔说明：模型可以是实物的、图片的或概念的。〕

MS-ESS1-2. 开发和使用模型，描述引力在星系和太阳系内天体的运动中所起的作用。〔说明：模型的重点在于突出引力是将太阳系和银河系中的天体集合在一起的力，引力控制着太阳系和银河系中的天体的公转。模型可以是实物的（比如将足球场的大小与星系做类比或者天体轨道的计算机可视化模型）或概念的（比如将天体的大小相对于学生熟悉的物体按一定数学比例缩小）。〕〔评价边界：评价不包括关于天体轨道运动的开普勒定律，或从地球上观察到的行星的表观逆行运动。〕

MS-ESS1-3. 分析和解读数据，确定太阳系中的天体的尺度特征。〔说明：重点在于分析从地球上的观测工具、空间望远镜和航天器获得的数据，判断太阳系中的天体的异同。尺度特征包括天体的结构（如壳和大气）的大小、表面特征（如火山）和轨道半径等。数据包括统计信息、图画和照片以及模型。〕〔评价边界：评价不包括回忆关于行星和太阳系其他天体性质的事实。〕

科学与工程实践	学科核心概念	跨学科概念
开发和使用模型 6-8年级建模建立在K-5年级的经验和基础上，发展到开发、使用和修正模型，以描绘、检验和预测更抽象的现象与设计系统。 ● 开发和使用模型以描述现象。（MS-ESS1-1）（MS-ESS1-2） **分析和解读数据** 6-8年级分析数据建立在K-5年级的经验和基础上，发展到将定量分析拓展为研究，区分相关关系与因果关系，以及基础的数据统计技术和误差分析。 ● 分析和解读数据，以决定科学发现中的异同。（MS-ESS1-3）	**ESS1.A：宇宙和它的恒星** ● 太阳、月球和天空中的恒星的表观运动模式可以用模型观察、描述、预测和解释。（MS-ESS1-1） ● 地球和它所在的太阳系是银河系的一部分，而银河系是宇宙中许多星系之一。（MS-ESS1-2） **ESS1.B：地球和太阳系** ● 太阳系由太阳和一系列天体组成，包括行星、它们的卫星和在引力作用下在特定轨道上绕日公转的小行星。（MS-ESS1-2）（MS-ESS1-3） ● 这个太阳系模型可以解释日食与月食。地球自转轴在短期内是有固定指向的，并且相对于它绕日公转轨道倾斜。季节是这一倾斜的结果，并且由地球上不同地区在一年中不同时间不同的阳光强度引起。（MS-ESS1-1）	**模式** ● 模式可以被用来识别因果关系。（MS-ESS1-1） **尺度、比例与数量** ● 可以使用模型在不同尺度上观测时间、空间与能量现象，以此来研究极大或极小的系统。（MS-ESS1-3） **系统与系统模型** ● 模型可以被用来表现系统和它们的相互作用。（MS-ESS1-2） .... **与工程、技术以及科学的应用的关联** **科学、工程和技术的相互依存** ● 工程的进步已经带来了几乎所有科学领域的重要发现，科学发现也已经促进了整个工业与工程系统的发展。（MS-ESS1-3）

（可参考第316页上与初中．宇宙系统相关的连接）

初中．宇宙系统（续）

科学与工程实践	学科核心概念	跨学科概念
	• 太阳系可能是由引力聚集在一起的盘状的尘埃与气体形成的。（MS-ESS1-2）	**与科学的本质的联系** **科学知识假设在自然系统中具有秩序性与一致性** • 科学假定自然系统中的对象和事件的出现具有一致的模式，这些模式是可以通过测量和观察来理解的。（MS-ESS1-1）（MS-ESS1-2）

（可参考第316页上与初中．宇宙系统相关的连接）

初中．地球的历史

预期表现

学生可以通过以下表现来展示理解：

MS-ESS1-4. 基于从岩层获得的证据建构科学解释，说明地质年代表是怎样被用来表示地球46亿年历史的。[说明：重点在于对岩石形成和岩层中的化石的分析是如何被用来建立地球历史上的重要事件的相对年龄的。地球重要事件的时间跨度从最近（比如最近一个冰河时代或最早的智人化石）到非常遥远（比如地球的形成或最早的生命证据）。例子可以包括山脉和海洋盆地的形成，特定生物体的演化或灭绝或重大的火山喷发。][评价边界：评价不包括回忆具体的时期或年代名称，或某个年代内的事件的名称。]

MS-ESS2-2. 基于证据建构解释，说明地质过程在不同时间和空间尺度上是如何改变地球表面的。[说明：重点在于这些过程如何在较大（比如缓慢的板块运动或大型山脉的隆起）和较小（比如迅速的滑坡或微观地球化学反应）的时空尺度上改变地表以及许多地质过程通常发生得非常缓慢但会引起重大灾难性事件。地质过程的例子包括水、冰和风的运动引起的地表风化和沉积。强调在适当时塑造局部地理特征的地质过程。]

MS-ESS2-3. 分析和解读关于化石与岩石的分布、大陆的形状和海底结构的数据，为过去的板块运动提供证据。[说明：数据包括不同大陆上的岩石与化石类型的相似性，大陆（包括大陆架）的形状以及海洋结构（如海脊、断裂带和海沟）的位置。][评价边界：评价不包括海洋地壳与大陆地壳的古地磁异常。]

科学与工程实践	学科核心概念	跨学科概念
分析和解读数据 6-8年级分析数据建立在K-5年级的经验和基础上，发展到将定量分析拓展为研究，区分相关关系与因果关系以及基础的数据统计技术和误差分析。 ● 分析和解读数据，为现象提供证据。（MS-ESS2-3） **建构解释和设计解决方案** 6-8年级建构解释和设计解决方案建立在K-5年级的经验和基础上，发展到用多种来源的、与科学概念、原理和理论相一致的证据来支持解释的建构和方案的设计。 ⌄	**ESS1.C：行星地球的历史** ● 从岩层推断出的地质年代表提供了一种组织地球历史的方式。对岩层和化石记录的分析只提供相对年代，不能提供绝对尺度。（MS-ESS1-4） ● 构造过程持续地在海脊处形成新海底，在海沟处摧毁旧海底。（HS.ESS1.C年级段终点）（*MS-ESS2-3的衍生概念*） ⌄	**模式** ● 变化速率和其他数学关系中的模式可以提供关于自然系统的信息。（MS-ESS2-3） **尺度、比例与数量** ● 可以使用模型在不同尺度上观测时间、空间与能量现象，以此来研究极大或极小的系统。（MS-ESS1-4）（MS-ESS2-2）

（可参考第317页上与初中．地球的历史相关的连接）

初中．地球的历史（续）

科学与工程实践	学科核心概念	跨学科概念
⩥ ● 基于从各种来源（包括学生自己的实验）获得的有效和可靠的证据，以及描述自然界的理论与定律在现在、未来都与过去一样有效的假设，建构一个科学解释。（MS-ESS1-4）（MS-ESS2-2） .... 与科学的本质的联系 **可以根据新的证据随时对科学知识进行修正。** ● 根据新的证据，科学研究结果经常被修正或重新解释。（MS-ESS2-3）	⩥ **ESS2.A：地球物质和系统** ● 这颗行星上的系统在从微观到全球这样广泛的尺度上相互作用，它们的相互作用时间细微至不足一秒，又漫长至亿万年。这些相互作用塑造了地球的历史，并将决定地球的未来。（MS-ESS2-2） **ESS2.B：板块构造论和大尺度系统相互作用** ● 基于岩石与化石研究的古代陆地和水域图澄清了地球的板块是如何长距离移动、碰撞和散开的。（MS-ESS2-3） **ESS2.C：水在地球表面过程中的作用** ● 水的流动——既包括地表流动也包括地下流动——引起了风化和侵蚀，这改变了地表特征，形成了地下构造。（MS-ESS2-2）	

（可参考第317页上与初中．地球的历史相关的连接）

初中．地球的系统

预期表现

学生可以通过以下表现来展示理解：

MS-ESS2-1. 开发模型，描述地球物质的循环，以及驱动这一过程的能量流。［说明：重点在于熔化、结晶、风化、降解和沉积过程，这些过程在地球物质循环中共同作用形成了矿物和岩石。］［评价边界：评价不包括矿物的识别和命名。］

MS-ESS2-4. 开发模型，描述太阳能和重力势能驱动下水在地球系统中的循环。［说明：重点在于水通过水循环中的多种路径移动时是如何改变状态的。模型可以是概念性的或实物的。］［评价边界：评价不包括汽化热和熔解热的定量理解。］

MS-ESS3-1. 基于证据建构科学解释，说明过去和当前的地质过程是怎样造成地球矿物、能量和地下水资源的不均匀分布的。［说明：重点在于说明这些资源是有限的，通常是不可再生的。强调人类采掘和砍伐是怎样显著地改变它们的分布的。过去的地质过程引起的资源不均匀分布的例子包括但不限于石油（埋葬有机海洋沉积物和随后的地质圈闭位置）、金属矿（与俯冲带相关的过去的火山和水热活动地带）和土壤（岩石风化和/或沉积活跃区）。］

科学与工程实践	学科核心概念	跨学科概念
开发和使用模型 6-8年级建模建立在K-5年级的经验和基础上，发展到开发、使用和修正模型，以描绘、检验和预测更抽象的现象与设计系统。 ● 开发和使用模型以描述现象。（MS-ESS2-1） ● 开发一个模型以描述无法观察到的机制。（MS-ESS2-4） **建构解释和设计解决方案** 6-8年级建构解释和设计解决方案建立在K-5年级的经验和基础上，发展到用多种来源的、与科学概念、原理和理论相一致的证据来支持解释的建构和方案的设计。 ● 基于从各种来源（包括学生自己的实验）获得的有效和可靠的证据以及描述自然界的理论与定律在现在、未来都与过去一样有效的假设，建构一个科学解释。（MS-ESS3-1）	**ESS2.A：地球物质和系统** ● 所有地质过程都是这颗行星上的系统内部或系统之间的能量流动与物质循环的结果。这里的能量来自太阳和地球炽热的内部。流动的能量和循环的物质造成了地球物质和生物体内的物理与化学变化。（MS-ESS2-1） **ESS2.C：水在地球表面过程中的作用** ● 水不断地在陆地、海洋和大气之间循环，循环的方式包括蒸腾、蒸发、冷凝、结晶和降水以及在陆地上沿着山势向下流。（MS-ESS2-4） ● 水的全球流动和水的形态变化受到阳光和重力的驱动。（MS-ESS2-4） **ESS3.A：自然资源** ● 人类依赖地球上土地、海洋、大气和生物圈中的许多不同资源。矿产、淡水和生物圈资源是有限的，并且其中的许多在人类寿命内是不可再生或不可替换的。由于过去的地质过程，这些资源在地球上分布不均。（MS-ESS3-1）	**原因与结果** ● 因果关系可以用来预测自然或人工系统中的现象。（MS-ESS3-1） **能量与物质** ● 在一个自然或人工系统中，能量的传递与转化驱动着物质的运动和/或循环。（MS-ESS2-4） **稳定与变化** ● 对自然或人工系统中的稳定与变化的解释，可以通过检查随时间的变化和不同尺度（包括原子水平）上的过程来建构。（MS-ESS2-1） ………… **与工程、技术以及科学的应用的关联** **科学、工程和技术对社会与自然界的影响** ● 所有人类活动都要利用自然资源，并且都对人类健康与自然资源有短期和长期、积极和消极的影响。（MS-ESS3-1）

（可参考第318页上与初中．地球的系统相关的连接）

初中 . 天气和气候

预期表现

学生可以通过以下表现来展示理解：

MS-ESS2-5. 搜集数据以提供关于气团的运动和复杂相互作用怎样引起天气条件的改变的证据。[说明：重点在于气团如何从高压区流动到低压区并随之引起某个地点的天气（即气温、气压、湿度、降水和风）随时间变化，以及当不同气团相遇时天气的突然变化是怎样产生的。还要强调怎样在概率范围内预测天气。可以将数据的例子提供给学生（比如天气地图、图表和可视化形式），也可以让学生通过实验（比如冷凝）获取数据。][评价边界：评价不包括回忆云的类型名称，或者天气地图或气象站的报告图上使用的天气符号。]

MS-ESS2-6. 开发和使用模型，描述地球不均衡的受热和自转是怎样引起决定区域气候的大气和海洋环流模式的。[说明：重点在于模式是怎样随着纬度、海拔和地形而发生变化的。大气环流的重点在于阳光驱动的纬度带、科里奥利效应和随之而来的盛行风；海洋环流的重点在于受到科里奥利效应和大陆轮廓影响的全球海洋对流循环引起的热传递。模型可以是图表、地球仪或世界地图以及电子化的呈现方式。][评价边界：评价不包括科里奥利效应的动力学。]

MS-ESS3-5. 提出问题，明确引起全球气温在过去一个世纪中增长的因素的证据。[说明：因素包括人类活动（如化石燃料的燃烧、水泥生产和农业活动）和自然过程（如太阳辐射的变化或火山运动）。证据可以包括表格、图表、全球和区域气温分布图、二氧化碳和甲烷等气体在大气中的含量分布图，以及人类活动强度。强调人类活动对全球气温上升的主要作用。]

科学与工程实践	学科核心概念	跨学科概念
提出问题和定义问题 6-8 年级提出问题和定义问题建立在 K-5 年级的经验和基础上，发展到指出变量间的关系、阐明论证和模型。 • 提出问题，以识别和澄清一个论证的证据。（MS-ESS3-5） **开发和使用模型** 6-8 年级建模建立在 K-5 年级的经验和基础上，发展到开发、使用和修正模型，以描绘、检验和预测更抽象的现象与设计系统。 • 开发和使用模型以描述现象。（MS-ESS2-6） ⌄	**ESS2.C：水在地球表面过程中的作用** • 风、地形、海洋温度和洋流等引起的大气中水的复杂变化和流动模式，是本地天气模式的主要决定因素。（MS-ESS2-5） • 温度和盐度变化引起的密度变化驱动着全球范围内相互关联的洋流模式。（MS-ESS2-6） **ESS2.D：天气和气候** • 天气和气候受到阳光、海洋、大气、冰、地形和生物之间的相互作用的影响。这些相互作用因纬度、海拔和局地与区域地理条件而异，它们都能影响洋流与大气流动的模式。（MS-ESS2-6） ⌄	**原因与结果** • 因果关系可以用来预测自然或人工系统中的现象。（MS-ESS2-5） **系统与系统模型** • 模型可以被用来表现系统和它们的相互作用，例如输入、处理和输出以及系统中的能量、物质与信息流动。（MS-ESS2-6） **稳定与变化** • 稳定状态可能被突然的事件打破，也可能被随时间逐步积累的变化破坏。（MS-ESS3-5）

（可参考第 318 页上与初中 . 天气和气候相关的连接）

初中．天气和气候（续）

科学与工程实践	学科核心概念	跨学科概念
计划和开展研究 　　6-8年级计划和开展研究，建立在K-5年级的经验和基础上，发展到使用多个变量的、为解释或设计方案提供证据支持的研究。 • 搜集数据，以生成可以作为证据基础的数据，从而回答科学问题或在一系列条件下检验设计方案。（MS-ESS2-5）	• 由于这些模式十分复杂，天气只能从概率上进行预报。（MS-ESS2-5） • 海洋通过吸收太阳能、逐渐释放太阳能和通过洋流在全球重新分布太阳能而对天气和气候施加着重大的影响。（MS-ESS2-6） **ESS3.D：全球气候变化** • 人类活动，比如燃烧化石燃料导致的温室气体释放，是当前地表平均温度升高（全球变暖）的主要因素。降低气候变化水平，降低人类面对气候变化的脆弱性，依赖于对气候科学的理解、工程能力及其他类型知识，比如理解人类的行为并将其明智地应用在决策与活动中。（MS-ESS3-5）	

（可参考第318页上与初中．天气和气候相关的连接）

初中．人类影响

预期表现

学生可以通过以下表现来展示理解：

MS-ESS3-2. 分析和解读关于自然灾害的数据，预测未来的灾害事件，为开发减轻灾害的技术提供信息。[说明：重点在于说明一些自然灾害——比如火山喷发和极端天气——以特定现象为先导，这使可靠预测成为可能；而其他自然灾害——比如地震——突然发生，没有警告，因而尚不可预测。自然灾害可以是地球内部过程（如地震和火山喷发）、地表过程（如物质坡移和海啸），或极端天气事件（如飓风、龙卷风和洪水）。数据可以包括自然灾害的位置、量级和频率。技术可以是全球性的（如监视飓风或森林火灾的卫星系统）或局地性的（如在易于发生龙卷风的地区建地下室，或建立水库以减缓干旱）。]

MS-ESS3-3. 应用科学原理设计一种方法，以监视和最小化人类对环境的一项影响。*[说明：设计过程的例子包括检查人类的环境影响，评价可行的方案类型，以及设计和评估可以减小影响的方案。人类影响的例子可以包括水的使用（如从河流或地下蓄水层取水，或建设水坝和防洪堤），土地使用（如城市开发、农业生产或占用湿地），以及污染（如空气、水或土壤污染）。]

MS-ESS3-4. 建立有证据支持的论述，论证人口增长和人均自然资源消费的增长是如何影响地球系统的。[说明：证据的例子包括与年级相符的人口以及食品和自然资源（如淡水、矿产和能源）消费速率的数据库。影响的例子可以包括对地球系统的表观、组成和结构的改变以及改变的速率。科学可以描述人口和自然资源消费的增长带来的后果，但科学不能决定社会采取的行动。]

*这项预期表现通过实践或学科核心概念将传统科学内容整合到工程中。

科学与工程实践	学科核心概念	跨学科概念
分析和解读数据 6-8年级分析数据建立在K-5年级的经验和基础上，发展到将定量分析拓展为研究，区分相关关系与因果关系，以及基础的数据统计技术和误差分析。 ●分析和解读数据，以决定科学发现中的异同。（MS-ESS3-2） **建构解释和设计解决方案** 6-8年级建构解释和设计解决方案建立在K-5年级的经验和基础上，发展到用多种来源的、与科学概念、原理和理论相一致的证据来支持解释的建构和方案的设计。	**ESS3.B：自然灾害** ●绘制一个区域内的自然灾害历史地图，同时理解相关的地质作用，能够帮助预测未来事件的位置和可能性。（MS-ESS3-2） **ESS3.C：人类对地球系统的影响** ●人类活动已经显著地改变了生物圈，有时甚至会损毁自然栖息地，导致其他物种的灭绝。但是地球环境的改变对不同生物的影响（正面的或负面的）是不同的。（MS-ESS3-3）	**模式** ●图表和图像可以被用于识别数据中的模式。（MS-ESS3-2） **原因与结果** ●关系可以分为因果关系和相关性，相关性不一定意味着具有因果关系。（MS-ESS3-3） ●因果关系可以用来预测自然或人工系统中的现象。（MS-ESS3-4） …………

（可参考第319页上与初中．人类影响相关的连接）

新一代科学教育标准——主题序列 245

初中．人类影响（续）

科学与工程实践	学科核心概念	跨学科概念
• 应用科学原理来设计一个物体、工具、过程或系统。（MS-ESS3-3） **参与基于证据的论证** 　　6-8年级参与基于证据的论证，建立在K-5年级的经验和基础上，发展到建立一个有说服力的论证，支持或反对关于自然界与人工世界的解释或方案。 • 建立口头和书面论证，用实证和科学推理支持或反对关于一种现象的解释或模型或一个问题的解决方案。（MS-ESS3-4）	• 一般地，当人口与人均自然资源消费增长时，对地球的负面影响也会加剧，除非相关的活动与技术是以另一种方式设计的。（MS-ESS3-3）（MS-ESS3-4）	**与工程、技术以及科学的应用的关联** **科学、工程和技术对社会与自然界的影响** • 所有人类活动都要利用自然资源，并且都对人类健康与自然资源有短期和长期、积极和消极的影响。（MS-ESS3-4） • 驱动及限制技术的使用的因素包括：个人或社会需求、愿望和价值观；科学研究的发现；气候、自然资源和经济条件等因素上的差别。因此，技术使用随着地区和时间而异。（MS-ESS3-2）（MS-ESS3-3） ………… **与科学的本质的联系** **科学解决有关自然界和物质世界的问题** • 科学知识能够描述行为的结果，但不能决定社会采取的决策。（MS-ESS3-4）

（可参考第319页上与初中．人类影响相关的连接）

初中工程设计

当学生进入初中阶段时，他们应该已经拥有了可观的工程设计经验。初中生的目标是更精确地界定问题，执行一个更趋完善的过程来找到最好的方案，并优化最终设计。

定义问题时有"精度"，与在小学里的学习相比，学生需对问题所要满足的需求或方案所要达到的目标有更深入的思考。终端用户将如何判断设计是否成功？这个水平的学生不仅要考虑终端用户，也要考虑更广阔的社会与环境。每一项技术变化都有可能带来预期和非预期的效果。设计者应当尽可能地预计可能的效果，并负责任地开发新的或改进的技术。这些思考可以通过可能方案的标准或约束条件来呈现。

形成可能的方案并不直接教导学生形成设计想法，因为这项能力是预期在小学发展的。初中的重点是通过一个两步走的过程评估被提出的不同想法：使用权衡矩阵等系统方法确定哪些方案最有前景，检验不同方案并将各种最佳想法融汇成一个可能比先前任何想法都更好的新方案。

改进设计在初中水平上是一个反复的过程，学生检验最佳设计，分析结果并根据分析修改设计，然后再检验和再修改。学生也许会将这样的循环重复两次、三次或更多次，直到实现最优化（最佳可能）的结果。

与其他科学学科的联系帮助学生在各种各样的情境中发展这些能力。例如，在生命科学中，学生应用他们的工程设计能力评估保护生物多样性与生态系统服务的方案（MS-LS2-5）。在物质科学中，学生定义和解决涉及一系列核心概念的问题，包括释放或吸收能量的化学过程（MS-PS1-6）、牛顿第三运动定律（MS-PS2-1）以及能量传递（MS-PS3-3）。在地球与空间科学中，学生应用他们的工程设计能力去解决关于人类对地球系统影响的问题（MS-ESS3-3）。

到8年级末，预计学生能够实现与一个单独问题相关的全部四个预期表现（MS-ETS1-1、MS-ETS1-2、MS-ETS1-3和MS-ETS1-4），从而理解工程设计中许多相互联系的过程。这些过程包括通过精确说明方案的标准与约束条件及对社会与自然环境的潜在影响来确定一个问题，系统地评估可选方案，分析从对不同方案的检验中获取的数据并将最佳想法融合成一个改进方案以及开发一个模型并反复检验与改进它从而找到最优方案。尽管MS-ETS1中展示的预期表现将特定的实践与具体学科核心概念结合起来，教学决策时应当涵盖支持学生实现预期表现的众多实践。

初中．工程设计

预期表现

学生可以通过以下表现来展示理解：

MS-ETS1-1. 确定一个设计问题的标准与约束条件，要有足够的精确性以确保方案获得成功，要考虑相关的科学原理与可能限制方案可行性的对人类与自然环境的潜在影响。

MS-ETS1-2. 使用系统过程去确定方案在多大程度上满足问题的标准与约束条件，从而评估相互竞争的设计方案。

MS-ETS1-3. 分析检验数据，确定若干设计方案之间的异同，识别各个方案的最佳特征，这些特征可以被整合成一个更好地满足成功标准的新方案。

MS-ETS1-4. 开发一个模型，用模型生成数据，用数据反复检验和改进一个被提出的物体、工具或过程，以实现最优化的设计。

科学与工程实践	学科核心概念	跨学科概念
提出问题和定义问题 6-8 年级提出问题和定义问题建立在 K-5 年级的经验和基础上，发展到指出变量间的关系、阐明论证和模型。 • 确定一个设计问题，这个问题可以通过开发一个物体、工具、过程或系统来解决，并涉及多项标准与约束条件，包括可能限制方案可行性的科学知识。（MS-ETS1-1） **开发和使用模型** 6-8 年级建模建立在 K-5 年级的经验和基础上，发展到开发、使用和修正模型，以描绘、检验和预测更抽象的现象与设计系统。 • 开发一个模型以生成数据，包括体现输入与输出的数据，用数据检验关于设计系统的想法。（MS-ETS1-4） ⬇	**ETS1.A：定义和界定工程问题** • 对一项设计任务的标准与约束条件定义得越精准，设计方案越可能获得成功。对约束条件进行说明需要思考可能对方案造成限制的科学原理及其他相关知识。（MS-ETS1-1） **ETS1.B：形成可能的方案** • 一个方案需要检验，并根据检验结果进行修正，从而得到改进。（MS-ETS1-4） • 用有系统的流程来评估方案在多大程度上满足了待解决问题的标准与约束条件。（MS-ETS1-2）（MS-ETS1-3） • 有时，不同方案的某些部分可以被整合起来，去创造出一个比任何已有方案更好的方案。（MS-ETS1-3） • 各种模型对检验方案都重要。（MS-ETS1-4） ⬇	**科学、工程和技术对社会与自然界的影响** • 所有人类活动都要利用自然资源，并且都对人类健康与自然资源有短期和长期、积极和消极的影响。（MS-ETS1-1） • 驱动及限制技术的使用的因素包括：个人或社会需求、愿望和价值观；科学研究的发现；气候、自然资源和经济条件等因素上的差别。（MS-ETS1-1）

（可参考第 320 页上与初中．工程设计相关的连接）

初中．工程设计（续）

科学与工程实践	学科核心概念	跨学科概念
⌄ **分析和解读数据** 　　6–8年级分析数据建立在K–5年级的经验和基础上，发展到将定量分析拓展为研究，区分相关关系与因果关系以及基础的数据统计技术和误差分析。 ● 分析和解读数据，以决定科学发现中的异同。（MS–ETS1–3） **参与基于证据的论证** 　　6–8年级参与基于证据的论证，建立在K–5年级的经验和基础上，发展到建立一个有说服力的论证，支持或反对关于自然界与人工世界的解释或方案。 ● 基于共同开发和商定的设计标准，评估相互竞争的设计方案。（MS–ETS1–2）	⌄ **ETS1.C：优化设计方案** ● 虽然一个设计也许不能在所有检验中都有最佳表现，但识别这个设计在各个测试中获得最佳表现的特征能为再设计提供有用的信息——也就是说，一些特征可以被整合到新设计中。（MS–ETS1–3） ● 反复检验最佳可行方案以及基于检验结果不断修正的过程，能带来更好的改进，并最终生成最佳方案。（MS–ETS1–4）	

（可参考第320页上与初中．工程设计相关的连接）

高中物质科学

在高中阶段，学生继续发展他们对四个物质科学核心概念的理解。这些概念包括化学与物理学最基本概念，也为高中更高水平课程留下了拓展空间。高中生在物质科学领域的预期表现建立在初中概念与技能发展的基础上，并允许高中生解释更深的现象，这些现象不仅是物质科学的核心内容，也在生命科学和地球与空间科学占有中心地位。这些预期表现将核心概念和科学与工程实践、跨学科概念糅合起来，支持学生发展解释跨科学学科概念的有用的知识。高中物质科学预期表现强调几项科学实践，包括开发和使用模型、计划和开展研究、分析和解读数据、使用数学和计算思维、建构解释，以及用这些实践去展示对核心概念的理解。预计学生能够展示对一些工程实践的理解，包括设计与评价。

物质的结构和性质主题的预期表现帮助学生解答这一问题："怎样解释物质的结构和性质？"这些预期表现涉及《框架》中的两个子概念：物质的结构与性质、原子核过程。学生被预期能够理解原子内部结构，并对物质的性质作出更多机制上的解释。学生能够使用元素周期表作为工具来解释和预测元素的性质。理解与原子核有关的现象也是重要的，因为它们解释了元素的形成与丰度、放射性、太阳与其他恒星释放的能量，以及核能的产生。以下跨学科概念被称为这些学科核心概念的组织概念：模式；能量与物质；结构与功能。在这些预期表现中，学生有望在以下方面展示能力素质，包括：开发和使用模型；计划和开展研究；交流科学与技术信息。期望学生通过实践来展现其对核心概念的理解。

化学反应主题的预期表现表现帮助学生解答以下问题：物质是怎样合并或变化（反应）以形成新物质的？怎样解释这些反应和描述它们的特征，以及如何对它们作出预测？化学反应，包括反应速率和能量变化，从分子相撞和原子重排的角度可以被此年级段的学生理解。运用这些对化学反应的更深理解，学生能够解释重要的生物和地球物理现象。学生也能够将对工程设计优化过程的理解应用到化学反应系统中。以下跨学科概念被称为这些学科核心概念的组织概念：模式；能量与物质；稳定与变化。在这些预期表现中，学生有望在以下方面展示能力素质，包括：开发和使用模型；使用数学思维；建构解释；以及设计方案。期望学生通过实践来展现其对核心概念的理解。

力和相互作用主题的预期表现支持学生理解关于为什么一些物体会一直运动、为什么物体会掉到地上以及为什么一些材料会相互吸引而其他材料不会的概念。学生应当能够回答这一问题：怎样解释和预测物体间和物体系统内的相互作用?《框架》中的学科核心概念 PS2 被分解成两个子概念：力与运动、相互作用的类型。PS2 预期表现强调学生对力和相互作用及牛顿第二定律的理解。学生也要理解当没有净力作用于一个物体系统时，它的总动量是守恒的。学生也能够使用牛顿万有引力定律和库仑定律描述和预测物体间的引力和静电力。学生能够应用科学与工程概念去设计、评价和改进一个设备，来最小化一个宏观物体在碰撞中所受的力。以下跨学科概念被称为这些学科核心概念的组织概念：模式；原因与结果；系统与系统模型。在 PS2 预期表现中，学生有望在以下方面展示能力素质，包括：计划和开展研究；分析数据和用数学支持观点；应用科学概念解决设计问题。期望学生通过实践来展现其对核心概念的理解。

能量主题的预期表现帮助学生解答这一问题：能量是怎样传递和守恒的?《框架》中的学科核心概念 PS3 被分解成四个子概念：能量的定义、能量守恒与能量传递、能量与力的关系以及化学过程和日常生活中的能量。能量被理解成一个系统的定量性质，取决于系统中的物质的运动与相互作用及辐射，并且任何系统中的能量的总变化量总是等于传递入和传递出系统的总能量。学生要理解宏观和原子尺度上的能量可以用微粒的运动或与微粒排布（相对位置）有关的能量来解释。有时，与微粒排布有关的能量可以被认为是储存在场中。学生也要在设计、建造和改进与能量转化有关的设备时展示他们对工程原理的理解。原因与结果、系统与系统模型、能量与物质以及科学、工程与技术对社会与自然界的影响等跨学科概念将在 PS3 预期表现中进一步发展。在这些预期表现中，学生有望在以下方面展示能力素质，包括：开发和使用模型；计划和开展研究；使用计算思维；设计方案。期望学生通过实践来展现其对核心概念的理解。

波及其在信息传递技术中的应用主题的预期表现对理解许多新兴技术如何工作至关重要。因此，这条核心概念帮助学生回答这一问题：波是如何被用来传递能量和发送与存储信息的？学科核心概念 PS4 被分解成三个子概念：波的性质、电磁辐射以及信息技术与仪器。学生将能够在许多尺度上应用对波的性质和电磁辐射与物质的相互作用可以如何长距离传递信息、存储信息和研究自然的理解。建立和运用电磁辐射模型，不论是将电磁辐射作为不断变化的电场与磁场中的波，还是将电磁辐射作为微粒。学生理解将不同频率的波结合起来可以得到非常多样化的模式，因而得以编码和传递信息。学生还将说明技术设备如何利用波的行为和波与物质的相互作用来传递和捕捉信息与能量，从而展示他们对工程概念的理解。以下跨学科概念被称为这些学科核心概念的组织概念：原因与结果；系统与系统模型；稳定与变化；科学、工程与技术的相互依存；工程、技术和科学对社会和自然世界的影响。在 PS3 预期表现中，学生有望在以下方面展示能力素质，包括：提出问题；使用数学思维；参与基于证据的论证；获取、评价与交流信息。期望学生通过实践来展现其对核心概念的理解。

高中．物质的结构和性质

预期表现

学生可以通过以下表现来展示理解：

HS-PS1-1. 基于原子最外层能级的电子的模式，用元素周期表作为模型来预测元素的相对性质。[说明：可以从模式预测的性质包括金属的活性、形成的键的类型与数目以及与氧的反应。][评价边界：评价仅限于主族元素。评价不包括对相对趋势以外的电离能的定量理解。]

HS-PS1-3. 计划和开展一项研究，搜集证据，比较物质在宏观尺度上的结构，推论微粒间的电力强度。[说明：重点在于理解微粒间的力的大小，而非命名具体的分子间作用力（如偶极-偶极作用力）。微粒的例子可以包括离子、原子、分子和网格化的物质（如石墨）。物质的宏观性质可以包括熔点和沸点、蒸汽压和表面张力。][评价边界：评价不包括用拉乌尔定律计算蒸汽压。]

HS-PS1-8. 开发模型，描述裂变、聚变和放射性衰变过程中原子核组成的变化和能量的释放。[说明：着重关注简单的定性模型，比如图片或图表。也聚焦于核过程相对于其他变化类型所释放的能量的尺度。][评价边界：评价不包括释放能量的定量计算。评价仅限于 α、β 和 γ 放射性衰变。]

HS-PS2-6. 交流科学与技术信息说明为什么分子水平的结构对于人工材料的功能起着至关重要的作用。*[说明：强调引力和斥力决定了材料的功能。例子可以包括为什么导电材料常用金属做成，为什么有弹性但耐用的材料由长链分子组成以及为什么药物被设计成能与特定受体相互作用。][评价边界：评价仅限于特定材料的给定分子结构。]

*这项预期表现通过实践或学科核心概念将传统科学内容整合到工程中。

科学与工程实践	学科核心概念	跨学科概念
开发和使用模型 9-12 年级的建模建立在 K-8 年级的经验和基础上，发展到使用、综合与开发模型，以预测和展现自然界与人工世界中的系统与系统之间、系统组成部分之间的变量关系。 • 基于证据开发一个模型，说明系统之间或一个系统的组成部分之间的关系。（HS-PS1-8） • 使用一个模型，预测系统之间或一个系统的组成部分之间的关系。（HS-PS1-1）	**PS1.A：物质的结构和性质** • 每一个原子都包含一个由原子核构成的带电亚结构，原子核由质子和中子组成，周围围绕着电子。（HS-PS1-1） • 元素周期表按照原子核内的质子数将元素依次横向排列，并将有类似化学性质的元素放在一列中。周期表的重复模式反映了外层电子状态的模式。（HS-PS1-1）（HS-PS1-2）	**模式** • 在研究系统的各个尺度上可能会观察到不同的模式，这些模式可以为解释现象提供因果关系的证据。（HS-PS1-1）（HS-PS1-3） **能量与物质** • 在原子核过程中，原子不是守恒的，但质子与中子的总数是守恒的。（HS-PS1-8）

（可参考第 320 页上与高中．物质的结构和性质相关的连接）

高中．物质的结构和性质（续）

科学与工程实践	学科核心概念	跨学科概念
计划和开展研究 9-12年级计划和开展研究建立在K-8年级的经验和基础上，发展到为概念模型、数学模型、实物模型和经验模型提供证据或检验的研究。 • 单独或与人合作计划和开展一项研究，生成可以作为证据的基础数据，并且，在设计中确定得到可靠测量所需数据的类型、数量和准确度，思考数据精确度的局限因素（例如测试次数、成本、风险和时间），并据此改进设计。（HS-PS1-3） **获取、评价和交流信息** 9-12年级获取、评价和交流信息建立在K-8年级的经验和基础上，发展到评价观点、方法与设计的有效性和可靠性。 • 以多种形式（包括口头的、图像的、文本的和数学的）交流科学与技术信息（比如，关于一个拟定的过程或系统的开发、设计与绩效）。（HS-PS2-6）	• 原子内部和原子之间的电力决定了宏观尺度上物质的结构与相互作用。（HS-PS1-3）（HS-PS2-6 的衍生概念） **PS1.C：原子核过程** • 原子核过程，包括聚变、裂变和不稳定核的放射性衰变，伴随着能量的释放与吸收。中子与质子的数量之和在任何核过程中不改变。（HS-PS1-8） **PS2.B：相互作用的类型** • 原子尺度上电荷的相互吸引与排斥解释了物质的结构、性质与转变以及物体间的接触力。（HS-PS2-6）（HS-PS1-1 的衍生概念）（HS-PS1-3 的衍生概念）	**结构与功能** • 研究或设计新系统或结构需要细致地检查不同材料的性质、不同组件的结构以及组件之间的关联，以展现结构的功能和/或解决一个问题。（HS-PS2-6）

（可参考第320页上与高中．物质的结构和性质相关的连接）

高中．化学反应

预期表现

学生可以通过以下表现来展示理解：

HS-PS1-2. 基于原子最外层电子状态、周期表趋势和关于化学性质的模式的知识，对一个简单化学反应的结果建构和修正一种解释。[说明：化学反应可以包括钠与氯的反应、碳与氧的反应或碳与氢的反应。][评价边界：评价仅限于主族元素的燃烧反应。]

HS-PS1-4. 开发模型，说明一个化学反应系统释放或吸收的能量取决于总键能的变化。[说明：重点在于建立化学反应是一个影响能量变化的系统的概念。模型的例子包括分子水平的反应图示，表现反应物和产物相对能量的图表以及对能量守恒的展示。][评价边界：评价不包括通过反应物和产物的键能计算化学反应中总键能的变化。]

HS-PS1-5. 应用科学原理和证据，解释温度或反应物微粒浓度的改变对反应速率的影响。[说明：重点在于关注学生对分子碰撞的数量和能量的推理。][评价边界：评价仅限于只存在两种反应物，有温度、浓度、速率数据并且速率与温度之间有定性关系的简单反应。]

HS-PS1-6. 通过改变具体反应条件来改进化学系统的设计，增加平衡时产物的量。*[说明：重点在于勒夏特列原理（化学平衡移动原理）的应用以及改进化学反应系统的设计，包括描述宏观水平上作出的改变与分子水平上发生的变化之间的联系。设计的例子可以是增加产物的不同方式，包括添加反应物或去除产物。][评价边界：评价仅限于一次只指定一个变量。评价不包括计算平衡常数和浓度。]

HS-PS1-7. 用数学表征支持这一观点：原子——并且由原子与质量的关系可知质量也是如此——在化学反应时是守恒的。[说明：重点在于用数学语言表达反应物原子质量与产物原子质量的比例关系，以及借助使用摩尔作为转换途径，将这一微观比例关系转换到宏观尺度。还要强调学生数学思维的运用，不鼓励死记硬背和机械地应用解决问题的技术。][评价边界：评价不包括复杂化学反应。]

*这项预期表现通过实践或学科核心概念将传统科学内容整合到工程中。

科学与工程实践	学科核心概念	跨学科概念
开发和使用模型 9-12年级的建模建立在K-8年级的经验和基础上，发展到使用、综合与开发模型，以预测和展现自然界与人工世界中的系统与系统之间、系统的组成部分之间的变量关系。 • 基于证据开发一个模型，说明系统之间或一个系统的组成部分之间的关联。（HS-PS1-4） ⌄	PS1.A: **物质的结构和性质** • 元素周期表按照原子核内的质子数将元素依次横向排列，并将有类似化学性质的元素放在一列中。周期表的重复模式反映了外层电子状态的模式。（HS-PS1-2）（注意：HS-PS1-1也涉及这一学科核心概念。） ⌄	**模式** • 在研究系统的各个尺度上可能会观察到不同的模式，这些模式可以为解释现象提供因果关系的证据。（HS-PS1-2）（HS-PS1-5） **能量与物质** • 封闭系统中的能量与物质的总量是守恒的。（HS-PS1-7） ⌄

（可参考第321页上与高中．化学反应相关的连接）

高中．化学反应（续）

科学与工程实践	学科核心概念	跨学科概念
使用数学和计算思维 9–12年级的数学和计算思维建立在K–8年级的经验和基础上，发展到使用代数思维与分析，包括三角函数、指数函数与对数函数在内的一系列线性和非线性函数以及用于统计分析的计算工具，去分析、表示和模拟数据。基于基本假设的数学模型，开发和使用简单的模拟计算。 ● 用数学表示现象，以支持观点。（HS-PS1-7） **建构解释和设计解决方案** 9–12年级建构解释和设计解决方案建立在K–8年级的经验和基础上，发展到用多种来源且相互独立的、学生开发的、与科学概念、原理和理论相一致的证据来支持解释和设计。 ● 应用科学原理和证据解释现象，解决设计问题，同时考虑意想不到的潜在影响。（HS-PS1-5） ● 基于从各种来源（包括学生自己的研究、模型、理论和同行评议）获得的有效和可靠的证据以及描述自然界的理论与定律在现在、未来都与过去一样有效的假设，建构和修正一个解释。（HS-PS1-2） ● 基于科学知识、学生开发的证据来源、经过主次排序的标准和对各项约束的权衡，改进一个复杂真实世界问题的解决方案。（HS-PS1-6）	● 一个稳定分子的能量小于组成这个分子的原子在独立状态下各自的能量之和；两者能量差是分开这个分子所需的最少能量。（HS-PS1-4） **PS1.B：化学反应** ● 化学过程，它们的速率，以及是否有能量的储存或释放，可以从分子碰撞和原子重排成新分子的角度来理解，并且参与反应的分子在反应后的总键能与其动能的变化相对应。（HS-PS1-4）（HS-PS1-5） ● 在许多情况下，一个动态和依赖于条件的正逆反应间的平衡决定了参与反应的各种分子的数量。（HS-PS1-6） ● 原子守恒的事实以及相关元素的化学性质的知识，可以被用来描述和预测化学反应。（HS-PS1-2）（HS-PS1-7） **ETS1.C：优化设计方案** ● 标准可能需要被分解成能够系统地达成的简单条目，也需要决定若干标准的主次顺序。（*HS-PS1-6的衍生概念*）	● 一个系统中的能量与物质的变化可以从进出系统及系统中的能量与物质流的角度来描述。（HS-PS1-4） **稳定与变化** ● 科学在很多时候是为了解释事物是如何改变和如何保持不变的。（HS-PS1-6） ············ 与科学的本质的联系 **科学知识假设在自然系统中具有秩序性与一致性** ● 科学假定宇宙是一个巨大的独立系统，基本定律在其中是一致的。（HS-PS1-7）

（可参考第321页上与高中．化学反应相关的连接）

高中.力和相互作用

预期表现

学生可以通过以下表现来展示理解：

HS-PS2-1. 分析数据，支撑观点：牛顿第二运动定律描述了一个宏观物体所受的净力、物体质量与加速度的数学关系。［说明：数据可以是表或图，表现物体在不平衡净力作用下位置或速度随时间的变化，比如下落的物体、滚下斜坡的物体，或一个在恒定的拉力作用下移动的物体。］［评价边界：评价仅限于一维运动，仅限于不以相对论速度运动的宏观物体。］

HS-PS2-2. 用数学表示方法支持观点：当没有净力作用于一个物体系统时，这个系统的总动量是守恒的。［说明：强调定量地解释相互作用中动量的守恒，以及这一原理的定性意义。］［评价边界：评价仅限于两个宏观物体一维运动系统。］

HS-PS2-3. 应用科学与工程概念设计、评价和改进一个设备，最小化一个宏观物体在一次碰撞中所受的力。*［说明：评价与改进可以包括判断一个设备保护物体不受破坏的效果以及修改已有设计以使之得到改进。设备的例子可以包括橄榄球头盔或降落伞。］［评价边界：评价仅限于定性评价和/或代数处理。］

HS-PS2-4. 用牛顿万有引力定律和库仑定律的数学表示方法描述和预测物体间的引力和静电力。［说明：强调对引力场和电场的定量和概念性描述。］［评价边界：评价仅限于两个物体组成的系统。］

HS-PS2-5. 计划和开展一项研究，提供证据说明电流可以产生磁场、变化的磁场可以产生电流。［评价边界：评价仅限于用教师提供的材料和工具设计和开展研究。］

*这项预期表现通过实践或学科核心概念将传统科学内容整合到工程中。

科学与工程实践	学科核心概念	跨学科概念
计划和开展研究 9-12年级计划和开展研究以回答问题或检验问题的解决方案应建立在K-8年级的经验和基础上，发展到为概念模型、数学模型、实物模型和经验模型提供证据或检验的研究。 • 单独与人合作计划和开展一项研究，生成可以作为证据的基础数据，并且在设计中确定得到可靠测量所需数据的类型、数量和准确度，思考数据精确度的局限因素（例如测试次数、成本、风险和时间），并据此改进设计。（HS-PS2-5）	**PS2.A：力与运动** • 牛顿第二定律准确地预测宏观物体的运动变化。（HS-PS2-1） • 动量是在特定参考系中定义的；它是物体的质量与速度的乘积。（HS-PS2-2） • 如果一个系统与系统外的物体相互作用，这个系统的总动量会变化；但是，这样的变化总是与系统外物体动量的变化平衡。（HS-PS2-2）（HS-PS2-3）	**模式** • 在研究系统的各个尺度上可能会观察到不同的模式，这些模式可以为解释现象提供因果关系的证据。（HS-PS2-4） **原因与结果** • 区分因果关系与关联性以及做出关于具体因果关系的论断时，需要经验证据。（HS-PS2-1）（HS-PS2-5） • 可以设计系统，使其产生所需效果。（HS-PS2-3）

（可参考第322页上与高中.力和相互作用相关的连接）

高中 . 力和相互作用（续）

科学与工程实践	学科核心概念	跨学科概念
分析和解读数据 　　9–12年级分析数据，建立在K–8年级的经验和基础上，发展到引入更细致的统计分析，比较数据集来发现一致性以及用模型生成和分析数据。 ● 用工具、技术和/或模型（例如计算模型、数学模型）分析数据，从而得出有效和可靠的科学观点或一个优化的设计方案。（HS–PS2–1） **使用数学和计算思维** 　　9–12年级的数学和计算思维建立在K–8年级的经验和基础上，发展到使用代数思维与分析，包括三角函数、指数函数与对数函数在内的一系列线性和非线性函数，以及用于统计分析的计算工具，去分析、表示和模拟数据。基于基本假设的数学模型，开发和使用简单的模拟计算。 ● 用现象的数学表示方法描述解释。（HS–PS2–2）（HS–PS2–4） **建构解释和设计解决方案** 　　9–12年级建构解释和设计解决方案建立在K–8年级的经验和基础上，发展到用多种来源且相互独立的、学生开发的、与科学概念、原理和理论相一致的证据来支持解释和设计。 ● 应用科学概念解决设计问题，同时考虑可能出现的非预期影响。（HS–PS2–3） ············ **与科学的本质的联系** **解释自然现象的科学模型、定律、机制和理论** ● 理论与定律提供科学解释。（HS–PS2–1）（HS–PS2–4） ● 定律是对观察到的现象之间的联系的陈述或描述。（HS–PS2–1）（HS–PS2–4）	**PS2.B：相互作用的类型** ● 牛顿万有引力定律和库仑定律为描述和预测相隔一定距离的物体之间的引力和静电力的效果提供了数学模型。（HS–PS2–4） ● 相隔一定距离的力通过场（引力场、电场、磁场）来解释，场弥漫在空间中，能在空间中传递能量。磁体或电流引发磁场；电荷或变化的磁场引发电场。（HS–PS2–4）（HS–PS2–5） **PS3.A：能量的定义** ● "电能"可指储存在电池中的能量或电流传输的能量。（*HS–PS2–5的衍生概念*） **ETS1.A：定义和界定工程问题** ● 标准和约束条件也包括满足社会的任何需求，比如将降低风险考虑在内，并且必须尽可能将它们量化，并以方便他人辨别一个给定的设计是否满足它们的方式来陈述。（*HS–PS2–3的衍生概念*） **ETS1.C：优化设计方案** ● 标准可能需要被分解成能够系统地达成的简单条目，也需要决定若干标准的主次顺序。（*HS–PS2–3的衍生概念*）	**系统与系统模型** ● 在研究或描述一个系统时，需要定义系统的边界和初始条件。（HS–PS2–2）

（可参考第322页上与高中 . 力和相互作用相关的连接）

高中．能量

预期表现

学生可以通过以下表现来展示理解：

HS-PS3-1. 开发一个计算机模型，在一个系统的其他组件的能量变化和进出系统的能量流已知的情况下计算系统中某个组件能量的变化。[说明：重点在于解释模型中使用的数学表达式的意义。][评价边界：评价仅限于基本的代数表达或计算；仅限于由 2～3 个组件组成的系统；仅限于热能、动能和/或引力场、磁场或电场中的能量。]

HS-PS3-2. 开发和使用模型，描述宏观尺度上的能量可以用与微粒（物体）运动有关的能量和与微粒（物体）相对位置有关的能量来解释。[说明：宏观尺度的现象可以包括动能向热能的转化、因物体相对于地面的高度而储存的能量、两个带电盘子之间储存的能量。模型可以是图表、图画、描述和计算机模拟。]

HS-PS3-3. 设计、建造和改进一个设备，在给定约束下运作，将一种形式的能量转化成另一种形式的能量。*[说明：关注对设备的定性与定量评价。设备的例子可以包括鲁布·戈德堡机械、风力涡轮机、太阳能电池、太阳能灶和发电机。约束条件可以包括使用可再生能源和效率。][评价边界：定量评价仅限于考查一定能量输入条件下的总能量输出。评价仅限于用教师提供的材料建造的设备。]

HS-PS3-4. 计划和开展研究，提供证据说明在一个封闭系统中将两个不同温度的组件结合在一起时发生的热能传递会导致这个系统中的组件间更加均匀的能量分布（热力学第二定律）。[说明：强调分析学生研究中得到的数据以及运用数学思维定量和概念性地描述能量变化。研究的例子包括混合不同初始温度的液体或将不同温度的物体加入水中。][评价边界：评价仅限于以教师提供的材料和工具为基础的研究。]

HS-PS3-5. 开发和使用一个关于两个通过电场或磁场相互作用的物体的模型，描述物体间的力和物体由于相互作用而发生的能量变化。[说明：模型的例子可以包括图画、图表、文本，比如用图画展示当两个异种电荷相互靠近时会发生什么。][评价边界：评价仅限于含两个物体的系统。]

*这项预期表现通过实践或学科核心概念将传统科学内容整合到工程中。

科学与工程实践	学科核心概念	跨学科概念
开发和使用模型 9-12 年级的建模建立在 K-8 年级的经验和基础上，发展到使用、综合与开发模型，以预测和展现自然界与人工世界中的系统与系统之间、系统的组成部分之间的变量关系。 • 基于证据开发和使用一个模型，说明系统之间或一个系统的组成部分之间的关联。（HS-PS3-2）（HS-PS3-5） ⌄	**PS3.A：能量的定义** • 能量是一个系统的定量性质，它取决于系统内物质的运动和相互作用以及系统内的辐射。能量是一个独立的量，因为一个系统的总能量是守恒的，即使在系统中能量持续地在物体间传递并在各种可能的形式间转化。（HS-PS3-1）（HS-PS3-2） ⌄	**原因与结果** • 复杂自然与人工系统的因果关系可以通过系统在较小尺度上的机制来启发和预测。（HS-PS3-5） **系统与系统模型** • 在研究或描述一个系统时，需要定义系统的边界和初始条件，输入和输出也需要用模型来分析和描述。（HS-PS3-4） ⌄

（可参考第 323 页上与高中．能量相关的连接）

新一代科学教育标准——主题序列 259

高中 . 能量（续）

科学与工程实践	学科核心概念	跨学科概念
计划和开展研究 9–12 年级计划和开展研究以回答问题或检验解决方案建立在 K–8 年级的经验和基础上，发展到为概念模型、数学模型、实物模型和经验模型提供证据或检验的研究。 • 单独和与人合作计划和开展一项研究，生成可以作为证据的基础数据，并且在设计中确定得到可靠测量所需数据的类型、数量和准确度，思考数据精度的局限因素（例如测试次数、成本、风险和时间），并据此改进设计。（HS–PS3–4） **使用数学和计算思维** 9–12 年级的数学和计算思维建立在 K–8 年级的经验和基础上，发展到使用代数思维与分析，包括三角函数、指数函数与对数函数在内的一系列线性和非线性函数，以及用于统计分析的计算工具，去分析、表示和模拟数据。基于基本假设的数学模型，开发和使用简单的模拟计算。 • 创造一个关于一种现象、设备、过程或系统的计算机模型。（HS–PS3–1）	• 在宏观尺度上，能量通过多种方式表现自己，比如运动、声、光和热能。（HS–PS3–2）（HS–PS3–3） • 这些联系在微观尺度上可以更好地被理解，因为在微观尺度上所有不同的能量表现形式都可以被建模为与微粒的运动和分布（微粒的相对位置）有关的能量的组合。在一些情况下，源于相对位置的能量可以被看成储存在场（场是微粒间相互作用的媒介）中。此概念包括辐射，辐射是场中储存的能量在空间中移动的现象。（HS–PS3–2） **PS3.B：能量守恒和能量传递** • 能量守恒意味着任何系统中能量的总变化总是等于输入和输出系统的总能量。（HS–PS3–1） • 能量不会被创造或摧毁，但是它可以被从一处运输到另一处，可以在系统之间传递。（HS–PS3–1）（HS–PS3–4） • 对一个系统中储存的能量如何取决于系统的构造（如带电微粒的相对位置、弹簧的压缩）以及动能如何取决于质量和速度进行量化的数学表达式有助于运用能量守恒的概念来预测和描述系统行为。（HS–PS3–1） • 在任何系统中，能量的可用性限制了会发生什么。（HS–PS3–1） • 不受控的系统总是向着更稳定的状态演化——也就是说，向着更均匀的能量分布状态演化（例如水往低处流、比环境热的物体会冷却）。（HS–PS3–4）	• 模型可以被用来预测系统的行为，但是这些预测的精确度和可靠性是有限的，因为模型本身有假设和近似。（HS–PS3–1） **能量与物质** • 一个系统中的能量与物质的变化可以从进出系统及系统中的能量与物质流的角度来描述。（HS–PS3–3） • 能量不会被创造或毁灭——它只会在不同位置、物体、场或系统间移动。（HS–PS3–2） ---------- **与工程、技术以及科学的应用的关联** **科学、工程和技术对社会与自然界的影响** • 现代文明取决于重要的技术系统。工程师通过应用科学知识与工程设计实践来改进这些技术系统，从而增加收益，同时降低成本和风险。（HS–PS3–3） ---------- **与科学的本质的联系** **科学知识假设在自然系统中具有秩序性与一致性** • 科学假定宇宙是一个巨大的独立系统，基本定律在其中是一致的。（HS–PS3–1）

（可参考第 323 页上与高中 . 能量相关的连接）

高中．能量（续）

科学与工程实践	学科核心概念	跨学科概念
⌄ **建构解释和设计解决方案** 　　9-12年级建构解释和设计解决方案建立在K-8年级的经验和基础上，发展到用多种来源且相互独立的、学生开发的、与科学概念、原理和理论相一致的证据来支持解释和设计。 ● 基于科学知识、学生开发的证据来源、经过主次排序的标准和权衡的考虑，设计、评价和/或改进一个真实世界复杂问题的解决方案。（HS-PS3-3）	⌄ **PS3.C：能量与力的关系** ● 当通过一个场相互作用的两个物体改变相对位置，储存在场中的能量会发生变化。（HS-PS3-5） **PS3.D：化学过程中的能量** ● 虽然能量不能被摧毁，但它可以被转化成不易被使用的形式——例如，变成周围环境中的热能。（HS-PS3-3）（HS-PS3-4） **ETS1.A：定义和界定工程问题** ● 标准和约束条件也包括满足社会的任何要求（比如考虑降低风险），并且应尽可能地量化，其陈述方式应让人能够判断一个给定的设计是否满足了它们。（*HS-PS3-3的衍生概念*）	

（可参考第323页上与高中．能量相关的连接）

高中．波和电磁辐射

预期表现

学生可以通过以下表现来展示理解：

HS-PS4-1. 用数学表示方法支持观点，说明在不同媒介中传递的波的频率、波长与速度的关系。[说明：数据可以包括在真空和玻璃中传播的电磁辐射、在空气和水中传播的声波以及在地下传播的地震波。][评价边界：评价仅限于代数关系和对这些关系的定性描述。]

HS-PS4-2. 评价关于使用数字方法传递和储存信息的优点的问题。[说明：优点是可以包括数字信息是稳定的、能被可靠地存储在计算机中、容易传播并可以迅速复制和分享。缺点是包括数字信息容易被删除、存在安全性问题和被窃取的问题。]

HS-PS4-3. 评价这一概念背后的观点、证据和推理：电磁辐射可以用波的模型来描述，也可以用微粒模型来描述；在某些情境中，一种模型比另一种模型更有用。[说明：关注实验证据是如何支持观点的以及一种理论是如何在新的证据出现时被修改的。现象的例子可以包括共振、干涉、衍射和光电效应。][评价边界：评价不包括应用量子理论。]

HS-PS4-4. 评价公开发布的资料中关于不同频率电磁辐射在被物质吸收时产生效果的观点的有效性和可靠性。[说明：重点关注的观点有：与不同频率的光相联系的光子具有不同的能量、电磁辐射对生物组织的损害程度取决于辐射的能量等。公开资料可以包括普通书籍、杂志、网络资源、视频和其他可能反映了偏见的资料片段。][评价边界：评价仅限于定性描述。]

HS-PS4-5. 交流关于以下内容的技术信息：一些技术设备是如何应用关于波的行为和波与物质相互作用的原理以传递和捕捉信息与能量的。*[说明：例子可以包括太阳能电池捕捉光并将它转化成电、医学成像以及通信技术。][评价边界：评价仅限于定性信息。评价不包括能带理论。]

*这项预期表现通过实践或学科核心概念将传统科学内容整合到工程中。

科学与工程实践	学科核心概念	跨学科概念
提出问题和定义问题 9-12年级提出问题和定义问题建立在K-8年级的经验和基础上，发展到通过使用模型和模拟来建构、完善和评估可以经实践检验的问题和设计问题。 ⇩	**PS3.D：化学过程中的能量** • 太阳能电池是捕捉太阳能量并产生电能的人造设备。（HS-PS4-5的衍生概念） **PS4.A：波的性质** • 一列波的波长与频率通过波速相互关联，而波速取决于波的类型及波传播的媒介。（HS-PS4-1） ⇩	**原因与结果** • 区分因果关系与关联性，以及做出关于具体因果关系的论断时，需要经验证据。（HS-PS4-1） • 复杂自然与人工系统的因果关系可以通过系统在较小尺度上的机制来表明和预测。（HS-PS4-4） • 可以设计系统，使其产生所需效果。（HS-PS4-5） ⇩

（可参考第324页上与高中．波和电磁辐射相关的连接）

高中．波和电磁辐射（续）

科学与工程实践	学科核心概念	跨学科概念
• 评估质疑一项论证的假设、一个数据集的解释或一项设计的适宜性的问题。（HS-PS4-2） **使用数学和计算思维** 9–12年级的数学和计算思维建立在K–8年级的经验和基础上，发展到使用代数思维与分析，包括三角函数、指数函数与对数函数在内的一系列线性和非线性函数，以及用于统计分析的计算工具，去分析、表示和模拟数据。基于基本假设的数学模型，开发和使用简单的模拟计算。 • 用现象的数学表示方法或设计方案，来描述和/或支持观点和/或解释。（HS-PS4-1） **参与基于证据的论证** 9–12年级参与基于证据的论证建立在K–8年级的经验和基础上，发展到使用适当与充分的证据和科学推理，辩护和评论关于自然界与人工世界的观点与解释。论证也可以来自当前或历史科学事件。 • 评价当前被接受的解释或解决方案背后的观点、证据和推理，确定论证的优点。（HS-PS4-3） **获取、评价和交流信息** 9–12年级获取、评价和交流信息建立在K–8年级的经验和基础上，发展到评价观点、方法与设计的有效性和可靠性。 • 评价科学与技术文本或媒体报告中出现的多种观点的有效性和可靠性，并在可能的情况下核查数据。（HS-PS4-4）	• 信息可以被数字化（例如将图像存储为一个像素数组）；通过这种形式，信息能被可靠地存储在计算机内存中，并作为一系列波脉冲而长距离传递。（HS-PS4-2）（HS-PS4-5） **PS4.B：电磁辐射** • 电磁辐射（例如无线电波、微波、可见光）可以被建模为持续变化的电场与磁场的波，也可以被建模为称作光子的微粒。波的模型可以用来解释电磁辐射的许多特征，微粒模型可以用来解释其他特征。（HS-PS4-3） • 当可见光或波长更长的电磁辐射被物质吸收时，它们一般会被转化成热能。波长较短的电磁辐射（紫外、X射线、伽马射线）会使原子电离，对生物细胞造成损害。（HS-PS4-4） • 当光电材料吸收足够高频率的光时，会释放出电子。（HS-PS4-5） **PS4.C：信息技术与仪器** • 基于对波及其与物质的相互作用的理解的众多技术是现代世界日常经验（例如医学成像、通讯、扫描器）和科学研究的一部分。它们是产生、传递和捕捉信号的基本工具，也是储存和解读其中信息的基本工具。（HS-PS4-5）	**系统与系统模型** • 模型（例如实物模型、数学模型、计算机模型）可以被用来模拟不同尺度上的系统和系统内部与系统之间的相互作用——包括能量、物质和信息流。（HS-PS4-3） **稳定与变化** • 系统可以被设计成具有更强或更弱的稳定性。（HS-PS4-2） ············ **与工程、技术以及科学的应用的关联** **科学、工程和技术的相互依存** • 科学与工程在被称作研发的循环中相互补充。（HS-PS4-5） **科学、工程和技术对社会与自然界的影响** • 现代文明取决于重要的技术系统。（HS-PS4-2）（HS-PS4-5） • 工程师持续地应用科学知识和工程设计实践以改进技术系统，从而增加收益并降低成本与风险。（HS-PS4-2）

（可参考第324页上与高中．波和电磁辐射相关的连接）

高中. 波和电磁辐射（续）

科学与工程实践	学科核心概念	跨学科概念
• 以多种形式（包括口头的、图像的、文本的和数学的）交流技术信息或概念（比如，关于现象和/或一个拟定的过程或系统的开发、设计与绩效）。（HS-PS4-5） .... **与科学的本质的联系** **解释自然现象的科学模型、定律、机制和理论** • 科学理论是经过证实的对自然界的一些方面的解释，它们以被观察和实验反复确认的一系列事实为基础，并且得到了科学界的确认。如果新的证据被发现而与某一理论不符，那么这一理论就会根据新的证据而修改。（HS-PS4-3）		

（可参考第 324 页上与高中. 波和电磁辐射相关的连接）

264　新一代科学教育标准——主题序列

高中生命科学

在高中阶段，学生发展有助于他们认识生命科学关键概念的理解。这些概念建立在学生较早年级对学科核心概念、科学与工程实践和跨学科概念的科学理解的基础上。高中有五个生命科学的主题：①结构与功能；②性状的继承与变异；③生物体和生态系统中的物质与能量；④生态系统中的相互依存关系；⑤自然选择和生物演化。高中生命科学预期表现将核心概念和科学与工程实践和跨学科概念糅合起来，支持学生发展可以应用于多个科学学科的有用知识。虽然高中生命科学预期表现将特定实践与具体学科核心概念关联起来，但教学决策时应当包含预期表现背后的许多实践的使用。这些预期表现基于《框架》中所描述的年级段终点。

结构与功能主题的预期表现帮助学生解答这一问题：生物体的结构是如何实现生命的功能的？高中学生能够研究关于以下知识点的解释：细胞作为生命基本组成单位的结构与功能、生物体的分级系统以及已分化细胞对于维持正常生理活动以及生长的作用。学生能够理解多细胞的系统如何能一起运转支持生命过程。通过批判性阅读、使用模型、开展研究使学生更进一步地展示理解。以下关于生物体的跨学科概念被称为学科核心概念的组织概念：结构与功能；能量与物质；以及系统与系统模型。

性状的继承与变异主题的预期表现帮助学生解答这一问题：下一代的特征是如何与上一代建立联系的？学生能够展示对以下知识的理解：在将性状从亲代传到子代的细胞分裂的过程中，DNA与染色体的关系。学生可以明确，同一物种的不同个体之间在外貌、功能和表现上的变化的原因。学生可以就地球上生命的统一性中DNA的作用开发概念性模型，使用统计模型解释在物种的生存和演化方面变异的重要性。可以描述关于修改生物体基因所出现的伦理问题以及科学的本质。学生能解释基因继承的机制，描述引起基因突变和基因表达改变的环境和遗传因素。此主题中以下跨学科概念帮助学生将对性状的继承的理解一般化并应用于其他科学领域：结构与功能；模式以及原因与结果。

生物体和生态系统中的物质与能量主题的预期表现帮助学生解答以下问题：生物体如何获取和使用它们生存和生长所需的能量？物质与能量是如何在生态系统中迁移的？高中学生能够解释，在生物体和生态系统的物质循环中能量所起的作用。学生可以应用数学上的概念来构建证据以支持光合作用和细胞呼吸的相互作用的解释并且开发模型来交流这些解释。他们可以将科学的本质与发现新证据时解释如何改变以及我们对科学实验性的本质的理解所产生的影响相关联。学生能够理解生物体之间的以及生物体与它们的物理环境的相互作用，生物体是如何获取资源的，又是怎么改变环境的以及这些改变是怎样影响生物体和生态系统的。另外，学生可以运用能量与物质、系统与系统模型等跨学科概念来理解生态系统的动态。

生态系统中的相互依存关系主题的预期表现帮助学生解答这一问题生物体如何与生命及非生命环境相互作用以获得物质与能量？建立在其他主题的基础上，本主题要求高中学生能够探究生态系统中生物多样性的作用，以及动物行为个体与物种生存中所起的作用。学生能够理解生物体间的相互作用以及这些相互作用是如何影响生态系统的动态。学生通过数学对比、开展研究、使用模型以及应用科学论证连接证据，解释生态系统的相互作用和改变。

自然选择和生物演化主题的预期表现帮助学生解答以下问题：为什么生物体之间有那么多相似之处，而同时又存在那么多不同种类的植物、动物和微生物呢？生物多样性是怎样影响人类的？高中学生能够通过探究模式，发现环境与自然选择之间的关系。学生能够理解导致自然选择的多种因素和一段时间内物种演化的过程。学生可以进一步理解关于多方面的证据是如何对自然选择和生物演化的科学原理的论证起到加强作用的。学生可以理解随时间推移导致一个种群中性状的分布发生变化的过程以及能够描述大量的科学证据，包括化石记录和物种间的基因关系，以支持生物演化原理。关于演化，学生能够使用模型、应用统计、分析数据或制作科学简报。以下跨学科概念使学生对该主题有更深入的理解：模式、尺度、结构与功能以及原因与结果。

高中．结构与功能

预期表现

学生可以通过以下表现来展示理解：

HS-LS1-1. 基于证据解释 DNA 的结构是如何决定通过高度分化的细胞系统承担生命的基本功能的蛋白质的结构的。[评价边界：评价不包括识别特定细胞或组织类型、全身系统、特定蛋白质结构与功能或蛋白质合成的生物化学。]

HS-LS1-2. 开发和使用模型，表现在多细胞生物体中提供具体功能的相互作用的系统的等级结构。[说明：重点在于生物体系统水平上的功能，诸如营养摄入、水分输送和神经刺激下生物体的运动。相互作用的系统的例子可以是循环系统中弹性组织和平滑肌作用下动脉对血液的适量调节和输送。][评价边界：评价不包括分子或化学反应水平上的相互作用和功能。]

HS-LS1-3. 计划和开展一项研究，为反馈机制维持体内平衡提供证据。[说明：研究的例子可以是心率对体育运动作出反馈、气孔对湿度和温度作出反馈、根的发育对水位作出反馈。][评价边界：评价不包括反馈机制涉及的细胞过程。]

科学与工程实践	学科核心概念	跨学科概念
开发和使用模型 　　9-12 年级的建模建立在 K-8 年级的经验和基础上，发展到使用、综合与开发模型，以预测和展现自然界与人工世界中的系统与系统之间、系统的组成部分之间的变量关系。 ● 基于证据开发和使用一个模型，说明系统之间或一个系统的组成部分之间的关系。（HS-LS1-2） **计划和开展研究** 　　9-12 年级计划和开展研究建立在 K-8 年级的经验和基础上，发展到为概念模型、数学模型、实物模型和经验模型提供证据或检验的研究。	**LS1.A：结构与功能** ● 高度分化的细胞系统帮助生物体执行生命的基本功能。（HS-LS1-1） ● 所有细胞都包含以 DNA 分子的形式存在的遗传信息。基因是 DNA 中的片段，包含着指导蛋白质合成的编码，而蛋白质执行细胞大部分功能。（HS-LS1-1）（*注意：HS-LS3-1 也涉及这一学科核心概念。*） ● 多细胞生物体的组织有分级结构，任何一个系统都是由许多部分组成的，并且是更高水平的系统的组成部分。（HS-LS1-2）	**系统与系统模型** ● 模型（例如实物模型、数学模型、计算机模型）可以被用来模拟不同尺度上的系统和系统内部与系统之间的相互作用——包括能量、物质和信息流。（HS-LS1-2） **结构与功能** ● 研究或设计新系统或结构需要细致地检查不同材料的性质、不同组成部分的结构以及组成部分之间的关联，以展现结构的功能和/或解决一个问题。（HS-LS1-1） **稳定与变化** ● 反馈（负的或正的）能保持或破坏一个系统的稳定。（HS-LS1-3）

（可参考第 324 页上与高中．结构与功能相关的连接）

高中．结构与功能（续）

科学与工程实践	学科核心概念	跨学科概念
❯❯ • 单独和与人合作计划和开展一项研究，生成可以作为证据的基础数据，并且在设计中确定得到可靠测量所需数据的类型、数量和准确度，思考数据精确度的局限因素（例如测试次数、成本、风险和时间），并据此改进设计。（HS–LS1–3） **建构解释和设计解决方案** 　　9–12 年级建构解释和设计解决方案建立在 K–8 年级的经验和基础上，发展到用多种来源且相互独立的、学生开发的、与科学概念、原理和理论相一致的证据来支持解释和设计。 • 基于从各种来源（包括学生自己的研究、模型、理论和同行评议）获得的有效和可靠的证据，以及描述自然界的理论与定律在现在、未来都与过去一样有效的假设，建构一个解释。（HS–LS1–1） ………… 　　　　与科学的本质的联系 **科学研究使用多种方法** • 科学探究遵循一组共同的价值观，包括逻辑思维、精密、开放、客观、怀疑、结果可复制以及对结果的诚实与合乎伦理的报告。（HS–LS1–3）	❯❯ • 反馈机制在一定的限度内维持一个生命系统的内环境，调节系统的行为，保持生命系统的存活和功能性，即使外部环境在一定范围内变化。反馈机制能支持（正反馈）或阻止（负反馈）生命系统内发生什么。（HS–LS1–3）	

（可参考第 324 页上与高中．结构与功能相关的连接）

高中．生物体和生态系统中的物质与能量

预期表现

学生可以通过以下表现来展示理解：

HS-LS1-5. 使用模型表现光合作用是怎样将光能转化为储存在体内的化学能的。[说明：重点在于阐明植物及其他光合作用生物的光合作用过程中物质的输入和输出以及能量的传递与转化。模型可以是图表、化学方程式和概念模型。][评价边界：评价不包括具体生物化学步骤。]

HS-LS1-6. 基于证据构建和改进解释，说明糖类分子中的碳、氢和氧是如何与其他元素结合形成氨基酸和/或其他碳基大分子的。[说明：重点在于用来自模型和模拟的证据去支持解释。][评价边界：评价不包括具体化学反应的细节或高分子的识别。]

HS-LS1-7. 使用模型表示细胞呼吸是一个化学过程，在这个过程中食物分子和氧分子中的键断裂、新化合物中的键生成，由此带来能量的净传递。[说明：重点在于理解细胞呼吸过程中的输入和输出。][评价边界：评价不包括识别细胞呼吸涉及的步骤或具体过程。]

HS-LS2-3. 基于证据建构和修订解释，说明有氧和无氧条件下物质的循环和能量的流动。[说明：强调对不同环境中的有氧和无氧呼吸作用的概念性理解。][评价边界：评价不包括有氧或无氧呼吸的具体化学过程。]

HS-LS2-4. 用数学表示方法支持观点，说明一个生态系统中的生物体之间的物质循环和能量流动。[说明：强调用数学模型表现生物量中储存的能量，从而描述从一个营养级到另一个营养级的能量传递，以及当物质在生态系统中循环、能量在生态系统间流动时物质与能量是守恒的。强调碳、氧、氢和氮等原子和分子在一个生态系统中移动时是守恒的。][评价边界：评价仅限于通过比例推理描述物质循环和能量流动。]

HS-LS2-5. 开发一个模型，说明光合作用和细胞呼吸作用在生物圈、大气圈、水圈和岩石圈中的碳循环中所起的作用。[说明：模型可以包括模拟和数学模型。][评价边界：评价不包括光合作用和呼吸作用的具体化学步骤。]

科学与工程实践	学科核心概念	跨学科概念
开发和使用模型 9-12年级的建模建立在K-8年级的经验和基础上，发展到使用、综合与开发模型，以预测和展现自然界与人工世界中的系统与系统之间、系统的组成部分之间的变量关系。 ● 基于证据使用一个模型，说明系统之间或一个系统的组成部分之间的关系。（HS-LS1-5）（HS-LS1-7） ● 基于证据开发一个模型，说明系统之间或一个系统的组成部分之间的关系。（HS-LS2-5） ⯆	**LS1.C：生物体的物质流与能量流的组织** ● 光合作用将二氧化碳和水转化成糖类并释放氧气，在这一过程中将光能转化为储存在生物体内的化学能。（HS-LS1-5） ● 光合作用生成的糖类分子包含碳、氢和氧；它们的碳氢化合物骨架被用来生成氨基酸和其他可以组装成更大分子（例如蛋白质或DNA）的碳基分子，这些大分子可被用来形成新的细胞。（HS-LS1-6） ⯆	**系统与系统模型** ● 模型（例如实物模型、数学模型、计算机模型）可以被用来模拟不同尺度上的系统和系统内部与系统之间的相互作用——包括能量、物质和信息流。（HS-LS2-5） **能量与物质** ● 一个系统中的能量与物质的变化可以从进出系统及系统中的能量与物质流的角度来描述。（HS-LS1-5）（HS-LS1-6） ⯆

（可参考第325页上与高中．生物体和生态系统中的物质与能量相关的连接）

高中．生物体和生态系统中的物质与能量（续）

科学与工程实践	学科核心概念	跨学科概念
使用数学和计算思维 9–12 年级的数学和计算思维建立在 K–8 年级的经验和基础上，发展到使用代数思维与分析，包括三角函数、指数函数与对数函数在内的一系列线性和非线性函数以及用于统计分析的计算工具，去分析、表示和模拟数据。基于基本假设的数学模型，开发和使用简单的模拟计算。 • 使用现象的数学表达方式或设计方案，以支持观点。（HS-LS2-4） **建构解释和设计解决方案** 9–12 年级建构解释和设计解决方案建立在 K–8 年级的经验和基础上，发展到用多种来源且相互独立的、学生开发的、与科学概念、原理和理论相一致的证据来支持解释和设计。 • 基于从各种来源（包括学生自己的研究、模型、理论和同行评议）获得的有效和可靠的证据以及描述自然界的理论与定律在现在、未来都与过去一样有效的假设，建构和改进一个解释。（HS-LS1-6）（HS-LS2-3） .... **与科学的本质的联系** **可以根据新的证据随时对科学知识进行修正** • 大多数科学知识十分持久，但原则上要根据新证据和/或对已有证据的重新解读作出改变。（HS-LS2-3）	• 当物质与能量流经生命系统的不同组织层级时，化学元素以不同方式重新组合，形成不同的产物。（HS-LS1-6）（HS-LS1-7） • 作为这些化学反应的结果之一，能量从一个相互作用的分子系统传递到另一个分子系统。细胞呼吸是一个食物分子和氧分子中的键断裂，新化合物生成的化学过程，这个过程可以将能量运输到肌肉。细胞呼吸也释放维持身体温度所需的能量，尽管有能量不断地传递到周围环境中。（HS-LS1-7） **LS2.B：生态系统中的物质循环和能量传递** • 光合作用和细胞呼吸（包括无氧过程）提供了生命过程所需的大部分能量。（HS-LS2-3） • 植物或藻类构成了食物网的最低层级。对于食物网中最低层级以上的任意层级，在较低层级上消费的物质中，只有一小部分传递到较高层级，在较高层级上支持生长和通过细胞呼吸释放能量。由于这种低效率，食物网较高层级上的生物体通常都比较少。一些物质发生反应释放能量支持生命功能，一些物质储存在新生成的结构中，而许多物质被丢弃。构成生物体分子的化学元素通过食物网传递，在大气与土壤间进进出出，并以不同方式结合与重组。对于一个生态系统中的各个链接，物质与能量是守恒的。（HS-LS2-4） • 光合作用和细胞呼吸作用是碳循环的重要组成。碳循环是碳通过化学、物理、地质和生物过程在生物圈、大气圈、海洋圈和地圈间的交换。（HS-LS2-5） **PS3.D：化学过程中的能量** • 在地球上捕捉和储存太阳能的主要方式是名为光合作用的复杂的化学过程。（*HS-LS2-5 的衍生概念*）	• 能量不会被创造或毁灭——它只会在不同位置、物体、场或系统间移动。（HS-LS1-7）（HS-LS2-4） • 能量驱动着系统内部与系统之间的物质循环。（HS-LS2-3）

（可参考第 325 页上与高中．生物体和生态系统中的物质与能量相关的连接）

高中．生态系统中的相互依存关系

预期表现

学生可以通过以下表现来展示理解：

HS-LS2-1. 用数学和/或计算机的表示方法来支持对在不同尺度上影响生态系统承载力的因素的解释。[说明：重点在于定量分析与比较相互依赖的因子间的关系，包括边界、资源、气候与竞争。数学比较的例子可以包括图表和从模拟或历史数据中搜集的种群变化。][评价边界：评价不包括推导数学方程式来做比较。]

HS-LS2-2. 基于证据，用数学表示方法支持和修订关于在不同尺度上影响生态系统的生物多样性和种群的因子的解释。[说明：数学表示方法可以包括找到平均值、判断趋势、用图表比较多个数据集。][评价边界：评价仅限于提供的数据。]

HS-LS2-6. 评价观点、证据和推理，关于生态系统中复杂的相互作用使生物体的数量与类型在一个稳定的条件下保持相对固定，而变化的条件可能产生一个新的生态系统。[说明：生态系统条件变化的例子可以是适度的生物与物理变化，比如有节制的狩猎或季节性的洪水；以及极端的变化，比如火山喷发或海平面上升。]

HS-LS2-7. 设计、评价和改进一个方案，减弱人类活动对环境与生物多样性的影响。*[说明：人类活动的例子可以包括城市化、建设水坝以及入侵物种的传播。]

HS-LS2-8. 评价关于群体行为对个体与物种生存与繁殖机会的作用的证据。[说明：强调①区分群体行为与个体行为；②识别支持群体行为的结果的证据；③基于证据开发有逻辑与合理的论证。群体行为的例子可以包括虫集群、训练以及集体取食和迁移等合作行为。]

HS-LS4-6. 创造或修改一个模型，检验一个减小人类活动对生物多样性的负面影响的解决方案。*[说明：重点在于检验与受到威胁的或濒危物种有关的，或与多个物种的基因变异有关的问题的解决方案。]

*这项预期表现通过实践或学科核心概念将传统科学内容整合到工程中。

科学与工程实践	学科核心概念	跨学科概念
使用数学和计算思维 9-12 年级的数学和计算思维建立在 K-8 年级的经验和基础上，发展到使用代数思维与分析，包括三角函数、指数函数与对数函数在内的一系列线性和非线性函数以及用于统计分析的计算工具，去分析、表示和模拟数据。基于基本假设的数学模型，开发和使用简单的模拟计算。 ● 使用现象的数学和/或计算表达方式或设计方案，以支持解释。（HS-LS2-1）⯆	**LS2.A：生态系统中的相互依存关系** ● 生态系统具有承载力，这是它能支持的生物体与种群数量的限制。这些限制来源于生物和非生物资源的可获得性等因素，以及捕食、竞争与疾病等挑战。如果环境与资源不是有限的，生物体就会不断繁殖以至形成巨大的种群。这一基本约束影响了任何生态系统中种群的丰度（个体的数量）。（HS-LS2-1）（HS-LS2-2）⯆	**原因与结果** ● 区分因果关系与关联性，以及做出关于具体因果关系的论断时，需要经验证据。（HS-LS4-6） **尺度、比例与数量** ● 一个现象的重要性取决于它发生的尺度、比例与数量。（HS-LS2-1） ● 使用量级的概念可以让人理解一个尺度上的模型是如何关联另一个尺度上的模型的。（HS-LS2-2）⯆

（可参考第 326 页上与高中．生态系统中的相互依存关系相关的连接）

高中．生态系统中的相互依存关系（续）

科学与工程实践	学科核心概念	跨学科概念
• 用现象的数学表达方式或设计方案，以支持和改进解释。（HS-LS2-2） • 创造一个关于一种现象、设备、过程或系统的模拟。（HS-LS4-6） **建构解释和设计解决方案** 　　9-12年级建构解释和设计解决方案建立在K-8年级的经验和基础上，发展到用多种来源且相互独立的、学生开发的、与科学概念、原理和理论相一致的证据来支持解释和设计。 • 基于科学知识、学生开发的证据来源、经过主次排序的标准和权衡的考虑，设计、评价和改进一个真实世界复杂问题的解决方案。（HS-LS2-7） **参与基于证据的论证** 　　9-12年级参与基于证据的论证建立在K-8年级的经验和基础上，发展到使用适当与充分的证据和科学推理，辩护和评论关于自然界与人工世界的观点与解释。论证也可以来自当前或历史科学事件。 • 评价当前被接受的解释或解决方案背后的观点、证据和推理，确定论证的优点。（HS-LS2-6） • 评价当前被接受的解释背后的证据，确定论证的优点。（HS-LS2-8）	**LS2.C：生态系统的动态、运作和恢复力** • 一个生态系统中的一套复杂的相互作用能使生物体的数量与种类在稳定的条件下长时间保持相对固定。如果生态系统受到适度的生物或物理扰动，它也许能或多或少地恢复到原有状态（即生态系统具有恢复力），而不是变成一个非常不同的生态系统。然而，如果环境或任何种群的规模发生极端波动，那么从资源和栖息地的可用性上看，生态系统的功能就将遭遇挑战。（HS-LS2-2）（HS-LS2-6） • 更有甚者，人类造成的环境变化，包括栖息地破坏、污染、入侵物种的引入、过度开采和气候变化，会摧毁一个生态系统，对一些物种的生存造成威胁。（HS-LS2-7） **LS2.D：社会互动和群体行为** • 在群体中生活可以增加个体与它们的亲属的生存机会，因而生物演化出了群体行为。（HS-LS2-8） **LS4.C：适应** • 物理环境的改变，无论是自然发生的还是人类引起的，都会推动一些物种的扩张，新的和独特的物种随着种群在不同环境中分化而出现，以及一些物种的衰退——甚至有时是灭绝。（HS-LS4-6）	**稳定与变化** • 科学在很多时候是为了解释事物是如何改变和如何保持不变的。（HS-LS2-6）（HS-LS2-7）

（可参考第326页上与高中．生态系统中的相互依存关系相关的连接）

高中．生态系统中的相互依存关系（续）

科学与工程实践	学科核心概念	跨学科概念
与科学的本质的联系 **可以根据新的证据随时对科学知识进行修正** • 科学知识总是需要更新，但原则上要根据新证据和/或对已有证据的重新解读作出改变。（HS–LS2–2） • 科学辩论是一种有逻辑的讨论形式，用于阐明观点与证据之间关系的强度，可能会带来对一种解释的修改。（HS–LS2–6）（HS–LS2–8）	**LS4.D：生物多样性与人类** • 人类依赖于生物世界，从中获取资源和生物多样性提供的其他福利。但是人类活动也从人口过剩、过度采伐、栖息地破坏、环境污染、外来物种入侵和气候变化等方面对生物多样性产生着负面影响。因此，保持生物多样性，以维护生态系统的功能和生产力，对于支持和巩固地球上的生命是至关重要的。保持生物多样性也通过保护具有休闲和灵感价值的景观造福着人类。（HS–LS4–6）（*HS–LS2–7 也涉及这一学科核心概念*） **ETS1.B：形成可能的方案** • 在评估方案时，考虑一系列约束条件（包括成本、安全性、可靠性和美学）和思考其对社会、文化与环境的影响是重要的。（*HS–LS2–7 的衍生概念*）（*HS–LS4–6 的衍生概念*） • 实物模型和计算机可以通过多种方式辅助工程设计过程。计算机用途广泛，诸如运行模型以测试不同的问题解决方案或检验哪种方案最有效率或经济，以及制作向客户说明一个给定的设计将如何满足其需求的有说服力的演示文档。（*HS–LS4–6 的衍生概念*）	

（可参考第 326 页上与高中．生态系统中的相互依存关系相关的连接）

新一代科学教育标准——主题序列　273

高中．性状的继承与变异

预期表现

学生可以通过以下表现来展示理解：

HS-LS1-4. 用模型表现细胞分裂（有丝分裂）与分化对于产生和维持复杂生物体的作用。〔评价边界：评价不包括特定的基因控制机制或对有丝分裂步骤的机械记忆。〕

HS-LS3-1. 提出问题，以澄清 DNA 与染色体在编码从亲代传递到子代的性状时所起的作用。〔评价边界：评价不包括减数分裂的阶段或此过程中特定步骤的生物化学机制。〕

HS-LS3-2. 基于证据作出和辩护一个观点，说明可遗传的变异可能来自①通过减数分裂发生的新的基因组合；②复制过程中发生的可存活的错误；③环境因素引起的突变。〔说明：重点在于用数据支持关于变异发生方式的论述。〕〔评价边界：评价不包括减数分裂的阶段或此过程中特定步骤的生物化学机制。〕

HS-LS3-3. 用统计学与概率论的概念去解释一个种群中显性性状的变异与分布。〔说明：重点在于根据性状出现的可能性与影响性状表达的遗传因子与环境因子的关系，用数学方法描述性状的概率。〕〔评价边界：评价不包括哈迪-温伯格计算。〕

科学与工程实践	学科核心概念	跨学科概念
提出问题和定义问题 9-12 年级提出问题和定义问题建立在 K-8 年级的经验和基础上，发展到通过使用模型和模拟来建构、完善和评估可以经实践检验的问题和设计问题。 ● 在研究模型或理论的过程中提出问题以澄清关系。（HS-LS3-1） **开发和使用模型** 9-12 年级的建模建立在 K-8 年级的经验和基础上，发展到使用、综合与开发模型，以预测和展现自然界与人工世界中的系统与系统之间、系统组成部分之间的变量关系。 ● 基于证据使用一个模型，说明系统之间或一个系统的组成部分之间的关系。（HS-LS1-4） ⌄	**LS1.A：结构与功能** ● 所有细胞都包含以 DNA 分子的形式存在的遗传信息。基因是 DNA 中的片段，包含着指导蛋白质合成的编码。（*HS-LS3-1 的衍生概念*）（注意：*HS-LS1-1 也涉及这一学科核心概念。*） **LS1.B：生物体的生长和发育** ● 在多细胞生物体中，个体细胞生长并通过被称作有丝分裂的过程发生分裂。由此，生物体从一个单细胞（受精卵）持续地分裂出许多细胞。在每一次分裂中，母细胞将相同的遗传物质（各个染色体的两个单体）传递给两个子细胞。细胞分裂与分化产生和维持着复杂的生物体，组成生物体的组织和器官系统协同工作，满足整个生物体的需求。（HS-LS1-4） ⌄	**原因与结果** ● 区分因果关系与关联性，以及做出关于具体因果关系的论断时，需要经验证据。（HS-LS3-1）（HS-LS3-2） **尺度、比例与数量** ● 代数思维被用于研究科学数据和预测一个参数的变化对另一个参数的影响（例如线性增长与指数增长）。（HS-LS3-3） **系统与系统模型** ● 模型（例如实物模型、数学模型以及计算机模型）可以被用来模拟不同尺度上的系统和系统内部与系统之间的相互作用——包括能量、物质和信息流。（HS-LS1-4） ⌄

（可参考第 327 页上与高中．性状的继承与变异相关的连接）

高中．性状的继承与变异（续）

科学与工程实践	学科核心概念	跨学科概念
分析和解读数据　9-12年级分析数据，建立在K-8年级的经验和基础上，发展到引入更细致的统计分析，比较数据集的一致性以及用模型生成和分析数据。 ● 将统计学与概率论的概念（包括确定数据的方程关系以及当方程关系为线性时，斜率、截距和相关性系数）应用于科学与工程问题，在可行时使用数字工具。（HS–LS3–3） **参与基于证据的论证**　9-12年级参与基于证据的论证建立在K-8年级的经验和基础上，发展到使用适当与充分的证据和科学推理，辩护和评论关于自然界与人工世界的观点与解释。论证也可以来自当前或历史科学事件。 ● 基于证据作出和辩护一个关于自然界的观点，反映科学知识和学生产生的证据。（HS–LS3–2）	**LS3.A：性状的继承** ● 每个染色体包含一个非常长的DNA分子，染色体上的每个基因是一段独特的DNA片段。DNA承载着形成物种特征的指令。一个生物体的所有细胞有相同的遗传信息，但是细胞使用（表达）的基因也许会以不同的方式被调控。DNA并非全部用来编码蛋白质；DNA的一些片段参与调控或结构性功能，还有一些功能是未知的。（HS–LS3–1） **LS3.B：性状的变异** ● 在有性繁殖中，染色体有时会在减数分裂（细胞分裂）过程中交换片段，从而产生新的基因组合，并因此带来更多的基因变异。虽然DNA的复制被严谨地调控着、非常准确，但错误的确仍然会发生并造成突变，这也是基因变异的一个来源。环境因子也能造成基因突变，可存活下来的突变基因可以被遗传。（HS–LS3–2） ● 环境因子也影响性状的表达，因而影响性状在一个种群中出现的概率。因此，观察到的性状的变异与分布取决于遗传与环境两方面因素。（HS–LS3–2）（HS–LS3–3）	**与科学的本质的联系** **科学是人类智慧的结晶** ● 技术的进步促进了科学的发展，科学也促进了技术的进步。（HS–LS3–3） ● 科学与工程被社会所影响，也影响着社会。（HS–LS3–3）

（可参考第327页上与高中．性状的继承与变异相关的连接）

高中. 自然选择和演化

预期表现

学生可以通过以下表现来展示理解:

HS-LS4-1. 交流关于共同祖先与生物演化得到不同方面实证支持的科学信息。[说明：重点在于概念性地理解各方面证据对于共同祖先与生物演化的意义。证据的例子可以包括DNA序列的相似性、解剖结构以及胚胎发育中结构出现的顺序。]

HS-LS4-2. 基于证据建构解释，说明演化过程基本上来源于四项因素：①一个物种数量增加的潜力；②突变和有性繁殖引起的一个物种中的个体的可遗传变异；③对有限资源的竞争；④在环境中更有能力生存和繁殖的那些生物体的增殖。[说明：重点在于从竞争有限资源的能力以及随之而来的个体生存和物种适应性的角度，用证据解释这四个因素中的每一个对生物体数量、行为、形态或生理的影响。证据的例子可以包括简单的分布图形和比例推理等数学模型。][评价边界：评价不包括演化的其他机制，诸如遗传漂变、生物迁徙引起的基因流动和协同演化。]

HS-LS4-3. 应用统计学与概率论的概念作为支持，来解释具有有利的遗传性状的生物体相对于不具有这一性状的生物体有数量成比例增加的趋势。[说明：重点在于分析性状分布的改变以及用这些改变作为证据来支持解释。][评价边界：评价仅限于基本的统计学与图形分析。评价不包括等位基因频率计算。]

HS-LS4-4. 基于证据解释自然选择是怎样引起种群的适应的。[说明：重点在于用数据提供证据，说明生态系统中的生物与非生物变化（诸如温度的季节变化、长期的气候变化、酸度、光照、地理屏障或其他生物体的演化）是怎样久而久之使基因频率发生改变，从而引起种群适应。]

HS-LS4-5. 评估支持以下观点的证据：环境条件的改变可能会引起一些物种的个体数量增加、新物种逐渐出现以及其他物种的灭绝。[说明：重点在于找出因果关系，说明采伐森林、捕鱼、施肥、干旱、洪水等使环境发生变化的过程以及环境变化的速率是怎样使物种性状的分布发生变化或使物种的性状消失的。]

科学与工程实践	学科核心概念	跨学科概念
分析和解读数据 9–12年级分析数据建立在K–8年级的经验和基础上，发展到引入更细致的统计分析、比较数据集的一致性以及用模型生成和分析数据。	**LS4.A：共同祖先和多样性的证据** ● 遗传信息为演化提供了证据。不同物种的DNA序列有差异，但也有许多重叠；事实上，遗传谱系的持续分支可以通过对比不同生物体的DNA序列来推断。这样的信息也可以从氨基酸序列的异同以及解剖学和胚胎学证据中获得。（HS-LS4-1）	**模式** ● 在研究系统的各个尺度上可能会观察到不同的模式，这些模式可以为解释现象提供因果关系的证据。（HS-LS4-1）（HS-LS4-3）

（可参考第327页上与高中. 自然选择和演化相关的连接）

高中．自然选择和演化（续）

科学与工程实践	学科核心概念	跨学科概念
⌄	⌄	⌄
● 将统计学与概率论的概念（包括确定数据的方程关系以及当方程关系为线性时，斜率、截距和相关性系数）应用于科学与工程问题，在可行时使用数字工具。（HS-LS4-3） **建构解释和设计解决方案** 9-12年级建构解释和设计解决方案建立在K-8年级的经验和基础上，发展到用多种来源且相互独立的、学生开发的、与科学概念、原理和理论相一致的证据来支持解释和设计。 ● 基于从各种来源（包括学生自己的研究、模型、理论和同行评议）获得的有效和可靠的证据以及描述自然界的理论与定律在现在、未来都与过去一样有效的假设，建构一个解释。（HS-LS4-2）（HS-LS4-4） **参与基于证据的论证** 9-12年级参与基于证据的论证，建立在K-8年级的经验和基础上，发展到使用适当与充分的证据和科学推理，辩护和评论关于自然界与人工世界的观点与解释。论证也可以来自当前或历史科学事件。 ● 评价当前被接受的解释或解决方案背后的证据，确定论证的优点。（HS-LS4-5） **获取、评价和交流信息** 9-12年级获取、评价和交流信息建立在K-8年级的经验和基础上，发展到评价观点、方法与设计的有效性和可靠性。 ● 以多种形式（包括口头的、图像的、文本的和数学的）交流科学信息（比如，关于现象和/或关于一个拟定的过程或系统的开发、设计与绩效）。（HS-LS4-1） ⌄	**LS4.B：自然选择** ● 自然选择只有在下列两个因素都存在时才会发生：①一个种群中的生物体之间有遗传信息的差异；②变异的遗传信息带来的表达差异——即性状变异——引起了个体之间的表现有所不同。（HS-LS4-2）（HS-LS4-3） ● 对生存具有积极影响的性状更有可能被繁殖，因此在种群中更加普遍。（HS-LS4-3） **LS4.C：适应** ● 演化是下面四个因素的相互作用的结果：①一个物种个体数量增加的潜力；②突变和有性繁殖引起的一个物种的个体的遗传变异；③个体对它们的生存与繁殖所需的一个环境中有限的资源的竞争；④在这个环境中更能生存与繁殖的那些生物体的增殖。（HS-LS4-2） ● 自然选择引起了适应——即那些在解剖结构上、行为上和生理上都非常适合于在某一特定环境中生存和繁殖的生物体在种群中占据主导地位。也就是说，如果一个种群中存在一种有利的遗传性状，那么这个种群中的生物体的差异化的生存和繁殖将增加具有这一性状的个体在未来的世代中所占的比例，而降低不具有这一性状的个体的比例。（HS-LS4-3）（HS-LS4-4） ● 适应也意味着当环境改变时一个种群中的性状的分布可能会改变。（HS-LS4-3） ⌄	**原因与结果** ● 区分因果关系与相关性，以及做出关于具体因果关系的论断时，需要经验证据。（HS-LS4-2）（HS-LS4-4）（HS-LS4-5） ············ **与科学的本质的联系** **科学知识假设在自然系统中具有秩序性和一致性** ● 科学知识基于这样一种假设：自然定律在当前与在过去一样有效，并且在未来也将持续有效。（HS-LS4-1）（HS-LS4-4）

（可参考第327页上与高中．自然选择和演化相关的连接）

新一代科学教育标准——主题序列　277

高中．自然选择和演化（续）

科学与工程实践	学科核心概念	跨学科概念
与科学的本质的联系 **解释自然现象的科学模型、定律、机制和理论** • 一个科学理论是对自然界的一些方面的已经被证实的解释，基于一系列事实，而这些事实已经经过了观察和实验的反复检验，并且科学界在接受每个理论之前都会确认它的有效性。如果人们发现了新的证据，而一个理论与之不符，那么这个理论一般会根据这个新证据得到修正。（HS-LS4-1）	• 物理环境的改变，无论是自然发生的还是人类引起的，都会推动一些物种的扩张，新的和独特的物种随着种群在不同环境中分化而出现以及一些物种的衰退——甚至有时是灭绝。（HS-LS4-5） • 物种如果不能在改变后的环境中生存和繁衍，就会灭绝。如果物种成员不能适应太快或太剧烈的变化，物种就将失去演化的机会。（HS-LS4-5）	

（可参考第327页上与高中．自然选择和演化相关的连接）

高中地球与空间科学

基于初中阶段的科学概念，高中学生通过更复杂的内容、实践以及跨学科主题，继续发展对地球与空间科学更多主题的理解。在高中阶段，有五大地球与空间科学的主题：①宇宙系统；②地球的历史；③地球的系统；④天气和气候；⑤人类可持续性。预期表现的内容基于当前针对社区的地球科学素养计划（如地球科学素养原则），在更强调地球系统的科学方法的情况下被呈现出来，并且与分析和解读数据的数学实践有很大的关联。预期表现极大地反映了地球与空间科学与社会相关的许多方面（资源、自然灾害以及环境影响），强调通过工程和技术概念来解决人类社会面临的挑战。虽然高中地球与空间科学预期表现将特定实践与具体学科核心概念关联起来，但教学决策时应当包括实现预期表现的许多实践。

宇宙系统主题的预期表现帮助学生解答诸如此类的问题：什么是宇宙以及在恒星内部发生着什么？地球在太阳系中的运动产生了哪些可预测的模式？《框架》中针对这些预期表现包含四个子概念：ESS1.A、ESS1.B、PS3.D 和 PS4.B。学生研究控制太阳系和宇宙形成、演化和运行的过程。他们学习的一些概念是基础的科学概念，比如世界中的物质是如何在大爆炸和恒星的内核中形成的。其他概念是实用的，比如太阳行为的短期变化是怎样直接影响人类的。工程和技术在这里扮演着重要的角色，它们使我们得以获取和分析那些支持太阳系和宇宙形成的理论数据。以下跨学科概念被称为这些学科核心概念的组织概念：模式；尺度、比例与数量；能量与物质；稳定与变化。在此主题的预期表现中，学生有望在以下方面展示能力素质，包括：开发和使用模型；运用数学和计算思维；建构解释和设计方案；参与基于证据的论证；获取、评价和交流信息。期望学生通过实践来展示其对核心概念的理解。

地球的历史主题的预期表现帮助学生解答诸如此类的问题：人们是如何重现地球行星历史中的事件并确定这些事件的时间的？为什么大陆会移动？《框架》中针对这些预期表现包含四个子概念：ESS1.C、ESS2.A、ESS2.B 和 PS1.C。学生可以为地球过程运行的时间尺度构建解释。地球和空间科学的一个重要方面是基于数据记录推断地球历史的事件，时间越久远的数据记录越不完全。使用放射性测量的数学分析来理解人类是如何获得地质记录的年代的。地球的历史的关键是生物圈与地球其他系统的共同演化不仅是通过气候和环境变化塑造的，而且新生成的生命形式也对地球这一行星的变化有影响。以下跨学科概念被称为这些学科核心概念的组织概念：模式；稳定与变化。在该主题的预期表现中，学生有望在以下方面展示能力素质，包括：开发与使用模型；构建解释；参与基于证据的论证。希望学生通过实践去展示其对核心概念的理解。

地球的系统主题的预期表现帮助学生解答诸如此类的问题：地球的主要系统是如何相互作用的？水的性质和运动是如何塑造地球表面和影响地球系统的？《框架》中针对这些预期表现包含六个子概念：ESS2.A、ESS2.B、ESS2.C、ESS2.D、ESS2.E 和 PS4.A。学生为不同地球系统之间的反馈机制控制地表外观的途径构建模型和解释。这些概念的核心之一是内部系统之间的张力，它对生成地球表面的陆地起到很大作用（例如火山现象和山体的形成），另一个核心是太阳驱动的表面系统，它们通过风化和腐蚀破坏陆地。学生能够理解水对天气的影响和化学循环如碳循环。学生也可以理解人类活动产生导致其他系统变化的反馈方式。以下跨学科概念被称为这些学科核心概念的组织概念：能量与物质；结构与功能；稳定与变化；科学、工程与技术的相互依存；工程、技术和科学对社会和自然界的影响。在该主题的预期表现中，学生有望在以下方面展示能力素质，包括：开发和使用模型；计划和开展研究；分析和解读数据；参与基于证据的论证。期望学生通过实践去展示其对核心概念的理解。

天气和气候主题的预期表现帮助学生解答诸如此类的问题：是什么在调节天气和气候？《框架》中针对这些预期表现包含四个子概念：ESS1.B、ESS2.A、ESS2.D 和 ESS3.D。学生理解控制天气和气候的系统相互作用，着重强调气候变化的机制与影响。学生能够理解各种地理科学数据的分析和解释，使学生可以构建关于在各种不同的时间尺度上影响气候的多种因素的解释。以下跨学科概念被称为这些学科核心概念的组织概念：原因与结果；稳定与变化。在该主题的预期表现中，学生有望在以下方面展示能力素质，包括：开发和使用模型；分析和解读数据。期望学生通过实践去展示其对核心概念的理解。

人类影响主题的预期表现帮助学生解答诸如此类的问题：人类是怎样依赖地球上的资源的？怎样模拟和预测人类活动对地球气候的影响？《框架》中针对这些预期表现包含六个子概念：ESS2.D、ESS3.A、ESS3.B、ESS3.C、ESS3.D 和 ETS1.B。学生通过自然灾害的影响、人类对自然资源的依赖以及人类活动的重要环境影响理解人类与其他地球系统之间复杂而重要的相互依存关系。以下跨学科概念被称为这些学科核心概念的组织概念：原因与结果；系统与系统模型、稳定与变化、工程、技术与科学对社会与自然界的影响。在该主题的预期表现中，学生有望在以下方面展示能力素质，包括：使用数学和计算思维；建构解释与设计解决方案；参与基于证据的论证。期望学生通过实践去展示其对核心概念的理解。

高中．宇宙系统

预期表现

学生可以通过以下表现来展示理解：

HS-ESS1-1. 基于证据开发一个模型，描述太阳的生命周期以及太阳内核中的核聚变在释放最终以辐射形式到达地球的能量中所起的作用。[说明：重点在于使太阳内核中的核聚变释放的能量到达地球的能量传递机制。模型证据的例子包括观察其他恒星的物质和生命周期，以及突然的太阳耀斑（"太空气象"）、11年太阳黑子周期和非周期性的长期变化使太阳辐射发生的改变。][评价边界：评价不包括太阳核聚变涉及的原子与原子内部过程的细节。]

HS-ESS1-2. 基于天文观测得到的关于光谱、遥远星系的移动和宇宙中物质的组成的证据解释大爆炸理论。[说明：重点在于来自遥远星系的光的位移作为宇宙膨胀的证据，作为大爆炸的残留辐射的宇宙微波背景以及宇宙中的一般物质组成——在恒星和星际气体（通过恒星电磁辐射光谱）找到的主要物质与大爆炸理论的预测（3/4氢和1/4氦）相符。]

HS-ESS1-3. 交流关于恒星在它们的生命周期中产生元素的途径的科学概念。[说明：重点在于核聚变的方式以及继而产生的不同元素随着恒星的质量和恒星所处的生命阶段而改变。][评价边界：评价不包括不同质量的恒星的许多不同的核聚变途径的细节。]

HS-ESS1-4. 用数学或计算模型预测太阳系中公转的天体的运动。[说明：重点在于决定人造卫星、行星、卫星公转运动的牛顿引力定律。][评价边界：用数学模型表现天体之间的引力和用开普勒定律描述公转运动不应涉及两个以上的天体或微积分。]

科学与工程实践	学科核心概念	跨学科概念
开发和使用模型 9-12年级的建模建立在K-8年级的经验和基础上，发展到使用、综合与开发模型，以预测和展现自然界与人工世界中的系统与系统之间、系统组成部分之间的变量关系。 ● 基于证据开发一个模型，说明系统之间或一个系统的组成部分之间的关联。（HS-ESS1-1） **使用数学和计算思维** 9-12年级的数学和计算思维建立在K-8年级的经验和基础上，发展到使用代数思维与分析，包括三角函数、指数函数与对数函数在内的一系列线性和非线性函数，以及用于统计 ⌄	**ESS1.A：宇宙和它的恒星** ● 太阳这颗恒星始终在变化，并将在大约100亿年的时间里逐渐燃尽。（HS-ESS1-1） ● 对恒星的光谱和亮度的研究可用于识别恒星的元素组成、它们的移动和它们与地球的距离。（HS-ESS1-2）（HS-ESS1-3） ● 我们观察到的离我们越来越远的遥远星系、恒星与非星气体的组成以及仍然散布在宇宙中的远古辐射（宇宙微波背景辐射）支持着大爆炸理论。（HS-ESS1-2）⌄	**尺度、比例与数量** ● 一个现象的重要性取决于它发生的尺度、比例与数量。（HS-ESS1-1） ● 代数思维被用于研究科学数据和预测一个参数的变化对另一个参数的影响（例如线性增长与指数增长）。（HS-ESS1-4） **能量与物质** ● 能量不会被创造或毁灭——它只会在不同位置、对象、场或系统间移动。（HS-ESS1-2） ● 在原子核过程中，原子不是守恒的，但质子与中子的总数是守恒的。（HS-ESS1-3）⌄

（可参考第328页上与高中．宇宙系统相关的连接）

高中．宇宙系统（续）

科学与工程实践	学科核心概念	跨学科概念
分析的计算工具，去分析、表示和模拟数据。基于基本假设的数学模型，开发和使用简单的模拟计算。 • 用现象的数学或计算表示方式来描述解释。（HS-ESS1-4） **建构解释和设计解决方案** 9-12年级建构解释和设计解决方案建立在K-8年级的经验和基础上，发展到用多种来源且相互独立的、学生开发的、与科学概念、原理和理论相一致的证据来支持解释和设计。 • 基于从各种来源（包括学生自己的研究、理论、模型和同行评议）获得的有效和可靠的证据以及描述自然界的理论与定律在现在、未来都与过去一样有效的假设，建构一个解释。（HS-ESS1-2） **获取、评价和交流信息** 9-12年级获取、评价和交流信息建立在K-8年级的经验和基础上，发展到评价观点、方法与设计的有效性和可靠性。 • 以多种形式（包括口头的、图像的、文本的和数学的）交流科学概念（比如，关于现象和/或关于一个拟定的过程或系统的开发、设计与绩效）。（HS-ESS1-3） .... **与科学的本质的联系** **解释自然现象的科学模型、定律、机制和理论** • 一个科学理论是对自然世界的一些方面的已经被证实的解释，基于一系列事实，而这些事实已经经过了观察和实验的反复检验，并且科学界在接受每个理论之前都会确认它的有效性。如果人们发现了新的证据，而一个理论与之不符，那么这个理论一般会根据这个新证据得到修正。（HS-ESS1-2）	• 除了大爆炸时形成的氢和氦，恒星内部的核聚变生产了所有质量轻于或等于铁的原子核（包括铁），这样的过程还释放电磁能。一些大质量恒星到达超新星阶段和发生爆炸时，生成更重的元素。（HS-ESS1-2）（HS-ESS1-3） **ESS1.B：地球和太阳系** • 开普勒定律描述天体公转运动的共同特征，包括它们围绕太阳的椭圆轨道。天体的公转轨道可能会由于来自太阳系中其他天体的引力作用或与太阳系中其他天体的撞击而改变。（HS-ESS1-4） **PS3.D：化学过程和日常生活中的能量** • 太阳中心的核聚变过程释放的能量最终以辐射的形式到达地球。（*HS-ESS1-1的衍生概念*） **PS4.B：电磁辐射** • 各种元素的原子释放和吸收特征频率的光。这些特征帮助人们识别一种元素的存在，即使是非常微小的量。（*HS-ESS1-2的衍生概念*）	.... **与工程、技术以及科学的应用的关联** **科学、工程和技术的相互依存** • 科学与工程在被称作研发的循环中相互补充。许多研发项目需要科学家、工程师和其他许多方面的专业人员共同完成。（HS-ESS1-2）（HS-ESS1-4） .... **与科学的本质的联系** **科学知识假设在自然系统中具有秩序性和一致性** • 科学知识基于这样一种假设：自然定律在当前与在过去一样有效，并且在未来也将持续有效。（HS-ESS1-2） • 科学假定宇宙是一个巨大的独立系统，基本定律在其中是一致的。（HS-ESS1-2）

（可参考第328页上与高中．宇宙系统相关的连接）

高中．地球的历史

预期表现

学生可以通过以下表现来展示理解：

HS-ESS1-5. 评估关于过去和现在大陆和海洋地壳移动的证据和板块构造论，解释地壳岩石的年代。[说明：重点在于能用板块构造论解释地壳岩石的年代。例子包括海洋地壳年代随着与洋中脊距离的增长而增长（板块扩张的结果）以及北美大陆地壳的年代随着与古代地核距离的增长而增长（过去的板块相互作用的结果）。]

HS-ESS1-6. 应用科学推理和从古代地球物质、陨石及其他行星表面获得的证据，解释地球的形成和早期历史。[说明：重点在于用太阳系中可获得的证据重建地球的早期历史，这要追溯到地球在46亿年前与太阳系中的其他天体一起形成之时。证据包括古代物质的绝对年代（用放射定年法测试陨石、月球岩石和地球上的古老矿物而获得）、太阳系天体的大小和组成以及行星表面的撞击坑。]

HS-ESS2-1. 开发一个模型，描述地球内部和表面的过程是怎样在不同空间与时间尺度上运作从而形成大陆和海底特征的。[说明：重点在于陆地地貌（山、谷和高原等）和海底地貌（海沟、海脊和海底山等）是怎样在建设力（火山活动、构造隆升和造山运动等）和破坏力（风化、物质坡移和海岸侵蚀等）的共同作用下形成的。][评价边界：评价不包括对具体地形形成细节的记忆。]

科学与工程实践	学科核心概念	跨学科概念
开发和使用模型 9-12年级的建模建立在K-8年级的经验和基础上，发展到使用、综合与开发模型，以预测和展现自然界与人工世界中的系统与系统之间、系统组成部分之间的变量关系。 ● 基于证据开发一个模型，说明系统之间或一个系统的组成部分之间的关联。（HS-ESS2-1） **建构解释和设计解决方案** 9-12年级建构解释和设计解决方案建立在K-8年级的经验和基础上，发展到用多种来源且相互独立的、学生开发的、与科学概念、原理和理论相一致的证据来支持解释和设计。 ● 应用科学推理，将证据和观点联系起来，评价推理和数据在多大程度上支持解释或结论。（HS-ESS1-6）⌄	**ESS1.C：行星地球的历史** ● 大陆岩石——最初形成时间可能在40亿年前——通常比海底岩石——距今2亿年以内——更古老。（HS-ESS1-5） ● 虽然活跃的地质过程——诸如板块运动和侵蚀——已经破坏或改变了地球上大多数非常久远的岩石记录，但太阳系中的其他物体——诸如月岩、小行星和陨石——在亿万年间并没有什么变化。研究这些天体可以提供关于地球的形成与早期历史的信息。（HS-ESS1-6） **ESS2.A：地球物质和系统** ● 动态和相互作用的地球各系统产生能增加或减缓原发变化的反馈效应。（HS-ESS2-1）（HS-ESS2-2）⌄	**模式** ● 识别模式需要实证。（HS-ESS1-5） **稳定与变化** ● 科学在很多时候是为了解释事物是如何改变和如何保持不变的。（HS-ESS1-6） ● 变化和变化速率可以被量化和模拟，时间跨度从非常短到非常长。一些系统的变化是不可逆的。（HS-ESS2-1）

（可参考第329页上与高中．地球的历史相关的连接）

284 新一代科学教育标准——主题序列

高中．地球的历史（续）

科学与工程实践	学科核心概念	跨学科概念
参与基于证据的论证 9–12年级参与基于证据的论证建立在K-8年级的经验和基础上，发展到使用适当与充分的证据和科学推理，辩护和评论关于自然界与人工世界的观点与解释。论证也可以来自当前或历史科学事件。 • 评价当前被接受的解释或方案背后的证据，确定论证的优点。（HS-ESS1-5） ………… **与科学的本质的联系** **解释自然现象的科学模型、定律、机制和理论** • 一个科学理论是对自然界的一些方面的已经被证实的解释，基于一系列事实，而这些事实已经经过了观察和实验的反复检验，并且科学界在接受每个理论之前都会确认它的有效性。如果人们发现了新的证据，而一个理论与之不符，那么这个理论一般会根据这个新证据得到修正。（HS-ESS1-6） • 模型、机制和解释共同作为开发科学理论的工具。（HS-ESS1-6）	**ESS2.B：板块构造论和大尺度系统相互作用** • 板块构造论是一种综合的理论，它解释了地球表面的岩石的过去和当前的移动，为理解地质历史提供了一个框架。（ESS2.B 8年级年级段终点）(*HS-ESS1-5的衍生概念*)（HS-ESS2-1） • 板块移动造就了大多数大陆与海底地貌，也影响了大多数岩石与矿物在地壳中的分布。（ESS2.B 8年级年级段终点）（HS-ESS2-1） **PS1.C：原子核过程** • 自发的放射性衰变遵循特征性的指数衰减法则。原子核的寿命允许人们使用放射定年法确定岩石和其他物质的年代。(*HS-ESS1-5的衍生概念*)(*HS-ESS1-6的衍生概念*)	

（可参考第329页上与高中．地球的历史相关的连接）

高中．地球的系统

预期表现

学生可以通过以下表现来展示理解：

HS-ESS2-2. 分析地球科学数据，作出论断：对地球表面的一种改变可能产生反馈从而使其他地球系统发生变化。［说明：案例应当包括气候反馈，例如温室气体的增加引起全球气温的升高、冰川随之融化、减弱地表反射的阳光从而增加地表温度、进一步减少冰量的机制。案例还可以来自其他系统的相互作用，例如地表植被的损失是怎样增加水土流失的；再如河流筑坝是怎样增加地下水补给、减少泥沙运移和增加海岸侵蚀的；再如湿地损失是怎样引起局部湿度减少从而进一步减少湿地范围的。］

HS-ESS2-3. 基于关于地球内部的证据开发一个模型，描述热对流引起的物质循环。［说明：既要建立地球一维模型，在径向上按密度分层，也要建立三维模型，表现地幔对流和由此引起的板块运动。证据的例子包括从地震波获得的地球三维结构地图、地球磁场变化速率记录（例如对外层地核中的对流的限制性影响）以及高压实验识别的地球不同圈层的组成。］

HS-ESS2-5. 针对水的性质以及水对地球物质和地球表面过程的影响，计划和开展研究。［说明：强调对水与各种固态物质的机制与化学研究，旨在为水文循环与被称作岩石循环的系统相互作用间的联系提供证据。机制研究的例子包括用流动情况图表研究水流运输和沉积、用土壤含水量的变化研究侵蚀以及用水结冰时的扩张研究冰楔作用。化学研究的例子包括化学风化和重结晶（通过检验不同物质的溶解度）或者熔化物的形成（通过研究水是怎样降低大多数固体的熔化温度的）。］

HS-ESS2-6. 开发一个定量模型，描述水圈、大气圈、地圈和生物圈之间的碳循环。［说明：重点在于模拟生物地球化学循环，包括在海洋、大气、土壤和生物圈（包括人类）中循环的作为生物体生存基础的碳。］

HS-ESS2-7. 基于证据构建一个论证，说明地球的系统和地球上的生物体是共同演化的。［说明：重点在于生物圈和地球其他系统之间的动态作用的原因、结果和反馈，地球科学因素控制着生命的演化，生命的演化转而又连续改变着地球的表面。案例包括具有光合作用的生命是怎样通过生产氧气改变大气，而这一效果又是怎样转而加快风化速率和影响动物的演化的；陆地上的微生物是怎样促进土壤的形成，而这又是怎样转而影响陆地植物的演化的；珊瑚的演化是怎样形成珊瑚礁，从而改变海岸侵蚀与沉积的模式，为新物种的演化提供栖息地的。］［评价边界：评价不包括全面理解生物圈与地球其他系统相互作用的机制。］

（可参考第329页上与高中．地球的系统相关的连接）

高中．地球的系统

科学与工程实践	学科核心概念	跨学科概念
开发和使用模型 9-12 年级的建模建立在 K-8 年级的经验和基础上，发展到使用、综合与开发模型，以预测和展现自然界与人工世界中的系统与系统之间、系统组成部分之间的变量关系。 ● 基于证据开发一个模型，说明系统之间或一个系统的组成部分之间的关联。（HS-ESS2-3）（HS-ESS2-6） **计划和开展研究** 9-12 年级计划和开展研究建立在 K-8 年级的经验和基础，发展到为概念模型、数学模型、实物模型和经验模型提供证据或检验的研究。 ● 单独和与人合作计划和开展一项研究，生成可以作为证据的基础数据，并且在设计中确定得到可靠测量所需数据的类型、数量和准确度，思考数据精确度的局限因素（例如测试次数、成本、风险和时间），并据此改进设计。（HS-ESS2-5） **分析和解读数据** 9-12 年级分析数据，建立在 K-8 年级的经验和基础上，发展到引入更细致的统计分析，比较数据集以发现一致性，以及用模型生成和分析数据。 ● 用工具、技术和/或模型（例如计算模型、数学模型）分析数据，从而得出有效和可靠的科学观点或一个优化的设计方案。（HS-ESS2-2） **参与基于证据的论证** 9-12 年级参与基于证据的论证建立在 K-8 年级的经验和基础上，发展到使用适当与充分的证据和科学推理，辩护和评论关于自然界与人工世界的观点与解释。论证也可以来自当前或历史的科学事件。 ● 基于数据和证据，建构口头与书面论证或反驳一个论证。（HS-ESS2-7） ▽	**ESS2.A：地球物质和系统** ● 动态和相互作用的地球各系统产生能增加或减缓原发变化的反馈效应。（HS-ESS2-2） ● 来自深层探测器和地震波的证据，对地球表面及其磁场的历史变化的重建以及对物理与化学过程的理解让人们建立了一个地球模型：一个炽热的固态内核，一个液态外核以及固态的地幔和地壳。地幔及其中板块的运动主要是通过热对流发生的，包括由于从地球内部向外的能量流动以及密度较大的物质受引力作用向地球内部移动而引起的物质循环。（HS-ESS2-3） **ESS2.B：板块构造论和大尺度系统相互作用** ● 不稳定同位素的放射性衰变持续在地壳和地幔中产生新能量，提供了驱动地幔对流的主要热源。板块构造论可以被看作地幔对流在地表的表现。（HS-ESS2-3） **ESS2.C：水在地球表面过程中的作用** ● 地球表面液态水的丰富储量和它独特的物理与化学性质的组合对于地球的动态起中心作用。这些性质包括不同寻常的吸收、存储和释放大量能量、传递光、结冰时体积增大、溶解和传输物质以及降低岩石的黏性和熔点的能力。（HS-ESS2-5） **ESS2.D：天气和气候** ● 地球的全球气候系统的基础是来自太阳的电磁辐射以及它的反射、吸收和储存，在大气、海洋和陆地系统中的再分配以及向太空的重新辐射。（HS-ESS2-2） ▽	**能量与物质** ● 封闭系统中的能量与物质的总量是守恒的。（HS-ESS2-6） ● 能量驱动着系统内部与系统之间的物质循环。（HS-ESS2-3） **结构与功能** ● 自然与人工物体与系统的功能与性质可以从它们的总体结构、组成部分的构造和使用方式以及它们的各种材料的分子亚结构来推断。（HS-ESS2-5） **稳定与变化** ● 科学在很多时候是为了解释事物是如何改变和如何保持不变的。（HS-ESS2-7） ● 变化和变化速率可以被量化和模拟，时间跨度从非常短到非常长。一些系统的变化是不可逆的。（HS-ESS2-1） ● 反馈（正反馈或负反馈）可以使一个系统稳定或破坏一个系统的稳定。（HS-ESS2-2） ··········· **与工程、技术以及科学的应用的关联** **科学、工程和技术的相互依存** ● 科学与工程在被称作研发的循环中相互补充。许多研发项目需要科学家、工程师和其他许多方向的专业人员共同完成。（HS-ESS2-3） **工程、技术和科学对社会与自然界的影响** ● 新技术可能对社会和环境产生深刻的影响，包括没有预料到的影响。成本和效益分析是对技术作出决策的关键方面。（HS-ESS2-2）

（可参考第 329 页上与高中．地球的系统相关的连接）

高中．地球的系统（续）

科学与工程实践	学科核心概念	跨学科概念
⌄ .... **与科学的本质的联系** **实证是科学知识的基础** • 实证是科学知识的基础。（HS-ESS2-3） • 不同学科有共同的用证据评价关于自然系统解释的规则。（HS-ESS2-3） • 科学包括将证据模式与当前理论相协调的过程。（HS-ESS2-3）	⌄ • 大气的逐渐变化归因于植物与其他生物体对二氧化碳的捕捉和对氧气的释放。（HS-ESS2-6）（HS-ESS2-7） • 人类活动引起的大气变化已经增加了二氧化碳的浓度，并因此影响着气候。（HS-ESS2-6） **ESS2.E：生物地质学** • 生物圈与地球其他系统之间的许多动态和微妙的反馈引起了地球表面和存在于地球上的生命持续的协同进化。（HS-ESS2-7） **PS4.A：波的性质** • 地质学家用地震波和它们在不同地层界面处的反射探查地球内部的结构。（*HS-ESS2-3 的衍生概念*）	

（可参考第 329 页上与高中．地球的系统相关的连接）

高中．天气和气候

预期表现

学生可以通过以下表现来展示理解：

HS-ESS2-4. 使用一个模型，描述流入和流出地球系统的能量的变化怎样引起气候变化。[说明：气候变化的原因的例子随时间尺度而异。十年以内：大火山喷发、海洋环流；几十年到几百年：人类活动的变化、海洋环流、太阳辐射输出；几万年到几十万年：地球公转轨道和地轴指向的变化；几千万年到几亿年：大气组成的长期变化。][评价边界：对气候变化的结果的评价仅限于地表温度、降水模式、冰川体积、海平面高度和生物圈分布的改变。]

HS-ESS3-5. 分析地球科学数据和从全球气候模型获得的结果，对于当前的全球或局部地区气候变化速率以及这些变化在未来对地球系统的影响，做出基于证据的预测。[说明：数据和气候模型输出的证据关于气候变化（如降水与气温）和与之相关的影响（如海平面、冰川体积、大气与海洋组成）。][评价边界：评价仅限于一种气候变化的例子和与之相关的影响。]

科学与工程实践	学科核心概念	跨学科概念
开发和使用模型 9-12年级的建模建立在K-8年级的经验和基础上，发展到使用、综合与开发模型，以预测和展现自然界与人工世界中的系统与系统之间、系统组成部分之间的变量关系。 ● 用模型解释现象的机制。（HS-ESS2-4） **分析和解读数据** 9-12年级分析数据，建立在K-8年级的经验和基础上，发展到引入更细致的统计分析，比较数据集以发现一致性以及用模型生成和分析数据。 ● 用计算模型分析数据，从而得出有效和可靠的科学观点。（HS-ESS3-5） ⌄	**ESS1.B：地球和太阳系** ● 发生在几十万年间的地球公转轨道形状的周期性变化，以及地球自转轴方向的变化，已改变了落在地球上的阳光的强度和分布。这些现象引起了冰期周期和其他缓慢的气候变化的出现。（HS-ESS2-4的衍生概念） **ESS2.A：地球物质和系统** ● 地质记录表明：全球和局地气候变化是由太阳能量输出或地球轨道的变化、板块构造事件、海洋环流、火山运动、冰川、植被和人类活动之间的相互作用引起的。这些变化的时间尺度相差很大，从突然发生（如火山灰云）到中期尺度（冰期）再到非常长的周期（构造变化）。（HS-ESS2-4） ⌄	**原因与结果** ● 区分因果关系与相关性以及做出关于具体因果关系的论断时，需要经验证据。（HS-ESS2-4） **稳定与变化** ● 变化和变化速率可以被量化和模拟，时间跨度从非常短到非常长。一些系统的变化是不可逆的。（HS-ESS3-5）

（可参考第330页上与高中．天气和气候相关的连接）

高中．天气和气候（续）

科学与工程实践	学科核心概念	跨学科概念
.... 与科学的本质的联系 **科学研究使用多种方法** • 科学研究使用不同的方法，而且并不总是使用相同的一套流程来获取数据。（HS-ESS3-5） • 新技术推动科学知识的进步。（HS-ESS3-5）	**ESS2.D：天气和气候** • 地球的全球气候系统的基础是来自太阳的电磁辐射以及它的反射、吸收和储存，在大气、海洋和陆地系统中的再分配以及向太空的重新辐射。（HS-ESS2-4）(*HS-ESS2-2 的衍生概念*) • 人类活动引起的大气变化已经增加了二氧化碳的浓度，并因此影响着气候。（HS-ESS2-4） **ESS3.D：全球气候变化** • 虽然人类影响的规模前所未有的大，但人类模拟、预测和管理当前与未来影响的能力也是如此。（HS-ESS3-5）	

（可参考第 330 页上与高中．天气和气候相关的连接）

高中·人类可持续性

预期表现

学生可以通过以下表现来展示理解：

HS-ESS3-1. 基于证据建构解释，说明自然资源的可用性、自然灾害的发生和气候的变化已经影响了人类活动。[说明：关键自然资源的例子包括可获得的淡水（如河、湖和地下水）、具有肥沃的土壤的地区（如三角洲），以及矿物和化石燃料集中度高的地区。自然灾害的例子可以来自地球内部过程（如火山喷发和地震）、表面过程（如海啸、物质坡移和土壤侵蚀）和极端天气（如飓风、洪水和干旱）。能影响种群或驱动大规模迁移的气候变化的效果的例子包括海平面的改变、局部气温与降水模式，以及可以种植的农作物和饲养的家畜的种类。]

HS-ESS3-2. 基于成本效益比，评价开发、管理和利用能源与矿产资源的不同设计方案。* [说明：重点在于尽可能地节约、回收和再利用资源（如矿物和金属）；当不能节约、回收和再利用资源时，将影响最小化。例子包括为农业用土、采矿（煤、沥青砂、油页岩）、抽取石油和天然气等开发最好的实践方案。科学知识指出自然系统可能发生什么——而不是应该发生什么。]

HS-ESS3-3. 开发一个计算模型，描述对自然资源的管理、人类的可持续性和生物多样性之间的关系。[说明：影响自然资源管理的因素的例子包括资源开采的成本和废弃物管理，人均消费以及新技术的开发。影响人类可持续性的因素的例子包括农业效率、资源保护水平和城市规划。][评价边界：对计算模型的评价仅限于使用已经提供的多参数程序或建立简化的电子表格运算。]

HS-ESS3-4. 评估或改进一个减小人类活动对自然系统的影响的技术方案。* [说明：关于人类活动的影响的数据可以包括释放的污染物的量与类型、生物量与物种多样性的变化或地表土地使用的面积变化（例如城市开发、农业和畜牧业或露天采矿）。减小未来影响的例子可以小到局部地区的措施（如减少资源的使用，资源的再利用和再循环），大到大尺度的地质工程设计方案（例如通过对大气或海洋的大规模改变影响全球气温）。]

HS-ESS3-6. 用计算模型描述地球各系统间的关系以及这些关系是怎样由于人类活动而改变的。[说明：可以考虑的地球系统包括水圈、大气圈、冰冻圈、岩石圈和／或生物圈。人类活动的深远影响的例子如：大气中二氧化碳的增加是怎样引起陆地上光合作用的生物量和海洋酸化度的增加的，又是怎样进一步影响海洋生物体健康和海洋种群的。][评价边界：评价不包括运行计算模型，仅限于使用公开发布的科学计算模型的结果。]

*这项预期表现通过实践或学科核心概念将传统科学内容整合到工程中。

（可参考第331页上与高中·人类可持续性相关的连接）

高中．人类可持续性

科学与工程实践	学科核心概念	跨学科概念
使用数学和计算思维 9-12年级的数学和计算思维建立在K-8年级的经验和基础上，发展到使用代数思维与分析，包括三角函数、指数函数与对数函数在内的一系列线性和非线性函数以及用于统计分析的计算工具，去分析、表示和模拟数据。基于基本假设的数学模型，开发和使用简单的模拟计算。 • 创造一个关于一种现象、设备、过程或系统的计算模型。（HS-ESS3-3） • 使用现象的计算模型或设计方案描述和/或支持观点和/或解释。（HS-ESS3-6） **建构解释和设计解决方案** 9-12年级建构解释和设计解决方案建立在K-8年级的经验和基础上，发展到用多种来源且相互独立的、学生开发的、与科学概念、原理和理论相一致的证据来支持解释和设计。 • 基于从各种来源（包括学生自己的研究、理论、模型和同行评议）获得的有效和可靠的证据，以及描述自然界的理论与定律在现在、未来都与过去一样有效的假设，建构一个解释。（HS-ESS3-1） • 基于科学知识、学生得到的证据、经过主次排序的标准和权衡的考虑，设计或改进一个真实世界复杂问题的解决方案。（HS-ESS3-4） **参与基于证据的论证** 9-12年级参与基于证据的论证建立在K-8年级的经验和基础上，发展到使用适当与充分的证据和科学推理，辩护和评论关于自然界与人工世界的观点与解释。论证也可以来自当前或历史的科学事件。	**ESS2.D：天气和气候** • 目前的模型预测：尽管未来区域性气候变化将会是复杂多变的，全球平均气温将会持续升高。全球气候模型预测的结果强烈依赖人类每年向大气排放的温室气体的量，以及海洋与生物圈吸收这些气体的方式。（*HS-ESS3-6的衍生概念*） **ESS3.A：自然资源** • 自然资源的可用性已经引导了人类社会的发展。（HS-ESS3-1） • 所有制造能量和开采其他资源的形式都有相关的经济、社会、环境和地理政治学成本与风险，同时也有相应的收益。新技术和社会调控会改变这些因素的平衡。（HS-ESS3-2） **ESS3.B：自然灾害** • 自然灾害和其他地质事件已经塑造了人类历史过程；它们已经显著改变了人类种群的规模，驱动了人类的迁徙。（HS-ESS3-1） **ESS3.C：人类对地球系统的影响** • 人类社会的可持续性和支持人类社会的生物多样性需要对自然资源负责任的管理。（HS-ESS3-3） • 科学家与工程师能通过开发产生较少污染与废弃物和预防生态系统退化的技术来做出重要的贡献。（HS-ESS3-4） **ESS3.D：全球气候变化** • 通过计算机模拟和其他研究，有关海洋、大气圈和生物圈如何相互作用和如何被人类活动影响的重大发现层出不穷。（HS-ESS3-6） ▽	**原因与结果** • 区分因果关系与相关性以及做出关于具体因果关系的论断时，需要经验证据。（HS-ESS3-1） **系统与系统模型** • 在研究或描述一个系统时，系统的边界和初始条件需要被定义，输入和输出需要用模型来分析和描述。（HS-ESS3-6） **稳定与变化** • 变化和变化速率可以被量化和模拟，时间跨度从非常短到非常长。一些系统的变化是不可逆的。（HS-ESS3-3） • 反馈（正反馈或负反馈）可以使一个系统稳定或破坏一个系统的稳定。（HS-ESS3-4） ………… **与工程、技术以及科学的应用的关联** **工程、技术和科学对社会与自然界的影响** • 现代文明取决于重要的技术系统。（HS-ESS3-1）（HS-ESS3-3） • 工程师持续地应用科学知识和工程设计实践改进技术系统，从而提高收益并降低成本与风险。（HS-ESS3-2）（HS-ESS3-4） • 新技术可能对社会和环境产生深刻的影响，包括没有预料到的影响。（HS-ESS3-3） • 成本和效益分析是对技术作出决策的关键方面。（HS-ESS3-2） ………… **与科学的本质的联系** **科学是人类智慧的结晶** • 科学是人类努力、想象与创造的结果。（HS-ESS3-3） ▽

（可参考第331页上与高中．人类可持续性相关的连接）

高中．人类可持续性（续）

科学与工程实践	学科核心概念	跨学科概念
• 基于科学概念与原理、经验证据和对相关因素（例如经济的、社会的、环境的和伦理的）的逻辑论证，来评估针对一个真实世界问题的不同的解决方案。（HS-ESS3-2） ············ **与科学的本质的联系** **科学研究使用多种方法** • 科学研究使用不同的方法，而且并不总是使用相同的一套流程来获取数据。（HS-ESS3-5） • 新技术推动科学知识的进步。（HS-ESS3-5） • 科学探究的特征由一系列共同标准决定，包括逻辑思维、精确度、开放性、客观性、怀疑论、结果的可复制性以及诚实而遵守伦理道德地报告结果。 **实证是科学知识的基础** • 实证是科学知识的基础。（HS-ESS3-5） • 支持同一个解释的多方面证据可以强化科学论证。（HS-ESS3-5）	**ETS1.B：形成可能的方案** • 在评估方案时，考虑一系列约束条件（包括成本、安全性、可靠性和美学）和思考其对社会、文化与环境影响是重要的。（*HS-ESS3-2 的衍生概念*）（*HS-ESS3-4 的衍生概念*）	**科学解决有关自然界和物质世界的问题** • 科学与技术可能会引发伦理问题，而科学本身并不提供这些问题的答案和解决方案。（HS-ESS3-2） • 科学知识指出自然系统中会发生什么——而不是应该发生什么。后者涉及伦理学、价值观和人类对于如何使用知识的决策。（HS-ESS3-2） • 许多决策并不只根据科学而作出，还依赖社会与文化背景来解决问题。（HS-ESS3-2）

（可参考第 331 页上与高中．人类可持续性相关的连接）

高中工程设计

在高中阶段，学生被预期能够参与解决综合了科学、技术、社会与环境的重要的全球问题，并能采取分析与战略性的思维方式，而这在已有训练与越来越高的成熟度下是可能的。正如在之前的水平上那样，这些能力可以被分解成三个阶段——定义问题、形成可能的方案和改进设计。

定义问题在高中阶段要求定性与定量分析。例如，当考虑世界人口的增长速度和一些正在遭遇饥荒国家的生活条件，为今后的人类提供食物与淡水的需求就显得尤为迫切。虽然高中生并不需要解决这些挑战，但他们被预期开始思考这些问题，将它们作为——至少部分是——可以通过工程来解决的问题。

形成可能的方案解决重要的全球问题开始于将这些问题分解成可以通过工程方法解决的小问题。为了评估潜在的方案，学生们被预期不仅能思考广泛的标准，而且能意识到标准需要被排出优先顺序。举个例子，公共安全或环境保护也许比成本甚至功能更重要。对优先顺序的决策会引导在权衡时的选择。

改进设计在高中水平可以包括复杂的方法，比如用计算机模型模拟拟定的方案。学生被预期能够使用这些方法思考一系列标准与约束条件，尝试预测可能的社会与环境影响以及将这些模拟结果与真实世界进行比较以检验模型有效性。

与其他科学学科的联系帮助高中学生在各种各样的情境中发展这些能力。例如，在生命科学中，学生设计、评价和改进一个减少人类对环境的影响的方案（HS-LS2-7）以及创造或改进一个模型，去检验弱化人类活动对生物多样性的负面影响的方案（HS-LS4-6）。在物质科学中，学生通过将工程能力与他们对化学反应条件（HS-PS1-6）、碰撞中的力（HS-PS2-3）和不同形式的能量间的转化（HS-PS3-3）的认识结合起来使用，以解决问题。在地球与空间科学中，学生应用他们的工程能力去减少人类对地球系统的影响，提高社会与环境的成本-效益比（HS-ESS3-2、HS-ESS3-4）。

到12年级末，学生被预期实现与一个单独问题相关的4项HS-ETS1预期表现（HS-ETS1-1、HS-ETS1-2、HS-ETS1-3和HS-ETS1-4），从而理解工程设计的相互联系的流程。这包括分析重大全球挑战，量化解决方案的标准与约束条件，将复杂问题分解成较小的、更可操作的问题，基于经过优先度排序的标准与权衡评价备选方案以及用计算机模型模拟拟订方案的影响。尽管HS-ETS1中展示的预期表现将特定的实践与具体学科核心概念结合起来，教学决策时应当涵盖支持学生实现预期表现的众多实践。

高中．工程设计

预期表现

学生可以通过以下表现来展示理解：

HS-ETS1-1. 分析一个重大全球挑战，指明针对满足社会需求与希望的方案的定性与定量的标准与约束条件。

HS-ETS1-2. 设计一个方案来解决一个真实世界的复杂问题，通过将该问题分解成较小的、更可操作、能通过工程解决的问题。

HS-ETS1-3. 评估一个真实世界复杂问题的解决方案，基于经过优先级排序的标准与利弊权衡，这些标准与利弊权衡中涉及广泛的约束条件，包括成本、安全性、可靠性与美学以及可能的社会、文化与环境影响。

HS-ETS1-4. 使用一个计算机模型，模拟一个真实世界复杂问题的拟订方案的影响，此模型应包括考虑到与问题相关的系统内部与系统之间的相互作用的众多标准与约束条件。

科学与工程实践	学科核心概念	跨学科概念
提出问题和定义问题 9-12年级提出问题和定义问题建立在K-8年级的经验和基础上，发展到通过使用模型和模拟来建构、完善和评估可以经实践检验的问题和设计问题。 •通过具体说明成功方案的标准与约束条件，分析真实世界复杂问题。（HS-ETS1-1） **使用数学和计算思维** 9-12年级的数学和计算思维建立在K-8年级的经验和基础上，发展到使用代数思维与分析，包括三角函数、指数函数与对数函数在内的一系列线性和非线性函数，以及用于统计分析的计算工具，去分析、表示和模拟数据。基于基本假设的数学模型，开发和使用简单的模拟计算。 •使用数学模型和/或计算机模型，预测针对系统和/或系统间的相互作用的设计方案的效果。（HS-ETS1-4） ⌄	**ETS1.A：定义和界定工程问题** •标准与约束条件也包括满足社会的任何要求（比如考虑降低风险），并且应尽可能地量化，其陈述方式应让人能够判断一个给定的设计是否满足了它们。（HS-ETS1-1） •人类今天面临着重大全球挑战，诸如清洁水与食物的需求或使污染最小化的能源的需求，而这些挑战是可以通过工程来应对的。这些全球挑战也可能在局部地区有所体现。（HS-ETS1-1） **ETS1.B：形成可能的方案** •在评价方案时，考虑一系列约束条件（包括成本、安全性、可靠性和美学）和思考其对社会、文化与环境的影响是重要的。（HS-ETS1-3） ⌄	**系统与系统模型** •模型（例如实物模型、数学模型以及计算机模型）可以被用来模拟不同尺度上的系统和系统内部与系统之间的相互作用——包括能量、物质和信息流。（HS-ETS1-4） .... 与工程、技术以及科学的应用的关联 **科学、工程和技术对社会和自然界的影响** •新技术可能对社会和环境产生深刻的影响，包括没有预料到的影响。成本和效益分析是对技术作出决策的关键方面。（HS-ETS1-1）（HS-ETS1-3）

（可参考第332页上与高中．工程设计相关的连接）

高中．工程设计（续）

科学与工程实践	学科核心概念	跨学科概念
建构解释和设计解决方案 9-12年级建构解释和设计解决方案建立在K-8年级的经验和基础上，发展到用多种来源且相互独立的、学生开发的、与科学概念、原理和理论相一致的证据来支持解释和设计。 • 基于科学知识、学生得到的证据、经过主次排序的标准和利弊权衡的考虑，设计一个真实世界复杂问题的解决方案。（HS-ETS1-2） • 基于科学知识、学生得到的证据、经过主次排序的标准和利弊权衡的考虑，评价一个真实世界复杂问题的解决方案。（HS-ETS1-3）	• 实物模型和计算机可以通过多种方式辅助工程设计。计算机用途广泛，诸如运行模型以测试不同的问题解决方案或检验哪种方案最有效率或经济，以及制作向客户说明一个给定的设计将如何满足其需求的有说服力的演示文档。（HS-ETS1-4） **ETS1.C：优化设计方案** • 标准可能需要被分解成能够系统地达成的简单条目，关于若干标准的主次顺序的决定（权衡利弊）可能也是必需的。（HS-ETS1-2）	

（可参考第332页上与高中．工程设计相关的连接）

连接《新一代科学教育标准》主题序列

K. 力和相互作用：推力和拉力

与幼儿园其他学科核心概念的连接
K-PS2-2: K.ETS1.A, K.ETS1.B

跨年级段学科核心概念的衔接
K-PS2-1: 3.PS2.A, 3.PS2.B, 4.PS3.A
K-PS2-2: 2.ETS1.B, 3.PS2.A, 4.ETS1.A

与州共同核心标准的连接
（注：斜体字部分不一定是成功完成一个既定预期表现的先决条件，但可能与其连接。）

英语语言艺术 / 读写能力
K-PS2-1: W.K.7
K-PS2-2: *RI.K.1, SL.K.3*

关键点
RI.K.1: 在鼓励和支持下，提出和回答有关文章中核心细节的问题。
W.K.7: 参与共同研究和写作项目（例如，探索一些喜爱的作家的书，并提出自己的见解）。
SL.K.3: 提出问题和回答问题以寻求帮助、获取信息或弄清不理解的事物。

数学
K-PS2-1: *K.MD.A.1, K.MD.A.2, MP.2*

关键点
MP.2: 抽象和定量地推理。
K.MD.A.1: 描述物体的可测量属性，例如长度或重量。描述单个物体的几个可测量属性。
K.MD.A.2: 直接比较两个物体相同的、可测量的属性，看哪个物体具有更多 / 更少的该种属性并描述差异。

K. 生态系统中的相互依存关系：动物、植物及其生存环境

与幼儿园其他学科核心概念的连接
K-ESS3-3: K.ETS1.A

跨年级段学科核心概念的衔接
K-LS1-1: 1.LS1.A, 2.LS2.A, 3.LS2.C, 3.LS4.B, 5.LS1.C, 5.LS2.A
K-ESS2-2: 4.ESS2.E, 5.ESS2.A
K-ESS3-1: 1.LS1.A, 5.LS2.A, 5.ESS2.A
K-ESS3-3: 2.ETS1.B, 4.ESS3.A, 5.ESS3.C

与州共同核心标准的连接
（注：斜体字部分不一定是成功完成一个既定预期表现的先决条件，但可能与其连接。）

英语语言艺术 / 读写能力
K-LS1-1: W.K.7
K-ESS2-2: RI.K.1, W.K.1, *W.K.2*
K-ESS3-1: *SL.K.5*
K-ESS3-3: *W.K.2*

关键点
RI.K.1: 在鼓励和支持下，提出和回答有关文章中核心细节的问题。
W.K.1: 综合运用绘画、口述和书写的方法来形成观点，告知读者他们正在写的这本书的主题或名字，并陈述有关这个主题或这本书的想法或偏好。
W.K.2: 综合运用绘画、口述和书写的方法来形成信息性 / 解释性文章，在其中，命名他们正在写的事物，并提供关于该主题的一些信息。
W.K.7: 参与共同研究和写作项目（例如，探索一些喜爱的作家的书，并提出自己的见解）
SL.K.5: 根据需要增加绘画或其他视觉展示形式，以提供额外细节。

数学
K-LS1-1: *K.MD.A.2*
K-ESS3-1: *MP.2, MP.4, K.CC*

关键点
MP.2: 抽象和定量地推理。
MP.4: 使用数学建模。
K.CC: 计数与基数。
K.MD.A.2: 直接比较两个物体相同的、可测量的属性，看哪个物体具有更多 / 更少的该种属性并描述差异。

连接《新一代科学教育标准》主题序列

K. 天气和气候

与幼儿园其他学科核心概念的连接
K-PS3-2：K.ETS1.A, K.ETS1.B
K-ESS3-2：K.ETS1.A

跨年级段学科核心概念的衔接
K-PS3-1：1.PS4.B, 3.ESS2.D
K-PS3-2：1.PS4.B, 2.ETS1.B, 4.ETS1.A
K-ESS2-1：2.ESS2.A, 3.ESS2.D, 4.ESS2.A
K-ESS3-2：2.ESS1.C, 3.ESS3.B, 4.ESS3.B

与州共同核心标准的连接
（注：斜体字部分不一定是成功完成一个既定预期表现的先决条件，但可能与其连接。）

英语语言艺术 / 读写能力
K-PS3-1：W.K.7
K-PS3-2：*W.K.7*
K-ESS2-1：W.K.7
K-ESS3-2：RI.K.1, SL.K.3

关键点
RI.K.1：在鼓励和支持下，提出和回答有关文章中核心细节的问题。
W.K.7：参与共同研究和写作项目（例如，探索一些喜爱的作家的书，并提出自己的见解）。
SL.K.3：提出问题和回答问题以寻求帮助、获取信息或弄清不理解的事物。

数学
K-PS3-1：K.MD.A.2
K-PS3-2：K.MD.A.2
K-ESS2-1：MP.2, MP.4, K.CC.A, K.MD.A.1, K.MD.B.3
K-ESS3-2：*MP.4, K.CC*

关键点
MP.2：抽象和定量地推理。
MP.4：进行数学建模。
K.CC：计数与基数。
K.CC.A：知道数的名字并能顺数。
K.MD.A.1：描述物体的可测量属性，例如长度或重量。描述单个物体的可测量属性。

K.MD.A.2：直接比较两个物体相同的、可测量的属性，看哪个物体具有更多 / 更少的该种属性并描述差异。
K.MD.B.3：将物体按照要求进行分类；数清每种类别中物体的数量并且按照数量对这些类别进行排序。

1. 波：光和声

与一年级其他学科核心概念的连接
不适用

跨年级段学科核心概念的衔接
1-PS4-2：4.PS4.B
1-PS4-3：2.PS1.A
1-PS4-4：K.ETS1.A, 2.ETS1.B, 4.PS4.C, 4.ETS1.A

与州共同核心标准的连接
（注：斜体字部分不一定是成功完成一个既定预期表现的先决条件，但可能与其连接。）

英语语言艺术 / 读写能力
1-PS4-1：W.1.7, W.1.8, SL.1.1
1-PS4-2：*W.1.2, W.1.7, W.1.8, SL.1.1*
1-PS4-3：W.1.7, W.1.8, *SL.1.1*
1-PS4-4：W.1.7

关键点
W.1.2：撰写信息性 / 解释性文本，并在其中命名一个主题，提供关于该主题的一些资料，并为其撰写结尾。
W.1.7 参与共同研究和写作项目（例如，探索一些关于给定主题的"入门"书籍，并使用这些书籍来写出说明）。
W.1.8：在成人的指导和支持下，从经验中回忆信息或从提供的信息源中收集信息来回答问题。
SL.1.1：在小组和大组中，与不同的同伴和成人开展有关一年级主题和文章的协作性对话。

数学
1-PS4-4：*MP.5, 1.MD.A.1, 1.MD.A.2*

关键点
MP.5：策略性地使用适当的工具。
1.MD.A.1：根据长度对三个物体进行排序；通过第

连接《新一代科学教育标准》主题序列

三个物体比较两个物体的长度。
1.MD.A.2：通过将较短的物体（长度单位）首尾相连地置于一个物体之上，以该长度单位的整数数量表示该物体的长度；理解对某个物体的长度测量可以看作将特定数量的同尺寸的长度单位无间隙或无重叠地连在一起。

1. 结构、功能和信息处理

与一年级其他学科核心概念的连接
不适用

跨年级段学科核心概念的衔接
1-LS1-1：K.ETS1.A，4.LS1.A，4.LS1.D，4.ETS1.A
1-LS1-2：3.LS2.D
1-LS3-1：3.LS3.A，3.LS3.B

与州共同核心标准的连接
（注：斜体字部分不一定是成功完成一个既定预期表现的先决条件，但可能与其连接。）

英语语言艺术 / 读写能力
1-LS1-1：W.1.7
1-LS1-2：RI.1.1，RI.1.2，RI.1.10
1-LS3-1：RI.1.1，W.1.7，W.1.8

关键点
RI.1.1：提出和回答文章中有关核心细节的问题。
RI.1.2：识别文章所表达的主题并复述核心细节。
RI.1.10：在鼓励和支持下，阅读对该年级来说有一定复杂性的信息性文本。
W.1.7：参与共同研究和写作项目（例如，探索一些关于给定主题的"入门"书籍，并使用这些书籍来写出说明）。
W.1.8：在成人的指导和支持下，从经验中回忆信息或从提供的信息源中收集信息来回答问题。

数学
1-LS1-2：*1.NBT.B.3，1.NBT.C.4，1.NBT.C.5，1.NBT.C.6*
1-LS3-1：*MP.2，MP.5，1.MD.A.1*

关键点
MP.2：抽象和定量地推理。

MP.5：策略性地使用适当的工具。
1.NBT.B.3：基于十位数和个位数的含义，比较两个两位数，采用 >、= 和 < 符号来记录比较的结果。
1.NBT.C.4：使用具体模型或绘图，以及基于位值、运算属性和 / 或加法和减法之间关系的策略，完成 100 以内的加法，包括两位数和一位数的加法，以及两位数和 10 的倍数的加法；将策略与书面方法联系起来并解释使用的理由。理解在两位数加法中，十位数与十位数相加，个位数与个位数相加，某些情况下必须构成 1 个 10。
1.NBT.C.5：给定一个两位数，在不计数的情况下，分别心算出比这个数大 10 和小 10 的数字；解释使用的推理过程。
1.NBT.C.6：使用具体模型或绘图，以及基于位值、运算属性和 / 或加法和减法之间关系的策略，将两个在 10 ~ 90 范围内的 10 的倍数相减（差值是正数或 0）；将策略与书面方法联系起来并解释使用的理由。
1.MD.A.1：根据长度对三个物体进行排序；通过第三个物体比较两个物体的长度。

1. 宇宙系统：模式和周期

与一年级其他学科核心概念的连接
不适用

跨年级段学科核心概念的衔接
1-ESS1-1：3.PS2.A，5.PS2.B，5-ESS1.B
1-ESS1-2：5.PS2.B，5-ESS1.B

与州共同核心标准的连接
（注：斜体字部分不一定是成功完成一个既定预期表现的先决条件，但可能与其连接。）

英语语言艺术 / 读写能力
1-ESS1-1：W.1.7，W.1.8
1-ESS1-2：W.1.7，W.1.8

关键点
W.1.7：参与共同研究和写作项目（例如，探索一些关于给定主题的"入门"书籍，并使用这些书籍来写出说明）。
W.1.8：在成人的指导和支持下，从经验中回忆信息或从提供的信息源中收集信息来回答问题。

连接《新一代科学教育标准》主题序列

数学
1-ESS1-2：*MP.2*，*MP.4*，*MP.5*，*1.OA.A.1*，*1.MD.C.4*

关键点
MP.2：抽象和定量地推理。
MP.4：使用数学建模。
MP.5：策略性地使用适当的工具。
1.OA.A.1：用 20 以内的加法和减法来解决涉及增加、减少、组合、拆分和比较情境的应用题，未知数可出现在任何位置（例如使用物品、绘画、方程式来表示问题）。
1.MD.C.4：组织、表示和解释最多三个类别的数据；提出和回答有关数据点总数、每个类别数据点数量以及类别之间数据点数量差异的问题。

2. 物质的结构和性质

与二年级其他学科核心概念的连接
不适用

跨年级段学科核心概念的衔接
2-PS1-1：PS1.A
2-PS1-2：PS1.A
2-PS1-3：*4.ESS2.A*，PS1.A，*5.LS2.A*
2-PS1-4：*5.PS1.B*

与州共同核心标准的连接
（注：斜体字部分不一定是成功完成一个既定预期表现的先决条件，但可能与其连接。）

英语语言艺术 / 读写能力
2-PS1-1：W.2.7，W.2.8
2-PS1-2：*RI.2.8*，W.2.7，W.2.8
2-PS1-3：W.2.7，W.2.8
2-PS1-4：*RI.2.1*，RI.2.3，RI.2.8，W.2.1

关键点
RI.2.1：提出和回答诸如谁、什么、哪里、何时、为什么、如何等问题，以此表现对文章中核心细节的理解。
RI.2.3：描述文章中一系列历史事件、科学想法或概念以及技术程序步骤之间的关系。
RI.2.8：描述支持作者在文章中表达的特定观点的理由。
W.2.1：撰写对正在介绍的主题或书籍的意见，陈述观点，提供支持的原因，使用链接词（例如，因为，还有）连接观点和理由，并提供结论性表述或章节。
W.2.7：参与共同研究和写作项目（例如阅读一些关于单个主题的书籍，形成报告，记录科学观察）。
W.2.8：从经验中回忆信息或从提供的信息源中收集信息来回答问题。

数学
2-PS1-1：*MP.4*，*2.MD.D.10*
2-PS1-2：*MP.2*，*MP.4*，*MP.5*，*2.MD.D.10*

关键点
MP.2：抽象和定量地推理。
MP.4：使用数学建模。
MP.5：策略性地使用适当的工具。
2.MD.D.10：画统计图或柱状图（单一单位尺度），以最多 4 个类别表示一个数据集。采用柱状图来解决简单的组合、分离和比较问题。

2. 生态系统中的相互依存关系

与二年级其他学科核心概念的连接
不适用

跨年级段学科核心概念的衔接
2-LS2-1：K.LS1.C，*K–ESS3.A*，*5.LS1.C*
2-LS2-2：K.ETS1.A，*5.LS2.A*
2-LS4-1：*3.LS4.C*，*3.LS4.D*，*5.LS2.A*

与州共同核心标准的连接
（注：斜体字部分不一定是成功完成一个既定预期表现的先决条件，但可能与其连接。）

英语语言艺术 / 读写能力
2-LS2-1：W.2.7，W.2.8
2-LS2-2：SL.2.5
2-LS4-1：W.2.7，W.2.8

关键点
W.2.7：参与共同研究和写作项目（例如阅读一些关于单个主题的书籍，形成报告，记录科学观察）。
W.2.8：从经验中回忆信息或者从提供的信息源中收

连接《新一代科学教育标准》主题序列

集信息来回答问题。
SL.2.5：创建故事或诗的录音；在恰当时给故事或经历叙述加入绘画或其他视觉表现方式以阐述创意、想法和感受。

数学

2-LS2-1：*MP.2，MP.4，MP.5*
2-LS2-2：*MP.4，2.MD.D.10*
2-LS4-1：*MP.2，MP.4，2.MD.D.10*

关键点

MP.2：抽象和定量地推理。
MP.4：使用数学建模。
MP.5：策略性地使用适当的工具。
2.MD.D.10：画统计图或柱状图（单一单位尺度），以最多 4 个类别表示一个数据集。采用柱状图来解决简单的组合、分离和比较问题。

2. 地球的系统：地球的形成过程

与二年级其他学科核心概念的连接
2-ESS2-3：2.PS1.A

跨年级段学科核心概念的衔接
2-ESS1-1：3.LS2.C，4.ESS1.C，4.ESS2.A
2-ESS2-1：K.ETS1.A，4.ESS2.A，4.ETS1.A，4.ETS1.B，4.ETS1.C，5.ESS2.A
2-ESS2-2：4.ESS2.B，5.ESS2.C
2-ESS2-3：5.ESS2.C

与州共同核心标准的连接
（注：斜体字部分不一定是成功完成一个既定预期表现的先决条件，但可能与其连接。）

英语语言艺术 / 读写能力

2-ESS1-1：*RI.2.1，RI.2.3，W.2.6，W.2.7，W.2.8，SL.2.2*
2-ESS2-1：*RI.2.3，RI.2.9*
2-ESS2-2：*SL.2.5*
2-ESS2-3：*W.2.6，W.2.8*

关键点

RI.2.1：提出和回答诸如谁、什么、哪里、何时、为什么、如何等问题，以此表现对文章中核心细节的理解。
RI.2.3：描述文章中一系列历史事件、科学想法或概念以及技术程序步骤之间的关系。
RI.2.9：比较和对比关于相同主题的两篇文章中最重要的观点。
W.2.6：在成人的指导和支持下，使用各种数字化工具来创作和发布写作作品，包括通过与同伴进行合作的方式。
W.2.7：参与共同研究和写作项目（例如阅读一些关于单个主题的书籍，形成报告，记录科学观察）。
W.2.8：从经验中回忆信息或从提供的信息源中收集信息来回答问题。
SL.2.2：从大声朗读、口头或其他媒体表达的信息中复述或描述核心概念或细节。
SL.2.5：创建故事或诗的录音；在恰当时给故事或经历叙述加入绘画或其他视觉表现方式以阐述创意、想法和感受。

数学

2-ESS1-1：*MP.4，2.NBT.A*
2-ESS2-1：*MP.2，MP.4，MP.5，2.MD.B.5*
2-ESS2-2：*MP.2，MP.4，2.NBT.A.3*

关键点

MP.2：抽象和定量地推理。
MP.4：使用数学建模。
MP.5：策略性地使用适当的工具。
2.NBT.A：理解位值。
2.NBT.A.3：基于十进制、数字名称和扩展形式进行 1000 内数字的读与写。
2.MD.B.5：使用 100 以内的加减法解答涉及长度的应用题，例如，使用绘图（比如用尺子绘图）和包含未知数的方程式来表示问题。

K-2 工程设计

连接 K-2-ETS1.A：定义和界定工程问题
幼儿园：K-PS2-2，K-ESS3-2

连接 K-2-ETS1.B：开发可能的解决方法
幼儿园：K-ESS3-3
一年级：1-PS4-4
二年级：2-LS2-2

连接《新一代科学教育标准》主题序列

连接 K-2-ETS1.C：优化设计方案
二年级：2-ESS2-1

跨年级段学科核心概念的衔接
K-2-ETS1-1：3-5.ETS1.A，3-5.ETS1.C
K-2-ETS1-2：3-5.ETS1.A，3-5.ETS1.B，3-5.ETS1.C
K-2-ETS1-3：3-5.ETS1.A，3-5.ETS1.B，3-5.ETS1.C

与州共同核心标准的连接
（注：斜体字部分不一定是成功完成一个既定预期表现的先决条件，但可能与其连接。）

英语语言艺术/读写能力
K-2-ETS1-1：RI.2.1，W.2.6，W.2.8
K-2-ETS1-2：*SL.2.5*
K-2-ETS1-3：*W.2.6，W.2.8*

关键点
RI.2.1：提出和回答诸如谁、什么、哪里、何时、为什么、如何等问题，以此表现对文章中核心细节的理解。
W.2.6：在成人的指导和支持下，使用各种数字化工具来创作和发布写作作品，包括通过与同伴进行合作的方式。
W.2.8：从经验中回忆信息或从提供的信息源中收集信息来回答问题。
SL.2.5：创建故事或诗的录音；在恰当时给故事或经验叙述加入绘图或其他视觉表现方式以阐述创意、想法和感受。

数学
K-2-ETS1-1：*MP.2，MP.4，MP.5，2.MD.D.10*
K-2-ETS1-3：*MP.2，MP.4，MP.5，2.MD.D.10*

关键点
MP.2：抽象和定量地推理。
MP.4：使用数学建模。
MP.5：策略性地使用适当的工具。
2.MD.D.10：画统计图或柱状图（单一单位尺度），以最多4个类别表示一个数据集。采用柱状图来解决简单的组合、分离和比较问题。

3. 力和相互作用

与三年级其他学科核心概念的连接
不适用

跨年级段学科核心概念的衔接
3-PS2-1：K.PS2.A，K.PS2.B，K.PS3.C，5.PS2.B，MS.PS2.A，MS.ESS1.B，MS.ESS2.C
3-PS2-2：1.ESS1.A，4.PS4.A，MS.PS2.A，MS.ESS1.B
3-PS2-3：MS.PS2.B
3-PS2-4：K.ETS1.A，4.ETS1.A，MS.PS2.B

与州共同核心标准的连接
（注：斜体字部分不一定是成功完成一个既定预期表现的先决条件，但可能与其连接。）

英语语言艺术/读写能力
3-PS2-1：*RI.3.1，W.3.7，W.3.8*
3-PS2-2：W.3.7，*W.3.8*
3-PS2-3：RI.3.1，RI.3.3，*RI.3.8，SL.3.3*

关键点
RI.3.1：提出和回答问题以展现对文章的理解，明确提到文章内容作为答案的基础。
RI.3.3：使用形容时间、顺序和因果关系的语言，描述文章中的一系列历史事件、科学思想或概念以及技术程序步骤之间的关系。
RI.3.8：描述文章中特定句子与段落之间的逻辑关系（例如，比较、原因/结果、一个序列中的第一/第二/第三）。
W.3.7：开展短期研究项目，建构关于某个主题的知识。
W.3.8：从经验中回忆信息或从印刷和数字来源中收集信息；对来源进行简要注释，将证据按照给定的类别进行排序。
SL.3.3：就来自某位演讲者的信息进行提出问题并回答相关问题，提供详细阐述和细节。

数学
3-PS2-1：*MP.2，MP.5，3.MD.A.2*

关键点
MP.2：抽象和定量地推理。
MP.5：策略性地使用适当的工具。
3.MD.A.2：使用克（g）、千克（kg）和升（l）等标

连接《新一代科学教育标准》主题序列

准单位测量和估计液体体积和物体的质量。使用加、减、乘、除解决涉及具有相同单位的质量或体积的一步应用题，例如使用绘图（如有刻度的量杯）来表示问题。

3. 生态系统中的相互依存关系

与三年级其他学科核心概念的连接
3-LS4-3：3.ESS2.D
3-LS4-4：3.ESS3.B

跨年级段学科核心概念的衔接
3-LS2-1：1.LS1.B, MS.LS2.A
3-LS4-1：4.ESS1.C, MS.LS2.A, MS.LS4.A, MS.ESS1.C, MS.ESS2.B
3-LS4-3：K.ESS3.A, 2.LS2.A, 2.LS4.D, MS.LS2.A, MS.LS4.B, MS.LS4.C, MS.ESS1.C
3-LS4-4：K.ESS3.A, K.ETS1.A, 2.LS2.A, 2.LS4.D, 4.ESS3.B, 4.ETS1.A, MS.LS2.A, MS.LS2.C, MS.LS4.C, MS.ESS1.C, MS.ESS3.C

与州共同核心标准的连接
（注：斜体字部分不一定是成功完成一个既定预期表现的先决条件，但可能与其连接。）

英语语言艺术 / 读写能力
3-LS2-1：*RI.3.1*, *RI.3.3*, *W.3.1*
3-LS4-1：*RI.3.1*, *RI.3.2*, *RI.3.3*, *W.3.1*, *W.3.2*, *W.3.9*
3-LS4-3：*RI.3.1*, *RI.3.2*, *RI.3.3*, *W.3.1*, *W.3.2*, *SL.3.4*
3-LS4-4：*RI.3.1*, *RI.3.2*, *RI.3.3*, *W.3.1*, *W.3.2*, *SL.3.4*

关键点
RI.3.1：提出和回答问题来展现对文章的理解，明确地以文章内容作为答案的基础。
RI.3.2：明确文章的中心思想；叙述关键细节，并解释这些细节如何支持中心思想。
RI.3.3：使用形容时间、顺序和因果关系的语言，描述文章中的一系列历史事件、科学思想或概念以及技术程序步骤之间的关系。
W.3.1：就某个主题或文章撰写评论，有理由地支持某种观点。
W.3.2：撰写信息性 / 解释性文章来探讨一个主题，清晰地表达想法和信息。
W.3.9：从经验中回忆信息或从印刷和数字来源中收集信息；对来源进行简要注释，将证据分类到给定的类别中。
SL.3.4：以可被理解的语速清晰地叙述，提供恰当的事实和相关的、描述性的细节，就某个主题进行报告、讲故事或叙述经历。

数学
3-LS2-1：MP.4, 3.NBT
3-LS4-1：*MP.2*, *MP.4*, *MP.5*, *3.MD.B.4*
3-LS4-3：*MP.2*, *MP.4*, *3.MD.B.3*
3-LS4-4：*MP.2*, *MP.4*

关键点
MP.2：抽象和定量地推理。
MP.4：使用数学建模。
MP.5：策略性地使用适当的工具。
3.NBT：十进制数字和运算。
3.MD.B.3：绘制具有刻度的统计图和条形图来表示具有多个类别的数据集。使用条形图所表示的信息，解决1步和2步"多多少"和"少多少"的问题。
3.MD.B.4：使用以半英寸（1英寸为2.54厘米，下同）和四分之一英寸为刻度的尺子测量长度来生成数据。制作折线图（横坐标用适当的单位，即整数、二分之一或四分之一为刻度）来呈现数据。

3. 性状的继承与变异：生命周期和性状

与三年级其他学科核心概念的连接
3-LS4-2：3.LS4.C

跨年级段学科核心概念的衔接
3-LS1-1：MS.LS1.B
3-LS3-1：1.LS3.A, 1.LS3.B, MS.LS3.A, MS.LS3.B
3-LS3-2：MS.LS1.B
3-LS4-2：1.LS3.A, MS.LS2.A, MS.LS3.B, MS.LS4.B

与州共同核心标准的连接
（注：斜体字部分不一定是成功完成一个既定预期表现的先决条件，但可能与其连接。）

英语语言艺术 / 读写能力
3-LS1-1：*RI.3.7*, *SL.3.5*
3-LS3-1：RI.3.1, *RI.3.2*, RI.3.3, *W.3.2*, *SL.3.4*

连接《新一代科学教育标准》主题序列

3-LS3-2: *RI.3.1*, *RI.3.2*, *RI.3.3*, W.3.2, SL.3.4
3-LS4-2: *RI.3.1*, *RI.3.2*, *RI.3.3*, W.3.2, SL.3.4

关键点

RI.3.1：提出和回答问题来表明对文章的理解，明确地以文章内容作为答案的基础。

RI.3.2：明确文章的中心思想；叙述关键细节，并解释这些细节如何支持中心思想。

RI.3.3：使用形容时间、顺序和因果关系的语言，描述文章中的一系列历史事件、科学思想或概念以及技术程序步骤之间的关系。

RI.3.7：使用从插图中获取的信息（例如，地图、照片）和文章中的字词，以表明对文章的理解（例如，关键事件在何地、何时，为什么以及如何发生）。

W.3.2：撰写信息性/解释性文章来探讨一个主题，清晰地表达想法和信息。

SL.3.4：以可被理解的语速清晰地叙述，提供恰当的事实和相关的、描述性的细节，就某个主题或文章进行报告、讲故事或叙述经历。

SL.3.5：以可以被理解的语速制作动听的故事或诗歌的录音，其中应当展现流畅的朗诵；在恰当时增加视觉表现方式，以强调或增强特定事实或细节。

数学

3-LS1-1: *MP.4*, 3.NBT, 3.NF
3-LS3-1: *MP.2*, *MP.4*, 3.MD.B.4
3-LS3-2: *MP.2*, *MP.4*, 3.MD.B.4
3-LS4-2: *MP.2*, *MP.4*, 3.MD.B.3

关键点

MP.2：抽象和定量地推理。
MP.4：使用数学建模。
3.NBT：十进制数字和运算。
3.NF：数字和运算——分数。
3.MD.B.3：绘制具有刻度的统计图和条形图来表示具有多个类别的数据集。使用条形图所表示的信息，解决1步和2步"多多少"和"少多少"的问题。
3.MD.B.4：使用以半英寸和四分之一英寸（1英寸为2.54厘米）为刻度的尺子测量长度来生成数据。制作折线图（横坐标用适当的单位，即整数、二分一或四分之一为刻度）来呈现数据。

3. 天气和气候

与三年级其他学科核心概念的连接
不适用

跨年级段学科核心概念的衔接

3-ESS2-1：K.ESS2.D，4.ESS2.A，5.ESS2.A，MS.ESS2.C，MS.ESS2.D
3-ESS2-2：MS.ESS2.C，MS.ESS2.D
3-ESS3-1：K.ESS3.B，K.ETS1.A，4.ESS3.B，4.ETS1.A，MS.ESS3.B

与州共同核心标准的连接

（注：斜体字部分不一定是成功完成一个既定预期表现的先决条件，但可能与其连接。）

英语语言艺术/读写能力

3-ESS2-2：*RI.3.1*, RI.3.9, W.3.9
3-ESS3-1：*W.3.1*, *W.3.7*

关键点

RI.3.1：提出和回答问题来展现对文章的理解，明确地以文章内容作为答案的基础。

RI.3.9：比较和对比关于同一主题的两篇文章之间最重要的要点和关键细节。

W.3.1：就某个主题或文章撰写评论文章，有理由地支持某个观点。

W.3.7：开展短期研究项目，建构关于某个主题的知识。

W.3.9：从经验中回忆信息或从印刷和数字来源中收集信息；对来源进行简要注释，将证据按给定的类别进行排序。

数学

3-ESS2-1：MP.2, MP.4, *MP.5*, *3.MD.A.2*, 3.MD.B.3
3-ESS2-2：MP.2, MP.4
3-ESS3-1：*MP.2*, *MP.4*

关键点

MP.2：抽象和定量地推理。
MP.4：使用数学建模。
MP.5：策略性地使用适当的工具。
3.MD.A.2：使用克（g），千克（kg）和升（l）等标准单位来测量和估计液体的体积和物体的质量。使用加、减、乘、除解决涉及具有相同单位的质量或

连接《新一代科学教育标准》主题序列

体积的一步应用题，例如使用绘图（如有刻度的烧杯）来表示问题。

3.MD.B.3：绘制具有刻度的统计图和条形图来表示具有多个类别的数据集。使用条形图所表示的信息，解决 1 步和 2 步"多多少"和"少多少"的问题。

4. 能量

与四年级其他学科核心概念的连接
不适用

跨年级段学科核心概念的衔接
4-PS3-1：MS.PS3.A
4-PS3-2：MS.PS2.B，MS.PS3.A，MS.PS3.B，MS.PS4.B
4-PS3-3：K.PS2.B，3.PS2.A，MS.PS2.A，MS.PS3.A，MS.PS3.B，MS.PS3.C
4-PS3-4：K.ETS1.A，2.ETS1.B，5.PS3.D，5.LS1.C，MS.PS3.A，MS.PS3.B，MS.ETS1.B，MS.ETS1.C
4-ESS3-1：5.ESS3.C，MS.PS3.D，MS.ESS2.A，MS.ESS3.A，MS.ESS3.C，MS.ESS3.D

与州共同核心标准的连接
（注：斜体字部分不一定是成功完成一个既定预期表现的先决条件，但可能与其连接。）

英语语言艺术 / 读写能力
4-PS3-1：RI.4.1，RI.4.3，*RI.4.9*，W.4.2，W.4.8，W.4.9
4-PS3-2：W.4.7，W.4.8
4-PS3-3：W.4.7，W.4.8
4-PS3-4：W.4.7，W.4.8
4-ESS3-1：*W.4.7*，*W.4.8*，*W.4.9*

关键点
RI.4.1：当解释文章明确表达的内容，以及从文章进行推论的时候，要参考文章中的细节和例子。
RI.4.3：基于文章中的特定信息，解释历史、科学或技术文章中的事件、程序、想法或概念，包括发生了什么以及为什么发生。
RI.4.9：整合关于同一主题的两篇文章的信息，有见识地撰写或讲述该主题。
W.4.2：撰写信息性 / 解释性文章来探讨一个主题，清晰地表达想法和信息。

W.4.7：开展短期研究项目，通过调查某个主题的不同方面来建构知识。
W.4.8：从经验中回忆信息或从印刷和数字来源中收集信息；进行注释、信息分类，并提供信息来源清单。
W.4.9：从文献或信息文章中获取证据，以支持分析、反思和研究。

数学
4-PS3-4：*4.OA.A.3*
4-ESS3-1：*MP.2*，*MP.4*，4.OA.A.1

关键点
MP.2：抽象和定量地推理。
MP.4：使用数学建模。
4.OA.A.1：将乘法算式解释为比较（例如将 35 = 5 × 7 解释为 7 的 5 倍和 5 的 7 倍）。将乘法的比较型语言陈述表示为乘法算式。
4.OA.A.3：使用四则运算来解决多步整数（答案也要是整数）应用题，包括必须解释余数的应用题。用一个字母代表未知数的方程来表示这些问题。使用包括舍入在内的心算和估算策略来评估答案的合理性。

4. 波：波和信息

与四年级其他学科核心概念的连接
4-PS4-1：4.PS3.A，4.PS3.B
4-PS4-3：4.ETS1.A

跨年级段学科核心概念的衔接
4-PS4-1：MS.PS4.A
4-PS4-3：K.ETS1.A，1.PS4.C，2.ETS1.B，2.ETS1.C，3.PS2.A，MS.PS4.C，MS.ETS1.B

与州共同核心标准的连接
（注：斜体字部分不一定是成功完成一个既定预期表现的先决条件，但可能与其连接。）

英语语言艺术 / 读写能力
4-PS4-1：*SL.4.5*
4-PS4-3：*RI.4.1*，RI.4.9

关键点
RI.4.1：当解释文章明确表达的内容以及根据文章进

新一代科学教育标准——主题序列　　305

连接《新一代科学教育标准》主题序列

行推论的时候，要参考文章中的细节和例子。
RI.4.9：整合关于同一主题的两篇文章的信息，有见识地撰写或讲述该主题。
SL.4.5：恰当时在演示文稿中加录音和视觉表现方式，以加强构建中心思想或主题。

数学
4-PS4-1：*MP.4*，*4.G.A.1*

关键点
MP.4：使用数学建模。
4.G.A.1：绘制点、直线、线段、射线、角（例如直角、锐角、钝角）、垂线和平行线，分辨这些二维图形。

4. 结构、功能和信息处理

与四年级其他学科核心概念的连接
不适用

跨年级段学科核心概念的衔接
4-PS4-2：1.PS4.B，MS.PS4.B，MS.LS1.D
4-LS1-1：1.LS1.A，3.LS3.B，MS.LS1.A
4-LS1-2：1.LS1.D，MS.LS1.A，MS.LS1.D

与州共同核心标准的连接
（注：斜体字部分不一定是成功完成一个既定预期表现的先决条件，但可能与其连接。）

英语语言艺术/读写能力
4-PS4-2：*SL.4.5*
4-LS1-1：W.4.1
4-LS1-2：*SL.4.5*

关键点
W.4.1：撰写关于主题或文章的评论，有理有据地支持某个观点。
SL.4.5：恰当时在演示文稿中加入录音和视觉表现方式，以加强构建中心思想或主题。

数学
4-PS4-2：*MP.4*，*4.G.A.1*
4-LS1-1：*4.G.A.3*

关键点
MP.4：使用数学建模。
4.G.A.1：绘制点、直线、线段、射线、角（例如直角、锐角、钝角）、垂线和平行线，分辨这些二维图形。
4.G.A.3：识别二维图形中可以作为对称轴的直线，使得该图可以沿该直线折叠后完全重合。识别轴对称图形并画出对称轴。

4. 地球的系统：地球的形成过程

与四年级其他学科核心概念的连接
4-ESS3-2：4.ETS1.C

跨年级段学科核心概念的衔接
4-ESS1-1：2.ESS1.C，3.LS4.A，MS.LS4.A，MS.ESS1.C，MS.ESS2.A，MS.ESS2.B
4-ESS2-1：2.ESS1.C，2.ESS2.A，5.ESS2.A
4-ESS2-2：2.ESS2.B，2.ESS2.C，5.ESS2.C，MS.ESS1.C，MS.ESS2.A，MS.ESS2.B
4-ESS3-2：K.ETS1.A，2.ETS1.B，2.ETS1.C，MS.ESS2.A，MS.ESS3.B，MS.ETS1.B

与州共同核心标准的连接
（注：斜体字部分不一定是成功完成一个既定预期表现的先决条件，但可能与其连接。）

英语语言艺术/读写能力
4-ESS1-1：W.4.7，W.4.8，*W.4.9*
4-ESS2-1：W.4.7，W.4.8
4-ESS2-2：RI.4.7
4-ESS3-2：RI.4.1，RI.4.9

关键点
RI.4.1：当解释文章明确表达的内容，以及根据文章进行推论的时候，要参考文章中的细节和例子。
RI.4.7：以视觉、口头或定量（例如曲线、图表、图解、时间线、动画或网页上的交互元素）的方式解释信息，并解释这些信息如何有助于文章的理解。
RI.4.9：整合关于同一主题的两篇文章的信息，有见识地撰写或讲述该主题。
W.4.7：开展短期研究项目，通过调查某个主题的不同方面来建构知识。
W.4.8：从经验中回忆信息或从印刷和数字来源中收集

连接《新一代科学教育标准》主题序列

信息；进行注释、信息分类，并提供信息来源清单。
W.4.9：从文献或信息文章中获取证据，以支持分析、反思和研究。

数学

4-ESS1-1：*MP.2*，*MP.4*，*4.MD.A.1*
4-ESS2-1：MP.2，MP.4，MP.5，*4.MD.A.1*，*4.MD.A.2*
4-ESS2-2：*4.MD.A.2*
4-ESS3-2：*MP.2*，*MP.4*，*4.OA.A.1*

关键点
MP.2：抽象和定量地推理。
MP.4：.使用数学建模。
MP.5：策略性地使用适当的工具。
4.MD.A.1：了解单一计量单位系统内的各个测量单位之间的比例关系，包括千米、米和厘米；千克和克；磅和盎司；升和毫升；小时、分钟和秒。在单一测量系统中，用较小的单位来表示较大单位的测量值。在两列表格中记录不同单位的等值测量值。
4.MD.A.2：使用四则运算解答涉及距离、时段、液体体积、物体质量和货币的应用题，包括涉及简分数或小数的应用题，以及需要用较小单位来表示较大单位测量值的应用题。使用具有刻度的数轴等图表来呈现测量数据。
4.OA.A.1：将乘法算式解释为比较（例如将 35 = 5×7 解释为 7 的 5 倍和 5 的 7 倍）。将乘法的比较型语言陈述表示为乘法算式。

5. 物质的结构和性质

与五年级其他学科核心概念的连接
不适用

跨年级段学科核心概念的衔接
5-PS1-1：2.PS1.A，MS.PS1.A
5-PS1-2：2.PS1.A，2.PS1.B，MS.PS1.A，MS.PS1.B
5-PS1-3：2.PS1.A，MS.PS1.A
5-PS1-4：2.PS1.B，MS.PS1.A，MS.PS1.B

与州共同核心标准的连接
（注：斜体字部分不一定是成功完成一个既定预期表现的先决条件，但可能与其连接。）

英语语言艺术 / 读写能力
5-PS1-1：*RI.5.7*
5-PS1-2：*W.5.7*，*W.5.8*，*W.5.9*
5-PS1-3：*W.5.7*，*W.5.8*，*W.5.9*
5-PS1-4：W.5.7，W.5.8，*W.5.9*

关键点
RI.5.7：利用多种印刷或数字来源的信息，展现能够快速找到问题答案或有效解决问题的能力。
W.5.7：开展短期研究项目，通过调查某个主题的不同方面来建构知识。
W.5.8：从经验中回忆信息或从印刷和数字来源中收集信息；在注释或已完成的作品中总结或解释信息，并提供信息来源清单。
W.5.9：从文献或信息文章中获取证据，以支持分析、反思和研究。

数学
5-PS1-1：*MP.2*，*MP.4*，*5.NBT.A.1*，*5.NF.B.7*，*5.MD.C.3*，*5.MD.C.4*
5-PS1-2：MP.2，MP.4，MP.5，*5.MD.A.1*
5-PS1-3：MP.2，MP.4，MP.5

关键点
MP.2：抽象和定量地推理。
MP.4：使用数学建模。
MP.5：策略性地使用适当的工具。
5.NBT.A.1：解释当一个数乘以 10 的几次方时，乘积就是在该数后面加几个 0；解释当一个小数乘以或者除以 10 的几次方时小数点位置的变化。使用整数指数来表示 10 的指数。
5.NF.B.7：应用和拓展先前对除法的理解，从而进行以下运算：单位分数除以整数和整数除以单位分数。
5.MD.A.1：在给定测量系统内，对不同大小的标准测量单位进行转换（例如将 5 厘米转换成 0.05 米），并使用这些转换来解决多步的、现实生活中的问题。
5.MD.C.3：认识到体积是立体图形的一项属性，并理解体积测量的概念。
5.MD.C.4：通过使用立方厘米、立方英寸、立方英尺和临时单位等基本立方单位测量体积。

连接《新一代科学教育标准》主题序列

5. 生物体和生态系统中的物质与能量

与五年级其他学科核心概念的连接

5-LS1-1：5.PS1.A

5-LS2-1：5.PS1.A，5.ESS2.A

跨年级段学科核心概念的衔接

5-PS3-1：K.LS1.C，2.LS2.A，4.PS3.A，4.PS3.B，4.PS3.D，MS.PS3.D，MS.PS4.B，MS.LS1.C，MS.LS2.B

5-LS1-1：K.LS1.C，2.LS2.A，MS.LS1.C

5-LS2-1：2.PS1.A，2.LS4.D，4.ESS2.E，MS.PS3.D，MS.LS1.C，MS.LS2.A，MS.LS2.B

与州共同核心标准的连接

（注：斜体字部分不一定是成功完成一个既定预期表现的先决条件，但可能与其连接。）

英语语言艺术 / 读写能力

5-PS3-1：*RI.5.7*，*SL.5.5*

5-LS1-1：*RI.5.1*，RI.5.9，W.5.1

5-LS2-1：*RI.5.7*，*SL.5.5*

关键点

RI.5.1：在解释文章明确表达的内容，以及根据文章进行推论时，能够准确地引用文章内容。

RI.5.7：利用多种印刷或数字来源的信息，展现能够快速找到问题答案或有效问题的能力。

RI.5.9：整合关于同一主题的多篇文章的信息，有见识地撰写或讲述该主题。

W.5.1：撰写关于主题或文章的评论，有理有据地支持某个观点。

SL.5.5：当需要强调中心思想或主题时，在演示文稿中包含多媒体组件（例如图表、声音）和视觉表达方式。

数学

5-LS1-1：*MP.2*，*MP.4*，*MP.5*，*5.MD.A.1*

5-LS2-1：*MP.2*，*MP.4*

关键点

MP.2：抽象和定量地推理。

MP.4：使用数学建模。

MP.5：策略性地使用适当的工具。

5.MD.A.1：在给定测量系统内，对不同大小的标准测量单位进行转换（例如将 5 厘米转换成 0.05 米），并使用这些转换来解决多步的、现实生活中的问题。

5. 地球的系统

与五年级其他学科核心概念的连接

不适用

跨年级段学科核心概念的衔接

5-ESS2-1：2.ESS2.A，3.ESS2.D，4.ESS2.A，MS.ESS2.A，MS.ESS2.C，MS.ESS2.D

5-ESS2-2：2.ESS2.C，MS.ESS2.C，MS.ESS3.A

5-ESS3-1：MS.ESS3.A，MS.ESS3.C，MS.ESS3.D

与州共同核心标准的连接

（注：斜体字部分不一定是成功完成一个既定预期表现的先决条件，但可能与其连接。）

英语语言艺术 / 读写能力

5-ESS2-1：*RI.5.7*，*SL.5.5*

5-ESS2-2：*RI.5.7*，W.5.8，*SL.5.5*

5-ESS3-1：*RI.5.1*，RI.5.7，RI.5.9，W.5.8，*W.5.9*

关键点

RI.5.1：在解释文章明确表达的内容，以及根据文章进行推论时，能够准确地引用文章内容。

RI.5.7：利用多种印刷或数字来源的信息，展现能够快速找到问题答案或有效问题的能力。

RI.5.9：整合关于同一主题的多篇文章的信息，有见识地撰写或讲述该主题。

W.5.8：从经验中回忆信息或从印刷和数字来源中收集信息；在注释或已完成的作品中总结或解释信息，并提供信息来源清单。

W.5.9：从文献或信息文章中获取证据，以支持分析、反思和研究。

SL.5.5：当需要强调中心思想或主题时，在演示文稿中包含多媒体组件（例如图表、声音）和视觉表达方式。

数学

5-ESS2-1：*MP.2*，*MP.4*，*5.G.A.2*

5-ESS2-2：MP.2，MP.4

5-ESS3-1：*MP.2*，*MP.4*

连接《新一代科学教育标准》主题序列

关键点
MP.2：抽象和定量地推理。
MP.4：使用数学建模。
5.G.A.2：在坐标平面的第一个象限中绘制点来表示现实世界和数学问题，并在情境背景下解释点的坐标值的含义。

5. 宇宙系统：恒星和太阳系

与五年级其他学科核心概念的连接
不适用

跨年级段学科核心概念的衔接
5-PS2-1：3.PS2.A，3.PS2.B，MS.PS2.B，MS.ESS1.B，MS.ESS2.C
5-ESS1-1：MS.ESS1.A，MS.ESS1.B
5-ESS1-2：1.ESS1.A，1.ESS1.B，3.PS2.A，MS.ESS1.A，MS.ESS1.B

与州共同核心标准的连接
（注：斜体字部分不一定是成功完成一个既定预期表现的先决条件，但可能与其连接。）

英语语言艺术/读写能力
5-PS2-1：*RI.5.1*，RI.5.9，W.5.1
5-ESS1-1：*RI.5.1*，*RI.5.7*，*RI.5.8*，RI.5.9，W.5.1
5-ESS1-2：*SL.5.5*

关键点
RI.5.1：在解释文章明确表达的内容，以及根据文章进行推论时，能够准确地引用文章内容。
RI.5.7：利用多种印刷或数字来源的信息，展现能够快速找到问题答案或有效解决问题的能力。
RI.5.8：解释作者如何利用理由和证据来支持文章中的特定要点，分辨哪些原因和证据支持哪些要点。
RI.5.9：整合关于同一主题的多篇文章的信息，有见识地撰写或讲述该主题。
W.5.1：撰写关于主题或文章的评论，有理有据地支持某个观点。
SL.5.5：当需要强调中心思想或主题时，在演示文稿中包含多媒体组件（例如图表、声音）和视觉表达方式。

数学
5-ESS1-1：*MP.2*，*MP.4*，5.NBT.A.2
5-ESS1-2：MP.2，MP.4，5.G.A.2

关键点
MP.2：抽象和定量地推理。
MP.4：使用数学建模。
5.NBT.A.2：解释当一个数乘以 10 的几次方，乘积就是在该数后面加几个 0；解释当一个小数乘以或者除以 10 的几次方时小数点位置的变化。使用整数指数来表示 10 的指数。
5.G.A.2：在坐标平面的第一个象限中绘制点来表示现实世界和数学问题，在情境背景下解释点的坐标值的含义。

3-5. 工程设计

连接 3-5-ETS1.A：定义和界定工程问题
四年级：4-PS3-4

连接 3-5-ETS1.B：设计工程问题的解决方案
四年级：4-ESS3-2

连接 3-5-ETS1.C：优化设计方案
四年级：4-PS4-3

跨年级段学科核心概念的衔接
3-5-ETS1-1：K-2.ETS1.A，MS.ETS1.A，MS.ETS1.B
3-5-ETS1-2：K-2.ETS1.A，K-2.ETS1.B，K-2.ETS1.C，MS.ETS1.B，MS.ETS1.C
3-5-ETS1-3：K-2.ETS1.A，K-2.ETS1.C，MS.ETS1.B，MS.ETS1.C

与州共同核心标准的连接
（注：斜体字部分不一定是成功完成一个既定预期表现的先决条件，但可能与其连接。）

英语语言艺术/读写能力
3-5-ETS1-1：*W.5.7*，*W.5.8*，*W.5.9*
3-5-ETS1-2：*RI.5.1*，*RI.5.7*，RI.5.9
3-5-ETS1-3：*W.5.7*，*W.5.8*，*W.5.9*

连接《新一代科学教育标准》主题序列

关键点

RI.5.1：在解释文章明确表达的内容，以及根据文章进行推论时，能够准确地引用文章内容。

RI.5.7：利用多种印刷或数字来源的信息，展现能够快速找到问题答案或有效问题的能力。

RI.5.9：整合关于同一主题的多篇文章的信息，有见识地撰写或讲述该主题。

W.5.7：开展短期研究项目，通过调查某个主题的不同方面来建构知识。

W.5.8：从经验中回忆信息或从印刷和数字来源中收集信息；在注释或已完成的作品中总结或解释信息，并提供信息来源清单。

W.5.9：从文献或信息文章中获取证据，以支持分析、反思和研究。

数学

3-5-ETS1-1：*MP.2，MP.4，MP.5，3–5.OA*

3-5-ETS1-2：*MP.2，MP.4，MP.5，3–5.OA*

3-5-ETS1-3：*MP.2，MP.4，MP.5*

关键点

MP.2：抽象的和定量地推理。

MP.4：使用数学建模。

MP.5：策略性地使用适当的工具。

3–5.OA：运算与代数思维。

初中. 物质的结构和性质

与本年级段其他学科核心概念的连接

MS-PS1-1：MS.ESS2.C

MS-PS1-3：MS.LS2.A，MS.LS4.D，MS.ESS3.A，MS.ESS3.C

MS-PS1-4：MS.ESS2.C

跨年级段学科核心概念的衔接

MS-PS1-1：5.PS1.A，HS.PS1.A，HS.ESS1.A

MS-PS1-3：HS.PS1.A，HS.LS2.A，HS.LS4.D，HS.ESS3.A

MS-PS1-4：HS.PS1.A，HS.PS1.B，HS.PS3.A

与州共同核心标准的连接

（注：斜体字部分不一定是成功完成一个既定预期表现的先决条件，但可能与其连接。）

英语语言艺术/读写能力

MS-PS1-1：*RST.6–8.7*

MS-PS1-3：RST.6–8.1，WHST.6–8.8

MS-PS1-4：*RST.6–8.7*

关键点

RST.6–8.1:.引用具体的文字证据来支持科学与技术文章的分析，注意到说明或描述中的精确细节。

RST.6–8.7：将文章中表达定量或技术信息的文字与该信息的视觉表达形式相结合（例如流程图、图表、模型、图形或表格）。

WHST.6–8.8：从多种印刷和数字来源中收集相关信息，有效利用搜索词；评估每个来源的可信性和准确性；引用或改述其他人的数据和结论，同时避免剽窃并遵循标准引用格式。

数学

MS-PS1-1：MP.2，*MP.4*，6.RP.A.3，8.EE.A.3

MS-PS1-4：6.NS.C.5

关键点

MP.2：抽象的和定量地推理。

MP.4：使用数学建模。

6.RP.A.3：使用比例和比率推理来解决实际问题和数学问题。

6.NS.C.5:. 理解正数和负数被一起用于描述具有相反的方向或数值的量（例如高于/低于零的温度、高于/低于海平面的海拔、贷/借、正/负电荷）；使用正数和负数来表示现实世界情境中的数量，解释每种情况下零的含义。

8.EE.A.3：使用个位数乘以10的整数次方的形式来估计非常大或非常小的数量，并表示一个比另一个多多少倍。

初中. 化学反应

与本年级段其他学科核心概念的连接

MS-PS1-2：MS.PS3.D，MS.LS1.C，MS.ESS2.A

MS-PS1-5：MS.LS1.C，MS.LS2.B，MS.ESS2.A

MS-PS1-6：MS.PS3.D

跨年级段学科核心概念的衔接

MS-PS1-2：5.PS1.B，HS.PS1.B

MS-PS1-5：5.PS1.B，HS.PS1.B

连接《新一代科学教育标准》主题序列

MS-PS1-6：HS.PS1.A，HS.PS1.B，HS.PS3.A，HS.PS3.B，HS.PS3.D

与州共同核心标准的连接

（注：斜体字部分不一定是成功完成一个既定预期表现的先决条件，但可能与其连接。）

英语语言艺术 / 读写能力

MS-PS1-2：*RST.6-8.1*，RST.6-8.7
MS-PS1-5：*RST.6-8.7*
MS-PS1-6：RST.6-8.3，WHST.6-8.7

关键点

RST.6-8.1：引用具体的文字证据来支持科学与技术文章的分析，注意到说明或描述中的精确细节。

RST.6-8.3：在进行实验、测量或执行技术任务时，精确地遵循多步骤程序。

RST.6-8.7：将文章中表达定量或技术信息的文字与该信息的视觉表达形式相结合（例如流程图、图表、模型、图形或表格）。

WHST.6-8.7：开展短期研究项目来解答一个问题（包括自己提出的问题），利用多种来源，形成额外相关的、聚焦的并可以采用多种途径探索的问题。

数学

MS-PS1-2：MP.2，*6.RP.A.3*，*6.SP.B.4*，6.SP.B.5
MS-PS1-5：MP.2，MP.4，6.RP.A.3

关键点

MP.2：抽象和定量地推理。

MP.4：使用数学建模。

6.RP.A.3：利用比例和比率推理解决现实问题和数学问题。

6.SP.B.4：在数轴上显示数值数据，包括点图、直方图和箱形图。

6.SP.B.5：根据其所处情境，总结数值数据集。

初中·力和相互作用

与本年级段其他学科核心概念的连接

MS-PS2-1：MS.PS3.C
MS-PS2-2：MS.PS3.A，MS.PS3.B，MS.ESS2.C
MS-PS2-4：MS.ESS1.A，MS.ESS1.B，MS.ESS2.C

跨年级段学科核心概念的衔接

MS-PS2-1：3.PS2.A，HS.PS2.A
MS-PS2-2：3.PS2.A，HS.PS2.A，HS.PS3.B，HS.ESS1.B
MS-PS2-3：3.PS2.B，HS.PS2.B
MS-PS2-4：5.PS2.B，HS.PS2.B，HS.ESS1.B
MS-PS2-5：3.PS2.B，HS.PS2.B，HS.PS3.A，HS.PS3.B，HS.PS3.C

与州共同核心标准的连接

（注：斜体字部分不一定是成功完成一个既定预期表现的先决条件，但可能与其连接。）

英语语言艺术 / 读写能力

MS-PS2-1：*RST.6-8.1*，*RST.6-8.3*，*WHST.6-8.7*
MS-PS2-2：RST.6-8.3，WHST.6-8.7
MS-PS2-3：*RST.6-8.1*
MS-PS2-4：WHST.6-8.1
MS-PS2-5：RST.6-8.3，WHST.6-8.7

关键点

RST.6-8.1：引用具体的文字证据来支持科学与技术文章的分析，注意到说明或描述中的精确细节。

RST.6-8.3：在进行实验、测量或执行技术任务时，精确地遵循多步骤程序。

WHST.6-8.1：撰写聚焦于特定学科内容的论点。

WHST.6-8.7：开展短期研究项目来解答一个问题（包括自己提出的问题），利用多种来源，形成额外相关的、聚焦的并可以采用多种途径探索的问题。

数学

MS-PS2-1：MP.2，6.NS.C.5，*6.EE.A.2*，*7.EE.B.3*，*7.EE.B.4*
MS-PS2-2：MP.2，*6.EE.A.2*，*7.EE.B.3*，*7.EE.B.4*
MS-PS2-3：MP.2

关键点

MP.2：抽象和定量地推理。

6.NS.C.5：理解正数和负数被一起用于描述具有相反的方向或数值的量（例如高于 / 低于零的温度、高于 / 低于海平面的海拔、贷 / 借、正 / 负电荷）；使用正数和负数来表示现实世界情境中的数量，解释每种情况下零的含义。

6.EE.A.2：书写、阅读和评价含有代表数字的字母的表达式。

连接《新一代科学教育标准》主题序列

7.EE.B.3：策略性地使用工具解决在任何形式下的正、负有理数的多步的现实世界和数学中的问题。应用运算的性质以计算任意形式的数字；酌情在不同的形式之间进行转换；用心算和估算策略评估答案的合理性。

7.EE.B.4：使用变量来表征现实世界或数学问题中的量，通过对数量的推理构造简单的方程和不等式来解决问题。

初中 . 能量

与本年级段其他学科核心概念的连接

MS-PS3-1：MS.PS2.A

MS-PS3-3：MS.PS1.B，MS.ESS2.A，MS.ESS2.C，MS.ESS2.D

MS-PS3-4：MS.PS1.A，MS.PS2.A，MS.ESS2.C，MS.ESS2.D，MS.ESS3.D

MS-PS3-5：MS.PS2.A

跨年级段学科核心概念的衔接

MS-PS3-1：4.PS3.B，HS.PS3.A，HS.PS3.B

MS-PS3-2：HS.PS2.B，HS.PS3.B，HS.PS3.C

MS-PS3-3：4.PS3.B，HS.PS3.B

MS-PS3-4：4.PS3.C，HS.PS1.B，HS.PS3.A，HS.PS3.B

MS-PS3-5：4.PS3.C，HS.PS3.A，HS.PS3.B

与州共同核心标准的连接

（注：斜体字部分不一定是成功完成一个既定预期表现的先决条件，但可能与其连接。）

英语语言艺术 / 读写能力

MS-PS3-1：*RST.6-8.1*，RST.6-8.7

MS-PS3-2：*SL.8.5*

MS-PS3-3：*RST.6-8.3*，WHST.6-8.7

MS-PS3-4：RST.6-8.3，*WHST.6-8.7*

MS-PS3-5：*RST.6-8.1*，*WHST.6-8.1*

关键点

RST.6-8.1：引用具体的文字证据来支持科学与技术文章的分析，注意到说明或描述中的精确细节。

RST.6-8.3：在进行实验、测量或执行技术任务时，精确地遵循多步骤程序。

RST.6-8.7：将文章中表达定量或技术信息的文字与该信息的视觉表达形式相结合（例如流程图、图表、模型、图形或表格）。

WHST.6-8.1：撰写聚焦于学科内容的论点

WHST.6-8.7：开展短期研究项目来解答一个问题（包括自己提出的问题），利用多种来源，形成额外相关的、聚焦的并可以采用多种途径探索的问题。

SL.8.5：将多媒体和视觉表达形式整合到演示文稿中，以阐明信息、强化主张和证据以及增添兴趣。

数学

MS-PS3-1：MP.2，6.RP.A.1，*6.RP.A.2*，7.RP.A.2，8.EE.A.1，*8.EE.A.2*，8.F.A.3

MS-PS3-4：MP.2，*6.SP.B.5*

MS-PS3-5：MP.2，*6.RP.A.1*，*7.RP.A.2*，8.F.A.3

关键点

MP.2：抽象和定量地推理。

6.RP.A.1：理解比例的概念，并用比例语言描述两个数量之间的比例关系。

6.RP.A.2：理解单位比例 a/b 是与 a:b 且 b 不等于 0 相关联的概念，并在比例关系背景下使用比例语言。

7.RP.A.2：识别和表示数量之间的比例关系。

8.EE.A.1：了解并应用整数指数的性质来生成等价的数值表达式。

8.EE.A.2：利用平方和立方根的符号形式来表现 $X_2=P$ 和 $X_3=P$ 方程的解，其中 P 是一个正有理数。估算小的完全平方数的平方根和完全立方数的立方根。了解 $\sqrt{2}$ 是无理数。

8.F.A.3：将等式 y = mx + b 理解为对一个线性函数的定义，它的图是一条直线；举出非线性函数的例子。

6.SP.B.5：根据其所处情境，总结数值数据集。

初中 . 波和电磁辐射

与本年级段其他学科核心概念的连接

MS-PS4-2：MS.LS1.D

跨年级段学科核心概念的衔接

MS-PS4-1：4.PS3.A，4.PS3.B，4.PS4.A，HS.PS4.A，HS.PS4.B

MS-PS4-2：4.PS4.B，HS.PS4.A，HS.PS4.B，HS.ESS1.A，HS.ESS2.A，HS.ESS2.C，HS.ESS2.D

MS-PS4-3：4.PS4.C，HS.PS4.A，HS.PS4.C

连接《新一代科学教育标准》主题序列

与州共同核心标准的连接

（注：斜体字部分不一定是成功实施一个既定预期表现的先决条件，但可能与其连接。）

英语语言艺术 / 读写能力

MS-PS4-1：*SL.8.5*

MS-PS4-2：*SL.8.5*

MS-PS4-3：RST.6-8.1，*RST.6-8.2*，RST.6-8.9，WHST.6-8.9

关键点

RST.6-8.1：引用具体的文字证据来支持科学与技术文章的分析，注意到说明或描述中的精确细节。

RST.6-8.2: 确定文章的中心思想或结论；提供与先前知识或观点不同的文章的准确摘要。

RST.6-8.9: 将从实验、模拟、视频或多媒体资源获得的信息与从阅读同一主题的文章中获得的信息进行比较和对比。

WHST.6-8.9：从信息文章中获取证据以支持分析、反思和研究。

SL.8.5：将多媒体和视觉表达方式整合到演示文稿中，以阐明信息、强化主张和证据以及增添兴趣。

数学

MS-PS4-1：MP.2，MP.4，6.RP.A.1，6.RP.A.3，7.RP.A.2，*8.F.A.3*

关键点

MP.2: 抽象和定量地推理。

MP.4: 使用数学建模。

6.RP.A.1: 理解比例的概念，并用比例语言描述两个数量之间的比例关系。

6.RP.A.3: 利用比例和比率推理解决现实问题和数学问题。

7.RP.A.2: 识别和表征数量之间的比例关系。

8.F.A.3: 将等式 $y = mx + b$ 理解为对一个线性函数的定义，它的图是一条直线；举出非线性函数的例子。

初中．结构、功能和信息处理

与本年级段其他学科核心概念的连接

MS-LS1-2：MS.LS3.A

跨年级段学科核心概念的衔接

MS-LS1-1：HS.LS1.A

MS-LS1-2：4.LS1.A，HS.LS1.A

MS-LS1-3：HS.LS1.A

MS-LS1-8：4.LS1.D，HS.LS1.A

与州共同核心标准的连接

（注：斜体字部分不一定是成功实施一个既定预期表现的先决条件，但可能与其连接。）

英语语言艺术 / 读写能力

MS-LS1-1：WHST.6-8.7

MS-LS1-2：*SL.8.5*

MS-LS1-3：RST.6-8.1，RI.6.8，WHST.6-8.1

MS-LS1-8：WHST.6-8.8

关键点

RST.6-8.1：引用具体的文字证据来支持科学与技术文章的分析。

RI.6.8：追踪和评估文章中的论点和具体主张，区分有或没有理由和证据支持的观点。

WHST.6-8.1：撰写聚焦于学科内容的论点。

WHST.6-8.7：开展短期研究项目来解答一个问题（包括自己提出的问题），利用多种来源，形成额外相关的、聚焦的并可以采用多种途径探索的问题。

WHST.6-8.8：从多种印刷和数字来源中收集相关信息；评估每个来源的可信性；引用或改述他人的数据和结论，同时避免剽窃并提供基本的参考信息来源。

SL.8.5：将多媒体和视觉表达方式整合到演示文稿中，以阐明信息、强化主张和证据以及增添兴趣。

数学

MS-LS1-1：*6.EE.C.9*

MS-LS1-2：*6.EE.C.9*

MS-LS1-3：*6.EE.C.9*

关键点

6.EE.C.9：用变量表示现实世界中相互关联的两个量；写一个算式来表示因变量与自变量之间的关系。用图形和表格分析因变量和自变量之间的关系，并将它们与算式联系起来。

连接《新一代科学教育标准》主题序列

初中．生物体和生态系统中的物质与能量

与本年级段其他学科核心概念的连接

MS-LS1-6：MS.PS1.B，MS.ESS2.A

MS-LS1-7：MS.PS1.B

MS-LS2-1：MS.ESS3.A，MS.ESS3.C

MS-LS2-3：MS.PS1.B，MS.ESS2.A

MS-LS2-4：MS.LS4.C，MS.LS4.D，MS.ESS2.A，MS.ESS3.A，MS.ESS3.C

跨年级段学科核心概念的衔接

MS-LS1-6：5.PS3.D，5.LS1.C，5.LS2.A，5.LS2.B，HS.PS1.B，HS.LS1.C，HS.LS2.B，HS.ESS2.D

MS-LS1-7：5.PS3.D，5.LS1.C，5.LS2.B，HS.PS1.B，HS.LS1.C，HS.LS2.B

MS-LS2-1：3.LS2.C，3.LS4.D，5.LS2.A，HS.LS2.A，HS.LS4.C，HS.LS4.D，HS.ESS3.A

MS-LS2-3：5.LS2.A，5.LS2.B，HS.PS3.B，HS.LS1.C，HS.LS2.B，HS.ESS2.A

MS-LS2-4：3.LS2.C，3.LS4.D，HS.LS2.C，HS.LS4.C，HS.LS4.D，HS.ESS2.E，HS.ESS3.B，HS.ESS3.C

与州共同核心标准的连接

（注：斜体字部分不一定是成功完成一个既定预期表现的先决条件，但可能与其连接。）

英语语言艺术／读写能力

MS-LS1-6：RST.6–8.1，*RST.6–8.2*，WHST.6–8.2，WHST.6–8.9

MS-LS1-7：*SL.8.5*

MS-LS2-1：RST.6–8.1，RST.6–8.7

MS-LS2-3：*SL.8.5*

MS-LS2-4：RST.6–8.1，RI.8.8，WHST.6–8.1，WHST.6–8.9

关键点

RST.6–8.1：引用具体的文字证据支持对科学与技术文章的分析。

RST.6–8.2：确定文章的中心思想或结论；提供与先前知识或观点不同的文章的准确摘要。

RST.6–8.7：将文章中表达定量或技术信息的文字与该信息的视觉表达形式相结合（例如流程图、图表、模型、图形或表格）。

RI.8.8：追踪和评估文章中的论点和具体主张，评估推理是否合理、证据是否相关并且充分支持这些主张。

WHST.6–8.1：用清晰的理由和相关证据撰写支持主张的观点。

WHST.6–8.2：通过选择、组织和分析相关内容，撰写信息性／解释性文章，以检查主题和传递观点、概念和信息。

WHST.6–8.9：从信息文章中获取证据以支持分析、反思和研究。

SL.8.5：在演示文稿中包含多媒体组件和视觉显示方式，以阐明主张和发现并强调突出要点。

数学

MS-LS1-6：*6.EE.C.9*

MS-LS2-3：*6.EE.C.9*

关键点

6.EE.C.9：用变量表示现实世界中变化相互关联的两个量；写一个算式来表示因变量与自变量之间的关系。用图形和表格分析因变量和自变量之间的关系，并将它们与算式联系起来。

初中．生态系统的中的相互依存关系

与本年级段其他学科核心概念的连接

MS-LS2-2：MS.LS1.B

MS-LS2-5：MS.ESS3.C

跨年级段学科核心概念的衔接

MS-LS2-2：1.LS1.B，HS.LS2.A，HS.LS2.B，HS.LS2.D

MS-LS2-5：HS.LS2.A，HS.LS2.C，LS4.D，HS.ESS3.A，HS.ESS3.C，HS.ESS3.D

与州共同核心标准的连接

（注：斜体字部分不一定是成功完成一个既定预期表现的先决条件，但可能与其连接。）

英语语言艺术／读写能力

MS-LS2-2：RST.6–8.1，WHST.6–8.2，WHST.6–8.9，*SL.8.1*，*SL.8.4*

MS-LS2-5：RST.6–8.8，RI.8.8

关键点

RST.6–8.1：引用具体的文字证据以支持对科学与技

连接《新一代科学教育标准》主题序列

术文章的分析。

RST.6–8.8：基于研究发现和文章中的推测，区分事实和理性判断。

RI.8.8：追踪和评估文章中的论点和具体主张，评估推理是否合理、证据是否相关并且充分支持这些主张。

WHST.6–8.2：通过选择、组织和分析相关内容，撰写信息性/解释性文章，以检查主题和传递观点、概念和信息。

WHST.6–8.9：.从信息文章中获取证据以支持分析、反思和研究。

SL.8.1：与不同的合作伙伴就6年级的主题、文章和议题，进行一系列有效的协作讨论（例如一对一讨论、小组内讨论以及教师引领的讨论），在讨论中对他人的想法进行拓展并明确表述自己的想法。

SL.8.4：用切题的证据、合理有效的推理、精心挑选的细节，以聚焦的、连贯的方式提出主张和发现，并强调突出要点；恰当地使用目光接触、适当音量和清晰发音。

数学

MS-LS2-2：*6.SP.B.5*

MS-LS2-5：*MP.4*，*6.RP.A.3*

关键点

MP.4：使用数学建模。

6.RP.A.3：使用比例和比率推理来解决现实问题和数学问题。

6.SP.B.5：根据其所处情境，总结数值数据集。

初中．生物体的生长、发育和繁殖

与本年级段其他学科核心概念的连接

MS-LS1-4：MS.LS2.A

MS-LS1-5：MS.LS2.A

MS-LS3-1：MS.LS1.A，MS.LS4.A

跨年级段学科核心概念的衔接

MS-LS1-4：3.LS1.B，HS.LS2.A，HS.LS2.D

MS-LS1-5：3.LS1.B，3.LS3.A，HS.LS2.A

MS-LS3-1：3.LS3.A，3.LS3.B，HS.LS1.A，HS.LS1.B，HS.LS3.A，HS.LS3.B

MS-LS3-2：3.LS3.A，3.LS3.B，HS.LS1.B，HS.LS3.A，HS.LS3.B

MS-LS4-5：HS.LS3.B，HS.LS4.C

与州共同核心标准的连接

（注：斜体字部分不一定是成功完成一个既定预期表现的先决条件，但可能与其连接。）

英语语言艺术/读写能力

MS-LS1-4：RST.6–8.1，RI.6.8，WHST.6–8.1

MS-LS1-5：RST.6–8.1，*RST.6–8.2*，*WHST.6–8.2*，WHST.6–8.9

MS-LS3-1：*RST.6–8.1*，*RST.6–8.4*，RST.6–8.7，*SL.8.5*

MS-LS3-2：*RST.6–8.1*，*RST.6–8.4*，RST.6–8.7，*SL.8.5*

MS-LS4-5：RST.6–8.1，*WHST.6–8.8*

关键点

RST.6–8.1：引用具体的文字证据来支持科学与技术文章的分析，注意到说明或描述中的精确细节。

RST.6–8.2：确定文章的中心思想或结论；提供与先前知识或观点不同的文章的准确摘要。

RST.6–8.4：确定符号、关键术语和其他特定领域的词和短语在与6-8年级文章和主题相关的特定科学或技术情境中的含义。

RST.6–8.7：将文章中表达定量或技术信息的文字与该信息的视觉表达方式相结合（例如流程图、图表、模型、图形或表格）。

RI.6.8：追踪和评估文章中的论点和具体主张，区分有或没有理由和证据支持的观点。

WHST.6–8.1：撰写聚焦于学科内容的论点。

WHST.6–8.2：通过选择、组织和分析相关内容，撰写信息性/解释性文章，以检查主题和传递观点、概念和信息。

WHST.6–8.8：从多种印刷和数字来源中收集相关信息；评估每个来源的可信性；引用或改述他人的数据和结论，同时避免剽窃并提供基本的参考信息来源。

WHST.6–8.9：从信息文章中获取证据以支持分析、反思和研究。

SL.8.5：将多媒体和视觉表达方式整合到演示文稿中，以阐明信息、强化主张和证据以及增添兴趣。

数学

MS-LS1-4：*6.SP.A.2*，*6.SP.B.4*

MS-LS1-5：*6.SP.A.2*，*6.SP.B.4*

MS-LS3-2：*MP.4*，*6.SP.B.5*

连接《新一代科学教育标准》主题序列

关键点

MP.4: 使用数学建模。

6.SP.A.2: 理解一组被收集来回答统计性问题的数据可以用它的中心、分布和整体形状来进行描述。

6.SP.B.4: 在数轴上显示数值数据，包括点图、直方图和箱形图。

6.SP.B.5: 根据其所处情境，总结数值数据集。

初中 . 自然选择和适应

与本年级段其他学科核心概念的连接

MS-LS4–1：MS.ESS1.C, MS.ESS2.B

MS-LS4–2：MS.LS3.A, MS.LS3.B, MS.ESS1.C

MS-LS4–4：MS.LS2.A, MS.LS3.A, MS.LS3.B

MS-LS4–6：MS.LS2.A, MS.LS2.C, MS.LS3.B, MS.ESS1.C

跨年级段学科核心概念的衔接

MS-LS4–1：3.LS4.A, HS.LS4.A, HS.ESS1.C

MS-LS4–2：3.LS4.A, HS.LS4.A, HS.ESS1.C

MS-LS4–3：HS.LS4.A

MS-LS4–4：3.LS3.B, 3. LS4.B, HS.LS2.A, HS.LS3.B, HS.LS4.B, HS.LS4.C

MS-LS4–6：3.LS4.C, HS.LS2.C, HS.LS3.B, HS.LS4.B, HS.LS4.C

与州共同核心标准的连接

（注：斜体字部分不一定是成功完成一个既定预期表现的先决条件，但可能与其连接。）

英语语言艺术 / 读写能力

MS-LS4–1：*RST.6–8.1*, RST.6–8.7

MS-LS4–2：RST.6–8.1, WHST.6–8.2, WHST.6–8.9, *SL.8.1*, *SL.8.4*

MS-LS4–3：*RST.6–8.1*, RST.6–8.7, *RST.6–8.9*

MS-LS4–4：*RST.6–8.1*, *RST.6–8.9*, WHST.6–8.2, *WHST.6–8.9*, *SL.8.1*, *SL.8.4*

关键点

RST.6–8.1: 引用具体的文字证据以支持对科学与技术文章的分析。

RST.6–8.7: 将文章中表达定量或技术信息的文字与该信息的视觉表达形式相结合（例如流程图、图表、模型、图形或表格）。

RST.6–8.9: 将从实验、模拟、视频或多媒体资源获得的信息与从阅读同一主题的文章中获得的信息进行比较和对比。

WHST.6–8.2: 通过选择、组织和分析相关内容，撰写信息性 / 解释性文章，以检查主题和传递观点、概念和信息。

WHST.6–8.9: 从信息文章中获取证据以支持分析、反思和研究。

SL.8.1: 与不同的合作伙伴就 6 年级的主题、文章和议题，进行一系列有效的协作讨论（例如一对一讨论、小组内讨论以及教师引领的讨论），在讨论中对他人的想法进行拓展并明确表述自己的想法。

SL.8.4: 用切题的证据、合理有效的推理、精心挑选的细节，以聚焦的、连贯的方式提出主张和发现，并强调突出要点；恰当地使用目光接触、适当音量和清晰发音。

数学

MS-LS4–1：*6.EE.B.6*

MS-LS4–2：*6.EE.B.6*

MS-LS4–4：*6.RP.A.1*，*6.SP.B.5*，*7.RP.A.2*

MS-LS4–6：MP.4，*6.RP.A.1*，*6.SP.B.5*，*7.RP.A.2*

关键点

MP.4: 使用数学建模。

6.RP.A.1: 理解比例的概念，并用比例语言描述两个数量之间的比例关系。

6.SP.B.5: 根据其所处情境，总结数值数据集。

6.EE.B.6: 在解决真实世界或数学问题时，用变量来代表数字和编写表达式；理解一个变量可以代表一个未知数或根据当前的目的可以代表特定集合中的任何一个数字。

7.RP.A.2: 识别和表征数量之间的比例关系。

初中 . 宇宙系统

与本年级段其他学科核心概念的连接

MS-ESS1–1：MS.PS2.A, MS.PS2.B

MS-ESS1–2：MS.PS2.A, MS.PS2.B

MS-ESS1–3：MS.ESS2.A

连接《新一代科学教育标准》主题序列

跨年级段学科核心概念的衔接

MS-ESS1-1：3.PS2.A，5.PS2.B，5.ESS1.B，HS.PS2.A，HS.PS2.B，HS.ESS1.B

MS-ESS1-2：3.PS2.A，5.PS2.B，5.ESS1.A，5.ESS1.B，HS.PS2.A，HS.PS2.B，HS.ESS1.A，HS.ESS1.B

MS-ESS1-3：5.ESS1.B，HS.ESS1.B，HS.ESS2.A

与州共同核心标准的连接

（注：斜体字部分不一定是成功完成一个既定预期表现的先决条件，但可能与其连接。）

英语语言艺术/读写能力

MS-ESS1-1：*SL.8.5*

MS-ESS1-2：*SL.8.5*

MS-ESS1-3：RST.6-8.1，RST.6-8.7

关键点

RST.6-8.1: 引用具体的文字证据以支持科学与技术文章分析。

RST.6-8.7: 将文章中表达定量或技术信息的文字与该信息的视觉表达形式相结合（例如流程图、图表、模型、图形或表格）。

SL.8.5: 将多媒体和视觉表达方式整合到演示文稿中，以阐明主张和发现并强调突出要点。

数学

MS-ESS1-1：*MP.4，6.RP.A.1，7.RP.A.2*

MS-ESS1-2：*MP.4，6.RP.A.1，7.RP.A.2，6.EE.B.6，7.EE.B.4*

MS-ESS1-3：MP.2，6.RP.A.1，7.RP.A.2

关键点

MP.2: 抽象和定量地推理。

MP.4: 使用数学建模。

6.RP.A.1: 理解比例的概念，并用比例语言描述两个数量之间的比例关系。

7.RP.A.2: 识别和表征数量之间的比例关系。

6.EE.B.6: 在解决真实世界或数学问题时，用变量来代表数字和编写表达式；理解一个变量可以代表一个未知数或根据当前的目的可以代表特定集合中的任何一个数字。

7.EE.B.4: 使用变量表示实际问题或数学问题中的数量，通过数量推理构建简单等式和不等式来解决问题。

初中．地球的历史

与本年级段其他学科核心概念的连接

MS-ESS1-4：MS.LS4.A，MS.LS4.C

MS-ESS2-2：MS.PS1.B，MS.LS2.B

MS-ESS2-3：MS.LS4.A

跨年级段学科核心概念的衔接

MS-ESS1-4：3.LS4.A，3.LS4.C，4.ESS1.C，HS.PS1.C，HS.LS4.A，HS.LS4.C，HS.ESS1.C，HS.ESS2.A

MS-ESS2-2：4.ESS1.C，4.ESS2.A，4.ESS2.E，5.ESS2.A，HS.PS3.D，HS.LS2.B，HS.ESS1.C，HS.ESS2.A，HS.ESS2.B，HS.ESS2.C，HS.ESS2.D，HS.ESS2.E，HS.ESS3.D

MS-ESS2-3：3.LS4.A，3.ESS3.B，4.ESS1.C，4.ESS2.B，4.ESS3.B，HS.LS4.A，HS.LS4.C，HS.ESS1.C，HS.ESS2.A，HS.ESS2.B

与州共同核心标准的连接

（注：斜体字部分不一定是成功完成一个既定预期表现的先决条件，但可能与其连接。）

英语语言艺术/读写能力

MS-ESS1-4：RST.6-8.1，WHST.6-8.2

MS-ESS2-2：RST.6-8.1，WHST.6-8.2，*SL.8.5*

MS-ESS2-3：*RST.6-8.1*，RST.6-8.7，RST.6-8.9

关键点

RST.6-8.1: 引用具体的文字证据用以支持对科学与技术文章的分析。

RST.6-8.7: 使用变量表示实际问题或数学问题中的数量，通过数量推理构建简单等式和不等式来解决问题。

RST.6-8.9: 将从实验、模拟、视频或多媒体资源获得的信息与从阅读同一主题的文章中获得的信息进行比较和对比。

WHST.6-8.2: 通过选择、组织和分析相关内容，撰写信息性/解释性文章，以检查主题和传递观点、概念和信息。

SL.8.5: 将多媒体和视觉表达方式整合到演示文稿中，以阐明主张和发现并强调突出要点。

数学

MS-ESS1-4：*6.EE.B.6，7.EE.B.4*

MS-ESS2-2：MP.2，*6.EE.B.6，7.EE.B.4*

连接《新一代科学教育标准》主题序列

MS-ESS2-3：MP.2，*6.EE.B.6*，*7.EE.B.4*

关键点

MP.2：抽象的和定量地推理。

6.EE.B.6：在解决现实世界或数学问题时，用变量来代表数字和编写表达式；理解一个变量可以代表一个未知数或根据当前的目的可以代表特定集合中的任何一个数字。

7.EE.B.4：使用变量表示实际问题或数学问题中的数量，通过数量推理构建简单等式和不等式来解决问题。

初中．地球的系统

与本年级段其他学科核心概念的连接

MS-ESS2-1：MS.PS1.A，MS.PS1.B，MS.PS3.B，MS.LS2.B，MS.LS2.C，MS.ESS1.B，MS.ESS3.C

MS-ESS2-4：MS.PS1.A，MS.PS2.B，MS.PS3.A，MS.PS3.D

MS-ESS3-1：MS.PS1.A，MS.PS1.B，MS.ESS2.D

跨年级段学科核心概念的衔接

MS-ESS2-1：4.PS3.B，4.ESS2.A，5.ESS2.A，HS.PS1.B，HS.PS3.B，HS.LS1.C，HS.LS2.B，HS.ESS2.A，HS.ESS2.C，HS.ESS2.E

MS-ESS2-4：3.PS2.A，4.PS3.B，5.PS2.B，5.ESS2.C，HS.PS2.B，HS.PS3.B，HS.PS4.B，HS.ESS2.A，HS.ESS2.C，HS.ESS2.D

MS-ESS3-1：4.PS3.D，4.ESS3.A，HS.PS3.B，HS.LS1.C，HS.ESS2.A，HS.ESS2.B，HS.ESS2.C，HS.ESS3.A

与州共同核心标准的连接

（注：斜体字部分不一定是成功完成一个既定预期表现的先决条件，但可能与其连接。）

英语语言艺术/读写能力

MS-ESS2-1：*SL.8.5*

MS-ESS3-1：RST.6-8.1，WHST.6-8.2，WHST.6-8.9

关键点

RST.6-8.1：引用具体的文字证据以支持对科学与技术文章的分析。

WHST.6-8.2：通过选择、组织和分析相关内容，撰写信息性/解释性文章，以检查主题和传递观点、概念和信息。

WHST.6-8.9：从信息文章中获取证据以支持分析、反思和研究。

SL.8.5：将多媒体和视觉表达形式整合到演示文稿中，以阐明信息、强化主张和证据以及增添兴趣。

数学

MS-ESS3-1：*6.EE.B.6*，*7.EE.B.4*

关键点

6.EE.B.6：.在解决现实世界或数学问题时，用变量来代表数字和编写表达式；理解一个变量可以代表一个未知数或根据当前的目的可以代表特定集合中的任何一个数字。

7.EE.B.4：使用变量表示实际问题或数学问题中的数量，通过数量推理构建简单等式和不等式来解决问题。

初中．天气与气候

与本年级段其他学科核心概念的连接

MS-ESS2-5：MS.PS1.A，MS.PS2.A，MS.PS3.A，MS.PS3.B

MS-ESS2-6：MS.PS2.A，MS.PS3.B，MS.PS4.B

MS-ESS3-5：MS.PS3.A

跨年级段学科核心概念的衔接

MS-ESS2-5：3.ESS2.D，5.ESS2.A，HS.ESS2.C，HS.ESS2.D

MS-ESS2-6：3.PS2.A，3.ESS2.D，5.ESS2.A，HS.PS2.B，HS.PS3.B，HS.PS3.D，HS.ESS1.B，HS.ESS2.A，HS.ESS2.D

MS-ESS3-5：HS.PS3.B，HS.PS4.B，HS.ESS2.A，HS.ESS2.D，HS.ESS3.C，HS.ESS3.D

与州共同核心标准的连接

（注：斜体字部分不一定是成功完成一个既定预期表现的先决条件，但可能与其连接。）

英语语言艺术/读写能力

MS-ESS2-5：RST.6-8.1，RST.6-8.9，*WHST.6-8.8*

MS-ESS2-6：*SL.8.5*

MS-ESS3-5：RST.6-8.1

连接《新一代科学教育标准》主题序列

关键点

RST.6–8.1：引用具体的文字证据以支持对科学与技术文章的分析。

RST.6–8.9：将从实验、模拟、视频或多媒体资源获得的信息与从阅读同一主题的文章中获得的信息进行比较和对比。

WHST.6–8.8：从多种印刷和数字来源中收集相关信息，有效利用搜索词；评估每个来源的可信性和准确性；引用或改述其他人的数据和结论，同时避免剽窃并遵循标准引用格式。

SL.8.5：将多媒体和视觉表达形式整合到演示文稿中，以阐明信息、强化主张和证据以及增添兴趣。

数学

MS-ESS2-5：MP.2，6.NS.C.5

MS-ESS3-5：*MP.2*，*6.EE.B.6*，*7.EE.B.4*

关键点

MP.2: 抽象的和定量地推理。

6.NS.C.5: 理解正数和负数被一起用于描述具有相反的方向或数值的量（例如高于/低于零的温度、高于/低于海平面的海拔、贷/借以及正/负电荷）；使用正数和负数来表示现实世界情境中的数量，解释每种情况下零的含义。

6.EE.B.6: 在解决现实世界或数学问题时，用变量来代表数字和编写表达式；理解一个变量可以代表一个未知数或根据当前的目的可以代表特定集合中的任何一个数字。

7.EE.B.4: 使用变量表示实际问题或数学问题中的数量，通过数量推理构建简单等式和不等式来解决问题。

初中 . 人类影响

与本年级段其他学科核心概念的连接

MS-ESS3-2：MS.PS3.C

MS-ESS3-3：MS.LS2.A，MS.LS2.C，MS.LS4.D

MS-ESS3-4：MS.LS2.A，MS.LS2.C，MS.LS4.D

跨年级段学科核心概念的衔接

MS-ESS3-2：3.ESS3.B，4.ESS3.B，HS.ESS2.B，HS.ESS2.D，HS.ESS3.B，HS.ESS3.D

MS-ESS3-3：3.LS2.C，3.LS4.D，5.ESS3.C，HS.LS2.C，HS.LS4.C，HS.LS4.D，HS.ESS2.C，HS.ESS2.D，HS.ESS2.E，HS.ESS3.C，HS.ESS3.D

MS-ESS3-4：3.LS2.C，3.LS4.D，5.ESS3.C，HS.LS2.A，HS.LS2.C，HS.LS4.C，HS.LS4.D，HS.ESS2.E，HS.ESS3.A，HS.ESS3.C

与州共同核心标准的连接

（注：斜体字部分不一定是成功完成一个既定预期表现的先决条件，但可能与其连接。）

英语语言艺术/读写能力

MS-ESS3-2：*RST.6–8.1*，RST.6–8.7

MS-ESS3-3：WHST.6–8.7，WHST.6–8.8

MS-ESS3-4：RST.6–8.1，WHST.6–8.1，WHST.6–8.9

关键点

RST.6–8.1：引用具体的文字证据来支持科学与技术文章的分析，注意到说明或描述中的精确细节。

RST.6–8.7：将文章中表达定量或技术信息的文字与该信息的视觉表达形式相结合（例如流程图、图表、模型、图形或表格）。

WHST.6–8.1：撰写聚焦于特定学科内容的论点。

WHST.6–8.7：开展短期研究项目来解答一个问题（包括自己提出的问题），利用多种来源，形成额外相关的、聚焦的并可以采用多种途径探索的问题。

WHST.6–8.8：从多种印刷和数字来源中收集相关信息，有效利用搜索词；评估每个来源的可信性和准确性；引用或改述其他人的数据和结论，同时避免剽窃并遵循标准引用格式。

WHST.6–8.9：从信息文章中获取证据以支持分析、反思和研究。

数学

MS-ESS3-2：MP.2，*6.EE.B.6*，*7.EE.B.4*

MS-ESS3-3：*6.RP.A.1*，*7.RP.A.2*，*6.EE.B.6*，*7.EE.B.4*

MS-ESS3-4：*6.RP.A.1*，*7.RP.A.2*，*6.EE.B.6*，*7.EE.B.4*

关键点

MP.2: 抽象和定量地推理。

6.RP.A.1: 理解比例的概念，并用比例语言描述两个数量之间的比例关系。

7.RP.A.2: 识别和表征数量之间的比例关系。

6.EE.B.6: 在解决现实世界或数学问题时，用变量来代表数字和编写表达式；理解一个变量可以代表一

连接《新一代科学教育标准》主题序列

个未知数或根据当前的目的可以代表特定集合中的任何一个数字。

7.EE.B.4：使用变量表示实际问题或数学问题中的数量，通过数量推理构建简单等式和不等式来解决问题。

初中 . 工程设计

连接 MS-ETS1.A：定义和界定工程问题
物质科学：MS-PS3-3

连接 MS-ETS1.B：开发可能的解决方法
物质科学：MS-PS1-6, MS-PS3-3
生命科学：MS-LS2-5

连接 MS-ETS1.C：优化设计方案
物质科学：MS-PS1-6

跨年级段学科核心概念的衔接
MS-ETS1-1：3-5.ETS1.A, 3-5.ETS1.C, HS.ETS1.A, HS.ETS1.B
MS-ETS1-2：3-5.ETS1.A, 3-5.ETS1.B, 3-5.ETS1.C, HS.ETS1.A, HS.ETS1.B
MS-ETS1-3：3-5.ETS1.A, 3-5.ETS1.B, 3-5.ETS1.C, HS.ETS1.B, HS.ETS1.C
MS-ETS1-4：3-5.ETS1.B, 3-5.ETS1.C, HS.ETS1.B, HS.ETS1.C

与州共同核心标准的连接
（注：斜体字部分不一定是成功完成一个既定预期表现的先决条件，但可能与其连接。）

英语语言艺术/读写能力
MS-ETS1-1：RST.6-8.1, WHST.6-8.8
MS-ETS1-2：*RST.6-8.1*, RST.6-8.9, WHST.6-8.7, *WHST.6-8.9*
MS-ETS1-3：*RST.6-8.1*, RST.6-8.7, RST.6-8.9
MS-ETS1-4：*SL.8.5*

关键点
RST.6-8.1：引用具体的文字证据用以支持对科学与技术文章的分析。
RST.6-8.7：将文章中表达定量或技术信息的文字与该信息的视觉表达形式相结合（例如流程图、图表、模型、图形或表格）。
RST.6-8.9：将从实验、模拟、视频或多媒体资源获得的信息与从阅读同一主题的文章中获得的信息进行比较和对比。
WHST.6-8.7：开展短期研究项目来解答一个问题（包括自己提出的问题），利用多种来源，形成额外相关的、聚焦的并可以采用多种途径探索的问题。
WHST.6-8.8：从多种印刷和数字来源中收集相关信息；评估每个来源的可信性；引用或改述他人的数据和结论，同时避免剽窃并提供基本的参考信息来源。
WHST.6-8.9：从信息文章中获取证据以支持分析、反思和研究。
SL.8.5：将多媒体和视觉表达形式整合到演示文稿中，以阐明主张和发现并强调突出要点。

数学
MS-ETS1-1：*MP.2, 7.EE.B.3*
MS-ETS1-2：*MP.2, 7.EE.B.3*
MS-ETS1-3：*MP.2, 7.EE.B.3*
MS-ETS1-4：*MP.2, 7.SP.C.7*

关键点
MP.2：抽象和定量地推理。
7.EE.B.3：策略性地使用工具解决在任何形式下的正、负有理数的多步的现实世界和数学中的问题。应用运算的性质以计算任意形式的数字；酌情在不同的形式之间进行转换；用心算和估算策略评估答案的合理性。
7.SP.C.7：开发一个概率模型，并用它来发现事件的概率。比较来自模型的概率和实际观察到的频率；如果一致性不好，解释可能的差异来源。

高中 . 物质的结构和性质

与本年级段其他学科核心概念的连接
HS-PS1-1：HS.LS1.C
HS-PS1-3：HS.ESS2.C
HS-PS1-8：HS.PS3.A, HS.PS3.B, HS.PS3.C, HS.PS3.D, HS.ESS1.A, HS.ESS1.C

跨年级段学科核心概念的衔接
HS-PS1-1：MS.PS1.A, MS.PS1.B
HS-PS1-3：MS.PS1.A, MS.PS2.B
HS-PS1-8：MS.PS1.A, MS.PS1.B, MS.PS1.C,

连接《新一代科学教育标准》主题序列

MS.ESS2.A

HS-PS2-6：MS.PS1.A，MS.PS2.B

与州共同核心标准的连接

（注：斜体字部分不一定是成功完成一个既定预期表现的先决条件，但可能与其连接。）

英语语言艺术 / 读写能力

HS-PS1-1：*RST.9–10.7*

HS-PS1-3：RST.11–12.1，WHST.9–12.7，WHST.11–12.8，*WHST.9–12.9*

HS-PS2-6：*RST.11–12.1*，*WHST.9–12.2*

关键点

RST.9-10.7：将文章中所表达的定量或技术信息翻译成视觉表达形式（例如表格或图表），并将视觉或数学（例如一个等式）表达的信息翻译成文字。

RST.11-12.1：引用具体的文字证据以支持科学与技术文章的分析，注意作者所指出的重要区别，注意描述中的任何差异或不一致之处。

WHST.9-12.2:. 撰写信息性 / 解释性文章，包括对历史事件、科学程序 / 实验或技术过程的叙述。

WHST.9-12.7：为回答一个问题（包括自己提出的问题）或解决一个问题而进行简短的和持续性的研究项目；在适当的时候缩小或扩大调查；综合从多种来源获取的关于同一个主题的信息，以表明对被调查主题的理解。

WHST.11-12.8:. 从多个权威的印刷和数字资源收集相关信息，有效地利用高级搜索；根据特定任务、目的和受众评估每个来源的优点和缺点；选择性的将信息整合到文章中以保持思想的流畅。避免抄袭和过度依赖任何一个来源，遵循标准引用格式。

WHST.9-12.9：从信息文章中获取证据以支持分析、反思和研究。

数学

HS-PS1-3：*HSN–Q.A.1*，*HSN–Q.A.3*

HS-PS1-8：*MP.4*，HSN–Q.A.1，HSN–Q.A.2，*HSN–Q.A.3*

HS-PS2-6：*HSN–Q.A.1*，*HSN–Q.A.2*，*HSN–Q.A.3*

关键点

MP.4：使用数学建模。

HSN–Q.A.1：使用单位作为理解问题和指导解决多步问题的方法；在公式中前后一致地选择和解释单位；选择和解释图表和数据显示中的刻度和原点。

HSN–Q.A.2:. 为达到描述性建模的目的，定义适当的数量。

HSN–Q.A.3：在报告数量时，选择适合于测量限制的精度级别。

高中 . 化学反应

与本年级段其他学科核心概念的连接

HS-PS1-2：HS.LS1.C，HS.ESS2.C

HS-PS1-4：HS.PS3.A，HS.PS3.B，HS.PS3.D，HS.LS1.C

HS-PS1-5：HS.PS3.A

HS-PS1-6：HS.PS3.B

HS-PS1-7：HS.PS3.B，HS.LS1.C，HS.LS2.B

跨年级段学科核心概念的衔接

HS-PS1-2：MS.PS1.A，MS.PS1.B

HS-PS1-4：MS.PS1.A，MS.PS1.B，MS.PS2.B，MS.PS3.D，MS.LS1.C

HS-PS1-5：MS.PS1.A，MS.PS1.B，MS.PS2.B，MS.PS3.A，MS.PS3.B

HS-PS1-6：MS.PS1.B

HS-PS1-7：MS.PS1.A，MS.PS1.B，MS.LS1.C，MS.LS2.B，MS.ESS2.A

与州共同核心标准的连接

（注：斜体字部分不一定是成功完成一个既定预期表现的先决条件，但可能与其连接。）

英语语言艺术 / 读写能力

HS-PS1-2：WHST.9–12.2，WHST.9–12.5

HS-PS1-4：*SL.11–12.5*

HS-PS1-5：RST.11–12.1，*WHST.9–12.2*

HS-PS1-6：*WHST.9–12.7*

关键点

RST.11-12.1：引用具体的文字证据以支持科学与技术文章的分析，注意作者所指出的重要区别，注意描述中的任何差异或不一致之处。

WHST.9-12.2:. 撰写信息性 / 解释性文章，包括对历史事件、科学程序 / 实验或技术过程的叙述。

WHST.9-12.5：通过计划、修改、编辑、改写或尝试一种新的方法来发展和加强写作，聚焦于撰写对

连接《新一代科学教育标准》主题序列

特定目的和读者来说最有价值的内容。

WHST.9–12.7：为回答一个问题（包括自己提出的问题）或解决一个问题而进行简短的和持续性的研究项目；在适当的时候缩小或扩大调查；综合从多种来源获取的关于同一个主题的信息，以表明对被调查主题的理解。

SL.11–12.5：在演示文稿中有策略地使用数字媒体（例如文章、图片、音频、视频和交互式元素），以加强对发现、推理和证据的理解，并增添兴趣。

数学

HS–PS1-2：HSN–Q.A.1，*HSN–Q.A.3*

HS–PS1-4：*MP.4*，*HSN–Q.A.1*，HSN–Q.A.2，*HSN–Q.A.3*

HS–PS1-5：MP.2，*HSN–Q.A.1*，HSN–Q.A.3

HS–PS1-7：MP.2，*HSN–Q.A.1*，HSN–Q.A.2，*HSN–Q.A.3*

关键点

MP.2：抽象和定量地推理。

MP.4：使用数学建模。

HSN–Q.A.1：使用单位作为理解问题和指导解决多步问题的方法；在公式中前后一致地选择和解释单位；选择和解释图表和数据显示中的刻度和原点。

HSN–Q.A.2：为达到描述性建模的目的，定义适当的数量。

HSN–Q.A.3：在报告数量时，选择适合于测量限制的精度级别。

高中．力和相互作用

与本年级段其他学科核心概念的连接

HS–PS2-1：HS.PS3.C，HS.ESS1.A，HS.ESS1.C，HS.ESS2.C

HS–PS2-2：HS.ESS1.A，HS.ESS1.C

HS–PS2-4：HS.PS3.A，HS.ESS1.A，HS.ESS1.B，HS.ESS1.C，HS.ESS2.C，HS.ESS3.A

HS–PS2-5：HS.PS3.A，HS.PS4.B，HS.ESS2.A，HS.ESS3.A

跨年级段学科核心概念的衔接

HS–PS2-1：MS.PS2.A，MS.PS3.C

HS–PS2-2：MS.PS2.A，MS.PS3.C

HS–PS2-3：MS.PS2.A，MS.PS3.C

HS–PS2-4：MS.PS2.B，MS.ESS1.B

HS–PS2-5：MS.PS2.B，MS.ESS1.B

与州共同核心标准的连接

（注：斜体字部分不一定是成功完成一个既定预期表现的先决条件，但可能与其连接。）

英语语言艺术 / 读写能力

HS–PS2-1：*RST.11–12.1*，RST.11–12.7，*WHST.9–12.9*

HS–PS2-3：WHST.9–12.7

HS–PS2-5：WHST.9–12.7，*WHST.11–12.8*，WHST.9–12.9

关键点

RST.11–12.1：引用具体的文字证据以支持科学与技术文章的分析，注意作者所指出的重要区别，注意描述中的任何差异或不一致之处。

RST.11–12.7：整合和评估以不同格式和媒体呈现的多种信息来源（例如定量数据、视频和多媒体），以回答问题或解决问题。

WHST.9–12.7：为回答一个问题（包括自己提出的问题）或解决一个问题而进行简短的和持续性的研究项目；在适当的时候缩小或扩大调查；综合从多种来源获取的关于同一个主题的信息，以表明对被调查主题的理解。

WHST.11–12.8：从多个权威的印刷和数字资源收集相关信息，有效地利用高级搜索；根据特定任务、目的和受众评估每个来源的优点和缺点；选择性的将信息整合到文章中以保持思想的流畅。避免抄袭和过度依赖任何一个来源，遵循标准引用格式。

WHST.9–12.9：从信息文章中获取证据以支持分析、反思和研究。

数学

HS–PS2-1：MP.2，MP.4，HSN–Q.A.1，*HSN–Q.A.2*，HSN–Q.A.3，HSA–SSE.A.1，HSA–SSE.B.3，HSA–CED.A.1，*HSA–CED.A.2*，*HSA–CED.A.4*，*HSF–IF.C.7*，*HSS–ID.A.1*

HS–PS2-2：MP.2，MP.4，HSN–Q.A.1，*HSN–Q.A.2*，HSN–Q.A.3，HSA–CED.A.1，*HSA–CED.A.2*，*HSA–CED.A.4*

HS–PS2-4：MP.2，MP.4，HSN–Q.A.1，*HSN–Q.A.2*，HSN–Q.A.3，HSA–SSE.A.1，HSA–SSE.B.3

连接《新一代科学教育标准》主题序列

HS-PS2-5：*HSN–Q.A.1*，*HSN–Q.A.2*，*HSN–Q.A.3*

关键点

MP.2：抽象和定量地推理。

MP.4：. 使用数学建模。

HSN–Q.A.1：使用单位作为理解问题和指导解决多步问题的方法；在公式中前后一致地选择和解释单位；选择和解释图表和数据显示中的刻度和原点。

HSN–Q.A.2：为达到描述性建模的目的，定义适当的数量。

HSN–Q.A.3：在报告数量时，选择适合于测量限制的精度级别。

HSA-SSE.A.1：根据情境解释表征某个数量的表达式。

HSA-SSE.B.3：选择和生成表达式的等价形式，以揭示和解释表达式所代表数量的属性。

HSA-CED.A.1：创建一元等式和不等式，并用它们来解决问题。

HSA-CED.A.2：创建二元或多元方程，以表示数量之间的关系；用标号和刻度在坐标轴上画出方程式。

HSA-CED.A.4：重新排列公式以强调有关的数量值，使用与求解等式时相同的推理方法。

HSF-IF.C.7：将原先用符号表示的方程绘制成图表并显示图表的关键特征。用手工绘制简单方程，用技术绘制复杂方程。

HSS-ID.A.1：在实数轴上用图表表示数据（例如点状图、柱状图、箱形图）。

高中 . 能量

与本年级段其他学科核心概念的连接

HS-PS3-1：HS.PS1.B，HS.LS2.B，HS.ESS1.A，HS.ESS2.A

HS-PS3-2：HS.PS1.A，HS.PS1.B，HS.PS2.B，HS.ESS2.A

HS-PS3-3：HS.ESS3.A

HS-PS3-4：HS.ESS1.A，HS.ESS2.A，HS.ESS2.D

HS-PS3-5：HS.PS2.B

跨年级段学科核心概念的衔接

HS-PS3-1：MS.PS3.A，MS.PS3.B，MS.ESS2.A

HS-PS3-2：MS.PS1.A，MS.PS2.B，MS.PS3.A，MS.PS3.C

HS-PS3-3：MS.PS3.A，MS.PS3.B，MS.ESS2.A

HS-PS3-4：MS.PS3.B

HS-PS3-5：MS.PS2.B，MS.PS3.C

与州共同核心标准的连接

（注：斜体字部分不一定是成功完成一个既定预期表现的先决条件，但可能与其连接。）

英语语言艺术 / 读写能力

HS-PS3-1：*SL.11–12.5*

HS-PS3-2：*SL.11–12.5*

HS-PS3-3：*WHST.9–12.7*

HS-PS3-4：*RST.11–12.1*，WHST.9–12.7，WHST.11–12.8，*WHST.9–12.9*

HS-PS3-5：WHST.9–12.7，WHST.11–12.8，WHST.9–12.9，SL.11–12.5

关键点

RST.11–12.1：引用具体的文字证据以支持科学与技术文章的分析，注意作者所指出的重要区别，注意描述中的任何差异或不一致之处。

WHST.9–12.7：为回答一个问题（包括自己提出的问题）或解决一个问题而进行简短的和持续性的研究项目；在适当的时候缩小或扩大调查；在这综合从多种来源获取的关于同一主题的信息，以表明对被调查主题的理解。

WHST.11–12.8：. 从多个权威的印刷和数字资源收集相关信息，有效地利用高级搜索；根据特定任务、目的和受众评估每个来源的优点和缺点；选择性的将信息整合到文章中以保持思想的流畅。避免抄袭和过度依赖任何一个来源，遵循标准引用格式。

WHST.9–12.9：从信息文章中获取证据以支持分析、反思和研究。

SL.11–12.5：在演示文稿中有策略地使用数字媒体（例如文章、图片、音频、视频和交互式元素），以加强对发现、推理和证据的理解，并增添兴趣。

数学

HS-PS3-1：MP.2，MP.4，HSN–Q.A.1，HSN–Q.A.2，HSN–Q.A.3

HS-PS3-2：MP.2，MP.4

HS-PS3-3：MP.2，MP.4，HSN–Q.A.1，HSN–Q.A.2，HSN–Q.A.3

HS-PS3-4：MP.2，*MP.4*

HS-PS3-5：MP.2，MP.4

新一代科学教育标准——主题序列　323

连接《新一代科学教育标准》主题序列

关键点

MP.2：抽象和定量地推理。

MP.4：使用数学建模。

HSN-Q.A.1：使用单位作为理解问题和指导解决多步问题的方法；在公式中前后一致地选择和解释单位；选择和解释图表和数据显示中的刻度和原点。

HSN-Q.A.2：为达到描述性建模的目的，定义适当的数量。

HSN-Q.A.3：在报告数量时，选择适合于测量限制的精度级别。

高中 . 波和电磁辐射

与本年级段其他学科核心概念的连接

HS-PS4-1：HS.ESS2.A

HS-PS4-3：HS.PS3.D，HS.ESS1.A，HS.ESS2.D

HS-PS4-4：HS.PS1.C，HS.PS3.A，HS.PS3.D，HS.LS1.C

HS-PS4-5：HS.PS3.A

跨年级段学科核心概念的衔接

HS-PS4-1：MS.PS4.A，MS.PS4.B

HS-PS4-2：MS.PS4.A，MS.PS4.B，MS.PS4.C

HS-PS4-3：MS.PS4.B

HS-PS4-4：MS.PS3.D，MS.PS4.B，MS.LS1.C，MS.ESS2.D

HS-PS4-5：MS.PS4.A，MS.PS4.B，MS.PS4.C

与州共同核心标准的连接

（注：斜体字部分不一定是成功完成一个既定预期表现的先决条件，但可能与其连接。）

英语语言艺术 / 读写能力

HS-PS4-1：*RST.11–12.7*

HS-PS4-2：RST.9–10.8，*RST.11–12.1*，RST.11–12.8

HS-PS4-3：RST.9–10.8，*RST.11–12.1*，RST.11–12.8

HS-PS4-4：RST.9–10.8，*RST.11–12.1*，RST.11–12.7，RST.11–12.8，WHST.11–12.8

HS-PS4-5：*WHST.9–12.2*

关键点

RST.9–10.8：评估文章中的推理和证据支持作者主张的程度或解决科学或技术问题建议的有效程度。

RST.11–12.1：引用具体的文字证据以支持科学与技术文章的分析，注意作者所指出的重要区别，注意描述中的任何差异或不一致之处。

RST.11–12.7：整合和评估以不同格式和媒体呈现的多种信息来源（例如定量数据、视频和多媒体），以回答问题或解决问题。

RST.11–12.8：评估科学与技术文章中的假设、数据、分析和结论，在可能的时候验证数据并使用其他信息来源来证实或挑战结论。

WHST.9–12.2：撰写信息性 / 解释性文章，包括对历史事件、科学程序 / 实验或技术过程的叙述。

WHST.11–12.8：从多个权威的印刷和数字资源收集相关信息，有效地利用高级搜索；根据特定任务、目的和受众评估每个来源的优点和缺点；选择性的将信息整合到文章中以保持思想的流畅。避免抄袭和过度依赖任何一个来源，遵循标准引用格式。

数学

HS-PS4-1：MP.2，MP.4，HSA-SSE.A.1，*HSA–SSE.B.3*，*HSA.CED.A.4*

HS-PS4-3：MP.2，*HSA-SSE.A.1*，*HSA-SSE.B.3*，*HSA.CED.A.4*

关键点

MP.2：抽象和定量地推理。

MP.4：使用数学建模。

HSA-SSE.A.1：根据情境解释表示某个数量的表达式。

HSA-SSE.B.3：选择和生成表达式的等价形式，以揭示和解释表达式所代表数量的属性。

HSA.CED.A.4：重新排列公式以强调有关的数量值，使用与求解等式时相同的推理方法。

高中 . 结构与功能

与本年级段其他学科核心概念的连接

HS-LS1-1：HS.LS3.A

跨年级段学科核心概念的衔接

HS-LS1-1：MS.LS1.A，MS.LS3.A，MS.LS3.B

HS-LS1-2：MS.LS1.A

HS-LS1-3：MS.LS1.A

与州共同核心标准的连接

（注：斜体字部分不一定是成功完成一个既定预期

连接《新一代科学教育标准》主题序列

表现的先决条件，但可能与其连接。）

英语语言艺术 / 读写能力
HS-LS1-1：RST.11-12.1，WHST.9-12.2，WHST.9-12.9

HS-LS1-2：*SL.11-12.5*

HS-LS1-3：WHST.9-12.7，*WHST.11-12.8*

关键点
RST.11-12.1：引用具体的文字证据以支持科学与技术文章的分析，注意作者所指出的重要区别，注意描述中的任何差异或不一致之处。

WHST.9-12.2：撰写信息性 / 解释性文章，包括对历史事件、科学程序 / 实验或技术过程的叙述。

WHST.9-12.7：为回答一个问题（包括自己提出的问题）或解决一个问题而进行简短的和持续性的研究项目；在适当的时候缩小或扩大调查；综合从多种来源获取的关于同一主题的信息，以表明对被调查主题的理解。

WHST.11-12.8：从多个权威的印刷和数字资源收集相关信息，有效地利用高级搜索；根据特定任务、目的和受众评估每个来源的优点和缺点；选择性的将信息整合到文章中以保持思想的流畅。避免抄袭和过度依赖任何一个来源，遵循标准引用格式。

WHST.9-12.9：从信息文章中获取证据以支持分析、反思和研究。

SL.11-12.5：在演示文稿中有策略地使用数字媒体（例如文章、图片、音频、视频和交互式元素），以加强对发现、推理和证据的理解，并增添兴趣。

高中. 生物体和生态系统中的物质与能量

与本年级段其他学科核心概念的连接
HS-LS1-5：HS.PS1.B，HS.PS3.B

HS-LS1-6：HS.PS1.B

HS-LS1-7：HS.PS1.B，HS.PS2.B，HS.PS3.B

HS-LS2-3：HS.PS1.B，HS.PS3.B，HS.PS3.D，HS.ESS2.A

HS-LS2-4：HS.PS3.B，HS.PS3.D

HS-LS2-5：HS.PS1.B，HS.ESS2.D

跨年级段学科核心概念的衔接
HS-LS1-5：MS.PS1.B，MS.PS3.D，MS.LS1.C，MS.LS2.B

HS-LS1-6：MS.PS1.A，MS.PS1.B，MS.PS3.D，MS.LS1.C，MS.ESS2.E

HS-LS1-7：MS.PS1.B，MS.PS3.D，MS.LS1.C，MS.LS2.B

HS-LS2-3：MS.PS1.B，MS.PS3.D，MS.LS1.C，MS.LS2.B

HS-LS2-4：MS.PS3.D，MS.LS1.C，MS.LS2.B

HS-LS2-5：MS.PS3.D，MS.LS1.C，MS.LS2.B，MS.ESS2.A

与州共同核心标准的连接
（注：斜体字部分不一定是成功完成一个既定预期表现的先决条件，但可能与其连接。）

英语语言艺术 / 读写能力
HS-LS1-5：*SL.11-12.5*

HS-LS1-6：RST.11-12.1，WHST.9-12.2，WHST.9-12.5，WHST.9-12.9

HS-LS1-7：*SL.11-12.5*

HS-LS2-3：RST.11-12.1，WHST.9-12.2，WHST.9-12.5

关键点
RST.11-12.1：引用具体的文字证据以支持科学与技术文章的分析，注意作者所指出的重要区别，注意描述中的任何差异或不一致之处。

WHST.9-12.2：撰写信息性 / 解释性文章，包括对历史事件、科学程序 / 实验或技术过程的叙述。

WHST.9-12.5：通过计划、修改、编辑、改写或尝试一种新的方法来发展和加强写作，聚焦于撰写对特定目的和读者来说最有价值的内容。

WHST.9-12.9：从信息文章中获取证据以支持分析、反思和研究。

SL.11-12.5：在演示文稿中有策略地使用数字媒体（例如文章、图片、音频、视频和交互式元素），以加强对发现、推理和证据的理解，并增添兴趣。

数学
HS-LS2-4：MP.2，*MP.4*，HSN-Q.A.1，*HSN-Q.A.2*，HSN-Q.A.3

关键点
MP.2：抽象和定量地推理。

MP.4：使用数学建模。

HSN-Q.A.1：使用单位作为理解问题和指导解决多

连接《新一代科学教育标准》主题序列

步问题的方法；在公式中前后一致地选择和解释单位；选择和解释图表和数据显示中的刻度和原点。

HSN-Q.A.2：为达到描述性建模的目的，定义适当的数量。

HSN-Q.A.3：在报告数量时，选择适合于测量限制的精度级别。

高中．生态系统中的相互依存关系

与本年级段其他学科核心概念的连接

HS-LS2-2：HS.ESS2.E，HS.ESS3.A，HS.ESS3.C，HS.ESS3.D

HS-LS2-6：HS.ESS2.E

HS-LS2-7：HS.ESS2.D，HS.ESS2.E，HS.ESS3.A，HS.ESS3.C

HS-LS4-6：HS.ESS2.D，HS.ESS2.E，HS.ESS3.A，HS.ESS3.C，HS.ESS3.D

跨年级段学科核心概念的衔接

HS-LS2-1：MS.LS2.A，MS.LS2.C，MS.ESS3.A，MS.ESS3.C

HS-LS2-2：MS.LS2.A，MS.LS2.C，MS.ESS3.C

HS-LS2-6：MS.LS2.A，MS.LS2.C，MS.ESS2.E，MS.ESS3.C

HS-LS2-7：MS.LS2.C，MS.ESS3.C，MS.ESS3.D

HS-LS2-8：MS.LS1.B

HS-LS4-6：MS.LS2.C，MS.ESS3.C

与州共同核心标准的连接

（注：斜体字部分不一定是成功完成一个既定预期表现的先决条件，但可能与其连接。）

英语语言艺术／读写能力

HS-LS2-1：*RST.11-12.1*，*WHST.9-12.2*

HS-LS2-2：*RST.11-12.1*，*WHST.9-12.2*

HS-LS2-6：RST.9-10.8，RST.11-12.1，*RST.11-12.7*，RST.11-12.8

HS-LS2-7：*RST.9-10.8*，*RST.11-12.7*，RST.11-12.8，WHST.9-12.7

HS-LS2-8：*RST.9-10.8*，RST.11-12.1，*RST.11-12.7*，RST.11-12.8

HS-LS4-6：*WHST.9-12.5*，WHST.9-12.7

关键点

RST.9-10.8：评估文章中的推理和证据支持作者主张的程度或解决科学或技术问题建议的有效程度。

RST.11-12.1：引用具体的文字证据以支持科学与技术文章的分析，注意作者所指出的重要区别，注意描述中的任何差异或不一致之处。

RST.11-12.7：整合和评估以不同格式和媒体呈现的多种信息来源（例如定量数据、视频和多媒体），以回答问题或解决问题。

RST.11-12.8：评估科学与技术文章中的假设、数据、分析和结论，在可能的时候验证数据并使用其他信息来源来证实或挑战结论。

WHST.9-12.2：撰写信息性／解释性文章，包括对历史事件、科学程序／实验或技术过程的叙述。

WHST.9-12.5：通过计划、修改、编辑、改写或尝试一种新的方法来发展和加强写作，聚焦于撰写对特定目的和读者来说最有价值的内容。

WHST.9-12.7：为回答一个问题（包括自己提出的问题）或解决一个问题而进行简短的和持续性的研究项目；在适当的时候缩小或扩大调查；综合从多种来源获取的关于同一主题的信息，以表明对被调查主题的理解。

数学

HS-LS2-1：MP.2，*MP.4*，HSN-Q.A.1，*HSN-Q.A.2*，HSN-Q.A.3

HS-LS2-2：MP.2，*MP.4*，HSN-Q.A.1，*HSN-Q.A.2*，HSN-Q.A.3

HS-LS2-6：MP.2，*HSS-ID.A.1*，*HSS-IC.A.1*，HSS-IC.B.6

HS-LS2-7：*MP.2*，*HSN-Q.A.1*，*HSN-Q.A.2*，*HSN-Q.A.3*

关键点

MP.2：抽象和定量地推理。

MP.4：使用数学建模。

HSN-Q.A.1：使用单位作为理解问题和指导解决多步问题的方法；在公式中前后一致地选择和解释单位；选择和解释图表和数据显示中的刻度和原点。

HSN-Q.A.2：为达到描述性建模的目的，定义适当的数量。

HSN-Q.A.3：在报告数量时，选择适合于测量限制的精度级别。

HSS-ID.A.1：在实数轴上用图表表征数据。

HSS-IC.A.1：将统计理解为基于随机抽样推断总体

连接《新一代科学教育标准》主题序列

参数的过程。
HSS-IC.B.6：根据数据评估报告。

高中．性状的继承与变异

与本年级段其他学科核心概念的连接
HS-LS3-3：HS.LS2.A，HS.LS2.C，HS.LS4.B，HS.LS4.C

跨年级段学科核心概念的衔接
HS-LS1-4：MS.LS1.A，MS.LS1.B，MS.LS3.A
HS-LS3-1：MS.LS3.A，MS.LS3.B
HS-LS3-2：MS.LS3.A，MS.LS3.B
HS-LS3-3：MS.LS2.A，MS.LS3.B，MS.LS4.C

与州共同核心标准的连接
（注：斜体字部分不一定是成功完成一个既定预期表现的先决条件，但可能与其连接。）

英语语言艺术 / 读写能力
HS-LS1-4：*SL.11–12.5*
HS-LS3-1：*RST.11–12.1*，*RST.11–12.9*
HS-LS3-2：*RST.11–12.1*，*WHST.9–12.1*

关键点
RST.11-12.1：引用具体的文字证据以支持科学与技术文章的分析，注意作者所指出的重要区别，注意描述中的任何差异或不一致之处。
RST.11-12.9：综合从一系列来源（例如文章、实验、模拟）中获取的信息，使之对过程、现象或概念有一致的理解，尽可能地解析相互矛盾的信息。
WHST.9-12.1：撰写聚焦于特定学科内容的观点。
SL.11-12.5：在演示文稿中有策略地使用数字媒体（例如文章、图片、音频、视频和交互式元素），以加强对发现、推理和证据的理解，并增添兴趣。

数学
HS-LS1-4：*MP.4*，*HSF-IF.C.7*，*HSF-BF.A.1*
HS-LS3-2：MP.2
HS-LS3-3：MP.2

关键点
MP.2：抽象和定量地推理。
MP.4：使用数学建模。

HSF-IF.C.7：将原先用符号表示的方程绘制成图表并显示图表的关键特征。用手工绘制简单方程，用技术绘制复杂方程。
HSF-BF.A.1：写出描述两个数量之间关系的函数。

高中．自然选择和演化

与本年级段其他学科核心概念的连接
HS-LS4-1：HS.LS3.A，HS.LS3.B，HS.ESS1.C
HS-LS4-2：HS.LS2.A，HS.LS2.D，HS.LS3.B，HS.ESS2.E，HS.ESS3.A
HS-LS4-3：HS.LS2.A，HS.LS2.D，HS.LS3.B
HS-LS4-4：HS.LS2.A，HS.LS2.D
HS-LS4-5：HS.LS2.A，HS.LS2.D，HS.LS3.B，HS.ESS2.E，HS.ESS3.A

跨年级段学科核心概念的衔接
HS-LS4-1：MS.LS3.A，MS.LS3.B，MS.LS4.A，MS.ESS1.C
HS-LS4-2：MS.LS2.A，MS.LS3.B，MS.LS4.B，MS.LS4.C
HS-LS4-3：MS.LS2.A，MS.LS3.B，MS.LS4.B，MS.LS4.C
HS-LS4-4：MS.LS4.B，MS.LS4.C
HS-LS4-5：MS.LS2.A，MS.LS2.C，MS.LS4.C，MS.ESS1.C

与州共同核心标准的连接
（注：斜体字部分不一定是成功完成一个既定预期表现的先决条件，但可能与其连接。）

英语语言艺术 / 读写能力
HS-LS4-1：*RST.11–12.1*，*WHST.9–12.2*，*WHST.9–12.9*，*SL.11–12.4*
HS-LS4-2：RST.11-12.1，WHST.9-12.2，WHST.9-12.9，*SL.11–12.4*
HS-LS4-3：*RST.11–12.1*，*WHST.9–12.2*，*WHST.9–12.9*
HS-LS4-4：RST.11-12.1，WHST.9-12.2，WHST.9-12.9
HS-LS4-5：RST.11-12.8，WHST.9-12.9

关键点
RST.11-12.1：引用具体的文字证据以支持科学与技

连接《新一代科学教育标准》主题序列

术文章的分析，注意作者所指出的重要区别，注意描述中的任何差异或不一致之处。

RST.11–12.8：评估科学与技术文章中的假设、数据、分析和结论，在可能的时候验证数据并使用其他信息来源来证实或挑战结论。

WHST.9–12.2：撰写信息性/解释性文章，包括对历史事件、科学程序/实验或技术过程的叙述。

WHST.9–12.9：从信息文章中获取证据以支持分析、反思和研究。

SL.11–12.4：用切题的证据、合理有效的推理以及精心挑选的细节，以聚焦的、连贯的方式提出主张和发现，并强调突出要点；恰当地使用目光接触、适当音量和清晰发音。

数学

HS-LS4-1：*MP.2*
HS-LS4-2：MP.2，*MP.4*
HS-LS4-3：MP.2
HS-LS4-4：*MP.2*
HS-LS4-5：*MP.2*

关键点

MP.2：抽象和定量地推理。
MP.4：使用数学建模。

高中．宇宙系统

与本年级段其他学科核心概念的连接

HS-ESS1-1：HS.PS1.C，HS.PS3.A
HS-ESS1-2：HS.PS1.A，HS.PS1.C，HS.PS3.A，HS.PS3.B，HS.PS4.A
HS-ESS1-3：HS.PS1.A，HS.PS1.C
HS-ESS1-4：HS.PS2.B

跨年级段学科核心概念的衔接

HS-ESS1-1：MS.PS1.A，MS.PS4.B，MS.ESS1.A，MS.ESS2.A，MS.ESS2.D
HS-ESS1-2：MS.PS1.A，MS.PS4.B，MS.ESS1.A
HS-ESS1-3：MS.PS1.A，MS.ESS1.A
HS-ESS1-4：MS.PS2.A，MS.PS2.B，MS.ESS1.A，MS.ESS1.B

与州共同核心标准的连接

（注：斜体字部分不一定是成功完成一个既定预期表现的先决条件，但可能与其连接。）

英语语言艺术/读写能力

HS-ESS1-1：*RST.11–12.1*
HS-ESS1-2：*RST.11–12.1*，WHST.9–12.2
HS-ESS1-3：*WHST.9–12.2*，*SL.11–12.4*

关键点

RST.11–12.1：引用具体的文字证据以支持科学与技术文章的分析，注意作者所指出的重要区别，注意描述中的任何差异或不一致之处。

WHST.9–12.2：撰写信息性/解释性文章，包括对历史事件、科学程序/实验或技术过程的叙述。

SL.11–12.4:：用切题的证据、合理有效的推理以及精心挑选的细节，以聚焦的、连贯的方式提出主张和发现，并强调突出要点；恰当地使用目光接触、适当音量和清晰发音。

数学

HS-ESS1-1：MP.2，MP.4，HSN–Q.A.1，HSN–Q.A.2，HSN–Q.A.3，*HSA–SSE.A.1*，*HSA–CED.A.2*，*HSA–CED.A.4*
HS-ESS1-2：MP.2，HSN–Q.A.1，*HSN–Q.A.2*，HSN–Q.A.3，*HSA–SSE.A.1*，*HSA–CED.A.2*，*HSA–CED.A.4*
HS-ESS1-3：MP.2
HS-ESS1-4：MP.2，MP.4，HSN–Q.A.1，HSN–Q.A.2，HSN–Q.A.3，HSA–SSE.A.1，*HSA–CED.A.2*，*HSA–CED.A.4*

关键点

MP.2：抽象和定量地推理。
MP.4：使用数学建模。
HSN–Q.A.1：使用单位作为理解问题和指导解决多步问题的方法；在公式中前后一致地选择和解释单位；选择和解释图表和数据显示中的刻度和原点。
HSN–Q.A.2：为达到描述性建模的目的，定义适当的数量。
HSN–Q.A.3：在报告数量时，选择适合于测量限制的精度级别。
HSA–SSE.A.1：根据情境解释表征某个数量的表达式。
HSA–CED.A.2：创建二元或多元方程，以表示数量之间的关系；用标号和刻度在坐标轴上画出方程式。
HSA–CED.A.4：重新排列公式以强调有关的数量值，使用与求解等式时相同的推理方法。

连接《新一代科学教育标准》主题序列

高中．地球的历史

与本年级段其他学科核心概念的连接
HS-ESS1-5：HS.PS3.B，HS.ESS2.A
HS-ESS1-6：HS.PS2.A，HS.PS2.B
HS-ESS2-1：HS.PS2.B

跨年级段学科核心概念的衔接
HS-ESS1-5：MS.ESS1.C，MS.ESS2.A，MS.ESS2.B
HS-ESS1-6：MS.PS2.B，MS.ESS1.B，MS.ESS1.C，MS.ESS2.A，MS.ESS2.B
HS-ESS2-1：MS.PS2.B，MS.LS2.B，MS.ESS1.C，MS.ESS2.A，MS.ESS2.B，MS.ESS2.C，MS.ESS2.D

与州共同核心标准的连接
（注：斜体字部分不一定是成功完成一个既定预期表现的先决条件，但可能与其连接。）

英语语言艺术/读写能力
HS-ESS1-5：*RST.11-12.1*，RST.11-12.8，*WHST.9-12.2*
HS-ESS1-6：*RST.11-12.1*，RST.11-12.8，WHST.9-12.1
HS-ESS2-1：*SL.11-12.5*

关键点
RST.11-12.1：引用具体的文字证据以支持科学与技术文章的分析，注意作者所指出的重要区别，注意描述中的任何差异或不一致之处。
RST.11-12.8：评估科学与技术文章中的假设、数据、分析和结论，在可能的时候验证数据并使用其他信息来源来证实或挑战结论。
WHST.9-12.1：撰写聚焦于特定学科内容的观点。
WHST.9-12.2：撰写信息性/解释性文章，包括对历史事件、科学程序/实验或技术过程的叙述。
SL.11-12.5：在演示文稿中有策略地使用数字媒体（例如文章、图片、音频、视频和交互式元素），以加强对发现、推理和证据的理解，并增添兴趣。

数学
HS-ESS1-5：MP.2，HSN-Q.A.1，*HSN-Q.A.2*，HSN-Q.A.3
HS-ESS1-6：MP.2，HSN-Q.A.1，*HSN-Q.A.2*，HSN-Q.A.3，*HSF-IF.B.5*，*HSS-ID.B.6*
HS-ESS2-1：MP.2，MP.4，HSN-Q.A.1，HSN-Q.A.2，HSN-Q.A.3

关键点
MP.2：抽象和定量地推理。
MP.4：使用数学建模。
HSN-Q.A.1：使用单位作为理解问题和指导解决多步问题的方法；在公式中前后一致地选择和解释单位；选择和解释图表和数据显示中的刻度和原点。
HSN-Q.A.2：为达到描述性建模的目的，定义适当的数量。
HSN-Q.A.3：在报告数量时，选择适合于测量限制的精度级别。
HSF-IF.B.5：将函数的域与它的图联系起来，并在适当时将它的域与它所描述的数量关系联系起来。
HSS-ID.B.6：在散点图上表示两个定量变量的数据，并描述这些变量是如何关联的。

高中．地球的系统

与本年级段其他学科核心概念的连接
HS-ESS2-2：HS.PS3.B，HS.PS4.B，HS.LS2.B，HS.LS2.C，HS.LS4.D，HS.ESS3.C，HS.ESS3.D
HS-ESS2-3：HS.PS2.B，HS.PS3.B，HS.PS3.D
HS-ESS2-5：HS.PS1.A，HS.PS1.B，HS.PS3.B，HS.ESS3.C
HS-ESS2-6：HS.PS1.A，HS.PS1.B，HS.PS3.D，HS.LS1.C，HS.LS2.B，HS.ESS3.C，HS.ESS3.D
HS-ESS2-7：HS.LS2.A，HS.LS2.C，HS.LS4.A，HS.LS4.B，HS.LS4.C，HS.LS4.D

跨年级段学科核心概念的衔接
HS-ESS2-2：MS.PS3.D，MS.PS4.B，MS.LS2.B，MS.LS2.C，MS.LS4.C，MS.ESS2.A，MS.ESS2.B，MS.ESS2.C，MS.ESS2.D，MS.ESS3.C，MS.ESS3.D
HS-ESS2-3：MS.PS1.A，MS.PS1.B，MS.PS2.B，MS.PS3.A，MS.PS3.B，MS.ESS2.A，MS.ESS2.B
HS-ESS2-5：MS.PS1.A，MS.PS4.B，MS.ESS2.A，MS.ESS2.C，MS.ESS2.D
HS-ESS2-6：MS.PS1.A，MS.PS3.D，MS.PS4.B，MS.LS2.B，MS.ESS2.A，MS.ESS2.B，MS.ESS2.C，MS.ESS3.C，MS.ESS3.D
HS-ESS2-7：MS.LS2.A，MS.LS2.C，MS.LS4.A，MS.LS4.B，MS.LS4.C，MS.ESS1.C，MS.ESS2.A，MS.ESS2.C

连接《新一代科学教育标准》主题序列

与州共同核心标准的连接

（注：斜体字部分不一定是成功完成一个既定预期表现的先决条件，但可能与其连接。）

英语语言艺术 / 读写能力
HS-ESS2-2：*RST.11–12.1*，*RST.11–12.2*
HS-ESS2-3：*RST.11–12.1*，*SL.11–12.5*
HS-ESS2-5：WHST.9–12.7
HS-ESS2-7：WHST.9–12.1

关键点

RST.11–12.1：引用具体的文字证据以支持科学与技术文章的分析，注意作者所指出的重要区别，注意描述中的任何差异或不一致之处。

RST.11–12.2：确定文章的中心思想或结论；用更简单但是依然准确的术语改述文章中复杂的概念、过程或信息以达到总结的目的。

WHST.9–12.1：撰写聚焦于特定学科内容的论点。

WHST.9–12.7：为回答一个问题（包括自己提出的问题）或解决一个问题而进行简短的和持续性的研究项目；在适当的时候缩小或扩大调查；综合从多种来源获取的关于同一主题的信息，以表明对被调查主题的理解。

SL.11–12.5：在演示文稿中有策略地使用数字媒体（例如文章、图片、音频、视频和交互式元素），以加强对发现、推理和证据的理解，并增添兴趣。

数学
HS-ESS2-2：MP.2，HSN–Q.A.1，HSN–Q.A.3
HS-ESS2-3：MP.2，MP.4，HSN–Q.A.1，HSN–Q.A.2，HSN–Q.A.3
HS-ESS2-5：HSN–Q.A.3
HS-ESS2-6：MP.2，MP.4，HSN–Q.A.1，HSN–Q.A.2，HSN–Q.A.3

关键点

MP.2：抽象和定量地推理。
MP.4：使用数学建模。
HSN–Q.A.1：使用单位作为理解问题和指导解决多步问题的方法；在公式中前后一致地选择和解释单位；选择和解释图表和数据显示中的刻度和原点。
HSN–Q.A.2：为达到描述性建模的目的，定义适当的数量。
HSN–Q.A.3：在报告数量时，选择适合于测量限制的精度级别。

高中 . 天气和气候

与本年级段其他学科核心概念的连接
HS-ESS2-4：HS.PS3.A，HS.PS3.B，HS.LS2.C，HS.ESS1.C，HS.ESS3.C，HS.ESS3.D
HS-ESS3-5：HS.PS3.B，HS.PS3.D，HS.LS1.C，HS.ESS2.D

跨年级段学科核心概念的衔接
HS-ESS2-4：MS.PS3.A，MS.PS3.B，MS.PS3.D，MS.PS4.B，MS.LS1.C，MS.LS2.B，MS.LS2.C，MS.ESS2.A，MS.ESS2.B，MS.ESS2.C，MS.ESS2.D，MS.ESS3.C，MS.ESS3.D
HS-ESS3-5：MS.PS3.B，MS.PS3.D，MS.ESS2.A，MS.ESS2.D，MS.ESS3.B，MS.ESS3.C，MS.ESS3.D

与州共同核心标准的连接

（注：斜体字部分不一定是成功完成一个既定预期表现的先决条件，但可能与其连接。）

英语语言艺术 / 读写能力
HS-ESS2-4：*SL.11–12.5*
HS-ESS3-5：RST.11–12.1，*RST.11–12.2*，RST.11–12.7

关键点

RST.11–12.1：引用具体的文字证据以支持科学与技术文章的分析，注意作者所指出的重要区别，注意描述中的任何差异或不一致之处。

RST.11–12.2：确定文章的中心思想或结论；用更简单但是依然准确的术语改述文章中复杂的概念、过程或信息以达到总结的目的。

RST.11–12.7：整合和评估以不同格式和媒体呈现的多种信息来源（例如定量数据、视频和多媒体），以回答问题或解决问题。

SL.11–12.5：在演示文稿中有策略地使用数字媒体（例如文章、图片、音频、视频和交互式元素），以加强对发现、推理和证据的理解，并增添兴趣。

数学
HS-ESS2-4：MP.2，MP.4，HSN–Q.A.1，HSN–Q.A.2，HSN–Q.A.3

连接《新一代科学教育标准》主题序列

HS-ESS3-5：MP.2，HSN-Q.A.1，*HSN–Q.A.2*，HSN–Q.A.3

关键点

MP.2：抽象和定量地推理。

MP.4：使用数学建模。

HSN-Q.A.1：使用单位作为理解问题和指导解决多步问题的方法；在公式中前后一致地选择和解释单位；选择和解释图表和数据显示中的刻度和原点。

HSN-Q.A.2：为达到描述性建模的目的，定义适当的数量。

HSN-Q.A.3：在报告数量时，选择适合于测量限制的精度级别。

高中．人类可持续性

与本年级段其他学科核心概念的连接

HS-ESS3-2：HS.PS3.B，HS.PS3.D，HS.LS2.A，HS.LS2.B，HS.LS4.D，HS.ESS2.A

HS-ESS3-3：HS.PS1.B，HS.LS2.A，HS.LS2.B，HS.LS2.C，HS.LS4.D，HS.ESS2.A，HS.ESS2.E

HS-ESS3-4：HS.LS2.C，HS.LS4.D

HS-ESS3-6：HS.LS2.B，HS.LS2.C，HS.LS4.D，HS.ESS2.A

跨年级段学科核心概念的衔接

HS-ESS3-1：MS.LS2.A，MS.LS4.D，MS.ESS2.A，MS.ESS3.A，MS.ESS3.B

HS-ESS3-2：MS.PS3.D，MS.LS2.A，MS.LS2.B，MS.LS4.D，MS.ESS3.A，MS.ESS3.C

HS-ESS3-3：MS.PS1.B，MS.LS2.A，MS.LS2.B，MS.LS2.C，MS.LS4.C，MS.LS4.D，MS.ESS2.A，MS.ESS3.A，MS.ESS3.C

HS-ESS3-4：MS.LS2.C，MS.ESS2.A，MS.ESS3.B，MS.ESS3.C，MS.ESS3.D

HS-ESS3-6：MS.LS2.C，MS.ESS2.A，MS.ESS2.C，MS.ESS3.C，MS.ESS3.D

与州共同核心标准的连接

（注：斜体字部分不一定是成功完成一个既定预期表现的先决条件，但可能与其连接。）

英语语言艺术／读写能力

HS-ESS3-1：*RST.11–12.1*，WHST.9–12.2

HS-ESS3-2：RST.11–12.1，RST.11–12.8

HS-ESS3-4：RST.11–12.1，RST.11–12.8

关键点

RST.11–12.1：引用具体的文字证据以支持科学与技术文章的分析，注意作者所指出的重要区别，注意描述中的任何差异或不一致之处。

RST.11–12.8：评估科学与技术文章中的假设、数据、分析和结论，在可能的时候验证数据并使用其他信息来源来证实或挑战结论。

WHST.9–12.2：撰写信息性／解释性文章，包括对历史事件、科学程序／实验或技术过程的叙述。

数学

HS-ESS3-1：*MP.2*，*HSN-Q.A.1*，*HSN–Q.A.2*，*HSN–Q.A.3*

HS-ESS3-2：MP.2

HS-ESS3-3：MP.2，MP.4

HS-ESS3-4：*MP.2*，HSN-Q.A.1，*HSN–Q.A.2*，*HSN–Q.A.3*

HS-ESS3-6：MP.2，MP.4，HSN-Q.A.1，HSN-Q.A.2，HSN–Q.A.3

关键点

MP.2：抽象和定量地推理。

MP.4：使用数学建模。

HSN-Q.A.1：使用单位作为理解问题和指导解决多步问题的方法；在公式中前后一致地选择和解释单位；选择和解释图表和数据显示中的刻度和原点。

HSN-Q.A.2：为达到描述性建模的目的，定义适当的数量。

HSN-Q.A.3：在报告数量时，选择适合于测量限制的精度级别。

高中．工程设计

连接 HS-ETS1.A：定义和界定工程问题

物质科学：HS-PS2-3，HS-PS3-3

连接 HS-ETS1.B：设计工程问题的解决方案

地球和空间科学：HS-ESS3-2，HS-ESS3-4

连接《新一代科学教育标准》主题序列

生命科学：HS-LS2-7，HS-LS4-6

连接 HS-ETS1.C：优化设计方案
物质科学：HS-PS1-6，HS-PS2-3

跨年级段学科核心概念的衔接
HS-ETS1-1：MS.ETS1.A
HS-ETS1-2：MS.ETS1.A，MS.ETS1.B，MS.ETS1.C
HS-ETS1-3：MS.ETS1.A，MS.ETS1.B
HS-ETS1-4：MS.ETS1.A，MS.ETS1.B，MS.ETS1.C

与州共同核心标准的连接
（注：斜体字部分不一定是成功完成一个既定预期表现的先决条件，但可能与其连接。）

英语语言艺术 / 读写能力
HS-ETS1-1：RST.11-12.7，*RST.11-12.8*，RST.11-12.9
HS-ETS1-3：*RST.11-12.7*，RST.11-12.8，*RST.11-12.9*

关键点
RST.11-12.7：整合和评估以不同格式和媒体呈现的多种信息来源（例如定量数据、视频和多媒体），以回答问题或解决问题。
RST.11-12.8：评估科学与技术文章中的假设、数据、分析和结论，在可能的时候验证数据并使用其他信息来源来证实或挑战结论。
RST.11-12.9：从一系列来源（例如文章、实验、模拟）中综合信息，使之对过程、现象或概念有一致的理解，尽可能地解析相互矛盾的信息。

数学
HS-ETS1-1：MP.2，MP.4
HS-ETS1-2：MP.4
HS-ETS1-3：*MP.2*，MP.4
HS-ETS1-4：*MP.2*，MP.4

关键点
MP.2：抽象和定量地推理。
MP.4：使用数学建模。